HISTOIRE DU DROIT CRIMINEL

DES

PEUPLES EUROPÉENS.

I.

6280. Grenoble, imp. Maisonville et fils.

HISTOIRE

DU

DROIT CRIMINEL

DES

PEUPLES EUROPÉENS

PAR

ALBERT DU BOYS

Ancien Magistrat.

(PÉRIODE BARBARE, PÉRIODE DE PRÉPONDÉRANCE ECCLÉSIASTIQUE).

SCANDINAVES, SLAVES, GERMAINS ET TURCS,
FRANCS DE CHARLEMAGNE, WISIGOTHS D'ESPAGNE,
POLONAIS ET RUSSES.

DEUXIÈME ÉDITION

REVUE, CORRIGÉE ET AUGMENTÉE.

PARIS,

AUGUSTE DURAND, LIBRAIRE-ÉDITEUR,

RUE DES GRÈS, 7.

1865.

PRÉFACE.

En 1845, nous avons fait paraître l'*Histoire du droit criminel des peuples anciens* ; cette histoire avait été continuée jusqu'à l'établissement du Christianisme, c'est-à-dire jusqu'à l'admission de la religion de Jésus-Christ dans la société antique : en un mot, jusqu'à Constantin et Théodose.

Aujourd'hui, nous allons publier l'*Histoire du droit criminel des peuples modernes*, depuis l'invasion des barbares jusqu'au dix-neuvième siècle. Nous verrons que, pendant cette longue période de temps, les institutions judiciaires, comme les institutions sociales et politiques, se sont développées sous l'influence toujours agissante du Christianisme. La société européenne était née et avait grandi sous le paganisme ; lorsqu'elle embrassa la

1

doctrine de l'Évangile, elle n'eut pas assez d'énergie vitale pour se transformer et se rajeunir complètement à l'aide du sang nouveau que s'efforçait de lui infuser l'Église. Les conquérants du nord semblent avoir eu la mission providentielle de détruire par le fer et le feu tout ce qui restait de la civilisation païenne ; alors, au milieu des plus dures épreuves et des plus sanglants orages, recommence lentement, sous l'infatigable tutelle du clergé catholique, le travail destiné à constituer la société moderne, tout imprégnée de Christianisme. Ce n'est pas que l'ancien élément civilisateur, sous le nom de science romaine, de littérature et de mythologie classique, etc., ne se soit souvent mêlé dans ce travail au pur élément religieux, et n'ait jeté dans la marche de l'humanité une singulière perturbation. Mais, au moyen-âge, la foi avait tellement pénétré les mœurs populaires que tout ce qu'on cherchait artificiellement à y introduire d'incompatible avec le Christianisme ne pouvait y prendre racine.

Cependant, à l'époque de la renaissance du droit et à celle de la renaissance des lettres, on ne peut pas nier que l'élément païen n'ait réagi à un certain degré au sein de l'Europe nouvelle, et qu'il ne faille en tenir compte dans l'histoire de nos institutions sociales.

L'élément barbare ou germanique s'efface, au contraire, peu à peu, à mesure que la civilisation chrétienne s'accroît et se développe. Il ne reste aujourd'hui, de cette partie de nos traditions, que des souvenirs de liberté et de franchises locales.

Mais dans le moment où les barbares du nord implantent dans l'Europe méridionale leurs lois et leurs coutumes, ces lois et ces coutumes servent à constater le niveau auquel s'abaissa l'état social, et à reconnaître le nouveau point de départ de la civilisation renaissante.

C'est pour cela que nous avons cru devoir approfondir cette législation, moins connue qu'on ne pense, et que nous sommes allé en rechercher les origines jusque dans les ténèbres de la Scandinavie. Nous avons voulu prendre sur le fait la rudesse native des institutions germaniques, là où aucune influence romaine n'avait pu en altérer l'originalité primitive. En montrant quel immense chemin ces peuples du nord ont eu à parcourir pour arriver à constituer parmi eux un véritable ordre social, on comprendra mieux tout ce qu'a eu à faire le Christianisme pour les élever jusqu'à la civilisation où ils sont parvenus. On saura aussi mieux apprécier la valeur de ces progrès achetés par tant d'efforts et par tant de siècles, et peut-être sera-t-on moins tenté d'en compromettre les résultats par de folles utopies et par des révolutions subversives.

Nous comparerons en passant les institutions des nations chrétiennes avec celles des peuples musulmans, et des Turcs en particulier. En voyant la société ottomane se débattre en vain dans ses vieux langes pour sortir de l'enfance législative à laquelle sa religion la condamne, il nous sera plus facile de comprendre la supériorité infinie de l'Évangile sur le Coran, et d'apprécier, même sous le rapport purement temporel, l'avantage immense du principe tout catholique de la distinction des deux pouvoirs. Des évènements récents ont donné à ces études sur la Turquie une actualité que nous n'avions ni recherchée, ni prévue.

Pendant le moyen-âge, les institutions de la France, de l'Angleterre et de l'Allemagne ont dû fixer notre attention d'une manière particulière : mais parmi les peuples du midi de l'Europe, nous n'avons pas négligé l'Italie, siége d'un empire nouveau représenté par la papauté, ni l'Espagne, où la foi catholique se confondit si longtemps avec un admirable et ardent patriotisme.

Dans ce tableau des progrès de l'ordre et de la pénalité en Europe, nous avons dû faire figurer à leur rang les peuples slaves, et principalement les Russes, chez qui l'autocratie a semblé devenir nécessaire pour rallier des forces sociales tendant sans cesse à se disperser par l'anarchie. Enfin, en terminant cette revue rapide de l'histoire d s états civilisés, faite à notre point de vue spécial, nous n'avons pas pu oublier les États-Unis, qui ont introduit dans la législation anglo-saxonne, à laquelle ils avaient d'abord été soumis, des réformes et des améliorations antérieurement réclamées, mais non obtenues, par les publicistes de la Grande-Bretagne.

Dans l'appréciation des institutions de ces divers peuples, nous tâcherons de nous élever au-dessus des préjugés politiques et des sympathies de race ou de nationalité. Nous saurons rendre justice à tous les genres de progrès, sous quelque forme de gouvernement qu'ils aient été obtenus, à quelque latitude du globe qu'ils aient été réalisés. Pour nous, le but à atteindre sera toujours le règne du Christianisme, dont les institutions sociales ont pour mission, depuis dix-huit cents ans, de se rapprocher de plus en plus. L'idée chrétienne renferme éminemment en elle-même les notions de l'équitable rémunération des actions humaines, des récompenses et des peines proportionnées aux mérites et aux crimes. C'est dire assez qu'on y trouve le type du *droit* et de la *justice*, type dont on doit sans cesse chercher l'application sur la terre dans les limites du possible.

HISTOIRE

DU DROIT CRIMINEL

DES PEUPLES MODERNES

DEPUIS L'INVASION DES BARBARES JUSQU'AU XIXe SIÈCLE.

PROLÉGOMÈNES.

§ Ier.

Origine des premières notions d'un droit criminel dans l'enfance des sociétés.

Accoutumés à des lois qui protégent nos propriétés et nos personnes, nous pouvons difficilement nous figurer qu'il ait existé un état à demi sauvage, dans lequel l'absence de ces lois produisît une absence à peu près complète de sécurité. On ne réfléchit pas aux conséquences qu'entraîne une indépendance individuelle (1) que rien ne limite, si ce n'est quelques

---

(1) Les Allemands ont un mot énergique pour représenter cette idée : *selbstandigkeit*, état où l'on ne dépend que de soi-même.

traditions religieuses défigurées, et des principes de morale mal enseignés et imparfaitement compris. Cependant, comme pour nous montrer quel a été le commun point de départ des sociétés civilisées, la Providence a permis que beaucoup de peuples sur la terre soient restés dans cet état où ont été nos premiers pères. Elle semble ainsi avoir mis sous nos yeux un tableau vivant de notre passé, où se retrouvent fidèlement nos antiques et obscures origines.

Ce spectacle des peuplades sauvages répandues dans l'Asie, l'Afrique, l'Amérique et l'Océanie, a encore cela d'instructif qu'en nous faisant évaluer, en quelque sorte, la distance que nous avons parcourue dans la voie de la civilisation, il nous donne la mesure des efforts prodigieux que la société a dû faire sur elle-même pour conquérir et vulgariser dans son propre sein les premières notions de police et de pénalité; pour limiter d'abord, et détruire ensuite peu à peu, chez chacun de ses membres, l'idée et la pratique de l'indépendance individuelle.

Les notions abstraites, qui supposent une multitude d'observations particulières généralisées, sont ordinairement au-dessus de la portée de l'enfance de l'homme. Elles ne sauraient avoir accès dans son intelligence qu'à un âge plus avancé de sa vie. On doit appliquer le même principe à l'enfance des peuples ; eux aussi ne peuvent pas s'élever du premier coup aux idées sociales les plus abstraites, telles, par exemple, que l'idée de l'*Etat* prise dans son sens le plus général et le plus absolu.

Cependant, d'après tous les documents de l'histoire et de la tradition, il n'est pas moins impossible de supposer

que l'homme ait jamais été réduit à une individualité
complètement isolée, ni qu'il ait vécu dans les bois à
la manière des animaux. Les fables de l'antiquité païenne
sur ce point sont uniquement fondées sur des fictions
de quelques poètes ou orateurs des âges civilisés, lesquels ne chargèrent le tableau de la barbarie des premiers hommes que pour relever le mérite des génies
civilisateurs qui leur donnèrent des lois (1).

Notre intention, d'ailleurs, n'est pas de nous perdre
dans les ténèbres des mythologies, ni même dans les
hasardeuses conjectures des philosophies symboliques.
Nous déclarons vouloir prendre les hommes au moment
où ils nous apparaissent aux premières lueurs de l'histoire, groupés en familles ou en tribus. En remontant
plus haut encore, rien ne se présenterait plus à nos
regards que des formes indécises et flottantes. La science
du publiciste ne peut pas se prendre à de vains fantômes
ni à d'incertaines hypothèses : il faut qu'elle s'arrête à
ce point de l'horizon historique où les nuages lointains
se transforment en réalités fixes, où les personnes et
les choses prennent une consistance assurée.

En partant de ce point de vue, il faut nécessairement
admettre, avec la plupart des érudits de nos jours, que
l'homme, au moment où il sent naître en lui la conscience de son existence morale et intellectuelle, se
trouve toujours membre d'une société plus ou moins
restreinte, suivant qu'on l'appelle famille, race ou
peuple. On reconnaît aussi, dans ces groupes disséminés çà et là que forme l'humanité à son berceau,

(1) Cicer., *De invent. Rhet.*, lib. 1, § II, et *de Orat.*, lib, I, n° 8,
Horat., *Ars poet.*, v. 391 ; Virg., *Æneid.*, lib. viii, etc.

l'empire d'une tradition religieuse et la domination d'un droit préexistant.

Mais l'idée de ce droit a quelque chose de vague et de confus ; il semble alors que toute espèce de crime ne lèse que l'individu seul, et que ce n'est que par la voie indirecte de la solidarité que la tribu ou la famille est appelée à venir au secours de l'offensé, ou à tirer vengeance du meurtre commis sur sa personne.

De plus, le peu d'ordre et de régularité qui existait dans les relations sociales entre des groupes composés d'un petit nombre d'hommes, et souvent peu unis et peu compactes dans leur composition intérieure, devait engendrer sans cesse des troubles, des querelles et des guerres privées.

Nous ne croyons pas pourtant que, dans les premiers âges du monde, la vengeance individuelle ait existé sans aucune espèce de frein, et qu'elle ait pu être étendue arbitrairement, au gré de la passion de l'offensé, au-delà de toute proportion avec l'offense. On ne peut pas non plus soutenir que l'état primitif des hommes ait été une guerre sans fin et sans trève. A une certaine époque, les collisions sanglantes étaient sans doute fort nombreuses ; mais, après tout, ce n'étaient que des accidents qui ne faisaient pas le fond même de la vie de société.

Or, tandis que l'instinct moral avertissait chaque conscience individuelle de l'injustice de telle ou telle violence, l'instinct social s'éveillait en même temps et faisait sentir à chaque famille ou à chaque tribu la nécessité de renfermer la vengeance dans de certaines bornes, et même de se laisser désarmer par des indemnités ou dédommagements qui supposaient l'existence d'un tort reconnu et en partie réparé. Il est curieux de suivre les progrès de cette action civilisatrice qui s'efforce de rétrécir de plus en plus le domaine de la vengeance du sang, cette primitive et grossière manifestation du droit.

Pour faire pénétrer dans les esprits l'idée abstraite d'un pouvoir pris en dehors de la famille, et ayant le droit et la mission de réprimer tous les crimes, même tous les crimes privés, il faut le travail successif de plusieurs générations et de plusieurs siècles. Il y a des gradations par lesquelles on doit passer pour faire l'éducation de la société humaine; si on les franchit brusquement, en imposant à des esprits incultes des notions auxquelles rien ne les aura préparés, au lieu de leur donner l'idée d'un droit perfectionné, on ne leur présentera d'autre image que celle de l'abus de la puissance et de la force.

Du reste, il est à remarquer qu'à défaut d'un droit proprement dit il existe, dès le principe, parmi les groupes sociaux primitifs, famille, clan ou tribu, à l'intérieur, une certaine juridiction domestique; à l'extérieur, la loi de la vengeance du sang. Non pas que cette division fût rigoureusement exacte, en tant qu'elle reproduirait nos idées modernes sur les limites précises des juridictions : le droit du dehors faisait souvent invasion au dedans, et des scènes sanglantes éclataient entre concitoyens, entre confédérés, entre frères ; seulement, on peut affirmer que c'est principalement entre les membres des diverses familles ou des diverses tribus, que s'exerce de la manière la plus apparente la vengeance du sang.

Nous avons donc maintenant à faire voir quelles ont été les premières modifications, les premières limites apportées à l'existence de ce droit. Nous prouverons ainsi que l'ensemble de ces modifications et de ces règles a constitué et constitue encore aujourd'hui la législation criminelle des peuples primitifs.

C'est dans ces premières transformations qu'il faut observer les sociétés humaines, pour bien comprendre comment elles arrivent, non pas encore à l'idée complète de l'Etat ou de la cité, mais seulement à une notion faible et imparfaite d'un droit privé de punition et de poursuite des attentats contre les personnes.

§ II.

Du droit de vengeance.

Ce sujet est très-important, sous le rapport philosophique comme sous le rapport historique. Nous allons le considérer successivement dans la théorie et dans les faits.

Tant que l'Etat n'est pas constitué, les familles sont entre elles dans une position analogue à celle où se trouvent aujourd'hui les nations par rapport au droit de paix et de guerre. Alors le droit de vengeance ou de guerre privée est un moyen légitime de répression en l'absence d'un pouvoir répressif supérieur et reconnu.

L'homme et la famille ont leur dignité et leur indépendance réciproques à conserver. Si l'individu ou le groupe injurié ne se venge pas, il s'expose évidemment à des injures, à des agressions nouvelles. Les membres de la famille ennemie qui auront pris l'offensive la reprendront sans cesse vis-à-vis d'hommes qu'ils auront cessé de craindre, et qu'ils auront commencé à mépriser.

Ils dépouilleront, ils opprimeront de plus en plus ces malheureux, tant qu'enfin ils les chasseront de leur territoire, les extermineront ou les réduiront en esclavage.

Si, au contraire, la famille attaquée dans un de ses membres prend fait et cause pour lui; si elle répond au meurtre par le meurtre, au pillage par le pillage, elle regagnera en ascendant et en influence tout ce qu'elle avait momentanément perdu; elle se replacera à un rang égal ou supérieur à celui de la tribu ennemie. Si elle est victorieuse, et qu'elle garde de la modération dans la victoire, elle se contentera d'une réparation qui constatera son droit et qui empêchera qu'on ne le viole à l'avenir.

Grâce aux préjugés de nos sociétés civilisées (car la civilisation a aussi ses préjugés quand il s'agit d'apprécier le passé), nous nous scandalisons étrangement de ces coutumes sauvages qui rachètent le meurtre d'un homme avec de l'argent, ou avec des fournitures d'armes, de bestiaux, etc.... Mais d'abord, ces coutumes ont été dans leur temps un immense bienfait social; et si on eût voulu rigoureusement appliquer de famille à famille, ou de tribu à tribu, le principe du talion, *vie pour vie*, quand se seraient arrêtées les vengeances alternatives entre ces groupes rivaux? Ces violences sans cesse renaissantes, devenant tour à tour causes et effets, se seraient indéfiniment légitimées les unes par les autres. Du reste, aujourd'hui encore, de nation à nation, nous procédons souvent de la même manière. Quand un roi a voulu injustement agrandir son empire, les peuples qui lui ont résisté, et qui sont parvenus à le refouler sur son territoire, se sont plus d'une fois contentés d'imposer au vaincu, pour toute satisfaction, des indemnités ou contributions de guerre. C'est aussi la réparation du sang versé ; c'est la sanction de la paix qui se conclut : en un mot, c'est faire en grand, pour arrêter des hostilités désastreuses, ce que pratiquaient en petit les familles ou les tribus des sociétés primitives

Il y a donc un droit public, et par là même une morale privée, qui diffèrent suivant le milieu social dans lequel la Providence a placé les hommes.

Ainsi, chez les Hébreux, Moïse n'a pas dû proscrire la vengeance d'une manière absolue. Dans un état de civilisation plus avancée, Jésus-Christ a pu promulguer une morale plus pure (1). A cette époque, la société était devenue assez forte pour protéger l'individu, sans qu'il fût réduit à s'armer lui-même pour sa défense.

Le Coran a consacré la vengeance du sang, parce qu'il a été promulgué au milieu des tribus à demi sauvages de l'Arabie, qui n'auraient pas pu concevoir ou admettre une loi plus avancée.

Les législations germaniques, scandinaves, etc., ont toutes admis ce droit de vengeance. L'antiquité profane nous le révèle déjà réglementé et modifié, ainsi que nos antiquités de l'Europe septentrionale. Nous le lisons écrit en relief sur le bouclier d'Achille, où le père des poètes nous montre deux hommes plaidant l'un contre

---

(1) Je sais très-bien que la loi de Moïse était à la fois spirituelle et temporelle, tandis que l'Evangile est bien plus spirituel que temporel; mais toute loi morale suppose une pratique possible, et dans l'enfance des sociétés, la renonciation à la vengeance eût été une sorte de suicide pour l'individu et pour la famille.

l'autre, pour savoir si la rançon du meurtre a été ou non acquittée par celui qui l'avait commis (1).

Les lettres de nos missionnaires nous en révèlent l'existence à l'extrémité de l'Orient, chez les Japonais, peuple isolé du reste du monde : *toto divisos orbe*.... Et voici dans quels termes de plus modernes voyageurs confirment des récits qui remontent à deux ou trois siècles : « Autrefois, on pouvait reprocher aux Japonais « une coutume sanguinaire, qui imposait aux descen- « dants d'un homme offensé l'obligation de venger son « injure, quand ils en trouvaient l'occasion, dans le « sang de la postérité de celui qui l'avait insulté. Mais « cette coutume est presque tombée en désuétude par « suite de l'adoucissement des mœurs (2). »

Preuve évidente, en même temps, des progrès que font dans la civilisation les peuples mêmes qui passent pour être le plus complètement immobiles.

Chez les peuples nomades de l'Arabie, qui semblent encore reproduire les mœurs du temps d'Ismaël, on retrouve l'existence du droit de vengeance et de la composition pécuniaire.

Il y a quelque temps, un voyageur français était à Suez. Il demande au pacha de cette ville une escorte et un firman pour aller au Sinaï. Le pacha lui répond par

(1) .....Δύο δ'ἄνδρες ἐνείκεον εἵνεκα ποινῆς
ἀνδρὸς ἀποφθιμένου ·

Iliad., ch. xviii. vers 498. Ce passage curieux mérite d'être étudié en entier, comme un monument de la procédure primitive.

(2) Eyriès et Malte-Brun, *Collection de voyages*, t. xii, p. 384, et traduction de la curieuse relation de M. Golownin, capitaine de marine russe, qui fut retenu prisonnier en 1811 et les années suivantes par les Japonais.

un refus formel : « La route n'est pas sûre, dit-il ; il y
« a du sang entre les tribus du désert. » En effet, deux
hommes d'une tribu avaient été tués dans une querelle
par deux ou trois autres Arabes appartenant à la tribu
voisine. Le soir, un vieux scheik arrive du mont Sinaï ;
on lui demande des nouvelles de la contrée : il répond
que tout est arrangé, pacifié. On avait acquitté la dette
du sang ; pour racheter le sang des deux victimes, la
tribu des meurtriers avait payé quatre dromadaires !

Nous pourrions multiplier à l'infini de pareils exemples,
tirés des mœurs des peuples sauvages dans les cinq
parties du monde ; mais ce qui fait la force de ces exemples,
c'est bien moins leur nombre plus ou moins grand, que leur
conformité avec la nature des choses, avec les principes
qui président aux origines et aux progrès de la civilisation.

Il y a pourtant des savants qui, au nom de l'érudition historique, ont nié que la vengeance du sang
ait existé soit chez les Hindous et les Egyptiens, soit
chez les Gaulois ou Celtes ; il n'y aurait pas eu non plus
de droit de vengeance chez les Polonais. Si l'histoire
présentait des exceptions aussi considérables au système
que nous avons exposé, elles prouveraient, en effet,
qu'il ne peut pas être érigé en loi générale. Mais il nous
est facile de répondre à ces objections et d'éclaircir ces
doutes.

§ III.

Des Hindous, des Egyptiens et des Celtes. — Des Polonais et des Slaves.

Là où la théocratie pure, fondée sur le régime des
castes, fleurit dans toute sa puissance, il est impossible
que les ténèbres ne s'étendent pas sur l'ensemble des

faits nationaux antérieurs à l'organisation sociale qui est émanée d'elle. Le sacerdoce héréditaire, qui gouverne en maître souverain, se transmet de génération en génération le soin d'effacer jusqu'aux moindres traces de cette liberté sauvage et désordonnée à laquelle il a substitué un système de compression forte et minutieuse. C'est ainsi qu'on n'a point et qu'on ne peut avoir de notion historique et précise sur les faits se rapportant à l'âge primitif des Hindous et des Égyptiens. Certaines traditions furent conservées chez ces peuples par la classe éclairée ; mais, pour la masse du peuple, les origines historiques se couvrirent des voiles épais de la poésie, ou même se perdirent tout à fait dans l'ombre.

Si la lutte qui paraît avoir existé dans l'Inde entre les Brahmanes et les Kchatryas (1) avait tourné au profit de ces derniers, les traditions primitives auraient pu être recueillies à la fois en toute liberté par les poètes et par les historiens.

Des lueurs suffisantes éclaireraient alors le berceau de cette contrée ; mais aussitôt après cette phase sociale, où les Indiens commencèrent à se civiliser par la religion, ils furent saisis et comme pétrifiés par le régime des castes.

Il en fut de même de l'Égypte, qui, suivant les inductions de la science moderne (2), paraît avoir été initiée

(1) Cette lutte est racontée d'une manière emblématique dans le Mahabarat, le plus ancien poème de l'Inde.

(2) Que telle ait été l'origine de la civilisation égyptienne, et qu'elle fût due à une émigration de peuples, on en trouve la preuve en ce que le caractère de la langue cophte n'est pas indien (Schlegel, *Essai sur la langue et la philosophie des Indiens*, pag. 179, trad. de Mazure, 1837).

2

aux premiers rudiments de la civilisation par une colonie de prêtres venus de l'Inde. Cette invasion sacerdotale, en s'étendant sur les rivages du Nil, aurait ôté aux Cophtes indigènes toute consciènce de leur vie sociale antérieure.

Il nous serait donc impossible de trouver dans les monuments nationaux de ces contrées des renseignements historiques qui nous permissent d'exposer d'une manière précise et détaillée la révolution sociale qui, là comme ailleurs, dut modifier et abolir la vengeance du sang. A la différence des poëmes d'Homère, les poëmes indiens sont beaucoup moins historiques que mythiques et cosmogoniques.

Cependant, pour l'Égypte en particulier, il reste des traces confuses des mœurs de ses temps primitifs. Les Grecs nous ont transmis quelques-unes des anciennes traditions de ce pays. Ainsi, Diodore nous apprend qu'à l'aide de son fils Orus, la reine-déesse Isis vengea contre Typhon le meurtre de son mari et frère Osiris. En faisant elle-même une dernière fois usage de la vengeance du sang, elle aurait détruit ou enchaîné la barbarie et serait devenue le symbole du génie civilisateur. Par la crainte des châtiments, elle mit un terme à l'injure et à l'abus de la force qui ne connaît aucune loi (1).

Des sources analogues nous manquent pour les traditions primitives de l'Inde. (2).

---

(1) Diodore de Sic., liv. i, c. 80-88, etc. Voir aussi les notes savantes de son traducteur, M. Myot, ancien conseiller d'Etat.

(2) Chez les Hindous, la religion a détruit tous les monuments historiques, dit le savant Klaproth. « Il est trop vrai, dit M Guigniaut, que nous n'avons pas plus l'histoire religieuse que l'histoire politique de

Quant aux Gaulois, nous avons à peu près les mêmes observations à faire. La théocratie druidique est une des plus puissantes qui aient dominé un peuple, parmi celles qui n'étaient pas héréditaires. En soumettant leurs jeunes élèves à une initiation de vingt années, ils se créaient, à leur égard, une véritable paternité intellectuelle et morale.

Cependant, nous ne nous bornerons pas encore ici à des arguments négatifs tirés de l'obscurité que projette une théocratie absolue sur le passé qu'elle a anéanti. Il existe deux monuments législatifs écrits en langue celtique, et dont l'antiquité est certainement fort reculée. L'un appartient au pays de Galles, l'autre à l'Irlande. La science la plus récente (1) a fait valoir des considé-

l'Inde. » (*Hist. des rel. de l'antiq.*, tom. 1, p. 39.) Cependant, d'après les découvertes toutes nouvelles de la science, on ne désespère pas de pouvoir recomposer cette histoire. Quant à la Chine, on sait que ses chroniques primitives ont péri dans l'incendie de 213 av. J.-C., allumé par un empereur novateur « qui avait bien senti qu'il ne pou- « vait disposer à son gré du présent, sans abolir le souvenir du « passé. » — Voir les *Nouveaux mélanges asiatiques* de M. Abel Rémusat, tom. 11, p. 137, Paris 1829, chez Schubart et Heideloff. Cette espèce de persécution contre l'histoire dura environ un siècle ; après quoi les lettres, rendues à la liberté de la science, cherchèrent à retrouver le passé de leur pays dans quelques débris tronqués d'écrits ou de monuments. Mais on sent combien ces travaux durent être insuffisants. Aussi les Chinois conviennent eux-mêmes de l'obscurité qui couvre les premiers siècles de leur histoire — « On doit, dit M. « Abel Rémusat, admirer la confiance des critiques d'Occident, qui « entreprennent de réformer le travail des critiques chinois, deux « mille ans après eux, ne sachant qu'imparfaitement la langue, et « quelquefois même ne l'ayant pas étudiée. » *Ibid.*, p. 138, tiré de la biographie de l'historiographe Ssé-ma-thsian, qu'on a appelé l'Hérodote de la Chine. Du reste, comme le dit un historien moderne, la vengeance du sang existe encore en Chine à quelques égards. Saint-Victor, tom 11, p 121, *Etudes sur l'histoire universelle.*

(1) Voir sur les lois d'Hoel-dda la nouvelle traduction en langue

rations puissantes à l'appui de l'authenticité de ces
recueils. Certaines analogies qu'on peut y remarquer
avec des coutumes qu'on prétend particulières aux
Germains et aux Danois, prouveraient tout au plus des
interpolations partielles introduites par les derniers
rédacteurs ou compilateurs ; mais on peut bien soutenir
aussi que ces similitudes tiennent à un état pareil
d'enfance et de formation sociale chez ces différents
peuples.

Dans les Gaules, du temps des Druides, comme dans
l'Inde des Brahmines, on trouve une civilisation sortie
de l'enfance sociale ; les documents historiques manquent pour remonter plus haut. Par conséquent, il est
tout simple qu'on ne puisse pas y retrouver le droit de
vengeance.

Ce droit est, il est vrai, écrit en toutes lettres dans
les deux monuments celtiques auxquels nous venons de
faire allusion : l'un, connu sous le titre de Triades
galloises ou lois de Hoël-dda ; l'autre, conservé en
Irlande sous le nom de lois des Brehons (1).

Mais on ne fait remonter l'existence de ces recueils
qu'aux vıııe et ıxe siècles, et ceux mêmes qui en sou-

anglaise faite il y a quelques années par ordre de la reine Victoria, et
qui paraît supérieure pour l'exactitude au recueil de Wotton, connu
depuis longtemps dans le monde de la science. MM. de Courson,
Hersard de Villemarqué, Lenormant, paraissent croire à l'authenticité de ces lois. Quant aux lois irlandaises des Brehons, dont Hallam
et d'autres publicistes anglais ont paru suspecter l'originalité et l'antiquité, des savants de Dublin ont montré qu'elles étaient encore plus
évidemment authentiques que les triades galloises. Léland avait déjà
du reste plaidé cette thèse; il prétend que ce recueil est du vıııe siècle. Voir la traduction de ces lois en anglais, par Vallancey.

(1) Les Brehons étaient des juges pris dans certaines familles, qui
jugeaient au haut d'un tertre, sur un banc de gazon.

tiennent l'authenticité avouent qu'à un fond céltique primitif on a ajouté de bonne heure des coutumes empruntées aux Danois et aux Germains. De ce nombre pourrait être la disposition qui condamne la famille entière d'un meurtrier à participer à la réparation de la lésion ou de l'homicide commis par un de ses membres (1). Nous en dirons autant d'un passage de la loi des Brehons qui consacre et règle la composition pécuniaire due en pareil cas par le meurtrier et par sa famille.

Ces inductions historiques seraient trop faibles pour pouvoir être la base d'une argumentation sérieuse. Mais, d'un autre côté, on ne peut pas tirer avantage contre notre thèse du silence d'une histoire des Gaules qui n'existe pas pour nous, avant l'époque où y régna le culte druidique.

Il nous reste à examiner l'objection que l'on va chercher dans l'ancienne Pologne contre la généralité de la coutume du droit de vengeance chez les Slaves.

Les Polonais ne sont qu'une branche de la grande famille des Slaves, issus eux-mêmes des Sarmates, s'il faut s'en rapporter aux inductions de la science moderne (2). Que si les Slaves primitifs ont pratiqué le droit de la vengeance, avant d'arriver sur les bords de la

(1) C. Vened., tom. I, liv. 3, chap. 1, § 12, p. 222-244 de l'édition anglaise. Voici le paragr. 1er de ce chap. « Whoever is a murderer the full Galanas falls upon him, and thus the Galanas is to be shared : one third upon the murderer and upon his father and mother, if they be living; and of that, two parts upon himself, and the third upon his father and mother, and of the third part which falls upon the parents, two pence upon the father and upon the mother..,.. etc. »

(2) *Essai sur l'origine des Slaves*, par M. Eichoff, professeur de littérature étrangère à la faculté des lettres de Lyon. Lyon, Borle, 1848 Nous savons que cette opinion est contestée.

Vistule, il serait indifférent pour notre thèse qu'un rameau détaché de la souche commune y eût renoncé, après avoir accompli sa séparation et sa migration particulières. Or, dans les vieilles lois de celle des nations slaves qui est devenue la plus nombreuse et la plus puissante, dans la *Pravda* russe (1) de Jaroslaw, on lit ce qui suit : « S'il arrive qu'un homme tue un homme, le frère venge son frère, ou le fils le père, le père le fils ; à défaut du fils, le fils du frère ou le fils de la sœur. Si le mort ne laisse personne qui puisse le venger, l'amende sera de 40 grivnas, etc... (2). »

Ces vieilles lois et coutumes, qui ont été recueillies et écrites dans le xii° siècle, ne diffèrent pas de celles qu'on a retrouvées de nos jours existantes encore chez les Monténégrins (3), peuplade slave des bords de l'Adriatique, restée à l'état d'enfance sociale. « La vengeance « du sang, dit un voyageur moderne, y est une chose « consacrée chez les familles les plus distinguées, et la « renonciation à la vengeance est une des plus grandes « solennités. Ces réconciliations ont lieu en présence « de l'assemblée nationale et de la *kmeti*, ou tribunal

(1) La *Pravda* est un recueil de vieilles lois russes, attribué à *Jaroslaw*. Elle est connue sous le nom de *Pravda* de Novgorod, ou législation des princes. *Pravda* veut dire en russe *vérité*, *droit*, *force* et *justice* : cette synonymie est remarquable. Rouskaïa Pravda, recueil de vérités russes. Npagba (Pravda) de Npabo (Pravo) (rectus, rectitudo, fortitudo). (Note communiquée par M. de Circourt.)

(2) On peut lire de savants commentaires sur cette loi et sur les vieilles coutumes russes dans l'ouvrage allemand d'Ewers, intitulé : *Das älteste Recht der Russen*. Dorpat, 1826).

(3) Suivant MM. Cyprien Robert et Ernest Desprez, qui sont si bien en état d'en juger, c'est dans le *Monténégro* que se parle le slave le plus pur.

« composé de vingt-quatre anciens, sur lesquels chaque
« partie en choisit six, ce qui fait douze (1). »

La race slave nous offre donc, dans deux de ses rejetons
divers, le phénomène que nous avons observé en comparant nos ancêtres barbares à des peuplades sauvages
récemment observées par les voyageurs. L'âge social
des Monténégrins au xIXᵉ siècle se rapporte à celui des
Moscovites au xIIᵉ. Ceux-ci ont marché, ceux-là sont
restés stationnaires. C'est ainsi que dans nos plaines
nous voyons en été des arbres chargés de fruits, tandis
que sur le haut des montagnes des arbres de même
espèce sont encore couverts de fleurs.

De ces exemples remarquables, nous pourrions donc
conclure que le droit de vengeance a appartenu aux peuples slaves primitifs, et, par conséquent, aux Polonais ;
mais nous en trouverons encore des traces dans les
propres monuments de cette branche particulière des
Slaves.

Il y a un vieux mot polonais, *vina*, dette, qui veut dire
aussi peine. La dette de ce genre, qu'on n'acquitte pas,
suppose au créancier du sang le droit de se faire payer de
ses propres mains. De plus, nous lisons dans les statuts
de la Petite Pologne : « *Judex, prout poterit, amicabi-
liter secum componere teneatur* (2). » Or, la réconciliation opérée par le juge, la composition réglée au
moyen de son intervention, tout cela suppose un droit
préexistant de vengeance que cette organisation nouvelle
est destinée à combattre. D'après ces statuts, la peine
n'est autre chose que la satisfaction due par l'offenseur à

---

(1) *Voyage historique dans le Monténégro*, par le colonel Vialla de
Sommières, tom ı, pag. 339, Paris, 1807.

(2) *Statuta minoris Poloniæ*, au titre de *Kara*, peine.

l'offensé ; c'est bien là le caractère de transition entre la vengeance privée et la vengeance sociale. Si l'offensé ou sa famille n'acceptait pas les propositions du coupable, celui-ci s'adressait au magistrat, lui avouait sa faute et se déclarait prêt à subir la peine ou l'humiliation, *kava*. Sous les auspices de ce magistrat, il cherchait par son humble hommage, *pokora*, à obtenir son pardon, et au moyen de certaines formules et d'une cérémonie publique où il devait manifester son humiliation et son repentir, ce pardon ne pouvait lui être refusé.

À la réconciliation des parties, succéda la *paix publique*, qui plaça la sécurité de chacun sous la garantie de la société. On distinguait la paix temporaire et la paix irrévocable, *mir* et *pokoi* (1). '

Après avoir ainsi, par des considérations politiques et historiques, rétabli la preuve des lois générales qui président aux premiers développements des sociétés humaines dans leurs rapports avec la formation du droit criminel, nous abordons l'histoire de ce droit dans l'Europe moderne. Les chapitres qui suivent montreront comment les peuples germaniques, les premiers qui aient succédé dans l'Europe à la domination de l'empire romain, ont passé du régime de la vengeance du sang à celui des peines sociales.

§ IV.

Carte de l'Europe au commencement de l'empire romain.

Quand on jette un coup d'œil sur la carte du monde ancien, on voit qu'au temps de la république romaine, l'Europe barbare s'étendait de l'île de Bretagne et de la péninsule armoricaine jusqu'aux régions hyperboréennes

(1) Lettre inédite de M. Lelewel, savant historien polonais.

habitées par les Scandinaves. En achevant la conquête
des Gaules, César fit, si j'ose parler ainsi, une large
trouée au milieu de cette portion presque inconnue de
l'Europe; il refoula vers le nord-est les peuplades germaniques qui, sous la conduite d'*Arioviste*, commençaient l'invasion des Gaules, poussées qu'elles étaient
par le mouvement lent, mais général et continu, des nations septentrionales. Il rejeta vers l'ouest, dans les forêts
de l'Armorique et de l'île de Bretagne, le culte druidique
dont la forte hiérarchie ralliait les débris de la nationalité
gauloise. Le Druidisme proscrit continua de subsister
dans la Gaule à l'état de société secrète.

Sous les premiers empereurs, la brèche commencée
par César s'agrandit à l'est et à l'ouest. D'un autre côté,
les légions romaines soumirent l'île de Bretagne, moins
la Calédonie et peut-être l'extrémité du pays de Galles (1); de l'autre, elles se répandirent au-delà du Rhin,
où cependant, malgré les victoires de Germanicus et de
quelques autres généraux, elles ne fondèrent jamais de
solides conquêtes. Toute trace de nationalité gauloise
et bretonne, tout vestige d'influence druidique parut
s'effacer sous la domination savante et despotique de
l'Empire. Et ce qu'on retrouve aujourd'hui, grâce à de
patientes et curieuses recherches, ne présente que des
débris plus intéressants peut-être pour l'antiquaire que
pour le publiciste.

Cependant, comme on peut démêler çà et là, dans les
institutions de la première race des rois francs, quelques
traces d'influence de l'élément celtique, nous ne devons

---

(1) Ou Cambrie, habitée par les Kymris ou Cymris; les Saxons
les appelèrent *Walli*, étrangers, d'où est venu le mot de *Galli*, pays
de Galles. Nous savons, au surplus, que cette étymologie est contestée.

pas complétement passer sous silence ce que nous savons des mœurs et des coutumes des Gaulois, les premiers possesseurs de notre sol natal.

Il sera d'ailleurs instructif et intéressant de comparer, sous quelques rapports caractéristiques, les institutions des Germains et des Celtes, à l'époque de César et des premiers empereurs romains.

§. V.

Civilisation et constitution de la famille chez les Gaulois et chez les Germains. — Famille slave ayant plus de ressemblance avec celle des Germains. — Clan et clientelle des Celtes.— *Comitatus* des Germains.

Si l'on compare les Gaulois tels que nous les montrent César et Strabon, aux Germains que nous dépeint Tacite, on ne peut s'empêcher de reconnaître chez les premiers une civilisation plus avancée. La classification des personnes y est mieux fixée, la hiérarchie sociale mieux organisée, la famille constituée avec plus de force.

César nous parle de plusieurs villes ou cités considérables, qui existaient dans les Gaules avant la conquête romaine (1). Une sorte de luxe au moins relatif se remarquait dans ces villes. Les réunions de chaumières ou de tentes des Germains n'auraient pas même mérité le titre de bourgades ; car, suivant Tacite, c'étaient des enclos qui servaient de refuge aux troupeaux et aux ménages des familles groupées ensemble (2).

(1) *Comment.*, lib. 1 et seq. Du temps d'Auguste, il y avait 115 cités gauloises. Dans toutes ces cités, existait un certain mouvement commercial et industriel. Suivant Pline, les Eduens inventèrent le placage, les Bituriges, l'étamage ; et d'autres peuples gaulois imaginèrent la charrue à roues, les tonneaux en bois cerclé pour les vins, etc. Plin., *Hist. natur.*, lib. 34, n° 8.
(2) Tacit., *De mor. German.*, XVI, n°ˢ 14 et 18.

Si, de ces aspects extérieurs de la vie matérielle, on passe à ce qui fait l'essence même de la vie intime des peuples, à la constitution de la famille, on trouve encore de grandes différences entre les coutumes germaniques et les coutumes celtiques.

Chez les Celtes, le pouvoir du père de famille est illimité, il a le droit de vie et de mort sur ses enfants comme sur sa femme (1). Les parents cherchent à inspirer à leurs enfants une sorte de terreur : ils ne leur permettent pas de les aborder en public avant qu'ils aient l'âge de porter les armes. Ils ont le droit de les réduire en esclavage, ce qui semble être la conséquence du droit de vie et de mort.

La puissance paternelle n'était certainement pas aussi absolue chez les Germains (2). On trouve cependant chez eux des exemples d'enfants vendus par leur père (3), et même par des mères devenues veuves. Mais, d'une part, cette vente n'avait pu avoir lieu que pour des enfants au-dessous de douze ans, âge auquel la loi leur accordait une sorte d'émancipation ; d'une autre part, le recueil des Gragas, cette vieille loi de la Scandinavie, pure de toute influence étrangère, nous fait connaître que ce droit de vente n'était, en réalité, exercé que dans certains cas, tels que celui où le père insolvable livrait son fils en son lieu et place à son créancier, dont il aurait été réduit, sans cette substitu-

---

(1) Cæs., *Comment.*, lib. vi.

(2) Heinecc., *Element jur. German.*, et Pardessus, *Loi sal.* p. 435, 3ᵉ dissertation.

(3) *Capitul.*, lib. vi, c. 4, et *Vie de S. Julien*, dans Labbe, *Biblioth. manuscr.*, tom. 2, pag. 575.

tion, à devenir lui-même l'esclave (1). Le silence des autres lois germaniques à cet égard nous autorise à fonder sur ce texte la conjecture de la nécessité de quelque motif semblable, pour rendre raison de cet acte rigoureux de la puissance paternelle.

En Germanie, le père avait sur ses enfants un droit appelé mundium (*Mund*), qui différait, dans son essence, de la *paterna potestas* des Romains. Le *mundium* engendrait les devoirs de la responsabilité à côté des droits de la puissance. Il impliquait une réciprocité dont l'idée était étrangère au *Jus Quiritium*. D'autres différences essentielles apparaissent encore dans la constitution de la famille chez les races celtique et germanique.

On peut comparer la famille celtique au cercle que trace le jet d'une pierre sur la surface des eaux d'un lac. Ce cercle va s'agrandissant toujours, jusqu'à ce que l'on perde de vue ses lignes extrêmes. De même dans la Bretagne, la principauté de Galles, l'Écosse et l'Irlande, qui gardent encore, après tant de siècles, des traces de leur origine celtique, les liens de consanguinité, s'étendant indéfiniment sans se rompre pendant une longue suite de générations, produisirent le clan, qui a égalé, souvent même dépassé numériquement, la tribu arabe ou tartare.

Ainsi, lors du procès d'Orgétorix chez les Helvètes, ce chef celte paraît devant le tribunal avec sa famille, montant à dix mille hommes sans compter ses clients (2). Les chroniqueurs de l'Écosse nous racontent les mêmes

(1) Préf. latine des *Grag.*, par Schlegel, p ccxxii.
(2) Cæs., *Bell. gall* , i, 4.

choses des chefs de clan de leur pays ; là aussi, un Campbell se présentait avec cinq mille hommes devant le tribunal de Glascow ou d'Edimbourg, et l'appareil de ces cortéges nombreux et armés paralysait l'action de la justice (1).

La famille germanique présente un aspect tout différent ; elle se compose d'un cercle dont la circonférence ne peut pas s'accroître au-delà de certaines limites fixées par les mœurs et par les lois (2). Chaque branche collatérale, arrivée à un éloignement déterminé de la souche commune, devient elle-même une souche nouvelle. Mais ordinairement, elle se souviendra de son origine, elle gardera le même culte et même elle continuera d'adorer les mêmes dieux que la branche aînée. Quelquefois, ces branches diverses de la même race s'uniront pour concerter ensemble une expédition guerrière ; presque toujours elles s'entendront pour se défendre contre une invasion de territoire, et, suivant que cette réunion de petits cercles formera une fusion plus ou moins intime, une ligue plus ou moins permanente, on l'appellera peuple ou confédération.

Quelques publicistes allemands ont encore admis chez les Germains un groupe naturel intermédiaire entre la famille et le peuple proprement dit : c'est la race *Stämme*. Mais cette subdivision est plutôt fondée sur des hypothèses ou sur des inductions scientifiques que

(1) « Un homme, accusé d'un crime, dit un juge et homme d'Etat du xvᵉ siècle, se présente fréquemment à la cour de justice devant laquelle il est cité, soutenu par une telle compagnie d'amis armés, qu'on dirait qu'il veut défier les juges et le jury. » (Walter Scott, *Histoire d'Ecosse*, t. II, p. 88, traduct. Paris, Gosselin, 1839.)

(2) Ces limites étaient ordinairement le septième degré de parenté.

sur des témoignages positifs d'anciens chroniqueurs ou
historiens. Il nous semble d'ailleurs que, du moment
où les divers rameaux d'une race germanique, après
s'être donné une existence indépendante, se rejoignaient
pour former une communauté sociale, ils formaient
véritablement une nation, ou au moins une peuplade.
La similitude du langage leur faisait reconnaître leur
identité d'origine, et c'était là, sans doute, le premier
lien de ces associations qui ont leur racine, non point
dans des combinaisons artificielles, mais dans la nature
même de l'humanité, telle que l'a créée la Providence.

Quoi qu'il en soit, la facilité de séparation des familles
n'empêchait pas chez les Germains une tendance à la
cohésion sous une autre forme. Si les anneaux de cette
chaîne se détachaient en se multipliant, ils ne tardaient
pas à se ressouder, et l'unité de la fédération guerrière
remplaçait celle qui résultait du *parentage* indéfiniment
agrandi des anciens Celtes.

Il n'en était pas de même chez les Slaves. Ce peuple
admettait, comme les Germains, le principe qui restrei-
gnait l'extension de la famille : mais il ne paraît pas
que rien vînt corriger la dispersion sans cesse renaissante
de ses membres, ni qu'aucun point de ralliement fût
offert à leurs colonies flottantes et mutuellement jalouses
de leur liberté, comme autant de petites républiques
anarchiques.

« Lorsqu'un village slave comptait plusieurs familles
de plus de sept membres, et qu'une année fertile donnait
double ou quadruple récolte, il tirait de son sein de
quoi fonder une colonie. Les vieillards déterminaient,
d'après les anciennes coutumes, l'emplacement que cette
colonie devait occuper. Arrivés sur leurs nouvelles

terres, les émigrants attelaient à une charrue un bœuf
blanc et un bœuf noir, et le sillon, tracé ainsi autour
d'une vaste enceinte, formait la limite légale de l'établissement naissant. La colonie s'appelait *Swoboda* ou
Sloboda, liberté. Il devait y être réservé un bois sacré
pour les cérémonies religieuses, aussi bien que pour le
Ding ou tribunal, et pour la discussion des affaires
publiques en assemblée générale (1). »

On voit, maintenant, comment les Germains ont passé
à travers ces tribus patriarcales et agricoles, protégées
par leur pauvreté et leur simplicité, sans chercher à les
subjuguer ou à les entraîner à leur suite comme des
auxiliaires. On comprend également comment le peuple
slave, impatient de toute union et de toute autorité
centrale, fut si facilement dompté et réduit en servage
par les Mongols, nation féroce de l'Asie, et organisée
spécialement pour le pillage, la guerre et la conquête.

Chez les Celtes, au contraire, qui résistèrent si longtemps aux Romains, et qui, en Armorique et dans une
partie de la Bretagne, ne subirent jamais leur joug, non-
seulement la famille tendait indéfiniment à s'accroître,
mais elle se fortifiait encore par des institutions qui lui
servaient de complément et, pour ainsi dire, d'appendice : je veux parler de la *clientelle*, sur laquelle César
nous a laissé de si curieux détails.

Les clients des chevaliers gaulois *(equites)* étaient de
deux sortes : les *soldurii* et les *ambacti*. Les premiers
appartenaient à l'ordre de la noblesse ; les seconds, à la
classe du peuple. Ces chevaliers avaient toujours,

(1) Cours de Mickiewicz, *Revue des Deux Mondes*, du 15 décembre
1843, et Ewers, *Das älteste Recht der Russen.* Hambourg, 1826.

autour d'eux, un nombre de clients proportionné à l'état de leur naissance, ou aux ressources de leur patrimoine (1).

L'espèce de pacte réciproque qui unissait au patron les clients appelés *soldurii*, rappelle un peu les liens féodaux entre le noble vassal et le suzerain. César nous montre le guerrier Adcantuanus accompagné de six cents de ces *soldurii*; puis il ajoute : « Telle est la condition « de ces hommes, qu'ils jouissent de tous les biens de « la vie avec ceux auxquels ils se sont consacrés par un « pacte d'amitié. Si leur chef périt de mort violente, ils « partagent son sort et se tuent de leur propre main. Il « n'est pas arrivé, de mémoire d'homme, qu'un de ceux « qui s'étaient dévoués à un chef par un pacte semblable « ait refusé de mourir aussitôt que ce chef était « mort (2). »

Comme pendant à ce tableau tracé par Jules César, Tacite fait une belle peinture du dévouement des *comites* ou compagnons des chefs germains. Si ce dévouement semble avoir quelque chose de moins absolu, de moins imposé, si l'on peut s'exprimer ainsi, que celui des clients gaulois, il n'en est pas moins noble et moins complet. « Ce n'est point une chose honteuse, dit-il, de « faire partie de la suite de ces guerriers, arrivés au « commandement par l'éclat de leur naissance ou de « leurs services personnels. Il règne même dans ces « associations une sorte de hiérarchie, réglée par celui « qui y préside et qui les forme. » Tacite explique

---

(1) Cæs., *de Bello gallico*, lib. vi, cap. 15.

(2) *Id., Ibid.*, l. iii, c. 22. Voir aussi ce qu'il dit de la fidélité des clients de Litavicus. *Id., ibid.*, vii, 40.

encore que le prince ou chef choisit lui-même son
cortége, *comitatus*, parmi les jeunes gens que recom-
mandent à son suffrage une noblesse insigne ou les services signalés de leurs pères. Le *comitatus*, composé,
par chaque chef illustre, pour le temps d'une guerre, ou
même quelquefois pour la durée de sa vie militaire,
avait donc un caractère d'amovibilité qui différait profondément de la clientelle gauloise : celle-ci, comme la
clientelle romaine, était demeurée sujette à une trans-
mission héréditaire. Pour les *ambacti* (1) cela est évident : on pourrait le contester pour les *soldurii*, dont le
dévouement était plus volontaire et plus libre. Cependant
César ne fait pas de distinction entre les uns et les
autres. Du reste, la différence entre la clientelle des Celtes
et le *comitatus* des Germains s'explique assez naturellement : elle tient, non-seulement à la plus grande
extension de la famille chez les Gaulois, mais encore à
leur état de civilisation plus avancée. Quand les Germains,
si longtemps mobiles et presque nomades, s'installèrent,
soit au delà, soit en deçà du Rhin, leur *comitatus* finit
aussi par se lier à la propriété foncière et par devenir le
régime féodal (2), après avoir passé par une série de transformations successives, et, peut-être même le vasselage
devint-il d'autant plus facile à établir dans les Gaules,

(1) Les Ambactes étaient plébéiens, et les plébeiens étaient, dit
César, *pene servorum loco*. Ils devaient donc être pris dans les terres
du chef, parmi les colons, comme les seigneurs du moyen-âge choisissaient des hommes d'armes parmi leurs serfs.

(2) Au temps de Tibère Julius Florus soulève les Trévires; ses troupes étaient en grande partie composées de clients et d'*obærati* : *vulgus
obæratorum aut clientium arma cepit*, dit Tacite. *Ann.*, lib. III, c. 42.
On trouve le régime féodal établi en Armorique dès le commencement du IXme siècle ; *Cartulaire de Redon*, p. CCXLV et suiv. Prolégomènes, par M. Aurélien de Courson.

qu'il y réveilla ces traditions de la clientelle, à peine
effacées par l'occupation des Romains ; car nous trouvons
encore des traces de l'existence de ces institutions qui
avaient persisté longtemps après la conquête, au moins
dans les campagnes.

§ VI.

Du droit criminel et des formes politiques des Gaulois et des Germains,
d'après les historiens latins. — Du peu d'importance de l'élément celtique pur dans le travail de reconstitution de la société européenne.

La différence dans le degré de civilisation suffit encore
pour rendre raison de la différence du système pénal
chez les Celtes et chez les Germains ; ceux-ci n'ont pas
encore reconnu que ce qu'ils appellent l'offense privée,
c'est-à-dire le meurtre et l'assassinat, soit justiciable
du pouvoir social ; ils ne le font intervenir que dans le
cas où les parents de la victime renoncent au droit de
vengeance privée et se contentent d'une composition
pécuniaire. Alors, c'est par lui que l'exécution de la
transaction est garantie ; et en même temps s'introduit
peu à peu l'usage de l'amende, *fredum*, qui est payée à
l'État, tandis que la composition (*Wergeld*) ou rançon
de la *vendetta*, est payée à la famille du mort ou de
l'offensé. C'est ainsi que la justice sociale commence à
établir ses droits à côté de la justice privée, en attendant
qu'elle l'écarte et la remplace d'une manière complète.

Deux espèces de crimes seulement sont réputés crimes
sociaux chez les Germains du temps de Tacite, et, comme
tels, punis de la peine capitale. D'une part, c'est la
trahison et la désertion à l'ennemi ; de l'autre, c'est la

lâcheté et cette espèce de suicide de la pudeur que nos
lois modernes laissent impuni ; on pendait les traîtres et
les transfuges, on noyait dans la boue ou dans la fange
des marais les lâches et ceux que l'historien romain
appelle *corpore infames* (1).

Chez les Gaulois, on ne rencontre rien qui ressemble
au *Wergeld* ni au *fredum*. A la vérité, les criminels
d'État étaient punis des plus cruels supplices (2) ; mais
il y avait encore des peines assez sévères contre les coupables de crimes privés. Les uns et les autres étaient
déférés au tribunal des Druides : les premiers, sur la
poursuite de la cité, représentée par les magistrats ; les
seconds, sur celle de la partie lésée (3). Dans l'un et
l'autre cas, l'accusé, avant même d'être jugé, sentait
le poids de l'intervention sociale. Il comparaissait chargé
de fers (4), et la torture, qui n'était pas usitée chez
les Germains, paraît avoir été un moyen d'instruction
employé par les Druides (5).

La nature des peines se montre aussi, dans les Gaules,

---

(1) Je crois, avec plusieurs commentateurs de Tacite, que Montesquieu s'est trompé quand il a entendu par là ceux qui se mutilaient,
comme le fit Origène, dans un accès d'enthousiasme religieux. Il ne
faut pas vouloir corriger le texte ni remplacer *corpore* par *torpore*.
Il s'agit évidemment ici du crime contre nature. La preuve de l'horreur que les Germains attachaient à ce crime peut résulter encore
de la sévérité avec laquelle leurs lois punissaient toute allusion inju-
rieuse qui pouvait y être faite. La loi 1re, tit. 30, de la loi salique
condamne à payer 600 deniers quiconque aura appelé quelqu'un
cinnitum.

(2) Cæs., *de Bell. gall.*, lib. VI, c. 44; lib. VII, 4 et 43; lib. VIII, 20.

(3) *Id., ibid.*, 1, 4. A. Klimrath, *Hist. du droit public et privé de la
France,* t, 1, p. 195, chez Joubert, 1843.

(4) *Id., ibid.*, lib. I, 4.

(5) *Id., ibid.*, lib. VI, 19.

infiniment plus variée qu'elle ne pouvait l'être chez un peuple resté dans la première enfance de la civilisation. Outre la potence et la noyade, les Gaulois avaient encore la mutilation, la confiscation, le bannissement, l'amende et l'excommunication, ou l'interdiction des sacrifices. Cette dernière peine prouvait la puissance de l'élément religieux et l'influence de l'ordre sacerdotal (1). Du reste, elle avait quelques rapports avec l'interdiction de l'eau et du feu chez les Romains.

L'organisation de la justice est encore réglée tout autrement dans les Gaules que dans la Germanie. La prépondérance de la théocratie druidique se fait sentir d'une manière toute particulière dans les jugements, des bords occidentaux du Rhin jusqu'aux plages de l'Océan. Les *principes pagorum* ne rendent la justice que dans de très-petites causes ; leur juridiction semble s'amoindrir toujours davantage au profit de celle des Druides ; ce n'est guère plus que ce que nous appelons une justice municipale.

Tacite peint d'un trait la différence de pouvoir administratif, en Germanie, pour les affaires ordinaires et pour les plus graves : *De minoribus rebus principes consultant, de majoribus, omnes.* Puis il parle de cette assemblée générale qui ne connaissait que des plus grandes causes, et il nous apprend que, dans les cas très-rares que nous avons mentionnés, où il s'agissait de la peine de mort, cette assemblée seule était compétente pour la prononcer : *Licet etiam apud concilium accusare quoque et discrimen capiti intendere* (2).

----

(1) Cæs., *de Bello gall.* v, vi, vii et passim
(2) Voir Tac., *Mor. german.*, xi et xii.

« Aussi, dit M. Pardessus, les Germains avaient pour
« maxime, comme quelques peuples de l'antiquité,
« qu'un citoyen ne pouvait être retranché de la société
« sans la volonté légalement exprimée de cette même
« société, c'est-à-dire sans une décision de l'assemblée
« nationale (1). »

Il en était ainsi, en effet, chez les peuples où l'élément théocratique ne prévalait pas. Il fallait, pour pouvoir prononcer cette terrible peine, ou des juges revêtus d'un caractère particulier par la divinité, ou la
réunion générale des hommes libres, représentant la
société elle-même.

Du reste, le principe de délégation du pouvoir judiciaire était admis chez les Germains, mais cette délégation, quoique émanant de l'assemblée nationale, était
restreinte aux cas qui n'intéressent pas l'Etat, ou, si l'on
veut, au cas de crimes privés. C'était au sein de cette
assemblée qu'étaient élus les *principes* qui allaient tenir
leurs assises dans les bourgades et les cantons. Là, ces
principes ou chefs, que les Germains appelaient *Grafs*,
choisissaient cent assesseurs, parmi lesquels un certain
nombre leur prêtaient le concours de leurs lumières
dans chacune de ces localités (2). C'était dans ces *mals*
particuliers que, pour le cas de meurtre ou d'assassinat

---

(1) *Loi salique*, dissertat. 9e, p. 566.

(2) Eliguntur in iisdem conciliis et principes, qui jura per pagos
vicosque reddant. Centeni singulis ex plebe comites, concilium simul
et auctoritas, adsunt. (Tac., *de Mor. German.*, XII.) De savants critiques ont pensé que le mot *centeni* avait été ajouté mal à propos par
des copistes au texte de l'auteur. Suivant eux, c'était la totalité des
hommes libres qui formait le tribunal, et le *princeps* ou *graf* n'avait
point d'influence sur le choix des membres de ce tribunal.

prémédité, se réglaient ces compositions pécuniaires, qui se payèrent d'abord, comme dans les temps primitifs de Rome (1), en troupeaux et en chevaux. Tacite comparait ces *principes* aux préteurs romains. L'analogie nous paraîtrait plus exacte avec les grands-juges d'Angleterre allant présider les jurys dans les divers comtés. Du reste, l'institution anglaise a eu son berceau dans l'institution germanique.

Ces espèces de fédérations de tribus, se constituant en assemblée générale, devaient conduire aux confédérations de peuplades, réunies par des intérêts ou des périls communs. Le système fédératif était plus essentiel à la constitution gauloise; il se présente là plus lié et mieux assis, grâce à l'influence de la puissante organisation des Druides répandue sur tout le territoire. La ville centrale de leur confédération était la cité des Carnutes.

Dans chaque cité ou état, il y avait un *Vergobret* ou *Rex*, un *Brennin* ou *Dux*. L'un et l'autre semblent avoir été également élus pour la vie par les Druides, avec l'intervention des magistrats (2).

Chez les Germains, le système fédératif n'était pas une forme de l'Etat : les confédérations des Francs, des Allemands, etc., étaient, comme nous l'avons dit plus haut, des réunions de familles ou de tribus provenant de la même race, et se liguant pour défendre le sol natal ou pour envahir le territoire ennemi.

----

(1) Voir notre *Histoire du droit criminel des peuples anciens*, chap. XI. *Pecunia* vient de *pecus*, parce que les premières monnaies portaient l'empreinte du *mouton*, dont elles étaient le signe représentatif.

(2) Convictolitanem, qui per sacerdotes, more civitatis, intermissis magistratibus, esset creatus, potestatem obtinere jussit. (Cæs,, l. VII, c. 33.)

Quant aux constitutions politiques sous lesquelles vivaient les peuples germains, il paraît qu'elles étaient tantôt monarchiques, tantôt aristocratiques. Le type de ces deux modes divers de gouvernement se retrouve dans la Norwége, qui était régie par la forme monarchique, et dans l'Islande, qui était une fédération républicaine aristocratique. Nous verrons que la plus grande différence de ces deux régimes était dans le mode d'élection du chef de l'Etat. Ici, c'était le plus digne, choisi par les hommes libres pour un laps de temps limité. Là, c'était l'un des rejetons de la race royale qui recevait dans l'assemblée générale de la nation une sorte d'investiture, et qui était ainsi revêtu d'une souveraineté viagère. A défaut d'une capacité suffisante dans le fils aîné du roi précédent, on prenait un autre membre de la famille. L'hérédité de mâle en mâle ne se fixa comme institution politique que beaucoup plus tard.

Ici doit se clore le parallèle entre les Gaulois et les Germains. Sans doute, on aurait pu le tracer d'une manière plus étendue et plus détaillée ; mais pour faire connaître par leurs ressemblances et leurs différences les physionomies de ces deux peuples, il suffisait d'en dessiner les principaux traits.

Nous avons déjà laissé entrevoir que nous n'attachons pas à l'élément *gallique* une très-grande part d'influence dans la formation de la civilisation européenne ni même de la civilisation française proprement dite. A peine ces lignes étaient-elles écrites, que nous avons trouvé la même opinion exprimée avec cette concision de style et cette sûreté d'aperçus qui caractérisent l'excellent écrivain et le profond publiciste. Voici la citation textuelle de ce paragraphe, qui résume avec tant d'autorité notre propre opinion et qui devrait terminer à cet égard toutes les controverses.

« L'influence de l'élément gaulois a été médiocre ; « sans doute, il servit de base au travail successif dont « nous sommes sortis, mais cette base fut molle et sans « résistance. Elle garda mieux ce que Rome lui donna « que ce que sa vieille civilisation avait mis en elle d'o- « riginal. L'élément gaulois fut donc transfiguré par le « contact romain. Plus tard, l'élément germanique, « ajouté à cette première fusion, en a fait une autre « nation, la nation française, nation qui n'est ni gau- « loise ni germanique, qui a son caractère propre, sa « physionomie éminemment distincte, qui ne ressemble « pas plus aux Celtes par les lois, les mœurs et le lan- « gage, que les Français d'aujourd'hui ne ressemblent à « ces Gaulois dont la haute stature inspirait l'effroi aux « Romains. L'élément germanique a été beaucoup plus « actif et beaucoup plus fécond : mais, il ne faut pas « s'y tromper, il ne s'est implanté dans la Gaule qu'à « la condition de s'y modifier......, etc. (1). »

Cependant, si nous faisions une histoire du droit civil français, il y aurait quelque intérêt à suivre le droit romain dans sa transplantation chez les Gaulois, à en étudier curieusement les altérations sur ce sol nouveau, enfin à rechercher la formation de cet élément mixte appelé l'élément gallo-romain. Mais, d'abord, nous ne bornons pas nos regards au peuple français ; nous les étendons sur toutes les nations européennes. Or, à ce point de vue, il est hors de doute que le droit germani-

---

(1) *Revue de législation*, pag. 13, 1846, janvier, article de M. Trop-long sur un ouvrage de M. Bonthois, sur les coutumes du bailliage d'Amiens.

que doit être placé sur le premier plan dans notre tableau général ; car il a eu la plus grande part à la formation définitive de la constitution de l'Europe et même des colonies qui se sont répandues dans le Nouveau-Monde.' Il règne aujourd'hui, modifié par le christianisme, et, à divers degrés, par la tradition romaine, depuis la Suède et la Norwége, ses berceaux primitifs, jusqu'aux Etats-Unis et jusque sur les plages de la Nouvelle-Hollande dans l'Océan australien. En présence de cette force d'expansion de la race germanique, il serait absurde de n'accorder à ses institutions primitives qu'une attention secondaire. Ajoutons que nous faisons une histoire du droit criminel, et qu'il faut nous tenir renfermé dans les limites de notre sujet, déjà assez vaste par lui-même.

Nous croyons donc devoir, pour les premiers siècles de l'Europe moderne, concentrer nos efforts sur l'étude des lois et des mœurs germaniques, en constatant ce qu'elles ont dû au mélange de l'élément romain et à l'influence de l'église chrétienne.

LIVRE Ier.

PÉRIODE BARBARE OU PRIMITIVE.

———◦◦◦———

CHAPITRE PREMIER.

§ Ier.

Des sources germaniques.

Les travaux de la science moderne nous font voir les diverses nations germaines s'asservissant par la conquête tous les peuples du midi de l'Europe, leur imposant leurs mœurs et leur législation barbares, et ne subissant que lentement, difficilement et à divers degrés, la réaction des lumières et des traditions des peuples vaincus, conservées par le clergé chrétien.

Nous aurons donc à reconnaître ce travail d'assimilation qui se fait peu à peu entre les races germaniques et latines, et à suivre ces deux affluents qui coulent longtemps sans se mêler; mais, auparavant, nous devrons remonter aux sources dont ils dérivent; et puisque, dans un ouvrage précédent, nous avons exploré la source latine dans Rome même, il nous restera à étudier la source germanique au cœur de la Germanie.

Les Germains du midi, ou, si l'on veut, ceux qui con-
quirent l'Empire romain, nous ont laissé leurs coutumes
écrites, mais non dans leurs langues nationales, soit que
la rédaction primitive ait eu lieu sur-le-champ en latin,
soit que des traductions en aient été faites qui soient
seules parvenues jusqu'à nous. On peut en induire qu'elles
se sont toutes plus ou moins ressenties du contact avec
la civilisation romaine, et que nous ne possédons pas ces
monuments dans leur pureté originale.

D'un autre côté, la plupart de ces lois antiques ont
conservé, au milieu de leur texte latin, une foule de mots
et de tournures barbares, qui témoignent de l'impossibilité où est la langue d'un peuple civilisé de pouvoir
exprimer tous les usages d'un peuple qui ne l'est pas.

Cependant, les rédacteurs de ces coutumes, en les
revêtant d'un costume en grande partie emprunté, ont
dû en altérer le fond en même temps que la forme. Les
Germains du nord, au contraire, et en particulier les
Scandinaves, ce rameau considérable de la race germanique, ont eu un développement qui leur a été propre
jusqu'au XIIe siècle, et leurs lois nous sont parvenues
écrites dans la langue nationale. On n'y trouve aucune
trace d'influence romaine, comme chez les Goths, les
Francs, etc., ni même d'influence byzantine comme chez
les Slavo-Russes. Ces monuments, islandais, suédois,
norwégiens et danois, nous offriront, par conséquent,
des veines assez neuves à exploiter ; ils nous serviront à
compléter l'étude de l'esprit des lois germaniques dans
leur type antique et primordial.

Nous trouverons donc à mettre en œuvre des matériaux abondants, mais confus ; et nous ne nous serions
pas senti de force à débrouiller ce chaos, si nous n'a-
vions pas pu nous appuyer sur les travaux antérieurs
des érudits les plus distingués de l'Allemagne et de la
France. Parmi eux, nous citerons Eichhorn, Grimm,
Warnkœnig, Gaup, Wilda, Birnbaum, Mittermaier, Den
Tex et le Danois Schlegel, commentateur des Gragas ;
en France, tout le monde connaît les beaux travaux de
MM. Thierry, Pardessus, Troplong, Beugnot, Édouard
Laboulaye, Guérard, Charles Giraud, Laferrière, etc.
Il en est d'autres encore que nous pourrions nommer,
et que nous citerons dans le cours de cet ouvrage.

À l'aide de ces savants auxiliaires, nous chercherons
à discerner les phases diverses de progrès par lesquelles
ont passé les peuples germaniques pour parvenir à cette
demi-civilisation où les trouva le christianisme, qui leur
tendit la main pour les élever encore plus haut.

Notre plus grand soin sera donc de coordonner con-
venablement et de résumer le plus brièvement possible
les documents nombreux que nous avons réunis sur l'ère
primitive des peuples germaniques. Nous comparerons
de temps en temps les coutumes de ces peuples avec
celles des nations modernes qui se trouvent aujourd'hui
même dans un état de civilisation aussi peu avancé.
Nous ferons aussi quelques rapprochements entre leur
législation et celle des Slaves. C'est ainsi qu'en prenant
les races germaniques pour centre et pour type de nos
études, il nous sera possible de donner un aperçu géné-

ral de l'histoire du droit criminel des principaux peuples modernes jusqu'à l'époque carlovingienne.

§ II.

De la vengeance chez les anciens Germains.

On a, de tout temps, regardé la vieille Germanie comme la terre classique de la vengeance privée (*Fehde*). On aurait tort cependant de n'attribuer cette pratique de la vengeance qu'aux Germains, car elle a certainement existé chez tous les peuples primitifs.

La vengeance paraît n'avoir été en Germanie, dans les temps antiques, qu'une réaction contre les torts soufferts. A mesure que se formèrent les notions de la communauté, ce germe de l'État, cet arbitraire se tempéra peu à peu ; au lieu d'abandonner au caprice et aux fureurs de l'offensé l'offenseur, ou, si l'on veut, le coupable, quelque légère qu'eût été son agression ou son injure, on chercha à empêcher que la vengeance ne dépassât d'une manière trop choquante la lésion éprouvée ; puis on arriva peu à peu à établir une proportion à peu près exacte entre le dommage et la réparation.

Les plus anciens textes des lois germaniques donnent, dans certains cas de blessures ou d'agression, une autorisation illimitée de vengeance, sans s'inquiéter si la suite de l'exercice de cette vengeance sera une blessure ou un meurtre. « Qu'il tombe maudit et invengé, « et qu'il n'y ait lieu à aucune punition, soit qu'on le

« blesse, soit qu'on le tue (1). » C'est aussi le sens de
cette formule connue et si souvent usitée dans ces vieilles
lois : *Faïdam* (2) *portet*, ou qu'on ait partout le droit
de guerre contre lui.

Ce n'est qu'à des époques plus tardives que l'on trouve
une prohibition de dépasser une certaine mesure dans
l'exercice de la vengeance. Aussi, dans la nouvelle
législation de Gulathing, il est établi que, sans doute, un
offensé a le droit de se venger lui-même, puisqu'il ne
peut maintenir son droit d'une autre manière ; mais que
si la vengeance dépasse l'offense (3), il doit donner des
dédommagements pour cet excédant, suivant l'appréciation des *prud'hommes*, *probi homines*. Or, cette idée
de proportion exacte à établir finit par conduire
d'ordinaire à l'idée de talion ; mais le talion paraît avoir
répugné aux Germains bien plus qu'aux Orientaux. Le
talion (4) procède sans doute d'une notion plus pure de
la justice ; mais il dégénère aussi trop facilement en
représailles froides et féroces, qui, en s'appuyant sur
des doctrines exagérées d'intimidation, sont la source
de ces tourments raffinés, de ces supplices ingénieux et
savants dont l'Orient en particulier a été si cruellement

(1) Wilda, *Strafrecht*, p. 157.
(2) En latin, *faida ;* en allemand, *Fehde*, guerre ou querelle privée.
(3) Magn. *Gulath.* M. cap. 20, p. 183.
(4) On ne rencontre guère de traces du talion dans les lois germaniques proprement dites, du temps du paganisme. Ce qu'on trouve
plus tard à ce sujet est emprunté aux lois de Moïse. Voir dans l'*Histoire du droit* de Zopfl, t. 1, p. 178, ce qui est relatif à la législation
du roi Alfred.

prodigue. Or, c'était une chose antipathique à l'esprit
des Germains, qu'une vengeance exécutée de sang-froid
et après coup, contre un homme désarmé et sans
défense. Couper un bras ou une jambe sur un billot à
son adversaire, le châtrer, l'empoisonner, c'était commettre des crimes honteux, suivant toutes les sources
du droit du Nord.

Un autre trait remarquable de la vengeance germanique, c'est qu'elle était incompatible avec la ruse et le
mystère. L'Arabe (1) ou l'Italien frappe son ennemi
dans l'ombre et dans la solitude. Le Germain attaquait
son adversaire à la face du soleil, et s'il n'y avait pas
eu de témoin de cette lutte, il devait lui-même publier
son meurtre. La loi des Ripuaires contient à ce sujet
un passage très-remarquable : elle veut que le meurtrier
légitime veille publiquement près du cadavre de sa
victime, ou soit en mesure de le produire pendant
quarante ou quatorze jours (2). On trouve aussi dans la
législation de Bavière que quiconque a tué d'une manière
permise un effracteur ou un voleur, doit sur-le-champ
le révéler aux voisins de la manière usitée (3). Il semble
que l'on voulût par là donner satisfaction à ce besoin
de l'âme que l'on appelle *honneur* dans la langue

---

(1) Michaëlis, *Mosaïsches Recht*, p. 415.

(2) Suivant apparemment que c'était un étranger ou un homme du
pays, afin de laisser aux parents le temps d'apprendre la nouvelle et
de faire leurs réclamations. (*Loi ripuaire* LXXVII, *Si quis hominem..*)

(3) *Decret. Tassillon.* II, cap. IV. *Sed tamen ea genera trium homici-
diorum solito signo, vicinis suis et his qui adsistunt, assignet.*

moderne. Il fallait que tout Germain fît connaître à ceux
avec lesquels il vivait que l'homicide commis par lui
n'était que la juste expiation d'un tort ou d'une offense
faite à lui-même ou à ses parents.

Les Gragas (1), ce recueil de lois islandaises qui, dans
sa partie la plus ancienne, reflète si bien l'époque germanique primitive , contient des autorisations expresses
d'une vengeance restreinte à certains cas, à certains
temps, à certains lieux, mais non limitée dans son
intensité. Voici quelques-uns de ces passages les plus
remarquables :

« Si un homme a été blessé, il peut se venger, jus-
« qu'à la prochaine assemblée générale , de celui qui
« lui a fait cette blessure. Le même droit est accordé à
« ceux qui l'accompagnaient dans le lieu où le fait s'est
« passé, etc. (2). On peut se venger par la mort de ces
« trois mots injurieux : *ragan*, *strothin*, *sorthin*, et
« l'homicide pour ce fait est permis aussi longtemps que
« pour l'attentat à l'honneur des femmes (3). » Et
ailleurs : « L'homme se peut venger d'une blessure tant

---

(1) *Gragas* veut dire *ois grise*, par allusion, dit-on, à l'oiseau qui
parvient à la plus grande vieillesse. Voir l'excellente traduction latine
qu'en a donnée à Copenhague le professeur Schlegel, accompagnée
d'une traduction et d'un glossaire.

(2) *Gragas : Wigsl.*, cap. XIII, v. 11, p. 17.

(3) *Id., ibid.*, II, p. 147. *Ef mathr kallar mann ragan ethr strothin
ethr sorthin;* si un homme en appelle un autre : misérable lâche
(*ragan*, d'où vient l'anglais *wretch*), ou prostitué, ou sodomite, etc.
(*Strothin, fututum; sorthin, muliebria passum:* c'est le *corpore infa-
mis* de Tacite, le *cinnitus* de la loi salique).

4

« que la cicatrice n'est pas fermée ; ses compagnons ont la
« même faculté (1). Mais pour de petits coups qui ne
« laissent point de traces, et qui ne deviennent ni bleus,
« ni bruns, ni enflés, ils ne peuvent être vengés qu'aux
« lieu et place, et sans retard (2). »

On pourrait multiplier des citations semblables tirées
de ces lois barbares ; on y verrait que, dans certaines
limites de temps et de lieu, le plus haut degré de vengeance, l'homicide, est autorisé pour de simples injures,
pour des blessures légères et même pour de certaines
infractions faites à la propriété (3). A la vérité, rien de
pareil ne se trouve dans les autres lois germaniques ;
mais c'est qu'elle ne se rapportent pas à un état aussi
complet d'enfance sociale.

Or, il fallut bientôt, pour pouvoir se venger avec
impunité, prévenir les plaintes des parents du mort en
faisant le procès au mort lui-même et en prouvant que
les premiers torts venaient de la victime. C'est ainsi que
Nial conseilla à Gunarr, qui avait tué quatorze hommes,
de les faire exhumer et déclarer impies, parce que ces
hommes s'étaient jetés sur lui avec l'intention de le tuer,

---

(1) *Gragas : Wigsl.*, II., p. 18, cap. xi.

(2) II., 15, cap. 12, Dass. Voyez le *Glossaire* de Schlegel, à la fin
du 2e vol. des *Gragas*, au mot *Vettvangi*, sur le lieu du combat, en
suédois, a *Wighralli*. Suivant les *Gragas*, t. ii, p. 19, on doit entendre
par là une portée de flèche, dans la circonférence de l'endroit où le
combat a d'abord eu lieu.

(3) Quand quelqu'un blesse les troupeaux d'autrui, il est mis sur-le-
champ hors la loi. *Gragas*, cap. lxxix. ii, p. 123.

lui et son frère (1). Cette autorisation d'enquête contre
un homme mort n'est point étrangère au *Miroir des
Saxons* (2), recueil législatif du moyen-âge, tandis que
les lois barbares proprement dites n'en contiennent
presque aucune trace. Les Gragas, dont l'histoire de Nial
(Nials Saga) semble souvent n'être qu'un commentaire
en action, donnent le détail de la marche à suivre dans
cette bizarre procédure (3). La plupart des vieilles
législations scandinaves contiennent aussi de curieuses
prescriptions sur ce point (4).

Voici un passage de l'une d'elles, attribuée au roi
Hakon ou Haquin, l'un des rois les plus vénérés de
l'antique Norwége :

« Si quelqu'un trouve un homme chez une des femmes

---

(1) *Nials Saga*, cap. 64, p. 99 et suiv. On peut voir de curieux
détails sur la Saga de Nial dans les *Lettres sur l'Islande*, de Marmier.
Nial est une espece d'Ulysse scandinave. Il a la prudence et la subtilité du héros d'Homère; il l'égale au moins en courage et le dépasse
en dureté de cœur. En somme, les mœurs de ces Iliades et de ces
Odyssées islandaises sont plus barbares que les mœurs homériques.

(2) *Sachsenspiegel*, i, 69. Nous ferons un examen à part de ce
recueil important.

(3) *Grag. Wigsl.*, cap. 31. ii, p. 62. « L'héritier, dit ce texte, doit
procéder par une citation comme pour toute autre affaire : il doit
nommer le tribunal devant lequel il assigne, et se servir des citations
conformes au droit. Il demandera que l'accusé soit déclaré *désacré* ou
anathème, plainte qui aurait eu pour but de lui ôter la paix s'il avait
été vivant. (Nous verrons plus tard en quoi consistaient *la paix* et la
mise hors la paix.)

(4) Voir aussi Hakon *Gulathing*, M. 10, p. 16 ; la loi de *West-
Gothland*, I Man. cap. ix, p. 14, et ii, cap. xix, p. 127 ; L *d'Upl.*
L. *Man.* cap. 46, p. 171 et L. *de Scanie*, l. v., cap. ix. Cette dernière
loi dit que si un homme en tue un autre et veut le faire mettre en état
d'anathème, il doit produire ses témoins aux 1er, 2e et 3e jours d'audience.

« de sa famille (son épouse, fille, mère ou sœur), il
« peut le tuer s'il le veut; mais il doit ensuite raconter
« le fait et en dire la cause au premier homme qu'il
« rencontrera. Alors il attendra un certain temps que
« l'héritier du mort fasse lui-même circuler tout aux
« environs la flèche par laquelle le tribunal est convo-
« qué pour connaître de l'homicide (1) : si l'héritier ne
« le fait pas, il le fera lui même. Au jour fixé il se
« présentera devant le tribunal; là, après avoir déposé
« ses armes sur le seuil du sanctuaire, il demandera
« la paix suivant les formes ordinaires et produira le
« témoignage de l'homme rencontré par lui la première
« fois après l'homicide commis. Si l'accès de l'audience
« lui est interdit de la part des héritiers du mort par la
« force ou la menace, le tribunal, aussi bien que s'il
« l'avait entendu lui-même dans sa défense, le procla-
« mera en paix lui et ses biens, et, ainsi, l'*homicidé*
« aura été censé avoir perdu la paix, tandis que celui-
« là la conservera qui aura commis l'homicide (2). »

Dans ces temps où le pouvoir public se sentait impuis-
sant à réprimer lui-même tous les excès, il encourageait
les chefs de famille à se faire justice eux-mêmes, en leur
offrant de les couvrir de son approbation solennelle
après une enquête et un jugement sur la moralité du
fait.

---

(1) Nous reviendrons plus tard sur le tribunal de la *flèche circulante*.
(2) Hakon *Gulathing*, M. 40, p. 161. Voir aussi la loi de West-
Gothland et la loi de Scanie.

Il y a plus : c'est que toute enquête, toute formalité
cessaient d'être nécessaires en cas de flagrant délit.
Ainsi, entre plusieurs textes que nous pourrions choisir
pour prouver que tel était l'esprit de toute législation
scandinave, nous en citerons un tiré des lois de l'Ost-
Gothland, qui est ainsi conçu : « Si un homme en tue un
« autre, et que l'héritier de la victime arrivant sur ces
« entrefaites attaque le meurtrier, et l'étende gisant à
« côté de la victime, il n'y aura là qu'*un homme gisant*
« *à côté d'un autre homme* (1). »

Enfin plus tard, quand on ne tuait pas l'offenseur ou
le voleur en flagrant délit, on était tenu de le garrotter
et de l'amener devant la justice sans aucun retard (2).

Nous venons de parler de l'héritier de la victime
autorisé à se venger aussitôt et sur place. Cela nous
conduit à traiter de la vengeance du sang en particulier,
telle qu'elle s'exerçait chez les peuples germains.

La vengeance personnelle était un droit, la vengeance
du sang était un devoir. L'une était la réparation d'un
tort fait à soi-même; l'autre, l'expiation sacrée de la
lésion faite à autrui, d'une lésion que ne pouvait plus

---

(1) L. d'Ost-Gothl., D. cap. II, p. 46.

(2) Si les héritiers de la victime rencontrent le meurtrier et ne le
tuent pas immédiatement, ils doivent le conduire au tribunal ; ils
peuvent lui lier les bras, mais non le mettre aux fers..., à moins que
son homicide ne soit évidemment criminel (Ost-Gothl., D. cap. II,
p. 47), et la loi des Bavarois s'exprime ainsi : *fur comprehensus judici*
tradatur, et secundum legem vindictæ subjaceat. Lex Bavar., VIII, 8.
Déjà on voit le mot vengeance changer de sens et s'entendre de la
vindicte sociale ou punition proprement dite.

venger celui-là même qui l'avait soufferte. Sans doute, la
famille subissait bien un dommage réel et direct par la
perte d'un de ses membres, mais ce n'était déjà plus de
l'individualisme que de prendre fait et cause pour cette
victime à laquelle l'attachaient les liens du sang : c'était
une noble idée de solidarité ; dans cette sorte de vengeance, il y avait encore plus de tendresse et de dévoue- .
ment pour la victime, que de ressentiment et de haine
contre le meurtrier.

C'était donc un devoir de cœur ; c'était aussi un
devoir religieux.

La vengeance était *le plaisir* des dieux dans l'Olympe
des Grecs ; elle fut *la passion* des dieux dans le Walhalla
odinique : qu'on lise l'Edda de Sœmund, on y trouve
des récits de sang et de meurtre qui font pâlir les traditions helléniques d'Oreste et des Atrides. Sans doute
aucun code religieux ne prescrit la vengeance comme
une bonne œuvre ; mais la poésie épique l'exalte comme
un acte héroïque. Tout noble guerrier doit imiter les
exemples d'Odin ou de Thor ; toute femme de cœur,
ceux de Gudruna (1) ou de Chrimhild.

Les sagas scandinaves de la seconde Edda ont le
même caractère, quoique le monde qui en est le théâtre
soit presque un monde historique. Voici le récit d'une
espèce de miracle qui vient donner à la vengeance le
sceau d'une consécration céleste :   Un aveugle de

____

(1) Gudruna, pour venger ses frères tués par son mari Attila, tue
les deux jeunes enfants de ce dernier, et lui fait manger leurs cœurs,
C'était une vengeance de sang.

« naissance appelé Asmundr s'en vient à l'All-thing, ou
« tribunal suprême, demander satisfaction à Litingr,
« meurtrier de son père. — Litingr la lui refuse. — *Si*
« *je n'étais pas aveugle*, s'écrie Asmundr, *je saurais*
« *bien me venger.* — Il rentre dans sa tente, et tou*t*
« d'un coup ses yeux s'ouvrent à la lumière. — *Que*
« *Dieu soit loué*, s'écrie-t-il, *je vois ce qu'il veut de*
« *moi* — Il saisit une hache, se précipite sur son
« ennemi et le tue. Un instant après, ses yeux se
« referment de nouveau et il reste aveugle (1). »

Mais on voit que ce n'est pas un ressentiment personnel,
c'est le devoir de la vengeance filiale, qui se trouve ainsi
encouragé par l'intervention miraculeuse de la divinité.

Si donc la vengeance du sang n'était pas prescrite par
la religion, du moins elle était préconisée par les traditions poétiques et mythologiques qui s'y rattachaient.

Cette espèce de vengeance avait encore un caractère
sacré en ce qu'elle se liait au culte pour les morts. Un
guerrier allait sur le tombeau de son père jurer d'apaiser
ses mânes par le meurtre de son ennemi. « Chez les
« Frisons, au moment où l'on ensevelissait l'homme tué,
« et en présence de ceux qui avaient mené le convoi,
« l'un des parents donnait trois fois de l'épée nue sur
« la tombe en criant : Vraëck! Vraëck! Vraëck! Ven-
« geance! Vengeance! Vengeance (2)! »

---

(1) Marmier, *Lettres sur l'Islande*, 3ᵉ éd., pp. 248-249, extrait de
la Niuls Saga.

(2) Michelet, *Origines du droit*, pag. 319 et suivantes. C'est de ce
mot qu'est dérivé le mot anglais : *Wreak, venger, vengeance.*

C'était chez les Germains une ignominie en même
temps qu'une impiété, de laisser la mort d'un parent
inexpiée et impunie. Tant que l'héritier de la victime
n'agissait pas contre le meurtrier, on eût regardé comme
indécent qu'il s'emparât de la place d'honneur du défunt
et qu'il entrât en jouissance de ses biens (1). On en
trouve une preuve saisissante dans cette anecdote tirée
d'une vieille Saga : « Au moment que Bardr allait
« s'asséoir sur le siége de són frère Hallr, qui avait
« été tué depuis quelque temps, sa mère lui donna un
« soufflet et lui défendit de s'y asseoir jusqu'à ce qu'il
« eût vengé son frère. Mais comme la vengeance traîna
« en longueur, elle lui servit, ainsi qu'à son second
« frère, des pierres au lieu d'aliments : — *Vous ne*
« *valez pas davantage et ne méritez pas mieux*, leur
« dit-elle, *puisque vous ne vengez pas la mort de*
« *votre frère, et que vous entachez votre race d'in-*
« *famie* (2). »

C'était au plus proche parent qu'appartenait le droit
de vengeance, *ultio proximi*. Quand même le meurtrier
était un parent lui-même, cela ne devait pas arrêter la
vengeance : il se trouve des exemples de frères qui
l'exercent contre des frères, malgré le cri et la révolte du

----

(1) Geyer, dans son *Histoire de Suède*, et Dahlmann, dans son
Histoire de Danemarck, vont jusqu'à dire que le fils du mort était
déshérité s'il ne se vengeait pas. Cela est exagéré ; mais on voit ce qui
a donné lieu à cette inexactitude.

(2) *Vatndaëla Saga*, cap. 23, et *Heidarvigasa Saga, Islendiga Saga*,
1, p. 273-344.

cœur, quand cette vengeance est réclamée par le blessé
mourant, par sa femme ou par sa mère (1).

La vengeance était un devoir placé sous la protection
de la famille. Mais elle-même, représentée par ses chefs,
approuvait quelquefois qu'on y dérogeât dans des circonstances exceptionnelles. Dans le chant de l'Edda,
intitulé : *Grottasaungr, le chant de la grotte*, on loue
beaucoup celui qui a dédaigné la vengeance contre le
meurtrier de son père, parce qu'il l'a trouvé lié et garrotté.

Thorstein le Blanc avait un fils unique qui fut tué par
vengeance. L'auteur de ce meurtre fit offrir au malheureux
père une indemnité en argent. Voici comment Thorstein
repoussa cette proposition : « Je ne veux pas, dit-il,
porter mon fils mort dans ma bourse (2). » Quelque
temps après, le meurtrier vint se mettre à la discrétion
du noble vieillard, qui lui fit grâce de la vie.

C'est un exemple entre beaucoup d'autres que l'on
pourrait citer, de ce qu'on appelait en Scandinavie la
Siaelf-daemi (3). Dans ce genre de solution donnée à des
querelles de famille, le coupable prenait pour juge la
partie offensée et acceptait sa décision, si sévère qu'elle

_____

(1) *Helga quida hundingsbana.* Edda Sœmundi, 1, p. 104-106. *Id.,
ibid.*, II, p. 157.

(2) Muller, *Sag. bibl.*, t. I, p. 334. Dahlmann's *Geschichte von Danemarck*, t. I, p. 166. Grimm's *Deutsche Altert*, n° 647.

(3) Wilda, *Strafrecht*, p. 199. Voir aussi l'exemple d'Ingolph et Leiff,
condamnés simplement à l'exil par la famille d'Atli, qu'ils avaient tué,
et allant peupler l'Islande, par suite de cette sentence à laquelle ils
s'empressent de se soumettre, (*Histoire de l'Islande* par Marmier, pour
servir d'introduction au *Voyage en Islande*, publiée par ordre du gouvernement. Arth Bertrand, 1840, t. I.)

fût. C'était là, suivant les idées du temps, la plus grande marque d'honneur qu'il pût donner à un ennemi, et celui-ci répondait souvent à cet acte d'abandon et de confiance par la magnanimité et le pardon. Nous pensons que de tels procédés n'étaient pas étrangers à d'autres peuples germaniques (1) : ce qu'il y a de sûr, c'est qu'ils étaient dans les mœurs habituelles et journalières des Scandinaves.

Cette générosité de sentiments rendit moins populaire qv'elle ne le fut chez les autres peuples germaniques la rançon du meurtre ou la composition pécuniaire (*Wergeld*). Cette composition ne fut, pour ainsi dire, qu'une dernière ressource pour empêcher de s'éterniser les querelles. D'après les Gragas, la vengeance était permise pendant *un an et un jour :* 1° au plus proche héritier

---

(1) On retrouve plus tard en Ecosse, non pas le nom de la Siaclf-daemi, mais la chose : on serait en droit de conclure que les Celtes ont connu cet usage aussi bien que les Germains, comme aussi on pourrait dire qu'il y a été apporté par les Danois. On rapporte que le laird de Mac Intosh, voulant désarmer la colère du marquis do Huntly contre son clan, vint dans le château de ce dernier en demandant que lui seul fût puni. La marquise de Huntly était seule au château : ayant parlé bas à la femme qui la suivait, elle répondit au chef suppliant : « Mac-Intosh, vous avez si profondément offensé notre famille, qu'elle ne vous pardonnerait pas avant que vous eussiez placé votre tête sur le billot. » — « Je me soumettrai même à cette humiliation, » répondit Mac-Intosh. Il s'agenouilla devant le billot qui servait à tuer les bœufs et les moutons pour la consommation des gens et des hôtes du château ; il y posa son cou en signe de soumission. Alors l'inexorable marquise fit un signe au cuisinier, qui d'un coup de hache trancha la tête du jeune laird. » (*Hist. d'Ecosse*, par Walter Scott, deuxième série, chap. 6.) Cela se passait sous Jacques VI. Cette perfidie aurait été déshonorante chez les Scandinaves.

de la victime; 2° à ceux qui s'étaient trouvés présents au moment de sa mort; 3° aux membres de la famille à l'égard de qui le meurtrier était déclaré anathème. Mais au bout de l'an et jour, le droit de vengeance s'éteignait et il ne restait plus que la voie judiciaire. Alors l'autorisé à la poursuite devait demander à l'All-thing de faire déclarer l'auteur du meurtre *hors la loi*, ou réclamer une indemnité qui servait de sanction au pardon de l'héritier autorisé à la vengeance. Du reste, au bout d'un certain délai après l'homicide (1), le meurtrier pouvait demander extrajudiciairement *(Grid* ou *Trygd* [2]) *trève* ou *paix* à la famille offensée, et celle-ci ne devait pas se refuser à entrer en arrangement. Une indemnité était ordinairement débattue et convenue à ce sujet; de sorte que la composition pécuniaire ne s'imposait pas aux offensés par la force, mais elle entrait peu à peu dans les mœurs comme un bienfait librement accepté.

Nous avons fait entrevoir ce que c'était que *la paix*, la *rupture de la paix*, la *mise hors la loi*, etc... Ce furent autant de degrés parcourus par les Germains pour s'élever de la vengeance à la justice sociale. Mais *les paix* particulières et générales, ainsi que le Tabou et les prohibitions religieuses employées par les Océaniens, les Africains, les Arabes, etc., etc., appartiennent à un

(1) *Grag. Vigsl*, cap. xv, II, p. 20. Schlegel traduit *Vigslodi* par ces mots : *cædis sequelæ, suites de l'homicide. Vig, homicidium, cædes, vis.*
(2) *Glossaire* de Schlegel à la suite des *Gragas*, aux mots Grid et Trygd.

ordre d'idées différent que nous allons aborder dans le chapitre suivant. Nous voulons parler de l'action de la théocratie ou de la religion, qui est nécessaire aux peuples pour les élever au-dessus de leur premier état d'enfance sociale.

CHAPITRE II.

DE LA THÉOCRATIE CHEZ LES SCANDINAVES ET CHEZ LES GERMAINS : COMPARAISON AVEC LA THÉOCRATIE CHEZ LES SLAVES.

Nous avons établi dans un autre ouvrage, à la fin de l'*Histoire du droit criminel chez les peuples anciens*, que la théocratie marque une phase nécessaire par laquelle passent les sociétés humaines pour arriver à la civilisation.

Il vient, en effet, un moment chez les nations barbares où les tendances pacifiantes et compressives finissent par se substituer à l'effusion du sang et à la licence individuelle. La paix sociale s'étend peu à peu sous diverses formes, à l'aide de l'influence religieuse ou sacerdotale ; elle se substitue graduellement à la vengeance et à la guerre privée.

Cette réaction doit être ordinairement violente et sanguinaire elle-même, pour rester victorieuse. D'horribles tourments sont infligés au criminel au nom des dieux ou de la cité déifiée.

Le supplice du coupable est censé être un hommage rendu à la divinité ; c'est la condamnation en première

instance : la condamnation en dernier ressort se passe
dans un autre monde. De là cette pensée, que le ciel
s'intéresse à la découverte des délits et des crimes, qu'il
intervient en quelque sorte lui-même dans la procédure
criminelle. De là aussi la conséquence que dans toute
théocratie pure, le sacerdoce administre la justice ; le
for extérieur est soumis à la même juridiction que le
for intérieur.

Ce régime a existé, comme nous l'avons vu, de la
manière la plus absolue chez les Indous et chez les
Egyptiens. Il a été en vigueur parmi les Perses et s'est
survécu chez les Parsis. Les membres de cette secte
remettent encore à leurs prêtres, quand cela leur est
permis par le gouvernement des pays où ils vivent, la
punition des crimes commis au sein de leurs familles
et de leur communauté (1).

A l'occident, les Etrusques et les Druides nous offrent
encore l'image d'une théocratie à peu près complète.

Ce principe s'affaiblit à Rome et en Grèce. Cependant, on trouve encore dans ces républiques antiques la
pratique des *épreuves* et celle de la *consécration*,
qui placent certains lieux ou certaines personnes sous
la protection spéciale de la divinité (2).

Quant au mahométisme, quoique le calife fût dans le
principe une espèce de pape séculier, et en même temps

(1) Voir Anquetil Duperron, préface de sa traduction du *Zend-
Avesta.*

(2) Voir notre *Histoire du droit criminel des peuples anciens,* aux
chapitres de la Grèce et de Rome.

armé du glaive des combats, on ne peut pas dire que ce
fût un régime théocratique ; il l'est néanmoins devenu
quelquefois pour le besoin de certaines peuplades barbares chez lesquelles il s'était implanté originairement
par la conquête. Par exemple à Java, la haute justice
criminelle appartient aux Pangoulous ou grands-prêtres.
Le sacerdoce mahométan, si faible ailleurs, s'est constitué
dans cette île en corporation puissante (1).

Nous verrons également une sorte de consécration
des personnes et des lieux s'établir chez les mahométans et poser, par conséquent, une barrière sacrée au
meurtre et au vol.

La vieille Germanie connut-elle une théocratie pure,
ou seulement une théocratie incomplète, qui ne se
serait révélée que par une influence indirecte et par
ces institutions religieuses qui doivent toujours entourer le berceau d'un peuple et seconder ses progrès ?
Ici, il faut distinguer. Le rameau de la race germanique
qui se fixe dans le nord de l'Europe y fonde un culte
sévère et fortement constitué, qui seul pourra enchaîner
l'instinct nomade des tribus voyageuses venues de l'Asie.
A l'imitation d'Odin, ce dieu conquérant qu'adorait la
Germanie, le roi d'Upsal, grand-pontife lui-même dans
son temps (2). était entouré de conseillers-prêtres qui,
comme lui, avaient le double droit de juger et d'immoler

(1) Eyriès et Malte-Brun, *Abrégé des voyages modernes,* t. XIII,
p. 135.
(2) Ynglinga Saga, cap. 2, 8, 24 ; et Geyer, *Geschichte Schwedens.*
100.

des victimes : ce droit appartenait également à tous les
chefs de race noble. Cependant, il y avait, sous la
suprématie du roi d'Upsal, un corps de pontifes appelés
Drottes ou Drottnars ; en dessous de ce premier rang
de la hiérarchie, nous trouvons les magiciens, et, enfin,
les *Scaldes* ou chantres sacrés.

· Les Drottnars étaient moins des prêtres proprement
dits que des juges suprêmes et de race royale odinique,
formant dans Upsal un tribunal sacré : c'étaient les
·*Blodgodars* qui remplissaient véritablement les fonctions du sacerdoce en égorgeant les victimes humaines
et en présidant à tous les sacrifices : ils étaient à peu près
aux Drottnars ce que les Eubages étaient aux Druides (1).
Or, cette caste fonda son pouvoir, toujours croissant
d'âge en âge, sur les sacrifices humains, qui entraînent,
a fortiori, la conséquence du droit de vie et de mort
des juges-pontifes sur les criminels dont les souillures
attirent sur les peuples la colère de la Divinité.

Il paraît que les anciens Scandinaves ne faisaient
d'abord que des sacrifices d'animaux à leurs trois principales divinités : Odin, Thor et Frigga, le dieu de la
guerre, le dieu des saisons ou du tonnerre, et la déesse
de la terre ; mais, par la suite, afin de relever le culte du
dieu des combats, on fit couler pour lui le sang des
hommes. Comme le nombre trois et ses multiples (2)

---

(1). Dahlmann, *Histoire du Danemarck*, passim

(2) Les peuples de souches celtique et gauloise vénéraient également le nombre 3. (Voir à ce sujet les *Triades galloises*.)

passaient pour sacrés, chaque neuvième mois on renou-
velait ces cérémonies essentielles du culte qui devaient
durer neuf jours. Pendant chacun de ces jours, on
immolait neuf victimes vivantes ; mais c'était de neuf
ans en neuf ans qu'avaient lieu, dans le grand temple
d'Upsal, les sacrifices les plus solennels. Alors, en
présence du roi, du sénat et des chefs les plus notables,
on choisissait, parmi les captifs en temps de guerre et
parmi les criminels en temps de paix, neuf personnes
pour être immolées (1) sur les autels d'Odin. Les infortunés sur qui tombait ce choix étaient entourés d'honneurs, comblés de présents, et on leur prodiguait des
promesses de félicité pour la vie à venir. Quelquefois,
de très-hauts personnages, des rois même, étaient désignés pour le sacrifice, car on cherchait les victimes du
plus haut prix pour désarmer la colère divine. C'est
ainsi que le premier roi de Vermeland fut brûlé en
l'honneur d'Odin pour faire cesser une grande disette (2).

De leur côté, les rois faisaient quelquefois des hécatombes de leurs propres sujets ou sacrifiaient leurs
propres enfants : ainsi Hakon, roi de Norwège (3),
Onnar, roi de Suède (4), firent immoler leurs enfants

_____

(1) L'évêque Dithmar rapporte dans sa *Chronique de Mersebourg*
que dans ces grandes réunions on égorgeait quelquefois 99 hommes,
autant de chevaux et de coqs. 99 est le nombre hiératique, mais ces
sacrifices n'étaient pas toujours exécutés au pied de la lettre : ils
étaient souvent figuratifs.
(2) Wormius, *Monum. Dan.*, pag. 26.
(3) Sax. Grammat., lib. 1.
(4) Worm., *Ibid.*, lib. 1.

sur les autels d'Odin, l'un pour obtenir la victoire sur ses ennemis, l'autre pour demander à ce dieu de prolonger sa propre vie. Le pontife qui présidait au sacrifice consacrait solennellement la victime, en disant : *Je te dévoue à Odin, dans telle ou telle intention.*

Il y avait un puits près du temple d'Upsal où l'on précipitait les personnes consacrées à la terre. Si le corps allait au fond, l'offrande était réputée agréable à la déesse ; s'il surnageait, il était rejeté par elle, et on le pendait dans le bois sacré ; chaque arbre et chaque feuille de ce bois consacré ainsi par le sang humain étaient regardés comme des choses saintes.

Nous devons aussi remarquer les traditions religieuses relatives au dieu *Baldr*. Ce dieu est l'idéal de la douceur et de la beauté. Il meurt tué par un autre dieu appelé *Hotr* qui le frappe sans savoir ce qu'il fait (1).

La théologie scandinave enseignait à ce sujet que Baldr était mort comme holocauste pour justifier le fils de Bor ou Odin, qui avait tué le géant Ymir. Il fallait donc en conclure que tout homicide devait être expié par la mort du meurtrier ou d'une victime qui se dévouait en son lieu et place. L'idée sociale de l'expiation, unie à celle de la pénalité et de la solidarité, découlait naturellement de ces dogmes religieux.

Il y avait en Danemarck, en Norwége, en Islande, des temples pareils à celui d'Upsal, des rits et des sacrifices semblables (2).

___

(1) Dahlmann, *Histoire du Danemarck*, passim.
(2) *Les Germains avant le Christianisme*, par Ozanam, pag. 28.

En Islande, 39 prêtres rendaient la justice et présidaient aux fonctions sacrées ; leurs charges étaient
héréditaires, et tout s'accorde, dit M. Ozanam, pour
indiquer une caste qui réunit longtemps les deux pouvoirs spirituel et temporel (1).

Ainsi, on peut dire que chez les Scandinaves, le
régime théocratique était complètement en vigueur. Ce
régime s'était modifié dans les autres races germaniques
à mesure que le culte d'Odin. en s'éloignant de son centre, s'était lui-même affaibli. Chez les peuples essentiellement nomades, les rits et les traditions religieuses
s'effaçaient bien plus facilement que chez ceux qui transportaient les habitudes sédentaires dans leurs nouvelles
demeures. Il y avait un grand attachement à la religion
et une théocratie païenne assez puissante parmi ces
Germains du nord qui se confédérèrent plus tard sous
le nom de Saxons (2) ; mais il n'en était pas de même
des Goths, des Francs et des Suèves (3), qui formèrent si
longtemps la flottante avant-garde de la Germanie du côté
de l'Empire romain (4). Ces populations, toujours prêtes
pour l'invasion, ne bâtissaient pas de temples proprement
dits : ils élevaient dans les forêts sacrées des autels

(1) *Les Germains avant le Christianisme*, par Ozanam, pag. 29. Ils
s'appelaient *Godi*. On prêtait serment sur l'anneau qu'ils portaient à
leur doigt, et chaque famille leur payait un tribut religieux. (Marmier,
Lettres sur l'Islande, édit. Charpentier, pag. 101.)

(2) Saxons vient de *Sax*, couteau, glaive. C'était le peuple portant
le glaive, le peuple guerrier par excellence.

(3) Suèves, de *Schweben*, flotter, se balancer.

(4) Ozanam, *Germanie avant le Christianisme*, pag. 114.

grossiers qu'ils pouvaient enlever avec leurs tentes et
faire voyager au milieu d'eux.

« Or, comme le dit M. Ozanam, l'ancienne constitu-
« tion théocratique ne pouvait plus maîtriser l'impé-
« tuosité d'une race conquérante et victorieuse : on
« voit les prêtres gagnés par les mœurs violentes des
« guerriers : les fonctions de ces deux castes s'interver-
« tissent et se confondent. »

En dehors de la race germanique, les Slaves présentent à peu près le même phénomène. A Kiew et à
Nowogorod, des temples immenses étaient consacrés à
Péroun, le dieu tonnant, le dieu vengeur du crime. Son
idole, étincelante de rubis et d'escarboucles, avait la
tête d'argent, les oreilles et les moustaches d'or, les
jambes de fer, le corps d'un bois dur et incorruptible,
et tenait une pierre taillée en forme d'éclair serpentant.
Les prêtres punissaient de mort quiconque coupait du
bois dans les forêts qui lui étaient consacrées ; ils lui
immolaient des victimes choisies dans les troupeaux,
souvent parmi les prisonniers ou parmi les Slaves eux-
mêmes.

Sviatovit (le dieu du soleil, de la guerre et des moissons) était aussi, chaque année, l'objet d'une fête splen-
dide et sanglante. Le pontife de ce dieu le consultait en
faisant sauter le cheval sacré à travers des lames croisées ;
il lui immolait 300 prisonniers pris à la guerre : c'est
lui qui rendait des oracles en son nom et qui influait
ainsi sur le gouvernement du peuple tout entier.

Si les prêtres dictaient la guerre ou la paix par leurs

oracles, ils imposaient, à plus forte raison, la paix privée aux individus et aux familles qui poursuivaient la
vengeance du sang. Appelé au pied 'de leurs autels,
le Slave le plus farouche sentait sa vengeance fléchir;
il pardonnait à son ennemi, lui tendait la main droite,
et lui remettait, en signe d'amitié et de réconciliation
solennelle, une touffe de ses cheveux et une poignée
d'herbes (1).

L'association de la royauté et du pontificat se révélait
sous des formes visibles et palpables. Tous les lundis,
chez les Russes de Nowogorod (2), le roi et le grand-
prêtre venaient siéger devant l'autel sacré de Prowé (3)
(dieu de la justice et de la paix) pour rendre la justice
dans l'assemblée du peuple : leurs arrêts semblaient
inspirés par Prowé lui-même. Or, le culte que les Slaves
rendaient à cette divinité se distinguait par une pureté
idéale qui lui était particulière.

En Vagrie, c'était surtout Prowé qui était l'objet d'un
culte public : mais ce culte n'était plus enfermé dans les
temples bâtis de main d'homme. Au lieu de colonnades
sculptées par l'artisan des villes, on se servait des quatre

(1) Karamsin, *Histoire de Russie*, tom 1, p. 118.

(2) Aussi bien que chez les Dalmates. (*Histoire du droit slave*, par
Alexandre Macieiowski, traduction allemande par Buss; Stuttgard et
Leipsig, 1835 6.)

(3) Prowé était représenté sous la forme d'un vieillard dont les vêtements formaient des plis nombreux , avec des chaînes sur la poitrine
et tenant un couteau à la main. D'un autre côté, le prêtre Holmold,
en 1170, renversa un sanctuaire de Prowé ou Pravo; il n'y trouva que
les drapeaux des Slaves avec leurs figurines. (Potoski, *Voyage dans la
Basse-Saxe*, pag. 85.)

chênes les plus antiques de la forêt, qu'on entourait
d'une clôture en bois ; c'est là qu'on offrait les sacrifices
solennels, c'est là que la justice se rendait sous la présidence du grand-prêtre (1).

Chez les tribus slaves, plus sauvages, plus belliqueuses
et plus nomades, on voulut, comme objet du culte,
quelque chose de plus mobile encore que des autels
portatifs : on érigea les étendards en *dieux supérieurs*
qui permettaient de violer les temples et d'outrager les
idoles des autres peuples. « On vantait la puissance de
« l'enseigne énorme et bigarrée des Vendes de la Bal-
« tique, qui était déposée ordinairement dans le temple
« de Sviatovit, et qui fut brûlée avec ce dieu et la ville
« d'Arcona par Waldemar, roi de Danemarck. On trouva
« à Rhétra une autre enseigne sacrée : c'était un dragon
« de cuivre avec une tête de femme et des mains armées.
« La chronique de Dittmar parle de deux drapeaux
« slaves reconnus pour de puissantes divinités (2). »

L'inconsistante et monstrueuse idolâtrie de ces peuplades barbares était admirablement bien représentée
par ces enseignes aux figures bizarres, et par ces drapeaux
qu'agitait le caprice des vents.

On comprend aussi ce que devait être une religion
réduite, pour seuls objets de culte, à ces emblèmes des
combats. C'était, en quelque sorte, la déification de la
conquête, des massacres et du pillage. C'est bien là que

---

(1) Karamsin, *Histoire de Russie*, tom. 1, pag. 137.

(2) *Histoire philosophique de Russie*, par J. Esneaux, tom. 1, pag 36;
Paris, 1828.

l'élément guerrier venait complètement annuler l'élément
théocratique qui aspire à régner sur les âmes, et qui, s'il
n'exclut pas toujours la force brutale, tend du moins à se
la subordonner autant que possible.

Chez les Slaves un peu plus avancés, l'administration
de la justice étant, comme nous venons de le dire, une
des formes du culte de Prowé, semblait se lier à une
théocratie plus forte que dans la Scandinavie elle-même :
car, à Nowogorod et même dans la Vagrie, le sanctuaire
même du dieu était le lieu où siégeait le tribunal,
tandis que le *Thing* (1) des Scandinaves ou le *Mâl* des
Germains n'était qu'une enceinte consacrée, il est vrai,
par la religion, mais non pas précisément un sanctuaire
ni un temple.

Les Scandinaves ou Germains du Nord avaient quelque
chose de plus assis, de plus traditionnel, et par cela
même de plus religieux, dans leurs assemblées publiques
ou Dings annuels, que les Germains du Midi. En effet,
ils entouraient les enceintes de ces assemblées de pierres
énormes, qui n'avaient pas été apportées là en un jour, et
qui devaient servir à plusieurs générations. En Uplande,
les juges ou jurés s'asseyaient sur douze pierres;
en Sudermanie, sur treize; la treizième était pour le
président (2). En Norwége, il y avait le célèbre cercle
de pierres de Thingkreeds, au bailliage de Stavanger.
On voit encore aujourd'hui ce cercle, qui a deux cents

---

(1) *Thing* en scandinave, et *Ding* en vieux germain.
(2) Grimm, *Deustche Rechts-Alterthümer*, p. 903.

pieds de circonférence et vingt-quatre pierres carrées de
quatre pieds de hauteur (1). En Islande, on se servait pour
les Things annuels d'une espèce de cirque naturel de
rochers qui se trouvait dans la partie inférieure de l'Hécla
et qui s'appelait *Thingvalla* (vallée du Thing ou Ding).
Le rocher en saillie sur lequel le *Logmadr* ou homme de
loi récitait chaque année la loi tout entière pour la rappeler au souvenir du peuple, s'appelait le *Logberg*, roc
de la loi, ou roc sacré (2).

Ces sanctuaires législatifs et judiciaires, où se trouvaient un siége pour le pontife et un autel pour le sacrifice,
avaient un caractère de sainteté qu'ils empruntaient à la
fois à la majesté des traditions passées, à la grandeur du
présent et à l'espérance d'un avenir indestructible comme
le roc même de la loi, symbole de la nationalité et de la
constitution du peuple. Le Mâl ou Mall des Germains
ne pouvait avoir ce prestige mystérieux qu'exercent les
souvenirs confus et les espérances indéfinies. Ces peuples
nomades se rendaient sur une montagne voisine de leurs
tentes et de leurs cabanes de feuillage qu'ils devaient
abandonner à la saison prochaine ; c'est là qu'était leur
Mallberg, et qu'ils allaient tenir leurs assises à l'ombre
des tilleuls ou des chênes aux rameaux étendus (3). Là,

(1) Grimm, *Deustche Rechts-Alterthümer*, p. 807.

(2) Pendant 200 ans, ce code primitif se perpétua ainsi par le souvenir et par la parole.

(3) Michelet, *Origines du droit*, p 301-302. On voit dans la plupart
des villages d'Allemagne, dit-il, dans la Hesse, par exemple, un tilleul
planté sur une colline, où se rassemblent les paysans.

l'assemblée avait plutôt l'aspect d'une armée délibérante que d'une réunion de législateurs ou de juges consultant les oracles du ciel. Cependant Tacite atteste que les prêtres y avaient encore un certain pouvoir, et que leurs décisions étaient quelquefois regardées comme des ordres de la divinité elle-même. « Souvent, dit-il, le peuple « choisit un des siens, le fait combattre avec un pri- « sonnier ennemi ; par l'issue du combat, on juge de « quel côté penchera la fortune (1). » Mais dans cette espèce de *jugement de Dieu*, le Germain pouvait se passer de l'intervention des prêtres ; il échappait au joug théocratique, il en appelait de tout à l'épée et au marteau (2).

Les prêtres durent alors se contenter de profiter de ces accès de superstition ou de faiblesse pour se créer une influence indirecte au moyen des épreuves judiciaires et de la consécration de certaines personnes et de certaines choses, moyens de procédure et d'ordre public qui se retrouvent généralement à une certaine époque de l'enfance des peuples.

---

(1) *De moribus Germanorum*, 10 et 11.
(2) Le marteau ou hache d'armes était l'emblème de Thor.

CHAPITRE III.

DE L'USAGE DU TABOU CHEZ LES NATIONS OCÉANIENNES.

Nous avons à examiner, chez des peuples à demi sauvages, une forme particulière de la théocratie : ce sera pour nous une transition qui nous ramènera à cette sorte de consécration des hommes et des choses qui eut pour effet, chez les Germains, l'institution des diverses espèces de *paix*.

La forme de théocratie dont nous allons parler d'abord est le *Tabou* des Malais de l'Océanie.

Tabou veut dire sanctification (1). On avait cru, d'abord, que ce mot signifiait *prohibition*, et qu'il se rapportait à une série de prescriptions religieuses et sociales sur ce qui était défendu : c'était une erreur.

Dans aucune race humaine, restée attachée à l'idolâtrie, l'idée de l'action des dieux sur toutes les entreprises, sur toutes les pensées des hommes, ne se trouve plus marquée que chez les races polynésiennes.

(1) Ceci est principalement extrait d'un petit ouvrage allemand, intitulé : *Die sudsee Volker und das Christenthum; eine ethnographische Untersuchung, von Meinicke*. Prenzlaw, 1844. J'en dois l'indication à l'obligeance du baron d'Eckstein dont nous avons eu à déplorer la perte récente.

Là, chaque membre des castes élevées se croit, pour ainsi dire, dans un état permanent de possession ou d'inspiration.

Or, c'est là ce qui constitue le *Tabou*, suivant les idées de ces peuples.

Ou plutôt, à proprement parler, le *Tabou* est une force essentiellement inhérente à la divinité ; cette force que les dieux ont en eux-mêmes, ils la transmettent, quoique à un degré inférieur, à une ou plusieurs classes d'hommes privilégiés. Les hommes de la dernière classe sont tout à fait dénués du *Tabou* ; cela diminue infiniment leurs moyens d'action, et les paralyse dans une portion de leur existence et de leur puissance. Les femmes sont généralement regardées comme incapables d'être douées du *Tabou*, ainsi qu'on peut le remarquer dans les îles Marquises, dans celles de la Société, à Havaï, etc. Cependant, il en est autrement à Tonga, dans la Nouvelle-Zélande, où les femmes des grands peuvent, sur certains points, jouir d'un droit de *Tabou* presque aussi étendu que celui de leurs maris : à Tahiti, quelques femmes de haut rang seulement sont placées, sous ce rapport, de pair avec les hommes.

Quant aux choses matérielles, elles sont l'objet de de deux grandes divisions : les unes sont *Moa* ou sacrées, les autres *Noa* ou de la communauté ; celles de la première espèce sont *Tabou* par elles-mêmes, et doivent être essentiellement considérées comme *propriété* des dieux, ou de la race privilégiée qui participe à leur pouvoir. Tout ce qui est libre et affranchi de la sanctifi-

cation, et placé en dehors du *Tabou*, est attribué à
l'usage commun et individuel de tous les hommes, même
de ceux qui appartiennent aux dernières classes de la
société.

Cependant le *Tabou* peut aussi s'étendre sur les
choses *Noā* ou communes à toutes. Elles deviennent
Tabou par le seul *attouchement* de l'homme de race
sacrée, ou par la prise de possession de la force divine.
Mais les choses et même les personnes qui deviennent
ainsi *Tabou* d'une manière artificielle et par une sorte de
communication indirecte ou d'envahissement prémédité
n'y sont pas soumises d'une manière permanente. Elles
peuvent en être dégagées ou affranchies au moyen de
certaines pratiques et cérémonies religieuses dont la race
pontificale conserve les formules et les rites par un
privilége spécial et exclusif.

La force du *Tabou* va en diminuant, du haut jusqu'au
bas de l'échelle sociale. Les rois la possèdent presque
au même degré que les dieux eux-mêmes. Les pontifes
et les grands l'exercent ensuite avec amoindrissement
successif, suivant la dégradation des rangs, jusqu'à ce
qu'enfin cette force cesse totalement d'exister dans la
dernière classe du peuple.

Le *Tabou*, par cela seul qu'il exclut d'une manière
absolue ceux à qui il ne se communique pas, au moins
à quelque degré, ferme partout l'entrée des temples au
bas peuple et, dans la plupart des îles de l'Océanie, à
toutes les femmes. Il y a aussi des classes en quelque
sorte habituellement déshéritées de tout commerce avec

le Ciel, comme dans l'Inde, quoique la théogonie des
Malais parte d'un tout autre point de vue. Et cependant
cette règle d'exclusion a des exceptions touchantes. Le
temple peut devenir un asile pour les persécutés ; on
suppose qu'il émane de l'autel de la divinité une force
mystérieuse, un *Tabou* spécial, qui va s'étendre sur
l'abandon et le malheur. *Res sacra miser*, ce vieil
axiome des Latins semble gravé dans le cœur même de
l'humanité. Il coexiste avec les institutions religieuses
les plus barbares et les plus diverses.

Une des plus bizarres conséquences du Tabou, c'est
que, dans beaucoup d'îles de l'Océanie, la loi a dû
intervenir pour limiter la puissance inouïe des rois. En
effet, il arrivait que lorsque le roi avait touché un objet,
cet objet devenait *Tabou*, c'est à dire que l'usage en
était interdit à tout autre ; il arrivait aussi que, quand
il entrait dans une maison, tout l'intérieur de la maison,
tous les meubles qu'elle contenait, devenaient sa propriété.
La loi ou la coutume a donc dû défendre au roi d'entrer
dans toute autre demeure que la sienne et lui prescrire
de s'isoler le plus possible, pour qu'il n'abusât pas de
sa force de communication du *Tabou*, et pour qu'il ne
finît pas par annuler le droit de propriété chez tout
autre que chez lui.

La sanctification ou le *Tabou* des rois et des grands
augmente quand ils sont en danger de mort ; c'est la
divinité elle-même qui visite leur corps et les prépare à
l'apothéose. Dès qu'ils sont gravement malades, il semble
qu'on attende autour d'eux avec anxiété l'heure de les

honorer comme des dieux. Quand un grand tombe
malade à Tahiti, tout le district est fait Tabou par le
pontife. Il y règne le silence d'une terreur universelle ;
les feux sont éteints ; nul n'oserait cuire ses aliments, et
le district n'est affranchi du *Tabou* que par l'accomplissement de certains sacrifices accompagnés de prières.
Ces cérémonies se font dans le temple avec une grande
solennité.

Mais c'est surtout au point de vue pratique et civilisateur, que nous avons à en apprécier l'utilité. Chez ces
peuples, essentiellement voleurs parce qu'ils ont peine
à sortir de l'espèce de communisme territorial qui est
une suite de l'état sauvage, on a beaucoup de peine à
défendre la propriété de ces outrages incessants et de
ces pillages quotidiens qui en rendraient l'usage impossible et la réglementation administrative tout à fait
illusoire. On n'a pu dompter les instincts anti-sociaux
des Océaniens qu'en protégeant contre eux par le *Tabou*
les instruments de culture, les blés et les récoltes jusqu'à
la moisson, les fruits des arbres jusqu'à leur maturité,
etc. Quiconque viole le *Tabou*, homme, femme ou
animal, est aussitôt tué. Le père, dans ce cas, met à
mort son fils, l'époux son épouse. Il suffit que la
violation soit constatée pour que l'homicide soit non
seulement permis, mais loué comme un acte très-
religieux.

On comprend aussi quelle protection entoure la personne qui appartient au *Tabou* à un degré quelconque.

Cela entraîne, il est vrai, une grande inégalité de

pénalités, suivant que la vicime d'un meurtre est *Tabou*
ou ne l'est pas ; mais cette inégalité existe chez tous
les peuples qui ne sont pas encore sortis de la phase
théocratique.

§ II.

Le Habous et le Heurm des Arabes.

On a cru trouver quelque similitude entre le *Tabou*
des Océaniens et le *Habous* des Arabes ; il n'y en a
aucune.

Le *Habous* (du verbe arabe qui signifie *dicare in
pios usus rem, dum possessio pristino possessori
manet*) est l'acte par lequel un musulman, réservant
pour lui et ses successeurs qu'il désigne dans un ordre
déterminé la jouissance d'une terre ou d'une maison, en
assure sur-le-champ la propriété, en cas d'extinction
des appelés ou de leur race, à un établissement de
piété, de charité ou d'utilité publique.

Ce mode de substitution de la propriété est encouragé
par les marabouts, qui en profitent. C'est d'ailleurs pour
les musulmans un moyen de se mettre à l'abri des
spoliations du chef de l'islamisme, qui prétend avoir la
propriété des biens de tous ses sujets, mais qui n'oserait
jamais porter la main sur des objets devenus inviolables
par une semblable consécration.

Mais si le *Habous* est un moyen de sécurité pour les
propriétaires musulmans à l'égard du pouvoir temporel,
on voit qu'il n'a aucun rapport avec le *Tabou*, qui pro-

tége les personnes aussi bien que les propriétés, en les
entourant d'une inviolabilité religieuse.

Mais on trouverait peut-être chez les Arabes une autre
institution qui aurait plus d'analogie avec le *Tabou :* c'est
le *Heurm.*

Heurm vient d'un verbe arabe qui signifie : *prohibere,*
interdire. Ce terme implique donc l'interdiction absolue
non-seulement de tuer un homme ou un animal, mais
même de porter atteinte à l'existence d'un végétal
quelconque.

Cette interdiction se renferme dans les limites d'une
enceinte spécialement consacrée à cet effet, et qui
s'appelait *Haram* ou *Harem.*

Ainsi, dans l'enceinte du Haram ou temple de la
Mecque, on ne pourrait répandre le sang de quelque
être que ce soit, pas même d'un petit oiseau, et dans le
terrain qui en dépend et qui fait partie du Haram, on ne
couperait pas une branche d'arbre, on ne cueillerait pas
une fleur.

. L'institution du Heurm a existé de temps immémorial
chez les Arabes. Elle a été adoptée et non créée par
l'islamisme.

Ainsi l'an 320 environ avant Mahomet, c'est-à-dire
vers le milieu du troisième siècle de notre ère, deux
tribus des Ghatafanides, les Banou-Baghiydh et les
Banou-Mourrah, voulurent élever un asile à l'imitation
du *Ilharam* de la Mecque ; ce *Ilharam* se construisait
près d'une *eau* (d'une fontaine), dans un lieu appelé
Bouss, quand Zohayr, chef des Kalbides, se disposa à

l'attaquer. « Il jura que, lui vivant, jamais les Ghatafa-
« nides n'auraient de *Hharam*. Il harangua à ce sujet ses
« *contribules* (Arabes de la même tribu), et leur exposa
« que la destruction de cet asile serait leur plus beau
« titre de gloire pour l'avenir.

« Il prit les armes et partit. Il était avec les Kalbides
« seuls contre les Ghatafân. Les Ghatafân furent vaincus.
« Un de leurs cavaliers s'était réfugié dans le Hharam ;
« Zohayr l'aperçut et dit à un des siens : Tue-moi cet
« homme. — Mais il est inviolable ici ! — Par la vie de
« ton père! réplique vivement Zohayr, je ne connais rien
« d'inviolable ici ; — et Zohayr va droit au cavalier et
« lui abat la tête.

« L'asile fut détruit, etc. (1). »

Il paraît que le Hharam des Ghatafanides n'était pas
achevé, ou du moins n'était pas encore consacré par les
cérémonies exigées à cet effet. Dès lors, les autres
tribus arabes n'étaient pas tenues d'en reconnaître
l'inviolabilité.

La religion de Mahomet donna une nouvelle force au
Heurm, en régularisa et en étendit l'usage. Le Heurm
s'applique maintenant aux mosquées et aux mausolées
des Mahrabouts, qui servent de lieux d'asile. Il a donné
son nom aux *Harems* ou appartements des femmes, et
la violation de ces appartements est considérée comme
un sacrilége.

(1) *Voyage dans l'Asie Mineure*, par Baptistin Poujoulat, tom. II,
pp. 238-239. Paris, Ducollet, 1841.

6

Le *Heurm* est donc une protection pour le malheur et
la faiblesse ; il pose des limites à l'abus du pouvoir et de
la force brutale (1). C'est encore une de ces institutions
qui viennent en aide à l'établissement de l'ordre public
dans une société naissante, qui habituent la puissance
matérielle à s'incliner devant la force morale, à reconnaître la supériorité de la loi sur le fait. Le droit d'asile
et l'intervention des ministres du culte posent d'ailleurs
les premières limites à la vengeance du sang, ce droit
absolu des sociétés à demi sauvages. Et ainsi les premiers
progrès de la civilisation et les commencements du droit

(1) Si nous n'avions pas craint de nous laisser entraîner trop loin
de notre sujet, nous aurions parlé ici de l'institution antique du
Dakheel, qui, en consacrant les liens de l'hospitalité, va jusqu'à conférer à un étranger isolé ou à une faible femme le droit d'arrêter les
coups de la vengeance. « Aucun usage n'est plus religieusement
« respecté chez les Arabes que celui du Dakheel, écrit un voyageur
« anglais, M. Layard : dans le désert, dire qu'un homme ou une
« tribu a violé le Dakheel, c'est l'injure la plus sanglante qu'on puisse
« leur faire... Les relations qui unissent le Dakhal au Dakheel, c'est
« à dire le protégé au protecteur, résultent d'une infinité de cir-
« constances dont la principale est d'avoir mangé le pain et le sel
« d'un homme ou d'avoir réclamé sa protection, soit en accomplis-
« sant certains actes, soit en prononçant certaines formules. Chez les
« Arabes Shammars, par exemple, on peut faire de son ennemi ou Thaïr
« (vengeur du sang) son Dakheel, si l'on parvient seulement à saisir le
« bout d'une simple corde ou d'un fil, dont l'autre extrémité est en
« contact avec lui. Si l'on touche la toile d'une tente, ne fût-ce que du
« bout du bâton qu'on porte, le maître de la tente devient également
« Dakheel.... Une femme peut donner le Dakheel à des personnes
« et à des tentes, quel que soit leur nombre. Un cavalier et son
« cheval deviennent Dakhals de celui dont ils ont franchi le seuil.
« L'étranger qui a partagé le repas d'un Shammar peut conférer le
« Dakheel à l'ennemi de son hôte. » (*Revue Britannique*, août 1853,
p 282.)

criminel sont toujours dus à la religion et à une théocratie plus ou moins puissante.

Nous verrons sous quelles formes cette loi se produit
et se manifeste dans l'ancienne Europe germanique. La
diversité de ces formes, suivant la différence du génie des
peuples, est un curieux sujet d'études et de méditations
pour le philosophe et pour le publiciste.

CHAPITRE IV.

DES DIVERSES ESPÈCES DE PAIX CHEZ LES GERMAINS.

Nous avons montré quelle large place occupaient dans la vie des peuples germaniques la vengeance et la *Fehde* ou guerre privée. On s'efforça, il est vrai, d'en restreindre et d'en régulariser l'exercice. Mais ces dispositions, par lesquelles le législateur cherchait à neutraliser, à amoindrir la vengeance, en l'opposant en quelque sorte à elle-même, ne suffisaient pas à ce besoin de repos que ressent toute société, quelque peu avancée qu'elle soit dans la civilisation. Ce n'était pas une protection complète donnée à la sécurité de tous.

Or la religion et la loi s'unirent pour établir l'ordre public sur de plus solides bases. Odin, ce mystérieux conquérant des contrées hyperboréennes, avait eu pour but principal d'exalter à un haut degré, par les prescriptions de son culte, la soif des combats et l'ardeur de la vengeance. Mais l'élément pacifique avait pourtant été déposé dans sa mythologie, comme un germe destiné à se développer et à fructifier plus tard. Cet élément se trouvait dans les attributs essentiels de la troisième divinité du Walhalla Odinique. C'était Freyr ou Frigga, divinité de la paix (1). Le culte de cette divinité, d'abord négligé pour celui d'Odin, dieu de la guerre, reprit peu à peu chez les Scandinaves plus de crédit et plus d'empire. Ces pirates féroces, la terreur des habitants des bords de la mer, venaient, au retour de leurs expéditions aventureuses, faire fumer l'encens des sacrifices en l'honneur de Freyr ; tous les ans, ils l'invoquaient dans des fêtes solennelles pour lui demander d'accorder au peuple et au roi la fécondité de la terre, la *paix*, et le succès dans la guerre. On retrouve dans Freyr la divinité Nerthus (2), qui était vénérée par les Angles, les Varins et par plusieurs autres peuples du nord de l'Allemagne. « Il y a, dit Tacite, une île de l'Océan du nord où se trouve un bois sacré (3) ; dans les profondeurs de ce bois, sur un char couvert dont un seul prêtre a le droit de s'approcher, réside cette divinité. Une fois par an, on la tire de l'obscurité de son

---

(1) *Fro, Freyr, Fricco,* est représenté avec les formes des deux sexes et les attributs qui font reconnaître le dieu ou la déesse de la fécondation ou de la propagation de l'espèce (Grimm's *Deutsch Mytholog.*, p. 26). *Tertius est Fricco, pacem voluptatemque largiens mortalibus. Ynglinga saga,* cap. 12. Dans ce passage on voit qu'on fait le Dieu de la paix du sexe masculin.

(2) Ou Nerthum, suivant d'autres manuscrits. *Nerthus,* l'être qui alimente (en allemand, *nähret, nahrung*). Nerthus est une divinité *androgyne,* ayant absolument les mêmes attributs que l'on donnait à Freyr, ainsi que nous l'avons dit dans la note précédente. Les peuples dont parle Tacite en cet endroit occupaient les contrées que l'on désigne aujourd'hui sous le nom de Mecklembourg, de Poméranie, de Holstein et de Schleswig.

(3) Castum *nemus,* proprement : une forêt *vierge.*

sanctuaire, et on la promène avec respect sur son char
attelé de génisses. Ce sont des jours d'allégresse et de
fête dans tous les lieux où elle daigne s'arrêter en
passant. *Elle apaise toute inimitié par sa présence :
devant elle tout combat cesse, tout glaive rentre
dans le fourreau :* chacun ne connaît plus, ne célèbre
plus que le repos et *la paix*......, jusqu'à ce que la
déesse, fatiguée de son long commerce avec les mortels,
soit ramenée par le prêtre dans son île sombre et sa
forêt sacrée (1). »

Tels étaient les mythes civilisateurs qui tendaient à
adoucir les mœurs de ces brigands des mers du nord,
appelés Varins, Angles et Scandinaves. Telle était la
religion qui, après avoir déifié la guerre et les orages,
s'attachait à déifier la *Paix ;* elle plaçait ainsi sous
la garde du ciel cette sécurité intérieure qui double,
pour une nation, les bienfaits de la paix extérieure,
fruit des victoires remportées au dehors.

Le mot de *Paix* s'entendait donc surtout de la paix
intérieure, de l'ordre public : en ce sens, on,la regardait
comme un don et une faveur des dieux ; c'était un titre
de gloire pour les rois de la maintenir parmi leurs sujets ;
pour les peuples de la faire régner dans leur sein. Qu'on
lise le premier prologue de la loi salique, qui remonte
au moins au VIᵉ ou au VIIᵉ siècle. On y verra que la

___

(1) Tac., *De moribus Germaniæ,* 40. Suivant les uns, cette île est
l'île de Rugen, dans la mer Baltique; suivant d'autres, ce serait celle
de Helgeland *(Heiligeland, île sacrée, île sainte),* près de l'embou-
chure de l'Elbe.

nation franque n'était pas moins fière de sa fermeté à conserver la paix intérieure que de son intrépidité dans les
combats (1). Le petit prologue de la loi salique revue par
Charlemagne, *lex emendata*, développe encore davantage cette idée, et y insiste avec plus de force. Voici ce
qu'on y lit : « Les Francs, d'accord avec leurs chefs,
« ont été d'avis, pour conserver parmi eux l'*amour de*
« *la paix*, de prendre les moyens de couper jusque
« dans la racine de leurs anciennes querelles, et pour
« montrer que, s'ils l'emportaient sur les autres nations
« par leur valeur, ils ne l'emportaient pas moins par la
« puissante autorité prêtée chez eux à la loi, ils ont
« résolu de donner à toute action criminelle un résultat
« proportionné à la gravité des délits (2). »

Quand les nations scandinaves furent bien assises sur
leur territoire conquis, elles établirent aussi la paix
intérieure, mais sous un autre nom. Elles l'appelèrent
la consécration de l'homme, *Manhaelgi*, c'est-à-dire
l'inviolabilité de sa personne (3). Ce fut donc la religion

(1) Fortis in arma.... Firma in pacis fœdere.
(2) Placuit atque convenit inter Francos et eorum proceres, et
propter *servandum inter se pacis studium*, omnia incrementa veterum
rixarum resecare deberent, et quia cœteris gentibus juxta se positis
fortitudinis brachio proeminebant, ita etiam *legum auctoritate* prœ-
cellerent, ut juxta qualitatem causarum sumeret criminalis actio
terminum, etc.
(3) *Manhaelgi*, voir les codes norwégiens à ce sujet. Le *Manhaelgi*
pouvait s'entendre de la consécration des personnes à certains objets
d'utilité publique, tels que les charrues, les moulins, qui ne pouvaient
être saisis, par suite de cette protection particulière, au moins *extrajudiciairement*, et sans formalités spéciales.

qui servit d'abord d'égide à l'individu contre toutes les attaques privées et contre toutes les vengeances, personnelles ou héréditaires.

Dans la pratique, *la consécration*, *la paix*, *le droit*, furent souvent confondus. On maintenait *le droit* de quiconque était dans la paix du peuple. Celui qui violait le droit d'un seul rompait, quant à sa personne, la paix à l'égard de tous.

Cependant la paix devint l'état normal de tous ceux qui faisaient partie de la même communauté et qui concouraient aux mêmes sacrifices. Or, cette union civile et religieuse concourait toujours avec l'unité de race. De là, une législation particulière pour les étrangers qui étaient légalement en dehors de cette union. Il ne faudrait pourtant pas croire que l'étranger, ou tout autre individu qui n'appartenait pas à la communauté, fût totalement exclu de la paix et livré à tout l'arbitraire des agressions individuelles. Une partie des bénéfices de la paix fut souvent assurée même aux hommes d'une race ennemie et méprisée, telle, par exemple, que les Juifs. A plus forte raison, les mineurs, les femmes, les serfs et autres indéfendus *(wehrlose)* n'étaient-ils pas déshérités de toute protection légale ; mais cette protection n'était qu'indirecte : comme ils ne pouvaient ni se garantir eux-mêmes par la force, ni porter plainte en justice, ils étaient représentés par *le cojouissant de communauté dans le Mundium duquel ils se trouvaient* (1).

(1) *Mundium*, tutelle, patronage, quasi-puissance paternelle. Nous reviendrons plus tard sur la valeur légale de ce mot.

De plus, tout cojouissant de la communauté pouvait se porter fort pour l'être désarmé et sans défense qui était victime d'une attaque injuste.

Ainsi, la puissance ou la force (1) était, de droit, présumée généreuse ; c'était une manière presque sûre de l'amener à le devenir ; il paraît, en effet, qu'elle finit par accepter cette tutelle de la faiblesse que lui confiait le vœu de la loi.

On peut remarquer comme un progrès vers l'ordre public la tendance de la loi à traiter avec rigueur le meurtrier qui continuait de braver la douleur de la famille et les menaces de la justice, mais à proclamer une sorte d'indulgence miséricordieuse pour celui qui entrait dans la voie du repentir et de la prière. La société semblait ne pas mieux demander que de se laisser désarmer et de désarmer les familles, même les plus justement intéressées à la vengeance. Aussi, les anciennes lois d'Islande avaient statué que « si « le meurtrier, se faisant assister de témoins, avait « demandé la paix avant le troisième jour écoulé depuis « le meurtre, soit au fils, soit au petit-fils de la victime, « ceux-ci ne devaient pas lui refuser une paix ainsi « demandée d'une manière légale (2). »

Ainsi s'expriment la loi de l'Islande et les Gragas. Mais, d'après ce qui suit, on voit qu'il s'agit, dans cette

____

(1) Wilda, p. 226, ouvrage déjà cité. Voir à la fin de ce chapitre comment le roi devenait le tuteur légal, le *Mundburd* de ceux qui n'étaient sous le mundium de personne. ·

(2) *Grag. Vigsl.*, t. II, p. 20, tit. xv,

occasion, d'une trêve plutôt que d'une paix totale (1). Du
reste, la famille de l'offensé ne pouvait refuser de sous-
crire à cette proposition de trêve, « lorsque le meurtrier
« venait à elle escorté de cinq témoins ou assistants de
« 12 ans et au-dessus, de 80 ans et au-dessous,
« hommes libres et de domiciles connus, tous assez
« forts pour protéger leur vie respective, assez riches
« pour pourvoir à leurs besoins pécuniaires, tous en
« état de porter la pique et lancer le javelot. » —
« Je vous choisis, disait-il, pour témoigner à N.,
« à ses compagnons, amis et parents, que je demande
« la sécurité des biens et de la vie pour moi et pour
« les miens, afin de pouvoir partir et cheminer sans
« aucun risque, dans le but de faire une transaction
« bonne et heureuse (2). »

A côté de ce passage, relatif à la paix temporaire,
plaçons un extrait du pacte pour la paix permanente
(Trygda-Mâl). Dans les termes de ce pacte, où l'on a
semblé vouloir renfermer les principaux accidents de la
vie des Scandinaves, il y a quelque chose de primitif
qui rappelle la naïveté des peintures homériques : « N. et
« N. se jurent une foi mutuelle qui sera perpétuelle-
« ment gardée, tant que durera le temps et que vivront
« les hommes. Que désormais ils soient réconciliés et
« ne fassent plus qu'un, soit qu'ils se trouvent sur la
« terre ou sur les eaux, sur un navire ou sur des patins,

---

(1) V. chap. précédent la différence entre ces mots *Grida*, trêve,
et *Trygd*, paix.
(2) *Grag. Vigsl.*, t. ii, p. 20. tit. xv.

« sur l'Océan ou sur le dos d'un coursier ; de sorte que,
« suivant l'occasion, ils se passent tour à tour la rame
« ou l'égouttoir, la table ou le banc de rameurs, le
« couteau ou le morceau de viande, etc. (1). »

Celui qui manquait à une profession de foi aussi
solennellement jurée fut, dès les temps les plus reculés,
en butte aux malédictions du ciel et de la terre. Quand
le Christianisme vint, il substitua ses anathèmes à ceux
des vieilles religions, et entoura ainsi le pacte primitif
d'une sanction nouvelle. Voici, à cet égard, quelle était
la formule de la loi islandaise :

« S'il se trouve quelqu'un d'assez insensé pour porter
« atteinte à un accommodement conclu, et pour com-
« mettre un meurtre après avoir juré la paix, qu'il soit
« proscrit et marqué de l'anathème céleste ; partout où
« les hommes poursuivent le loup, où les chrétiens
« visitent les églises, où les païens font des sacrifices,
« où les mères donnent le jour à des enfants et où les
« enfants appellent leurs mères ; partout où le feu brûle,
« où le Finnois patine, où le sapin croît, et où le faucon
« vole aux jours du printemps quand le vent vient
« enfler ses deux ailes et l'emporter dans les airs (2). »

Cette poétique énumération ne laisse au proscrit ni
un coin sur la terre, ni une place au soleil.

Dans les droits allemands proprement dits, l'atteinte
portée à la foi jurée était sévèrement punie ; cependant,

(1) *Grag. Vigtsl.*, ii. p. 166, cap. cxii.
(2) *Id., ibid.* p. 167.

elle n'était pas placée parmi les faits inexpiables, dont le domaine était, d'ailleurs, plus restreint au midi qu'au nord de la Germanie. Le parjure de celui qui avait promis la paix était donc rachetable avec de l'argent ; mais il était puni d'une amende double de celle qui aurait été infligée à une simple vengeance non autorisée (1). Un Capitulaire de Charlemagne se montre plus rigoureux : il condamne celui qui a manqué à la foi jurée à perdre la main (2).

Après avoir ainsi fait connaître les paix convention-nelles et particulières, il nous faudra étudier avec soin les paix *légales*, ou dérivant directement du droit.

Nous distinguerons d'abord la paix générale ou de droit commun, qui était attachée au titre même d'homme libre et de membre de la communauté. Cette paix était protégée par des compositions pécuniaires, payables à l'offensé ou aux parents de l'offensé, et par des amendes *(freda)*, qui revenaient au roi ou au duc, comme représentant le pouvoir public. Ces compositions ou ces amendes étaient simples, quand elles ne faisaient qu'expier l'atteinte portée à la paix commune ; elles étaient portées à un taux double, triple, ou plus élevé encore, quand il s'agissait de réprimer la rupture d'une *paix supérieure*.

Toute paix supérieure impliquait une protection spé-ciale et plus forte, accordée à quelques personnes, ou

(1) Voir la loi lombarde et en particulier la législation de Rotharis, chap. 143.

(2) *Capitul. ann.* 805, *in Theod. Villa*, c. 5, p. 133.

bien concédée à tout homme libre dans certains lieux
et pendant des temps déterminés. Ces paix supérieures
étaient de diverses espèces, et il importe de faire connaître, avec quelque détail, celles qui ont occupé le plus
de place dans la vie nationale des anciens Germains.
Nous examinerons donc la paix du tribunal (ou *Ding*)
et celle du marché ; la paix de l'armée et celle du domicile ; la paix des saisons ou des temps consacrés à
l'agriculture ; la paix des lieux saints ou des églises ;
et, enfin, la grande paix du roi, qui finit par absorber
toutes ces paix particulières. — L'histoire de ces paix
particulières est celle même des progrès de l'ordre public :
elle servira à nous expliquer la formation de l'autorité
monarchique du moyen-âge, dont la mission a été de
faire prévaloir l'intérêt social sur la liberté excessive
des individus et sur les priviléges divers des localités.

§ Iᵉʳ.

De la paix du Ding et de quelques autres paix qui en dérivent.

A l'époque du paganisme, les réunions périodiques
de la nation coïncidaient avec les grandes solennités
religieuses, telles que celle dont nous avons emprunté
la description à Tacite. Ainsi marchaient de front, dans
le même temps et le même lieu, les affaires, les sacrifices
et les banquets. La divinité elle-même, quoique invisible,
était censée résider au milieu de l'assemblée du peuple
officiellement réuni, et la sainte paix du ciel, qui y

régnait en souveraine, s'étendait encore, quoique à un degré inférieur, dans tout le reste du pays.

On peut voir dans le Gutalagh, ou la législation de Gothland, une proclamation de paix annuelle qui paraît être un héritage du paganisme, dont le christianisme s'est emparé au profit de l'ordre public. D'après cette législation, la paix sacrée commence quatorze jours après Pâques et cinq jours après la Saint-Jean : elle dure chaque fois dix jours et dix nuits, en commençant et en finissant à l'aurore. Pendant ce temps, quiconque a porté atteinte à la paix d'autrui, soit dans sa personne, soit dans ses biens, perd lui-même la sienne jusqu'à ce qu'il ait payé une forte amende pour se racheter (1).

Quant aux assemblées extraordinaires ou spécialement convoquées, elles ne coïncidaient pas ainsi avec les solennités du culte, mais les consécrations de la religion ne leur manquaient pas. La divinité intervenait partout où le peuple était réuni ; on s'efforçait au moins de la faire descendre dans son sein par le sacrifice et la prière ; on choisissait de préférence un lieu où elle avait coutume de résider. Le prêtre était chargé de consulter le sort (2) pour savoir si la réunion et le conseil seraient agréables au ciel. Dans les temps les plus anciens, la paix du Ding s'étendait à un certain degré sur le reste du pays ; mais son siége principal et vénéré était au lieu de l'assemblée générale. Tous ceux qui en faisaient partie étaient placés sous l'égide de la divinité, et, eus-

(1) *Gutal.*, c. IX, p. 13, § II, 5.
(2) Tac., *de moribus Germanorum*, 10.

sent-ils été les objets d'une vengeance autorisée, toute
atteinte portée à leurs personnes, au mépris de la loi
proclamée, était punie d'une amende double ou triple de
ce qu'elle aurait été ailleurs ou dans d'autres temps (1).

Cependant, dans la plupart des législations germaniques, s'efface avec le temps toute trace d'une distinction
entre la paix supérieure du lieu où se réunissait le
peuple et la paix moins élevée qui était commune à
tout le pays. A l'époque de ces assemblées, il n'y a plus
qu'une seule et même paix pour toute la contrée qu'elles
représentent. La religion chrétienne, en proclamant la
paix à part, en ne confondant plus ses fêtes avec celles
des Dings et des marchés, ôta aux vieilles prescriptions
de la loi leur vêtement religieux et laissa à nu leur
fondement politique. « On doit, dit une vieille
« législation germanique (2), conserver à *tous* les lieux
« le repos et l'ordre, mais principalement à ceux où cet
« ordre et cette paix ont été placés par nos anciens, etc.»

La loi des Frisons étend le bénéfice de la paix du
Ding aux hommes même en butte à des vengeances
permises *(homines faidosi)*, qui vont au *placitum* ou
qui en reviennent (3). Il y a donc une tendance à se
dégager de ces restrictions superstitieuses qui bornaient
le siége de la paix à l'enceinte consacrée de l'assemblée
ou du tribunal.

Les banquets des Gildes ou associations continuèrent

(1) *Gutal.*, c. XI, p. 14.
(2) Wilda, p. 234.
(3) *Lex Frison. additam.*

sous le christianisme à être protégés par la paix de
Dieu (1), parce que ces associations se changèrent en
confréries; mais il n'en fut pas de même des paix de
tribunaux ou de marchés : celles-là prirent un caractère
de plus en plus séculier. Cependant, la *paix du marché*
garda des vestiges des concessions que le culte chrétien
avait dû faire dans les premiers temps pour la consacrer; les marchés s'appelèrent *messe*, et la plupart des
foires prirent le nom du saint patron du lieu où elles
s'ouvraient, le jour de la fête de ce saint. Cette sorte de
paix, d'abord sanctionnée par la religion, devint la base
première de certains petits états politiques. Les campe-
ments nomades de ces bazars du moyen-âge firent place
peu à peu à des établissements plus stables ; des maisons
solides succédèrent aux tentes légères ou aux cabanes
de feuillage ; à mesure que les affaires commerciales se
développèrent et prirent de la consistance, ces maisons
se groupèrent de manière à fonder de grandes cités.
Elles conservèrent et étendirent sous le nom de priviléges municipaux, de constitutions républicaines, les
bénéfices des *paix* primitives des *marchés*, desquelles
on avait oublié le nom et l'origine. De là naquirent les
villes hanséatiques de l'Allemagne (2), et quelques républiques de la Suisse et de la Hollande.

---

(1) L. de Henri Ier, c. 81, p. 263. In omni potatione... vel gilde vel
ad quemlibet in hunc modum præparata primo pax Dei et Domini,
qui inter eos convenerint, pax Dei et Domini, publica prænuntiatione
ponenda est, etc.

(2) Presque toutes ces villes, telles que Francfort, Hambourg, etc.,
ont conservé des foires annuelles.

§ II.

Paix de l'armée.

Cette paix reposait, dans le principe, sur le même fondement que la paix du Ding. L'armée était la nation rassemblée et en marche : elle se mettait sous la protection du Dieu des combats et retirait alors du fond des bois les emblêmes qu'y avait placés le grand pontife. La paix de Dieu l'accompagnait dans son aventureuse migration. Le pontife ou prêtre était l'habitacle mobile de cette paix qui semblait rayonner autour de lui : comme s'il l'avait portée dans son sein, c'était de sa main que partait l'anathème divin qui maudissait et proscrivait, c'était de sa main qu'il saisissait et faisait tomber en sacrifice celui qui avait rompu la paix, en le frappant comme un profanateur de ce qu'il y avait de plus saint sur la terre (1). Ce n'est qu'en agissant avec une telle énergie sur les esprits d'un peuple esclave de ses passions, que l'on parvenait à faire taire pendant la durée d'une expédition guerrière ces haines de famille à famille toujours bouillonnantes et toujours prêtes à éclater ; ce n'est qu'avec de tels moyens, qu'on retenait dans le fourreau des glaives qui ne devaient être tirés que contre l'ennemi. Si la discipline n'eût pas été sanctionnée par cette haute consécration religieuse, aurait-on pu contenir ces groupes de familles tout armés

(1) Tac., *de moribus Germanorum*, VII.

7

pour la guerre étrangère, et si souvent frémissants en présence l'un de l'autre, au souvenir d'un juste et légitime sujet de vengeance? et alors une telle armée n'aurait-elle pas été dissoute avant d'être appelée à combattre?

Cependant vint le Christianisme, qui ne répandait pas le sang sur ses autels et qui était loin de se poser comme le culte de la guerre et des combats. Cette religion de paix et d'amour, non seulement offrait un contraste complet avec celle d'Odin ou de Mars, mais encore elle rompait sur ce point avec la tradition juive, à laquelle elle se rattachait d'ailleurs par tant d'autres liens ; donc le Dieu des chrétiens n'était pas essentiellement le Dieu des batailles, et ce n'était pas sur des faisceaux de lances qu'on songeait à lui dresser des autels. Aussi, chez les peuples convertis à la foi évangélique, on ne trouve plus de victimes immolées à la discipline par un sacerdoce sanguinaire, plus d'union intime entre le culte et le gouvernement des armées. Par suite du changement de religion, il est certain que la direction de la police et des pénalités militaires en Germanie se *sécularise* subitement. Les ministres du christianisme, qui se substituèrent aux prêtres païens, en modifiant leurs rites et en les adaptant à la croyance nouvelle, ont, cette fois, répudié complètement leur héritage. Et cependant l'ordre règne autant et plus qu'auparavant dans les rassemblements armés des nations : quelle peut en être la cause ?

C'est qu'à la place d'un frein de terreur approprié à de certaines circonstances et qu'il fallait serrer d'autant

plus qu'on le relâchait davantage dans la vie ordinaire,
la religion chrétienne avait agi sur les âmes par une
influence constante, qui prenait l'homme au berceau et
le conduisait jusqu'à la tombe. Elle combattait de front
ces féroces préjugés des Germains, qui faisaient de la
vengeance un droit et un devoir. Le lait divin de sa doctrine s'insinuait doucement dans ces cœurs barbares,
et, en leur faisant adopter sa discipline douce et sévère
à la fois, elle les façonnait tout naturellement à porter
patiemment le joug de la discipline militaire comme de
la police sociale.

Dès lors, ce qu'on appela la *paix* de l'armée consista
simplement dans des pénalités plus fortes, appliquées
aux infractions de ceux qui faisaient partie d'une expédition guerrière.

Sur ce point, les droits allemands concordent encore
avec les législations scandinaves : seulement, ils contiennent des prescriptions plus multipliées; on s'aperçoit
que les guerres d'invasion, qui étaient devenues l'élément
de leur existence, leur avaient fait mieux apprécier
l'importance de la discipline militaire et leur avaient
donné une connaissance plus exacte de tous les faits
qui pouvaient y porter atteinte. Tantôt ils statuent que
chaque fait de violence commis en présence de l'ennemi
ou dans une armée en marche doit être puni d'une
amende trois ou neuf fois plus forte que l'amende
ordinaire ; tantôt ils établissent pour de semblables
ruptures de paix la peine de mort ou la proscription, ou
bien ils exigent une composition pécuniaire très-élevée,

qui doit être payée au roi comme rançon de ces peines (1).

Les lois des Scandinaves ont des prescriptions particulières relativement aux crimes et délits commis sur des vaisseaux armés et préparés pour une course guerrière. Le vol y est puni d'une amende très-forte dont un tiers est donné à l'individu spécialement lésé, un autre tiers au pilote, et le troisième tiers à l'équipage. Que s'il a commis sur ce vaisseau une violence grave ou un meurtre, il doit payer 40 marcs au roi ou mettre sa vie à sa discrétion (2).

Le dernier code des Frisons tenta de déterminer avec précision quand commençait la paix de l'armée, pour ceux qui étaient convoqués par leurs chefs à une expédition militaire : « elle s'étendait à tout homme parti « avec ses officiers pour rejoindre ses drapeaux, dès « qu'il avait fait le quart de la route depuis sa maison « jusqu'à l'armée (3). »

§ III.

Paix du domicile ou du chez soi.

Dans la vieille Germanie, toute maison était un sanctuaire inviolable pour celui qui l'habitait. *Grid, paix,* signifiait aussi *maison* dans les vieilles langues du nord.

---

(1) *Lex salic. emend.* 64, § I. *L. sax.* § I. *L. fris.* 17, I. *L. alamann.* 26. *L. Bojuvar.* 2, 4. § I. *Knut's Ges.,* c. 58, p 164.

(2) *Upl. Ges.* B. II ; § I p. 99

(3) Addit. dans le 19° des 24 codes, relatif à l'*Ost-fries.* V. Richtofen, p. 70, et Wilda, p. 241.

La paix de la maison paraît avoir été fondée primitivement sur les religions germaniques et païennes. Près
du siége élevé du père de famille, on plaçait les images
de la divinité, et parmi les bâtiments qui régnaient
autour de la cour de l'homme libre, il y en avait un qui
était consacré d'une manière particulière au culte religieux. Plus tard, ce privilége d'un autel domestique
disparut quand on bâtit des temples. Mais à cette modification dans le culte survécut l'idée de la consécration
de la maison tout entière. Le législateur s'en empara
au profit de la sécurité de tous, et il établit des peines
très-fortes (1) contre tout acte de rapine et de violence
commis dans l'intérieur d'une maison habitée. Quant au
meurtre, il était déclaré dans ce cas, suivant les lois
scandinaves (2), fait inexpiable, ou du moins le roi ne
pouvait accorder de paix au meurtrier, même avec la
rançon pécuniaire la plus élevée, qu'avec le consentement des parents de la victime (3).

C'est ainsi que dans ces temps de violences et de
brigandages, on cherchait au moins à assurer un refuge
à l'homme libre dans ses propres foyers.

Du reste, une certaine sécurité était assurée à l'homme
criminel lui-même, non seulement dans sa propre habitation, mais même dans celle d'un ami qui lui avait donné

---

(1) La peine d'une triple amende et de triples dommages-intérêts.
Voir la loi des Angles, VIII, 7, de *Gutal*, 12. § 2, etc.

(2) *L. de Gulath.* de Magnus, cap. 3, p 136. *Loi de Séel.* d'Erik,
liv. II, 12, p 72, etc.

(3) La loi des Saxons prononçait la mort dans tous les cas, sans
qu'on pût la racheter, III, 4.

asile. On ne pouvait l'y saisir qu'en cas de flagrant délit. Autrement, il fallait laisser s'écouler de certains délais, se faire assister du magistrat et observer certaines formes pour pouvoir s'emparer du récalcitrant (1). Il est vrai que le maître de la maison était considéré, par suite du refuge qu'il avait accordé à un meurtrier, comme ayant violé le droit des ôtages (2), c'est-à-dire comme ayant enlevé à la société, par le recel d'un proscrit, l'espèce de caution et de garantie que pouvait lui offrir la répression d'un crime et ce recel était punissable encore, quoique à un moindre degré que le meurtre lui-même.

Enfin, la paix de la maison avait reçu une double extension législative. D'abord, elle avait été étendue quant à son territoire : elle embrassait tout l'espace compris dans l'intérieur des palissades ou des haies qui formaient l'enclos autour de la maison, et quand il n'y avait pas de palissades ni d'enclos, elle régnait jusqu'à soixante brasses de la maison elle-même (3). En second lieu, on avait en quelque sorte forcé sa signification première et naturelle, en l'appliquant à toute habitation, toute station, même temporaire. « Partout où un homme « assied sa demeure, dit la loi de l'Ost-Gothland, que « ce soit sous une tente, dans une cabane de feuillage « ou dans un souterrain, et qu'il se soit établi là avec « son mobilier, celui qui va l'y attaquer commet un

(1) Alfred *Ges.* 1, cap. 38, pag. 52.
(2) *Ost-Gothl.* c. 2, § 2, p. 47.
(3) Loi de l'Upland, m. 12, § 1, pag. 142.

« crime d'atroce violence, comme s'il l'avait attaqué
« dans sa propre maison. Il en est de même si un
« homme s'est établi avec son mobilier sur un vais-
« seau (1), etc. » Dans le droit de Scanie, le législateur
va plus loin encore ; il étend la paix supérieure (2), la
paix de la maison, même au champ solitaire où quelqu'un aura fiché sa lance, élevé son bouclier et posé sa
selle pour se préparer une couche et un abri.

Ainsi l'*ordre public* s'avance pas à pas ; grâce aux
interprétations ingénieuses et partiales de la loi, il
étend sur le vieux domaine de la vengeance et de la
guerre privée ses lentes invasions et ses empiétements
pacifiques. Du reste, même quand la *paix sociale* ou la
paix du roi aura envahi tout le terrain que s'était réservé la licence sous le nom de liberté, il restera toujours
au *domicile* quelque chose de particulièrement sacré et
inviolable ; le foyer domestique sera encore considéré
comme une espèce de sanctuaire. Ce vestige des anciennes mœurs de la Germanie se produira surtout chez les
descendants des Anglo-Saxons et des Anglo-Normands,
qui ont gardé avec une si religieuse fidélité, sinon la
pureté originale de leur idiôme, du moins la tradition
de la plupart des institutions primitives de leur race (3).
Encore aujourd'hui l'*Anglais* se regarde comme un roi

(1) *Loi du Jutl.*, II, 82, pag 174.
(2) *Sk.*, v. 3, d'après la traduction latine de Sunesen, v. 19. Cette
disposition législative semble avoir eu pour but de prévenir toute *sur-
prise* contre un homme libre.
(3) Et entre autres du jury, qui s'est perdu en Scandinavie pendant
qu'il durait et se développait en Angleterre.

dans les murs de sa demeure ; c'est pour lui un abri
aussi sûr contre l'arbitraire du pouvoir que contre les
atteintes du désordre. Au sein de ses foyers, *at home*,
il a droit de résister par la force à toute tentative d'attaque ou d'illégale arrestation. C'est là le plus haut de
gré de dignité individuelle qui puisse se combiner avec
les exigences de l'*ordre public*.

§ IV.

Paix des saisons et de l'agriculture.

Le législateur, qui s'attacha autant que possible à
modifier les mœurs nomades des tribus germaines et à
les transformer en habitudes sédentaires et agricoles, dut
entourer les travaux des champs, et surtout ceux du
labourage, d'une protection toute particulière. Aussi la
consécration d'une paix supérieure couvrait le paysan
qui tenait le soc de sa charrue (1).

Quiconque portait sur l'agriculteur, ainsi atteint dans
l'exercice de ses fonctions, si on peut parler ainsi, une
main meurtrière, ne pouvait plus racheter sa vie, suivant
la loi du Jutland (2), qu'en payant, en dehors de l'amende
ordinaire, 40 marcs à l'héritier de la victime et 40 au
roi. D'après la loi de l'Ost-Gothland (3), quiconque
molestait ou maltraitait un laboureur ou quelqu'un de
ses gens en venant dans sa terre labourée ou dans son

(1) *Loi du Jutl.*, II, 32, p. 174.
(2) *Loi du Jutl.*, liv. 3, 22, pag. 332.
(3) *Loi d'Ost-Gothland*, v. c 13, pag. 74.

pré, au printemps ou à l'automne, encourait une amende double de l'amende ordinaire.

Il y a plus : on considérait comme des actes de violence les citations judiciaires par lesquelles la paix aurait été rompue à l'égard de l'agriculteur. Il ne fallait pas qu'il fût détourné de ses travaux pendant certaines saisons de l'année, ni qu'on pût saisir ses bestiaux, qui lui étaient alors particuliérement nécessaires. La paix de l'automne, dans l'Ost-Gothland (1), commençait à la fête de Saint-Olaff (le 29 juillet), et durait jusqu'à la fin des moissons et des fenaisons, et la paix du printemps depuis le milieu du carême jusqu'à la Pentecôte. Pendant cette paix, le pouvoir public s'interdisait de mettre en réquisition les bœufs et les chevaux (2) : les voleurs de récoltes ou de bestiaux étaient seuls exceptés de la paix des champs et des saisons.

Cette espèce de suspension partielle de la justice, cette interdiction de toute saisie, avait lieu lorsqu'on appelait les propriétaires et hommes libres aux assemblées générales et judiciaires, ou lorsqu'on les convoquait pour une expédition guerrière. Le roi Alfred déclara punissable d'une amende du double (3) toute rupture de paix, toute rapine et tout vol commis, soit pendant la marche de l'armée, soit le dimanche, la nuit de Noël, la fête de Pâques, le Jeudi-Saint, un jour de procession, tout comme dans le carême du printemps.

(1) Loi d'Ost-Gothland. cap. 22, pag. 210.
(2) Gutal., cap. x.
(3) *Leg. reg. Alfr.*, cap. xxxvi, § 1, pag. 51.

Ici cette paix des champs, qui, au temps du paganisme
et dans l'origine de sa création, semble ne pas être
fondée sur la religion et n'avoir contracté avec elle aucun
lien intime, paraît se mettre en rapport avec le calendrier
chrétien. On dirait que le législateur cherche à motiver
les vacances de la justice par la double considération
des fêtes religieuses et de la paix des champs. Dans
ces jours de fêtes, appelés *dies feriati*, non seulement
toute affaire séculière chômait de plein droit, mais il ne
pouvait y avoir aucune poursuite judiciaire, et surtout
on ne pouvait exécuter aucune peine corporelle ni capitale. C'est particulièrement à ce dernier trait que se
reconnaît l'antagonisme de la religion de Jésus-Christ et
de celle d'Odin : l'une tolère peut-être de la part du
pouvoir temporel l'effusion du sang pour la conservation
de la société, mais elle en a horreur dans l'exercice de
son culte, tandis que l'autre, dans ses plus grandes fêtes,
croyait d'autant plus honorer ses dieux qu'elle leur immolait plus de victimes humaines.

Si donc, dans son origine primitive, la paix des champs
fut établie séparément de celle des fêtes chrétiennes,
ces deux paix finirent plus tard par se rapprocher et
coïncider entre elles (1). De là, vinrent nos *vacances*

_____

(1) La législation séelandaise du roi Eric interdit toute poursuite
judiciaire pendant la paix du Jeudi-Saint, de Pâques, de la Pentecôte
et de l'automne, 3, 23, pag. 122. La loi d'Upland fait la même interdiction pour la paix de l'automne (entre la fête de Saint-Olaff et celle
de Saint-Michel), pour les vacances de juillet, et pour la paix du
printemps depuis le dimanche *judica* jusqu'au Jeudi-Saint. (Loi
d'Upland, cap. 14, pag. 274.) Enfin, parmi les sources de droit du

judiciaires au moyen-âge, qui prirent le nom des principales fêtes de la catholicité et du pays ; on sait qu'en
France, avant 1789, la plupart de nos parlements avaient
quatre temps fériés : à la Saint-Martin (jusqu'à Noël),
à Pâques, à la Pentecôte et à la Notre-Dame d'août.

§ V.

Paix des églises.

L'église chrétienne chercha toujours à faciliter aux
peuples païens la pratique du culte nouveau qu'elle travaillait à leur faire adopter; elle voulut leur alléger autant que possible l'immense révolution religieuse qu'elle
venait accomplir. Elle admit donc beaucoup d'usages
purement extérieurs qu'elle ne faisait que modifier légè-
rement en apparence, quoiqu'elle en changeât profondément le sens intime en se les appropriant et en les
pénétrant de son esprit. Ainsi, là où le zèle de ses premiers apôtres ou de ses premiers néophytes ne renversa
pas les temples païens, ces temples furent changés en
églises, et là même où il ne restait que des terrains
jadis consacrés aux dieux, on les choisit de préférence
pour en faire des emplacements destinés aux édifices
du nouveau culte.

Or, Tacite témoigne des atroces pénalités païennes

---

midi, nous citerons celle des Wisigoths, qui signale ainsi les paix des
saisons : *messivæ seu vindemiales feriæ a XV kalendis augusti usque
ad kalendas septembris;* on y lit aussi : *Die dominica neminem liceat
executione constringi, quia omnes causas religio debet excludere.* (Loi
Wisigoth., II, 1, 11.)

qui sanctionnaient la haute consécration dont étaient
entourés les bois sacrés et les temples. Il s'est conservé
des traces de cette législation dans les recueils carlovingiens ; le capitulaire do *Paderborn* débute par cette
recommandation : « Que les églises qui sont maintenant
« construites en Saxe, et sont consacrées au vrai Dieu,
« ne jouissent pas de moins d'honneurs, mais en ob-
« tiennent de plus excellents encore que ceux accordés
« autrefois aux sanctuaires des idoles. » Pour maintenir
ces honneurs aux édifices consacrés à Jésus-Christ, on
les fit jouir d'une paix supérieure, dont la violation
entraînait des peines très-sévères. Dans les législations
où tout crime se rachetait par une rançon, cette rançon
était, comme chez les Frisons (1), neuf fois plus forte
pour les violences, vols ou meurtres commis dans l'é-
glise, que s'ils avaient été commis partout ailleurs. Là
où les peines publiques commençaient à être en usage,
c'était la peine de mort, non-seulement pour toute effusion de sang, mais même pour le moindre vol (2). Les
législations du Nord déclaraient ces crimes ou délits,
commis dans les églises, *crimes inexpiables ;* elles permettaient de tuer impunément celui qui commettait quel-

---

(1) Qui in curte ducis, in ecclesia, aut in atrio ecclesiæ hominem
occiderit, novies weregildum ejus componat et novies fredam ad
partem dominicam. *Leg. fris.* xvii, § 2. Ad ipsam ecclesiam quam
polluit sexaginta solidos componat, ad fiscum alios sexaginta solidos
pro fredo solvat, parentibus autem legitimum *Weregildum* solvet.

(2) Qui in ecclesia hominem occiderit, vel aliquid furaverit, morte
moriatur. *Leg. sax.* ii, 8. Voir aussi le *Capitul. de Paderborn, ann.*
787, *cap.* 3.

que violence dans ces lieux sacrés (1). Suivant Erik, roi
de Séelande, « l'église doit être *le chez soi* de chaque
« chrétien, et si quelqu'un y est tué, ce crime à le
« même degré de gravité que s'il avait été assassiné
« dans sa propre maison. Aussi l'auteur du fait perd
« la paix : de telle sorte qu'il ne puisse pas même se
« racheter par l'amende, et que le roi seul puisse dé-
« cider de son sort (2). »

On avait étendu plus loin cette assimilation ; la paix
de l'église profitait au malfaiteur de la même manière
que celle de la maison, c'est-à-dire qu'il ne pouvait être
saisi ou entraîné au dehors ni par des personnes privées,
ni par celles qui n'avaient pas accompli les formalités
légales nécessaires à cet effet (3). Mais ceci touche au
droit d'asile, dont nous traiterons ailleurs d'une manière
spéciale.

La paix de l'église non-seulement s'appliquait à ses
dépendances, au cimetière, etc., mais encore elle s'é-
tendait jusque dans un certain rayon fixé par la loi.
Dans plusieurs codes, c'était la même paix supérieure ; dans d'autres, c'était une paix moindre pour
tout ce qui était en dehors de l'église elle-même. Mais
ce qui est plus singulier, c'est qu'on admettait, dans
quelques législations, des degrés de paix différents,
suivant le degré d'importance des églises. Nous en

____

(1) *L. droit de l'Égl. par Arnes Ev. d'Islandep.* Cap. VIII. pag. 46.
(2) *L. de Séelande du roi Éric.* Liv. II, II, p. 73.
(3) *Decr. de Clot.* II, Cap. VI. *Pertz,* II p. 12, *et capit. ad. l. Rolie
ann.* 803, Cap. 3, *Pertz,* p. 113.

voyons déjà des exemples dans le droit norwégien (1) ;
mais nulle part cette espèce de gradation de rang entre
les églises ne se produit avec plus de régularité hiérarchique que dans le droit anglo-saxon (2) : c'étaient les
principes de l'ordre féodal qui s'étaient d'abord appliqués aux dignitaires de l'ordre ecclésiastique, et qui,
ensuite, s'étaient incorporés, en quelque sorte, dans les
édifices matériels eux-mêmes. Il y avait un argent de
paix, un *fredum* pour les églises comme pour l'État, et
on attribuait, de la sorte, à chacune d'elles une espèce
de personnalité.

Ainsi, le législateur commence par admettre le même
degré d'inviolabilité pour tous les sanctuaires, parce
que le même Dieu y réside ; plus tard, le profanateur
d'une grande église de ville est réputé plus coupable
que celui d'une petite église de village ; et enfin les
cathédrales finissent par devenir comme des suzeraines
de pierre, qu'on revêt d'une consécration bien plus
haute que les églises vassales soumises à leur juridic-

----

(1) *Droit ecclésiast.* composé par l'archevêque Yon en 1270 ; Pau-
san., t. 2, c. 120, et Vilda, *ibid.* p. 252.

(2) *Législat. ecclésiast. du roi Knut*, cap. 3, p 160 Les biens,
métairies, clos et forêts des églises, jouissaient aussi d'immunités qui
entraînaient une paix autre et moindre que celle des églises. On
distinguait l'infraction à la paix dans l'intérieur d'un clos de celle
commise à l'extérieur, ou en plein champ. Voir sur ce point le
capitul. v. c. 279. *Walter*, II, p. 557. « Pax ecclesiæ, dit Ducange,
immunitas privilegia quibus illa munitur, quæ quis infravit, reus fit
fractæ pacis ecclesiæ. » Ducange, édit. de 1845. Pacis ecclesiæ (quod
Mundburgum vocant) 50 solidorum esto compensatio ». *Lex Longobardor.*, lib. I, tit. 14, cap. 14. Il y avait aussi la *paix de la semaine*
près des reliques d'un saint Ducange, *ibid.*

tion. On les place au sommet de l'échelle féodale, dont l'église paroissiale occupe le milieu et au bas de laquelle est reléguée la simple chapelle. Voilà comment l'idée politique empruntée à la constitution du moyen-âge altéra progressivement la pureté de l'idée religieuse qui avait fondé primitivement la paix de l'église.

§ VI.

Paix du roi.

La royauté, cette institution qui a fini par couvrir longtemps l'Europe entière de son ombre, était, dans le principe, un pouvoir faible et mal défini. Pendant la guerre, le roi, qui était en même temps chef d'armée, avait sans doute en cette qualité quelques prérogatives de plus ; mais toutes les fois qu'il voulait les étendre, il trouvait de la résistance chez ses fiers compagnons d'armes. Quand Clovis réclame le vase de saint Remi en sus de sa part du butin, un guerrier franc s'écrie en frappant ce vase de sa francisque : « Tu ne recevras que ce que te donnera le sort. » Le roi barbare est forcé de dévorer cet outrage. Et si, un an plus tard, il frappe le soldat arrogant, c'est sous un prétexte d'indiscipline militaire (1).

Comme président de l'assemblée nationale, le roi, chez les peuples qui n'étaient pas en état habituel de migrations ou d'invasions guerrières, avait un pouvoir

(1) Voilà, lui dit Clovis, ce que tu as fait au vase de Soissons. Grég. de Tours, *Hist. des Francs*, liv. II.

extrêmement restreint. Le droit de paix et de guerre, regardé aujourd'hui comme un des attributs essentiels de la couronne, même dans les monarchies les plus libres, lui était quelquefois directement dénié. Voici une scène de l'histoire du Nord qui prouve la fière indépendance du Germain ou du Scandinave, en face de la puissance royale.

Oluf Skot-Konungr était un roi de Suède qui avait soutenu sans succès une longue guerre contre le roi de Norwége, Olof Haraldssohn. Ce dernier cependant désirait la paix, et il avait envoyé des ambassadeurs à Upsala pour faire des propositions à ce sujet. Or, Oluf Skot-Konungr avait avec ses voisins plus d'insolence dans le langage et les prétentions qu'il ne mettait ensuite d'énergie à les soutenir. Les ambassadeurs arrivèrent dans la grande salle d'audience, un peu intimidés par la crainte d'une mauvaise réception. Alors vint le vieux lagmann des paysans, Thorgni. C'était un homme d'une très-haute stature que les ans n'avaient pas encore courbée. Sa barbe blanche descendait jusqu'au-dessus de ses genoux : « Vous vous comportez singulièrement pour de nobles Tignats, dit-il aux ambassadeurs. Quant à moi, simple paysan que je suis, j'ai le privilége d'avoir la parole libre devant le roi : je sais user largement et fièrement de ce privilége. » A ce moment le roi paraît, Thorgni se lève au sein de l'assemblée et demande à parler ; Oluf Skot-Konungr, tout courroucé et tout frémissant, déclare qu'il ne laissera personne lui proposer ou lui conseiller la paix. Thorgni réclame et in-

siste : les paysans assis derrière lui se lèvent et appro-
chent en foule ; tout le peuple fait entendre un sourd
murmure et un grand fracas d'armes. En cet instant
Thorgni prend la parole : il commence par louer l'énergie et les bonnes intentions des deux rois précédents :
« Quant à celui qui est là maintenant, il voudrait qu'on
ne lui dît que ce qui peut lui faire plaisir ; tout autre
langage excite sa colère. D'un côté, il a laissé sortir de
ses mains par insouciance nos anciennes terres tributaires, tandis qu'il aspirait à s'emparer de la Norwége
qui n'a jamais appartenu à la Suède ; de façon que le
trouble est partout dans le royaume et l'ordre nulle part.
Il faut que tout cela ait un terme. En conséquence, nous,
paysans, nous voulons que toi, roi Oluf, tu fasses la
paix avec le roi de Norwége et que tu lui donnes en mariage ta fille Ingegarde. Veux-tu reconquérir les pays de
l'Est qu'ont possédés tes parents et tes aïeux : nous te
suivrons tous. Veux-tu au contraire dédaigner nos réclamations : nous tomberons sur toi, et nous te tuerons, et
nous ne souffrirons pas qu'on nous dénie plus longtemps
la paix et la justice. En cela nos ancêtres nous ont frayé
le chemin · ils précipitèrent dans la fontaine, près de
Mulathing, cinq rois qui s'étaient montrés plein d'arrogance pour eux, comme tu le fais à notre égard. Maintenant, dis-nous brièvement quelle part tu veux choisir. »
Aussitôt on entend dans l'assistance un grand choc d'armures et une agitation violente. Le roi se lève à son tour
pour parler, et il dit qu'il veut suivre l'exemple des rois
de Suède, ses ancêtres, qui ont toujours mis leurs déci-

8

sions en harmonie avec le vœu populaire. Il déclare en
conséquence qu'il se range de l'avis du vénérable lagmann. Alors le bruit s'apaise dans la foule comme les
vagues d'une mer qui se calme.

Voilà quelles étaient les condescendances forcées du
pouvoir en Suède, au ixe siècle. Voilà sous quelles
formes sauvages se produisait alors l'opposition parle-
mentaire. Ces assemblées nationales, qui faisaient les
lois ou qui constataient les coutumes, qui décidaient de
la paix et de la guerre, formaient aussi un tribunal supérieur sous le nom de Placité général, de Ding et de
Mâl, que le roi ne faisait que présider.

Mais la royauté, quelque limitée qu'elle fût dans ses
attributions militaires, judiciaires et politiques, n'en
occupait pas moins le faîte de ces trois sphères d'action
sociale. Or le besoin de discipline, d'ordre et de justice
tendait naturellement à l'investir d'une force morale
toujours plus grande. A l'armée, il fallait, pour vaincre
des Romains ou des légions formées à la romaine, une
obéissance prompte et unanime à une direction unique;
de là l'autorité de l'*imperator* conférée au *dux* ou au
rex; dans l'intérieur, pour prévenir la dissolution des
nations récemment constituées ou des confédérations
formées depuis peu, une sorte de discipline pacifique
était nécessaire comme moyen de façonner à l'ordre des
esprits accoutumés à une liberté sauvage; enfin, pour
que le faible, l'opprimé ou seulement l'homme croyant
plus à son bon droit qu'à sa force pût arriver jusqu'au
tribunal, sans être arrêté en chemin par la violence ou

même par la vengeance permise en certains cas, on était
obligé d'avoir recours au roi comme *juge supérieur;*
c'est lui qui, au nom de la justice nationale, concédait
en pareil cas des paix privées, ou qui entourait de
garanties nouvelles, revêtait d'un caractère plus sacré,
des paix particulières déjà accordées par la loi et la
coutume à certaines personnes, à certains lieux. Aussi
le droit anglo-saxon dit : « que la paix que le roi donne
« ou confirme par l'engagement de sa propre main de-
« vienne tellement sainte, que la rompre soit un crime
« inexpiable (1). »

Du reste, en dehors même de cette paix résultant
expressément de la promesse du souverain, la paix
royale était une paix éminemment supérieure, liée proprement aux personnes et aux choses qui se mouvaient
dans l'atmosphère d'inviolabilité de la couronne. Cette
espèce de paix tendait à absorber la paix du Ding ou
tribunal national qu'elle avait, dès l'origine, côtoyée de
très-près; d'un autre côté, elle semblait n'être autre chose
que la paix de la maison, régnant au-dedans et autour de
la demeure du roi; enfin, à cause de la sainteté de ce
domicile, vénéré comme un sanctuaire, elle se plaçait à
côté de la paix de l'église, de telle sorte que la cour du
roi servait de lieu d'asile comme l'église elle-même (2).

La loi des Lombards et celle des Anglo-Saxons punis-
sent de mort quiconque frappe un adversaire de son

____

(1) L. Knut, cap. ii, *Leg. barbar.*, Canciani, tom. iv, p. 300.
(2) Leg. Alfr., cap. vii, *de iis quæ in aula regia pugnant.* Id., *ibid.*,
p. 248.

épée dans l'habitation ou le voisinage du roi (1). Cette
dernière législation fixe ainsi la distance où s'étendra
cette paix supérieure : « La paix du roi doit s'étendre
« depuis la porte du bourg où il demeure, et quatre
« pas au-delà, jusques à trois milles de longueur, en y
« ajoutant une largeur de trois acres, de neuf pieds, de
« neuf têtes d'épis et de neuf grains d'orge (2). »

La maison même où le roi s'arrêtait pour boire par-
ticipait à cette paix (3) ; si quelqu'un y commettait un
délit dans ce moment, il était puni d'une peine double.
Une fois qu'on eût admis que cette paix voyageait, en
quelque sorte, avec lui, on la fit régner d'abord dans
la ville, puis dans la province même où il séjournait en
passant (4). Il semble donc qu'il est de principe général
que ce soit à la présence de la personne du roi que l'on
attache cette paix supérieure. Cependant, parmi les
législations barbares, il en est une, celle des Bavarois,
qui déclare la maison du souverain (du duc) inviolable
et sacrée, sur le fondement que c'est la maison de la
nation (5) ; et le dernier code de Gulathing (Norwége)
consacre implicitement la même exception ou extension
au système ordinaire de la paix royale, en prononçant la
peine capitale contre un meurtre consommé dans le
château ou sur le navire du roi, quand même le roi en

---

(1) *Leg. Anglo-Sax.*, *appendix*,cap. x (Canciani , tom. 4 , p. 372),
et *L. Rothar.*, cap. 36.
(2) *Leg. Anglo-Sax.*, *appendix*, cap. x.
(3) *Leg. Ætterbirth.*, 3.
(4) *Magn. Gulath.*, cap. 4 et *L. Skan.* v. 7.
(5) *Leg. Bajuvar.*, II, 13.

serait absent ou éloigné (1). L'idée abstraite de la royauté, considérée comme représentant le pouvoir national, perce déjà dans ces dispositions législatives.

Il y avait une paix supérieure distincte de cette paix royale proprement dite : c'était la paix que le roi communiquait à ceux qu'il déléguait et envoyait hors de la cour pour cause d'affaires publiques (2). Cette communication était le résultat de la foi donnée en échange du pouvoir reçu.

Quelques publicistes allemands considèrent les délégués, officiers, antrustions du roi, etc., comme revêtus d'un droit suprême, plutôt qu'abrités par une paix royale proprement dite. Cette distinction subtile peu être fondée en théorie, mais elle n'a pas d'importance dans la pratique ; car ce droit supérieur était toujours le produit des rapports particuliers de cette classe d'hommes libres avec le roi, et elle les couvrait également d'une protection privilégiée (3), en punissant d'amendes et de peines plus fortes toute lésion faite à leurs personnes ou à leurs biens. Les effets de ce droit supérieur et ceux de la paix royale étaient donc absolument identiques.

Ces deux principes de droit supérieur et de paix royale tendirent à s'unir et à se confondre pour protéger

----

(1) L. *Gulath. Mayn.*, cap. IV, p. 139.
(2) Si quis legatum regis vel ducis occiderit, similiter novies cum componat et fredum, similiter novies ad partem dominicam. *L. Frison.*, XVII, 2.
(3) Voir Wilda, ouvrage déjà cité, p. 261.

les indéfendus, *wehrlosen*. La religion chrétienne vint
prendre le manteau royal et l'étendre sur le pauvre,
la veuve et l'orphelin délaissés (1). Une fiction tou-
chante de la charité éleva le plus petit et le plus faible
au niveau du plus grand, en lui faisant un titre de noblesse de son abandon. Grâce à elle, l'enfant sans parents devint le pupille du roi, quand il ne put être celui
de personne. Par la suite, cette fiction devint une fiction
sociale et s'éleva à d'immenses proportions. Comme
gardien supérieur de la paix des petits, le roi finit par
être considéré comme le tuteur du peuple tout entier,
le Hlaford et le Mundbora des Anglo-Saxons (2), le père
du peuple, comme notre Louis XII. Voilà le vrai type
primitif de la royauté chrétienne. C'est en vain qu'une
certaine science moderne a voulu arracher à nos monarques de France le titre d'affranchisseurs des communes :
une science plus profonde ne fait que ramener sur ce
point à la tradition populaire et justifier ce vieux cri de
l'opprimé : « Ah ! si le roi le savait ! »

Dès le commencement du moyen-âge, le roi, protec-

(1) *Capit.* IV, ann. 806, cap. III. — Ut viduæ et orphani et minus
potentes sub Dei defensione et nostro Mundeburde pacem habeant et
justitias eorum acquirant. — Voir aussi la législation d'Edward et
Guthrun, cap. XII (Canciani, tom. IV, p. 259), où il est dit que le roi
est le représentant du Christ auprès des Chrétiens; la loi de Knut ou
Canut, II, XXXVII, qui appelle formellement le roi le patron des étrangers et des faibles, et enfin la loi de Séelande du roi Eric (VI-13),
qui étend aux employés représentant le roi l'obligation de secourir
les veuves, les orphelins, les pèlerins et les étrangers. Le même esprit
chrétien anime tous les codes de l'Europe.

(2) Schmid, *Introduction à la législation des Anglo-Saxons.*

teur de l'Eglise, reçoit d'elle une haute mission pour
maintenir la paix dans les prescriptions sociales qui
émanaient d'elle, comme le respect des temples, l'observance des jours saints, etc. De lui émane toute justice, et les grandes assemblées judiciaires jouissent de
la paix sous son patronage spécial ; la levée de l'armée
est dans ses attributions, c'est lui qui la mène à la
guerre et y maintient la discipline : au roi donc se rattache encore la paix de l'armée. Les marchés ou foires,
et plus tard les villes, qui n'ont été très-souvent que les
tentes ou cabanes des grands marchés changées en maisons, ne peuvent être fondées que par suite d'immunités,
de franchises accordées expressément par le roi : à lui
donc remonte encore la paix des marchés et des villes.
Le roi évoque à son tribunal toutes les grandes causes,
majores causas, et, en particulier, toute affaire où il
s'agit d'effusion de sang. Enfin, la rupture d'une paix
supérieure est assimilée à la rupture d'une paix du roi,
et de la sorte les diverses paix supérieures viennent
toutes aboutir à la paix royale.

La royauté devint donc à cette époque le centre et le
pivot de l'ordre public : en elle se résument tous les
progrès sociaux. Ce fut à l'aide de son action toute-
puissante que la civilisation se développa pendant plusieurs siècles en Europe. Quelles que soient nos destinées à venir, sachons, comme historien et comme publiciste, apprécier et reconnaître les services qu'elle a
rendus dans le passé.

CHAPITRE V.

PERTE DE LA PAIX, PERTE DU DROIT, ET LEURS CONSÉQUENCES.
— COMMENT LES GERMAINS, ET PARTICULIÈREMENT LES
GERMAINS DU NORD, PARVINRENT A CRÉER UNE SORTE DE
GRADATION PÉNALE, PAR LE SEUL DÉVELOPPEMENT DE CES
INSTITUTIONS NÉES SUR LEUR PROPRE SOL.

Dans la dureté des mœurs primitives, d'après les lois
antiques rappelées dans les Gragas, l'*inexpiabilité* s'é-
tendait d'abord à tous les crimes proprement dits. Les
auteurs de ces crimes, étant considérés comme non rachetables, pouvaient être tués partout et par tous, jusqu'à
ce qu'ils eussent fui la terre souillée par leurs meurtres (1). Leurs biens étaient saisis et confisqués. S'ils
parvenaient à échapper à la mort, et qu'après plusieurs
années d'exil ils demandassent à recouvrer la paix, ils
avaient beaucoup de peine à l'obtenir. Dans l'origine,
il paraît que c'était exclusivement de la victime ou des
parents de la victime que dépendait ce retour à la paix.
Au temps de la publication des Gragas, les ruptures de
paix commencèrent à être considérées comme des dom-

---

(1) *Magn. Gulath.*, cap. III. Législation de Norwége. On trouve,
dans cette législation, le mot *Obòtamàl*, pour signifier *crime inexpiable ;* il est employé plus souvent encore que le mot *fridbrot*, *rupture
de la paix* (en islandais, *gridbrjot*). Wilda *Strafrecht*, p. 273.

mages d'ordre public. Dans le dernier état des choses, la réintégration dans la paix sociale fut réputée un droit de la communauté ou du pouvoir royal. Il y a, dans ces diverses maximes de la législation, une marche progressive très-marquée.

Les crimes proprement dits, ou faits inexpiables, étaient ceux qui portaient un cachet particulier de perfidie ou d'infamie. C'était, par exemple, la trahison et principalement la trahison envers la patrie, ainsi que le manque de foi envers son souverain, l'homicide commis en violation d'une paix supérieure, surtout de celle de l'église et du *Ding*; et encore celui commis par vengeance, mais après l'acceptation de l'amende, après la réconciliation solennelle et le serment de *paix* et *sécurité*; enfin le meurtre avec guet-apens, l'introduction violente dans le domicile, l'incendie, le viol et le *rapt* (1).

On rangea plus tard dans un ordre inférieur les crimes qui se rapportaient à la rupture du droit. C'est ce que nous nommerions aujourd'hui, dans la langue pénale de nos codes français, *les délits et contraventions.*

Cependant, cette distinction entre la rupture de la paix et la rupture du droit est arbitraire et peu rationnelle. Car, comme le dit un publiciste allemand (2), la rupture du droit est la face subjective de l'idée dont la rupture de la paix est la face objective. Mais tout est de convention, dans le langage de la législation et de la science.

(1) *Leg. Frostath.*, et *Gragas*, passim.
(2) Wilda, *Strafrecht*, etc., ouvrage déjà cité. p. 268.

Dans les Capitulaires, on attacha les expressions de
majores et *minores causæ* (1) à ces deux classes diverses de crimes, dont l'une entraînait la perte de la
paix, et dont l'autre n'avait pour conséquence que la
perte du droit.

Nous allons maintenant entrer dans quelques détails ;
nous montrerons la rudesse native des mœurs de la
Germanie du nord dans les conséquences de la perte de
la paix et de la mise hors la loi, et leur adoucissement
progressif dans les modifications successives qui y furent apportées.

§ 1er.

Le criminel *privé de la paix* ou *mis hors la loi*
était l'*Utlaëgi* ou l'*Utlagr* des Scandinaves, l'*Utlag* des
Anglo-Saxons, l'*Out-law* des Ecossais (en latin *Utla-*
gatus). On l'appelait encore en islandais le loup, *Vargr*,
pour signifier qu'exclu de la société des hommes, il
était réduit à errer dans les forêts comme une bête
fauve (2). A l'égard de la société, ce n'était pas simplement un enfant abandonné ou déshérité, ni même un

---

(1) Karol. *Missor. Capitul.*, cap. 3, ann. 857, Pertz, ii, p. 454, et
J.udov. P. *Præcep. pro Hispanis*, cap. ii.

(2) Lupus etiam proscriptus, quasi qui lupi instar latebras in desertis
locis quærere cogitur. Gloss. de l'*Edd.* de Sœmund, et Gloss. des
Gragas, tom. ii, *ad finem*. On peut attribuer aux apparitions nocturnes des proscrits les traditions mystérieuses du moyen-âge, relativement au type fabuleux du loup-garou. On appela aussi le proscrit
Vogel frei (*permissus avidus*). Grimm, *Poesie in Recht*, § vi.

indéfendu : la législation le signalait formellement
comme un ennemi du roi et du peuple tout entier (1).

Les monuments de l'ancien droit allemand proprement dit n'offrent pas beaucoup de témoignages primitifs de cet état de choses ; cependant, nous en trouvons
des traces encore visibles dans notre vieille législation ,
nationale, celle des Francs : « Et d'après *les anciennes*
« *lois,* si quelqu'un a exhumé et dépouillé un cadavre,
« qu'il soit comme un loup des forêts, *vargus sit ;* qu'il
« soit proscrit de tout le district , jusqu'à ce que les
« parents aient obtenu le pardon de la famille du mort
« et l'autorisation du juge pour qu'il puisse revenir ha-
« biter parmi les hommes. Et jusque-là, quiconque lui
« aura donné le pain ou le couvert , fût-ce même sa
« femme, sera condamné à 15 sols d'amende (2). »

Ce passage important nous ouvre une espèce d'échap-
pée de vue sur tout un ordre de choses qui a évidemment précédé, même dans la Germanie méridionale, le
système de pénalité fondé sur l'amende et le *Wergeld.*
On y entrevoit, dans les obscurités du passé, le règne de
ce principe de la perte de la paix ou de la mise hors la
loi, dont nous pouvons étudier le plein et entier développement dans les législations de la Scandinavie.

Il est curieux que la loi salique , qui n'a pas gardé
d'autre vestige du système de pénalité antique, emprunte

(1) *Leg. Reg. Edm.* II, 1 (Canciani, tom. 4, p. 270)
(2) *L. salica emendata.* Voir dans l'édit. d'Hérold, la loi *et antiqua
lege, si corpus jam sepultum,* etc. L. VII, v, et Pardessus , *Commentaire de la loi salique,* note 610 du texte.

à la langue primitive des Germains le mot de *Vargr*, cette étrange et caractéristique dénomination du proscrit.

Dans plusieurs droits du Nord, on retrouve la même expression, modifiée seulement par la différence des idiômes : les Anglo-Saxons se servaient du mot *Vearg*; *Gavardjan* ou *Vergian*, condamner, est employé par le Goth Ulphilas, et les Capitulaires mêmes se servent de *Vargida* pour signifier condamnation. Le proscrit qui restait dans son pays était comme le loup dans le sanctuaire, *Vargr i veum*; on le représentait avec une tête de loup, *Weargs* ou *Wulfes Heafod* (1). Le mot anglo-saxon *Vrecan*, poursuivre, et les mots goths ou frisons *Vraëc*, se venger, et *Vracian*, vengeance ou exil, semblent se rattacher à la même racine (2). La proscription était la vengeance par excellence, la vengeance nationale ou gouvernementale. Plus tard, le proscrit s'appela *forbannitus (forban)*, et le plus grand anathème social fut d'être mis au *ban* de l'empire.

!° La conséquence première et immédiate de la mise hors la paix, était que chacun pouvait courir sus au *Vargus* et le tuer impunément (3).

(1) Grimm's *Recht Alt.* p. 733.

(2) Voir les dictionnaires de vieux langage germanique de Graff et autres et Wilda *Strafrecht*, p. 280.

(3) C'est ce qui est très-bien résumé dans ce peu de mots d'un prélat danois déjà cité du moyen-âge (Andræas Sunno ou Sunesen) : « Ut ipse reus communis pacis expers ab omnibus habeatur, quem lingua patria *fredlos* appellant. Et tam verbis quam collisione armorum (*Vapnatäk* [*]) evidenter exprimitur, ut cum cuilibet cum armis invadere sit permissum. » *Hafniæ*, 1340.

(*) Ou *Vapnatal*, *armo-um sumptio*, Glossaire des *Gragas*, *ad fin.*

2° L'offensé pouvait mettre à prix la tête de celui dont il avait fait décréter la mise hors la paix. On lit dans la *Grettis Saga* : « On mit un prix à la tête de « Gretti : chacun d'eux fournit trois marcs d'argent. « Cela parut à tous quelque chose de nouveau, car « jusque-là la plus forte prime avait été de trois marcs « en tout (1). » L'État lui-même mettait quelquefois à prix les têtes des proscrits, quand un trop grand nombre d'entre eux étaient restés dans le pays, et qu'ils menaçaient la sûreté publique par leurs déprédations. C'est ce qui arriva en Islande, où les Gragas punissaient de la perte de la paix presque tous les crimes, et où la nature de la contrée rendait l'expatriation très-difficile. Dans le cours d'un hiver rigoureux, et après une famine qui avait accru le nombre des pauvres et multiplié les vols et les brigandages, la multitude de ces *Out-laws* devint telle, que l'existence de la société elle-même parut sérieusement en danger. Alors un *Logmadr*, appelé *Lylulf-Valdergarson*, imagina un moyen héroïque et barbare pour se défaire de ces espèces de bêtes des forêts, poussées à tous les forfaits par le désespoir et la faim. Sur sa proposition, on mit la tête de chaque proscrit à un prix que la communauté payait par contribution collective, et que chaque membre de cette communauté pouvait gagner individuellement. De plus, tout proscrit des bois, *Waldganger*, qui n'avait perdu la paix que pour un délit léger (autre que l'assassinat, l'in-

***

(1) *Grettis Saga*, cap. 83.

cendie et le brigandage, etc.), poûvait se racheter par le meurtre de trois autres proscrits. Enfin, et ceci n'était pas la combinaison la moins ingénieuse de cette législation singulière, si un homme jouissant lui-même de la paix tuait un proscrit des bois, il pouvait passer cette action au compte de quelque autre proscrit vivant et non réhabilité, et obtenir ainsi le rachat de ce dernier ou sa réintégration dans la société (1).

Grâce à ces mesures extraordinaires, la chasse aux proscrits fut autorisée comme une véritable chasse aux bêtes fauves, et on parvint à se défaire entièrement de ces ennemis publics.

Les Gragas avaient démesurément étendu le domaine de la mise hors la paix et les rigueurs qui en étaient les conséquences. Mais plus tard, cette législation islandaise, comme les autres législations du Nord, s'attacha à diminuer pour le proscrit *(Skogarmadr, vir sylvæ,* ou *fridbrotr, pacifragus)* les difficultés d'une fuite à l'étranger.

La loi de Norwége punissait avec sévérité l'hospitalité donnée à un proscrit : « Si quelqu'un nourrit un « *fridbrotr,* l'héberge, le nourrit ou le fait évader, qu'il « soit lui-même *fridbrotr* aussi bien que celui qui a « rompu la paix (2). »

Dans la plupart des autres droits, la peine imposée

(1) Wilda *Strafrecht.* p. 283, et *Gragas*, tit. cxi, t. ii, p. 239, et *Landnamasaga.* p. 189.

(2) Cette législation est mentionnée dans la *Landnamasaga,* et on en trouve les détails dans les *Gragas Vigsl.*, cap. iii, p. 189.

à ceux qui donnaient l'hospitalité aux proscrits consistait seulement dans des amendes fort élevées.

Le droit norwégien lui-même se relâchait un peu de ses rigueurs à l'égard de la femme qui hébergeait son mari *fridbrotr* : on accordait cinq nuits de délai à sa tendresse, cinq nuits au bout desquelles seulement le proscrit était tenu de la quitter et de prendre le chemin de l'exil. Que si, après ce temps écoulé, elle ne pouvait lui persuader de fuir, elle devait en avertir ses voisins pour ne pas tomber en contravention (1).

Il était également permis aux parents de faciliter la fuite du proscrit par des secours limités et précisés par la loi. Ainsi la faculté leur était donnée d'arrêter les poursuivants en leur présentant la pointe d'une épée, ou de les faire tomber en leur donnant des crocs en jambes ; enfin, ils pouvaient fournir au *fridbrotr* qui cherchait à s'échapper dans les forêts ou sur les eaux, un gouvernail avec des rames, un cheval, un vase et un briquet. Ils pouvaient même l'accompagner jusque sur les limites de la forêt, *mais non dans la forêt même.* En s'enfonçant eux-mêmes dans les profondeurs des bois avec le proscrit, en partageant son asile sauvage, ils se seraient assimilés à lui, ils seraient devenus en quelque sorte comme lui *loups* et *bêtes fauves.*

Il est remarquable que cette autorisation de faciliter la fuite d'un *fridbrotr* fut étendue aux membres des Gildes pour un confrère *fridbrotr*, mais dans le cas

_____

(1) Hakon *Gulath.* M. C. 53. Wilda. *ibid.*, p. 287.

seulement où ce *fridbrotr* aurait tué un étranger à la confrérie, un *non congildam* (1).

3° Dans les premiers temps, à la perte de la paix, se liait la confiscation de la totalité des biens, et cette confiscation s'étendait à la famille même du malfaiteur. On peut voir dans les Gragas (2) l'espèce de procédure d'expropriation qui avait lieu dans ce cas sur la poursuite du plaignant. Les dettes une fois payées, et le prélèvement fait de ce qui revenait au plaignant comme moyen d'expiation ou indemnité, au président de justice comme honoraires de ses fonctions (3), ce qui restait devait être partagé entre les hommes du Thing qui avaient prononcé la perte de la paix et ceux qui n'avaient pas pris part au jugement; mais ces derniers devaient employer chacun leur part à soulager les besoins des pauvres, surtout de ceux qui étaient privés de famille et de patronage.

Dans le droit norwégien, on faisait une distinction entre les biens meubles et les biens immeubles : on ne

---

(1) *Lex convivii Erici regis*, art. v. « Si quis autem *congilda inter-fecerit non congildam*... ., fratres, si præsentes extiterint, subvenient ei a vitæ periculo quomodo potuerint. Et si vicinus fuerit aquæ, acquirant ei lembum cum remis et haurile vas, et ferrum quo ignis elicitur. Quod si equo indigerit, acquirant ei et comitentur usque ad sylvam, *et non in sylvam.* »
Cela n'est que la reproduction d'autres textes de loi plus anciens s'appliquant aux *parents* de l'homicide

(2) *Gragas, Thingscapa path (jus processuale,* procédure), t. 1, lib. 1, cap. 30, 42, 46, p. 83. 90, 130, etc.

(3) Son salaire consistait dans un jeune bœuf de quatre ans, ou dans une valeur équivalente en argent.

perdait les derniers que si la perte de la paix était le résultat d'une action infamante *(Nithingsverk)*, mot sous
lequel on comprenait les crimes les plus graves (1).

Le droit anglo-saxon, qui ne le cède en dureté à
aucun des droits les plus barbares, étend la confiscation
à tous les crimes commis avec préméditation (2).

La loi salique ne prononce la confiscation que contre
celui qui est mis *extra sermonem regis*, c'est-à-dire
contre le contumace qui n'a pas comparu devant le
Mal local ou devant la cour d'appel du roi (3).

La confiscation des biens commença donc par être
une partie intégrante de la perte de la paix ; puis elle
put en être séparée, et considérée comme la conséquence
d'une lésion de droit, d'un dommage éprouvé ; enfin,
elle finit par devenir une peine indépendante et *sui
generis* (4).

4° Une autre conséquence de la perte de la paix
pour le criminel qui la subissait était l'extinction de tous
ses droits civils ; la société, qui l'avait frappé d'anathème en l'assimilant aux bêtes des forêts, ne le recon-

---

(1). P. III, p. 23. — Les lois de Séelande et de Scanie restreignent
à deux cas déterminés la confiscation de la propriété du sol ; ce sont:
1° la vengeance ou le meurtre après la réconciliation et acceptation
de l'amende; 2° l'action de déserter à l'ennemi et de combattre avec
l'étranger contre le pays. Eric *Séel.*, II, 7, p. 69.

(2). Si quelqu'un, dit le roi Knut, commet un crime avec prémédi·
tation, le roi *met la main sur sa paix*. Et s'il a des titres de propriété,
il en est dépouillé au profit de la caisse de la guerre, quel que soit
l'homme dont il relève (Knuts *Ges.*, c 12, § 1.). Le texte latin est ici
moins énergique que le vieux texte anglo-saxon.

(3) *Lex salica emendata*, tit. LIX.

(4) Wilda, *Strafrecht*, p 292.

naissait plus comme un de ses membres , pas même
comme un homme ; ou, tout au moins, elle le regardait
fictivement comme privé de l'existence. Si sa femme
lui donnait encore des enfants après qu'il avait perdu la
paix, ces enfants n'étaient pas légitimes. Voici des textes
remarquables à ce sujet : « Ne sont pas capables
« d'hériter les enfants engendrés par un homme con-
« damné à la proscription des bois , quand même il
« les aurait eus de sa propre femme légitime. Un tel
« enfant, appelé *vargdropi (drop* , goutte , *vargi* , du
« loup), n'est pas non plus capable d'hériter. L'enfant
« que met au monde une femme condamnée à la pros-
« cription , bien qu'elle l'ait eu de son mari, s'appelle
« *baësingr (antrigena* , né dans un antre) , et il est
« considéré également comme illégitime (1). »

5° Enfin , la privation de la sépulture (2) était une
conséquence de la perte de la paix, et quand le *skogarmadr* avait été déclaré tel pour avoir commis un crime
grave, on brûlait sa demeure, comme pour effacer toute
trace de son séjour sur la terre (3).

---

(1) *Grag. arf.*, cap. IV, I, p. 178.

(2) Cum in sancto cœmeterio non sepeliendum urgeo. *Grag. Vigsl.*,
cap. 32, p. 60-62, traduction latine de Schlegel.

(3) L'ancienne énumération des rois qui se trouve dans la législation du West-Gothland mentionne qu'un de ces rois avait été appelé
Kolbranna, parce qu'il mettait rigoureusement à exécution les sentences pénales en incendiant les maisons des malfaiteurs. Geyer,
Histoire de Suède,, tom. 1, p. 127. Charlemagne, dans un Capitulaire
qu'il a donné aux Saxons, autorise l'incendie de la maison du rebelle,
pourvu que cette espèce d'exécution se fasse du consentement unanime du placité, sans haine, sans colère et avec le calme de la
justice. (Cap. Sax. 797, cap. VIII, p. 76) C'était l'*interdictio tecti*.

§ II.

Après avoir montré, dans l'affreux supplice de l'incendie, les conséquences extrêmes de la perte de la paix, il faut faire voir comment, en restant, pour tout système de lois criminelles, dans la même sphère d'idées, on parvint pourtant à graduer les peines et à les proportionner aux crimes d'une manière assez exacte.

Une révolution considérable se révèle dans les législations du Nord du moment qu'elles cessent d'exclure tout secours pour le proscrit, et qu'elles admettent même ces secours, en principe, pour faciliter sa sortie du pays. Par là, la vieille *fridbrot* ou *utlaegd*, sans perdre son nom originaire, se transforme, par le fait, en simple bannissement.

Voyons d'abord comment la règle législative commença à fléchir et à se transformer.

Dès les premiers temps, il fut admis qu'on pourrait modifier les rigueurs de la perte de la paix par un arbitrage ou une transaction : les sagas d'Islande en offrent des exemples multipliés. Ainsi un tribunal arbitral, auquel on reconnaissait la valeur d'un tribunal véritable, décida que deux hommes convaincus d'homicide, *Gunarr* et *Kolskeggr*, sortiraient du pays et passeraient trois hivers à l'étranger ; seulement, si Gunarr s'était obstiné à ne pas sortir du pays ou à y rentrer avant le temps, il aurait pu être mis à mort par

les parents de la victime (1). Ailleurs, on trouve une
semblable sentence extrajudiciaire qui veut que, si le
coupable exilé pour trois ans reste dans le pays pendant
le temps fixé pour cet exil, il paie cent livres d'argent
par hiver à son adversaire (2). Un autre condamné est
mis indéfiniment à l'abri de la vengeance des parents,
pourvu que, jusqu'à son départ, il ne couche pas deux
nuits de suite dans le même domicile (3). A l'égard des
affaires ainsi arbitrées, les Gragas autorisent d'une
manière formelle plusieurs adoucissements au principe
de la perte de la paix, comme par exemple la confiscation
des biens avec autorisation de les adjuger aux héritiers
du condamné (4). Dans ses rigueurs, même les plus
fortes, lorsque la mise à prix des têtes des proscrits était
en usage, cette législation admettait des classifications et
des distinctions, et ne permettait pas que, pour certains
crimes peu graves, cette mise à prix pût dépasser une certaine valeur. Mais elle révèle une révolution considérable
dans les coutumes primitives, quand elle cesse d'exclure
toute idée de secours pour le proscrit, et qu'elle admet
même ces secours en principe s'ils n'ont pour but
que de faciliter sa sortie du pays, de sorte que la vieille
gridbrjot, sans perdre son nom, se transforma,
comme nous l'avons dit, par le fait en simple bannissement. Ce fut d'abord, comme cela arrive dans toute

(1) Nials *Saga*, cap. 75, p. III.
(2) Liosvetninga *Saga*, cap. 17.
(3) Droplaurgarsona *Saga*, dans les *Recherches sur l'Islande*, par
Arnesen, p. 626, et Wilda *Strafrecht*, p. 297.
(4) *Grag. Things.*, cap. 75, 1, p. 97.

révolution lentement accomplie, par voie d'exceptions judiciaires, que la règle législative reçut les premières atteintes. Le tribunal du domicile du proscrit lui accordait une espèce d'immunité (1), d'où il résultait que ses parents pouvaient pourvoir à sa sûreté et l'emmener hors des frontières. Cette classe de proscrits s'appelait alors *fergœndi menn* (*vehendi homines*), hommes *emmenables*. Il y a plus : il était enjoint, sous peine d'amende, aux patrons des navires, de prendre le fugitif à leur bord, sur l'attestation des témoins qui juraient qu'il était dans le cas de l'immunité ou du sauf-conduit judiciaire (2). Le proscrit d'en-deçà les frontières redevenait inviolable au-delà : ceux qui auraient eu la faculté de le tuer dans sa patrie ne pouvaient plus lui arracher impunément un cheveu sur la terre étrangère.

Le tribunal qui adjugeait les biens était encore autorisé à assigner au *fridbrotr* un lieu de refuge dans le pays même, où il pouvait rester avec sécurité, jusqu'à ce qu'il eût réussi à trouver un bateau pour le départ : il avait encore coutume de lui donner la jouissance de la paix le long du chemin ou du sentier qu'il prenait pour aller au navire (3).

Cette forme adoucie de la perte de la paix était connue dans les Sagas et les Gragas sous le nom de *fiorbaugsgarthr* (4). Le coupable qui avait subi un juge-

---

(1) *Grag.*, 1, c. 36, p. 99.
(2) *Ibid.*, 1, c. 34, p. 90.
(3) *Ibid.*, 1, p. 98.
(4) *Fiorbaugsgarthr*, exil du malfaiteur : *Fior*, esprit vital, vie ; *baugr*, anneau, bague ; *garthr*, rempart, barrière. L'*anneau*, signe de

ment de cette nature pouvait retourner chez lui après une absence de trois ans et redevenir aussi sacré que s'il n'avait jamais été condamné ; s'il reparaissait dans le pays avant l'expiration des trois ans, on pouvait le tuer impunément et faire confisquer ses biens, mais il n'encourait pas la mort civile comme par la perte de la paix proprement dite. On reconnaissait la légitimité de ses enfants nés hors du pays, s'ils étaient issus d'un véritable mariage (1) ; il pouvait même, au bout des trois ans, venir réclamer les successions ouvertes pour lui pendant le temps de son exil (2). Le *fiorbaugsmann* devait chercher de bonne foi à quitter le pays, et s'il négligeait, pendant tout l'été, les occasions de s'enfuir, l'hiver une fois venu, personne ne pouvait l'héberger, et il était exposé à la vengeance de l'offensé ou à celle des parents de la victime ; s'il passait trois hivers dans le pays, il devenait tout à fait proscrit des bois, *waldganger*. Pendant le délai de rigueur fixé pour son départ, il pouvait parcourir trois lieux de refuge, à la condition de ne passer qu'un seul jour de suite dans chacun. Dans ces lieux et sur la route de l'un à l'autre, et à une portée de trait des deux côtés, il était inviolable,

---

l'expiation, *rempart de la vie*. On rencontre aussi *fiorbeigsgardr* ; *beigr* veut dire crainte, rempart de la crainte de la vie, *terminus vitæ timoris*. C'est du mot *baugr* que vient notre mot *bague*, anneau, *annulus mulctatitius*. Ces anneaux, qui étaient de valeurs diverses, étaient la seule monnaie de la Scandinavie dans les temps primitifs. Ils passaient des doigts du condamné à ceux du lésé ou du vengeur du sang.

(1) *Grag. Arf.*, cap. 4, 1, p. 181.

(2) *Ibid.*

en tant, cependant, qu'il ne se laissât voir qu'une fois par mois dans le chemin ; il devait, quand un passant venait à son encontre, se jeter de côté, à telle distance qu'il ne pût pas être atteint par la pointe de l'épée de ce passant. Ainsi s'attachaient tant d'entraves et tant de gène à la protection qui lui était accordée, que tout devait lui faire préférer à une telle existence le triste repos de l'exil. Cette sécurité, quelque imparfaite qu'elle fût, était, pour le coupable, le prix de la rançon acquittée entre les mains du juge, qu'il devait lui payer au moment où on procédait à la séquestration de ses biens. Cette rançon, que nous avons dit se nommer *fiorbaugr*, devait comprendre en sus, pour être complète, une once d'argent, appelée *aladsfestr*. C'était une *stipulation* pour obtenir la faculté de nourrir le condamné à l'exil. Que si cette once d'argent n'était pas payée comme gage ou comme garantie, tous ceux qui voulaient le nourrir devenaient punissables (1).

Dans le droit danois, on institua comme pénalité la perte de la *mannheiligkeit* ou de la consécration de l'homme, qui entraîna des conséquences moins graves que la *Gridbrjot* (2), ou perte de la paix, dont l'existence paraît avoir été antérieure dans toute la Scandinavie.

« Si on prend à quelqu'un sa *mannheiligkeit*, dit la

(1) Voir les *Grag.*, cap. 32, 1, p. 88, et le Glossaire de Schleg. à la fin du deuxième volume. Voici la définition que donne ce glossaire du mot *Aladsfestr : arrha* vel *pignus alimoniæ* quam exilii damnatus solveret... ut alentes reatum sibi non contrahant, etc. *Aladsfestr* venait d'*Ek et* (alo) et d'*Ek festi* (*stipulo*).

(2) *Grid*, paix, *ek bryt, frango*, je brise ; *grid* ou *grith* voulait dire *la sûreté personnelle*.

« législation du roi Waldemar (1), on ne peut encore,
« après cela, mettre la main sur lui pendant une nuit
« et un jour : cet espace de temps lui est laissé pour
« qu'il cherche un refuge au désert. On peut ensuite,
« au Ding qui suit, lui prendre encore sa paix ; on ne
« peut pas mettre la main sur lui, en dehors des limites
« de l'*hérad*, quand on ne lui a ôté que sa *mannhei-*
« *ligkeit* : on le peut seulement quand on lui a ôté
« sa paix. »

La loi du Jutland introduit les mêmes distinctions et
les mêmes adoucissements à la perte de la paix : ainsi,
le viol entraîne la *friedlosigkeit* pleine et entière, et le
simple commerce illicite ne fait perdre que la *mann-*
heiligkeit. (2).

Enfin, il y avait un degré de flétrissure légale inférieur encore à la perte de la mannheiligkeit. C'était la
perte du droit, que nous n'avons fait que mentionner
en passant, et sur laquelle quelques détails sont encore nécessaires.

On distinguait le *Rechtlos* complet, et le demi-
Rechtlos (3). Etait déclaré *rechtlos* de la première
classe quiconque, par exemple, avait porté un faux
témoignage. Le faux témoin, surtout celui qui avait
récidivé, ne pouvait plus témoigner lui-même en justice,

---

(1) 13. p. 598.
(2) *L. du Jutl* 11-15. p. 145, et voir dans le même recueil, la loi
III, § 27, A. E., p. 342, où ces distinctions sont expliquées encore
avec plus d'étendue.
(3) Je me sers de ces mots allemands pour éviter des périphrases.

ni y faire témoigner personne pour lui (1). Ne pouvant
participer à aucun jugement, il semblait n'avoir plus de
ressources qu'au tribunal de Dieu.

La perte du droit ou d'une partie du droit pouvait
résulter d'une manière de vivre basse ou méprisable.

« Si un homme adulte, dit le *Gulathing* de Ma-
« gnus (2), s'en va de porte en porte quêtant des
« aumônes, aussi longtemps qu'il est avec son bâton
« et sa besace de mendiant, il n'a droit à réclamer
« aucune amende si on le chasse avec violence ;
« notamment s'il est sain et valide et s'il n'a pas au
« moins demandé du travail, n'en eût-il pas obtenu.
« Mais depuis le moment qu'il se sera procuré des
« armes, de la nourriture et des habits, ou que ses
« parents lui en auront donné, il deviendra capable de
« réclamer une amende pour de semblables violences,
« mais il ne faut pas qu'il attende d'être devant le *Ding*,
« pour jeter son bâton et sa besace de mendiant. »

Dans la même législation, ou trouve un texte qui
précise mieux encore la situation d'un demi-*Rechtlos*.

« Quant à ceux qui ont coutume d'aller aux repas de
« noces sans y être invités, et qui se font en consé-
« quence jeter à la porte, si on les a chassés avec
« violence, et qu'en les chassant on leur ait fait quel-
« que mal, ils n'ont droit qu'à la moitié de l'amende
« ordinaire, et une once seulement est due au roi (3). »

(1) *Frostath*, xv, 24, p. 242, et Magn. *Gulathing*, c. 8, p. 134.
(2) Cap. xxviii, p. 201.
(3) *Gulath*. cap. 27, p 200.

Ainsi était flétri le parasite, presque à l'égal du mendiant ; ainsi voulait-on forcer l'homme qui possédait la plénitude du droit , à respecter sa propre dignité dans tous les actes de sa vie.

On pourrait citer encore d'autres exemples d'un homme perdant une portion de son droit de cité par suite d'une contravention de police ou d'une action honteuse (1). Mais nous en avons dit assez pour montrer que depuis les adoucissements primitifs apportés à la *fridbrot* , il s'était formé en Scandinavie une sorte d'échelle graduée de disgrâces sociales, depuis la proscription des forêts jusqu'à la perte de la moitié du droit. C'est ce qui donne à ce système pénal sa physionomie propre et originale,

Et cependant , il y a quelque chose de semblable dans les efforts que fait toute société naissante pour fonder l'ordre public et poser les premières assises de la civilisation. Quand on observe cette marche laborieuse des peuples , quand on les suit pas à pas dans tous leurs progrès si péniblement achetés , on frémit de penser que cette œuvre de tant de siècles pourrait être détruite en quelques années d'essais impies et subversifs ; on s'indigne de ce que le capital accumulé par de si nombreuses générations court le risque d'être dissipé follement par une génération imprudente et prodigue.

(1) Ainsi le port d'armes prohibées dans de certaines circonstances, la calomnie contre un tuteur consistant dans l'allégation qu'il aurait détourné les deniers de son pupille pour entretenir une' maîtresse, etc. (*Landabr.* B. C. 12, p. 105. Magn. *Gulath* , c. 29, p. 204.)

Ce sera une leçon utile que nous donnera cette
histoire , si elle nous apprend le prix de tous ces biens
sociaux dont nous jouissons comme si l'humanité en
avait toujours joui , et qui nous semblent naturels
comme l'air que nous respirons et la lumière du soleil
qui nous éclaire. A mesure que nous approfondirons ces
curieuses études, nous serons disposés à attacher plus
de valeur à l'ordre et à la civilisation , et nous saurons
devenir avares de ce qui coûte si cher.

CHAPITRE VI,

DE L'AMENDE EN GÉNÉRAL.

———

Deux périodes d'histoire de droit qui se suivent, se touchent nécessairement par leurs frontières. Les traits dominants de l'ancien droit pénal germanique, que nous avons pu étudier surtout dans les monuments scandinaves, sont la vengeance et la perte de la paix ; mais presque en même temps que la vengeance et la perte de la paix, ont commencé à se produire les *Busse* ou *Wergeld* ; ces peines pécuniaires ont pris dans la distribution de la justice une place toujours plus grande, jusqu'à ce qu'elles aient fini par prévaloir à leur tour, et par devenir le système dominant d'une période ultérieure.

Nous ne discuterons pas ici la question de savoir si l'amende a précédé le *Wergeld*, ou le *Wergeld* l'amende. Qu'il nous suffise donc de dire pour le moment que l'idée d'une réparation en faveur du lésé ou de sa famille fut d'abord le point de vue qui domina dans la loi ; de même que le droit individuel de la vengeance avait précédé toute répression sociale. Cependant, au point de vue d'une réparation pour le lésé, se rattachait celui d'une expiation pour le coupable. De là vient la

fixité du taux des amendes pour chaque injure ou offense
reçue. On n'admettait pas que l'honneur d'un individu
ou d'une famille fût quelque chose de vénal, qui pût
être marchandé comme un article de commerce.

L'amende, qu'on appelle en scandinave *bôtjan* ou en
allemand *busse*, ne ressemble donc en rien aux dommages-intérêts perçus en compensation de biens matériels enlevés ou détruits. Un prélat du moyen-âge, que
nous avons déjà cité, et qui est remarquable par
l'élégance un peu recherchée de sa latinité, résume dans
ce sens l'esprit de cette législation qui a duré plusieurs
siècles en Europe :

« On a, dit-il, promulgué dans divers temps des
« lois qui ont eu pour but de punir les crimes les plus
« graves par des amendes pécuniaires, de sorte qu'on a
« à la fois cherché par là à mettre un frein à de si
« grands crimes, et à donner à des pertes toutes mora-
« les la triste consolation d'une satisfaction pécuniaire. »
Et plus loin il ajoute : « Il est rationnel, en effet, que,
« d'après le principe que les contraires doivent être
« guéris par les contraires, on soit amené à réparer
« moralement, par un acte d'humilité, un tort qui a été
« la suite d'un mouvement violent de présomption et
« d'orgueil. (1) »

---

(1) « Diversis temporibus sunt jura prodita super tanti reatus per
« mulctam pecuniariam castigatione, quatenus et tantus excessus
« aliquatenus refrœnari, et admissionis damnum. Quoquo modo
« posset satisfactionis pecuniariæ tristi solatio compensari. » Suue-
sen, l. I, cap. v, § 1. Et plus loin: « Est enim consentaneum rationi,
« ut curatis per contraria contrariis, per humilitatem quisque studeat

Peut-être dira-t-on que ceci est une explication ingénieuse donnée par l'Eglise au droit du moyen-âge pour
l'accommoder à son point de vue pénitentiaire. Il y
aurait quelque chose de vrai, en ce sens qu'on ne trouverait pas le mot d'*humilité* dans le vocabulaire de la
barbarie païenne. Cependant, la signification primitive
du mot *busse*, amende, se rapprocherait dans une
certaine mesure du sens que paraît y attacher le savant
prélat. L'idée originelle de ce mot est celle de la
purification du coupable par le sang ou la douleur corporelle. Cette sorte de purification implique l'*expiation*
elle-même (1).

La pratique de cette expiation avait nécessairement
pour effet d'anéantir dans le cœur de l'offensé cet instinct
d'orgueil féroce qui le poussait à une implacable vengeance.

En admettant ce point de vue, on comprend qu'il ait
cessé d'être honteux de recevoir une compensation en
argent pour une violation de droit.

L'amende semblait donc avoir pour effet de relever
l'offensé au niveau de l'offenseur dans la considération

« emendare quod præsumpsit per superbiam irrogare. » *Ibid.*, I,
cap. v, p. 6. L'archevêque Sunesen, dont le nom latinisé est *Andræas Sunno*, a commenté les lois de la province de Scanie en
remontant avant l'an 400. Voir son ouvrage imprimé à Copenhague
en 1540.

(1) La racine de ce mot n'existe plus dans les langues germaniques:
on la retrouve dans le sanscrit et dans d'autres langues indo-euro-
péennes. (*Note communiquée par M. le baron d'Eckstein*) : *Besser*,
comparatif de bon, et *bessern*, corriger, améliorer, dérivent de la
même racine.

publique (1). C'était à l'offensé d'apprécier si cette
amende qu'on lui offrait était bien celle qui, d'après la
coutume, était présumée être en proportion avec l'offense:
dans le cas où il en était ainsi, on constatait cette équa-
tion par ce qu'on appelait le serment d'équité ou plutôt
d'*égalisation*, *æqualitatis*. Pour le meurtre, il fallait
que ce serment fût prêté par douze cojurateurs de même
race. Pour des crimes moins graves, le serment personnel du lésé suffisait. On se contentait de moins de
garanties quand il n'y avait pas lieu à la vengeance du
sang. Lorsqu'il ne pouvait être question que de dommages-intérêts, on ne prêtait pas de serment (2).

· La *Busse* ou amende se composait de deux portions
distinctes : 1° l'amende judiciaire proprement dite se
remettait au roi et à la communauté qui, en retour, pro-

_____

(1) Sunes., v, 4, que nous ne nous lassons pas de citer, explique
très-bien l'esprit dans lequel la législation de cette époque exigeait le
serment : « Æqualitatis autem tanto diligentius semper exigitur sacra-
« mentum, quod per ipsum læsis lædentibus adæquatis auferri videtur
« contemptus qui perpessis injuriis ex oppressione solet inferentium
« suscitare. Pluris enim semper prudentes faciunt integritatem famæ
« et honoris debiti restitutionem, quam pecuniariam satisfactionem. »
On comprend alors comment la composition pécuniaire, qui trouva
d'abord tant de répulsion chez les fiers Germains du Nord, finit
par leur paraître une réparation suffisante pour les plus cruelles
offenses.

(2) *Das Schœnische Recht*, v, 31 : « Quand l'esclave d'un homme a
été tué, il n'y a pas lieu au serment d'égalisation, non plus que quand
on a tué les bestiaux d'un homme. » On voit que le paganisme barbare
n'avait pas de l'esclave une idée plus relevée que le paganisme civilisé.
Magnus supprima en Norwége les serments d'égalisation ou d'expiation, et sa loi de suppression en prouve encore l'existence antérieure.
Magnus, *Gulathing*, M C. 26. p. 190.

tégeaient la *paix* du coupable et lui maintenaient son droit au moyen de ce mode d'expiation connu sous la dénomination significative de *fredum* (*frieden'sGeld* [1]); 2° l'amende extrajudiciaire dans son origine, qui était donnée et reçue en tant que signe de composition amiable entre les parties. Celle-ci était destinée particulièrement à apaiser l'offensé ou sa famille, et par conséquent à prévenir des querelles et des violences ultérieures. A ces paiements d'amende ainsi réglés d'un commun accord, succédaient des promesses de paix et d'amitié mutuelles, telles que celles dont nous avons donné plus haut les formules. C'est à ce genre d'expiation que se rattachent les noms divers de *Wergeld*, de *Manngeld*, de *Mannbusse* (ou *Werigelt*, *Mannbot*, *Leudis*, dans les droits nationaux allemands, *Leode* anglo-saxon, ou *Leogeld* dans le nord de la Germanie). Le taux de la *Busse* fut de bonne heure fixé par le droit, et l'expiation

(1) *Compensation pour faire la paix.* Le mot *Geld* vient de *Gilde*, *vergelten*, expiation, expier en compensation. Le mot anglo-saxon *Geld*, anglais *Guilt*, coupable, coulpe, péché, faute, ont le même sens. *Geld* était donc le signe de l'expiation par la compensation; c'est par dérivation de ce sens qu'il voulut dire plus tard *monnaie*, argent destiné pour la composition ou l'expiation d'un crime. C'est ainsi, comme nous l'avons vu ailleurs, que l'on employait d'abord chez les Latins les *moutons* comme moyen de payement pour l'expiation d'un crime au vengeur du sang; plus tard on fit servir au même usage des pièces de monnaie sur lesquelles on grava l'empreinte du mouton; enfin, le mot *pecunia*, venu de *pecus*,, voulut dire argent monnayé. L'idée d'expiation religieuse contenue dans le mot *Geld* est donc toute païenne dans son origine; et si le Christianisme s'en empara plus tard, c'est en transigeant, comme il le faisait souvent, avec des idées qui lui étaient originairement étrangères et auxquelles il finissait par donner une couleur qui lui était propre.

par le paiement de l'amende tendit à se substituer de
plus en plus à la *fridbrot*, à rétrécir graduellement
l'ancien domaine de la mise hors la loi (1). A mesure
que la civilisation fait des progrès, on sent toujours
davantage le besoin d'établir une proportion plus exacte
entre le délit et la peine ; or, les degrés divers qu'on
avait essayé de créer au moyen de la privation plus ou
moins absolue de la paix et du droit, ne pouvaient jamais
correspondre que d'une manière insuffisante aux nuances
nombreuses de la criminalité. Toutes les corrections,
toutes les modifications qu'on avait essayé d'introduire
à ce système n'avaient pu le rendre assez souple pour
qu'il se prêtât aux exigences nouvelles d'une pénalité
fondée sur le principe de proportion appliqué à des
variétés de cas presque infinies.

D'ailleurs, l'extension de la mise hors la paix menaçait de priver la communauté de ses membres les plus
entreprenants et les plus utiles dans des temps de guerres
et d'invasions. L'opinion générale, à cette époque, était
qu'un acte de violence commis ouvertement prouvait, il
est vrai, une audace orgueilleuse, mais en même temps
une certaine élévation de cœur. Or, du moment que les
principaux chefs d'une nation pouvaient s'entendre sur
ce point, il devait arriver logiquement que cette nation
finirait par fonder une pénalité qui humilierait le délinquant dans une certaine mesure sans lui ôter pourtant
son honneur ; qui lui laisserait son rang et sa place dans

(1) Wilda, *Strafrecht*, p. 319.

la société, et lui permettrait de garder ses armes pour le combat. La mise hors la paix était une sorte de vengeance disproportionnée et sans limites ; rien ne pouvait être plus antipathique à l'esprit de civilisation qui apparaissait au milieu du monde, appuyé sur un mobile puissant et nouveau, le Christianisme. Les sentiments de conciliation et de douceur inspirés par la religion évangélique durent contribuer à faire adopter comme une amélioration positive la *Busse* et le *Wergeld* (1), qui semblaient imposer une assez grande expiation envers la société, accorder une réparation suffisante à l'offensé ou à sa famille, arrêter ainsi la cruauté des proscriptions légales, et mettre un terme aux effusions de sang des vengeances privées et héréditaires.

Nous devons donc constater comme des progrès relatifs : 1° le triomphe du principe que la mise hors la paix et le droit de vengeance des familles deviennent essentiellement rachetables avec de l'argent ; 2° la multiplication des taux divers de l'amende, dans le but de l'adapter à toutes les nuances des crimes et des délits.

Tâchons maintenant de caractériser par quelques traits spéciaux en quoi consistait le système dominant de l'amende dans le droit germanique ou barbare.

Les étymologies peuvent servir à éclairer la véritable signification des mots : or, dans la veille langue des Scandinaves, l'amende s'exprimait par le même mot que le droit, *rettr* ; *rettr* venait de *kroed* ou *red*, je

---

(1) Voir la fin du chapitre 1er sur la Vengeance.

gouverne, je commande, *rego*, *praesum* (1). *Rettr*, dans le sens de *droit*, était le but du gouvernement ; dans le sens d'*amende* ou d'*expiation*, c'était le moyen d'atteindre ce but.

L'amende, *rettr*, était donc proprement l'expiation pour la violation du droit, et comme le premier droit de tout membre de la communauté était l'estime publique, toute atteinte qui y était portée par des paroles d'un mépris suprême, était punie comme un grand crime. Voici un texte d'une loi norwégienne qui prouvera la justesse de ce point de vue, en même temps qu'il donnera un exemple instructif de la base première des amendes et de la méthode d'après laquelle on la considérait comme une unité qu'on peut fractionner de beaucoup de manières diverses.

« Le *holder* doit prendre trois marcs pour son
« amende ; mais l'amende pour tout autre homme peut
« augmenter ou diminuer d'un tiers sur ce type du *holder*.
« A-t-on offensé quelqu'un par le nom de *bête pleine* ou
« prête à mettre bas ? — Si cette parole infamante est
« prouvée par témoins, on devra payer pour cela une
« amende complète (de trois marcs) pour un majeur,
« simple homme libre deux marcs, pour un jeune *keorl*
« douze onces, pour le fils d'un affranchi un marc, et de
« même pour le petit-fils. Quant à l'affranchi lui-même,
« on doit payer six onces si c'est après son ban-

(1) Gloss. des Grag, tom. II, v° *Rettr*.

« quet d'affranchissement, et quatre onces si c'est
« avant (1). »

Dans le droit norwégien, on voit que l'unité-type de
l'amende est de trois marcs ; il en est de même dans le
droit danois, et le *fredum* est fixé en dehors. Dans le
droit suédois, au contraire, l'amende se divisait en trois
parts : une pour l'adversaire, une pour le roi, une pour le
peuple. On appelait cette amende *fiell Rettr*, plein droit,
ou *Baugr*, anneau ou bague servant de monnaie (2).
Or, de même que, pour fixer les amendes qui sont au-
dessous de trois marcs, on a recours aux divisions et
subdivisions, pour fixer celles qui sont au-dessus, on
procède par doublement ou multiplication. Ainsi, pour
les lésions corporelles réputées expiables, c'est le double
droit, le triple droit, etc. (3).

Puis, à côté de ces amendes qui remontaient à la plus
haute antiquité, on institua postérieurement l'amende fixe
de quarante marcs pour les crimes les plus graves, qui
cessèrent alors d'être inexpiables : « Si un homme fait
« violence à une femme, et que cela soit prouvé, il sera
« *fridbrotr*, à moins qu'il ne paie quarante marcs au roi,
« et un droit double à la femme (4). »

Dans le droit lombard, pour l'enlèvement d'une femme

----

(1) Voir le *Frostathing*, xii, 29, p. 158.

(2) Les Celtes se servaient aussi de bagues en guise de monnaie.
En Norwége et en Islande, on traduit ce mot par ceux-ci : *Annulus
mulctatitius*. Voir les *Grag. Vigsl.*, traduction latine de Schlegel
et Arnes. *Isl. Retterg.*, p. 629, n° 234.

(3) Hakon, *Gulath.*, cap. 49, p. 170.

(4) *Id. ibid.*, cap 50.

et l'action de la souiller, on devait payer pour se racheter en tout quarante sous, savoir : vingt sous pour le crime de la contrainte exercée, et vingt autres sous pour la *faida* (1). Il paraît que l'amende de quarante schillings était la double amende lombarde. L'une était la rançon de l'injustice commise, l'autre était le droit particulier du *mundwald* (père, mari ou tuteur).

Le *mundbyrd*, dans le droit anglo-saxon, peut être assimilé au *rettr* scandinave. Le *mund* était la protection qui émanait d'une personne (roi, comte, père, tuteur, etc.). La violation du *mund* présentait donc un sens plus restreint que la rupture de la paix, laquelle se rattachait encore à un temps ou à un lieu. Les effets de cette violation du *mundbyrd* se mesuraient sur le degré de capacité légale des personnes protectrices et sur les prérogatives de droit dont elles jouissaient. Le *mund* est en même temps pris dans le sens d'amende expiatoire (2).

Quelquefois la loi ne désigne pas le chiffre de cette amende, on le suppose connu. C'est ainsi que la législation de Lothaire et d'Eadric, chap. xiv, décide que « si quelqu'un souille le vestibule d'un homme par « l'effusion du sang, il devra à cet homme son *mundi-* « *burdium*. »

Il est difficile de retrouver l'unité-type de l'amende

(1) XX solidos pro anagripp., et propter faïdam, alios XX ; cap. 188, 190.

(2) On verra dans le § 4 du chapitre suivant quelle est la véritable étymologie de *mund* ou *mundbyrd*.

dans le système de la législation anglo-saxonne. Les rapports primitifs qui avaient été inscrits dans chacun des codes de l'heptarchie s'altérèrent rapidement. Les divers degrés de la hiérarchie s'échelonnèrent et se multiplièrent plus que dans toute autre terre germanique; enfin, les systèmes d'amendes des différentes races se mêlèrent et se confondirent quand l'Angleterre ne forma plus qu'un seul royaume. Les deux principaux systèmes que l'on peut démêler, et que l'on trouve souvent en présence, sont le système duodécimal et le système décimal : 6, 12, 24, et 5, 10, 20. La moyenne proportionnelle qui donnerait l'unité que nous cherchons, serait 12 et 10 (1).

Dans le droit thuringien, on retrouve ce chiffre de 10 schillings dans le titre *de minoribus causis* (2).

Chez les Lombards, pour les crimes graves, c'est 20, 40, 80 s., et pour les lésions corporelles et les injures, c'est 3, 6, 12, ou 2, 4, 8, 16 (3).

Le droit des Wisigoths a perdu une partie de sa physionomie germanique pour s'empreindre d'une physionomie toute romaine. Cependant 10 sols paraissent avoir été dans ce droit le type de l'unité origine. Voici quelle était la progression des amendes : le coup qui ne faisait que bleuir la peau était puni de 5 sols,

---

(1) Loi d'Alfred, cap. 36, p. 51, et *id. ibid.* Les deux paragraphes qui se suivent contiennent les bases des deux systèmes divers.

(2) J. Gaupp., *Anc. législat. des Thuringiens*, p. 399.

(3) Voir la *législation du roi Rotharis*, et Wilda, ouvrage déjà cité, p. 358. Cet auteur s'étend beaucoup sur ce sujet.

celui qui en déchirait l'épiderme de 10, la plaie qui
laissait l'os à nu 20 sols, la fracture même de l'os,
100 (1).

Quant au droit franc et franc-salien, 15 sols est
l'amende spéciale (2). Quand on procède par division,
on trouve 5 et 3 ; quand c'est par multiplication, on arrive
à 30, 45, 60, etc.

Dans la législation des Ripuaires, le mode de calcul
employé au commencement du recueil est de 4 1/2, 9,
18, 36. Plus loin, depuis le 30° titre, on retrouve le
système de la loi salique : 15, 30, 45, etc. Il paraît que
c'est sur cette loi qu'a été modelée la dernière partie du
code des Ripuaires.

Dans les autres droits nationaux des Allemands,
Bavarois, Burgondes, Frisons et Saxons, l'amende
propre et originaire est de 12 sols, et par subdivisions,
6, 3, 1 1/2.

On lit dans le droit des Frisons que, pour le transper-
cement des deux cuisses, des bras, *de la mâchoire* et
(d'après d'autres passages) *des deux ailes du nez*, on
payait deux fois 6 sols d'amende ; et si, à travers tout
cela (mâchoire ou nez), la langue était encore percée,
c'était 3 s. de plus.

Cela explique par l'addition d'une fraction ce chiffre
de 15 s. que l'on retrouve quelquefois chez les Fri-

---

(1) ..... Pro livore det solidos V, pro cute ruptâ sol. X, pro plaga
usque ad ossum sol. XX, pro osso fracto sol. C.; VI, 4, 1.

(2, On la retrouve dans 93 passages.

sons (1), et qui ne provient pas d'un mode de procéder qui ait la moindre analogie avec la loi salique.

C'est ainsi que dans ces fixations d'amendes pécuniaires, qui nous paraissent au premier abord si puériles et si arbitraires, les législateurs barbares s'astreignent à des combinaisons arithmétiques très-variées, et suivent presque toujours des procédés d'une logique rigoureuse.

(1) Tit. XXII, 85, 86. C'était en effet deux fois 6, plus 3.

CHAPITRE VII.

DU WERGELD.

—

§ Ier.

Mode de formation et esprit de cette institution.

Le *Wergeld* a été incorporé à la *Busse;* il y a été
uni par voie d'adjonction, du moment qu'il est devenu
une institution sociale ; mais, considéré comme transaction particulière pour éteindre des vengeances privées,
il a précédé l'amende proprement dite. Tant qu'il ne
fut pas officiellement reconnu dans l'État par la coutume
et par la loi, il eut quelque chose d'arbitraire et d'indéterminé. En remontant jusqu'aux sagas primitives, on
trouve exprimée l'opinion formelle que, pour expier le
meurtre, il faut couvrir d'or et d'argent le corps de la
victime (1). C'était dire que l'expiation de ce crime était
impossible, ou qu'elle était un privilége réservé à
l'opulence.

Mais quand l'usage de l'exercice journalier du *wergeld*
se fut introduit dans les mœurs, soit pour prévenir la
vengeance, soit pour mettre un terme à son développe-

(1) Grimm, dans sa *Revue historique*, tome Ier, p. 323.

ment, on finit par fixer le taux de ce *wergeld* d'après
une moyenne approximative : « Deux cents livres
« d'argent doivent être considérées comme un bon
« *wergeld,* » dit la saga de Nial (1) ; c'est-à-dire que
cette somme était réputée un prix convenable, dans
les circonstances ordinaires. Que s'il s'agissait de
crimes bas ou atroces, le *wergeld* pouvait être doublé
ou triplé (2).

Un auteur arménien (3), qui a fait un extrait abrégé des
lois barbares, auquel il a donné le nom d'*Histoire de la
législation des anciens Germains*, émet, sur les bases
qui ont servi à la fixation du *wergeld*, une opinion singulière et nouvelle, qui mérite d'être signalée :

« D'après les idées des Germains, dit-il, en tuant un
« homme, on faisait essuyer une perte matérielle à la
« famille de celui-ci : on lui volait, on lui détruisait
« une valeur ; or, comme en plaçant cette valeur à la
« pointe de l'épée, c'est-à-dire en recourant à la faïda,
« on avait la chance de ne point la restituer du tout,
« on se trouvait engagé dans une gageure ; idée qui
« se retrouve dans toute la législation germanique,
« comme nous le prouverons par la suite de notre
« exposé. Ainsi, pour que la famille du défunt gagnât
« dans la gageure et fût satisfaite, il ne suffisait pas de
« restituer la valeur détruite et enlevée : il fallait encore
« en payer une pareille en sus, une valeur équivalente

---

(1) Nials *sag.*, cap. 12, p. 22.
(2) Nials *sag.*, c. 124, p. 189, et *id.* c. 40, p. 61, et c. 41.
(3) Davoud-Oghlou; voir son *Introduction*, p. 32. Berlin, 1845.

« à celle qu'on avait détruite : la première, pour rétablir
« le capital, le *mannwyrd* ; la seconde, pour racheter la
« faïda que la partie adverse avait le droit d'exercer pour
« venger l'offense, etc. »

La restitution au double, *restitutio in duplum*, était
un principe incontestable quand il s'agissait de vol. On
rétablissait le capital, et, en outre, un autre capital
de même valeur, le *ceap-gild* et l'*other-gild* des Anglo-
Saxons (1).

Mais en était-il de même en cas de meurtre? l'esprit
des lois germaniques répugne à cette assimilation de la
perte qu'une famille fait de l'un de ses membres avec un
tort tout matériel (2). Le *wergeld*, aussi bien que la
busse (3), avait pour but d'offrir à la famille du lésé une
réparation morale, une satisfaction d'une tout autre nature que des dommages-intérêts proprement dits. Du
reste, cette réserve une fois faite, il est difficile de résister aux citations qu'entasse le savant Arménien, pour
prouver qu'il existait dans toutes les législations barbares
un prix de convention qui représentait la valeur d'une
tête d'homme, et que ce prix était doublé quand il s'a-
gissait d'un Germain de race libre (4).

Quand l'homicide était commis involontairement (5)

(1) Ethelred, *Dun-Fetas*, iv.
(2) *Ibid.*, p. 34, 35 et suivantes.
(3) *Bot*, en scandinave, voulait proprement dire, *réparation*. Voir
le Gloss. des Gragas au mot *Botsáma*, édit. de Schlegel déjà citée.
(4) Bis octoginta solidos, dit la loi des Bavarois, viii, 4, 1, 2.
(5) *Leg. Burg.* II, 2. *Leg. Longobardor.*, xii, 2.

ou dans le cas de légitime défense (1), on ne payait que la moitié du *wergeld*.

De plus, d'après une disposition de la loi des Allemands : « Si un chien tuait un homme, l'héritier du « défunt n'avait droit qu'à la moitié du *wergeld*, si le « chien n'avait pas été excité par son maître ; car il n'y « avait rien eu de volontaire de la part de ce dernier. « Mais si l'héritier réclamait le *wergeld* tout entier, « voici alors comment on procédait : on fermait toutes « les portes de sa maison , excepté une seule, devant « laquelle on suspendait le chien à une distance de neuf « pieds ; on l'y laissait pourrir, et ses os tomber à « terre. Or si, ne pouvant supporter de trouver sans « cesse devant sa porte cette carcasse infecte, il l'en- « levait et la jetait au loin, ou bien s'il sortait de sa « maison ou y rentrait par une autre porte, il perdait « tout droit, même au demi-*wergeld* qu'il aurait pu « recevoir (2).

Dans tous ces exemples, et même dans le dernier, l'i- dée de défi ressort-elle d'une manière bien évidente ? La loi des Allemands, ci-dessus mentionnée, est empreinte d'une bizarrerie exceptionnelle, et ne peut servir de base à l'appréciation d'une règle générale. Quant aux autres citations, elles nous ont donné l'idée d'une hypo- thèse plus admissible que celle du défi ou de la gageure. Probablement le taux primitif de la valeur d'un homme

(1) *Leg. Lothar.*, 389.
(2) *Leg. Alamann.* CII, 22.

était celui du *maximum* de la mise à prix de sa tête, quand il était *Out-law* ou *Waldganger*. Or, quand ce proscrit voulait se racheter, il devait payer aux parents de sa victime le double de ce prix (*restitutio in duplum*), parce qu'à la valeur présumée de sa vie, il devait ajouter une somme qui pût dédommager la famille du lésé de l'inaccomplissement du devoir de la vengeance. Cette explication nous semble rentrer assez bien dans les mœurs et dans le système de pénalité de la vieille Germanie. Quoi qu'il en soit, une face de l'institution du *wergeld* qui nous semble d'une importance non moins grande que la question même de son origine et de sa formation, c'est la manière dont elle se liait aux idées de solidarité active et passive qui existaient dans les familles chez les Scandinaves.

§ II.

Du Wergeld dans ses rapports avec la solidarité des familles et de quelques autres groupes sociaux.

Dans le principe, cette solidarité fut complète, c'est-à-dire qu'en cas d'insolvabilité du malfaiteur, les divers membres de la famille devaient acquitter pour lui le *wergeld* tout entier. Plus tard, une sorte d'équité conduisit à modifier l'inflexibilité de cette règle ; alors on partagea le *wergeld* en deux portions : l'une compétait aux plus proches héritiers du mort, et devait être payée par le malfaiteur lui-même ou par ses héritiers immédiats ; l'autre se répartissait entre les parents plus éloignés des deux parties adverses. En Scandinavie, on appelait 'la première *Oranbot* (1), ou amende de la vengeance ; et la seconde, l'amende de race ou des héritiers, *Arvabot* (2). On payait ces deux sortes d'amendes à la fois, ou le *plein wergeld*, quand le meurtrier était compris dans le pacte de réconciliation ; lorsqu'il était laissé en dehors, et que le pacte n'avait lieu qu'entre les deux familles, on ne payait que l'amende de race (3).

Les législations de ce temps ont toutes une tendance marquée à favoriser les accommodements particuliers entre les membres des familles divisées par un meurtre. Tous les membres qui voulaient se soustraire à la vengeance du sang devaient contribuer au paiement de la somme expiatoire, et tous ceux qui renonçaient à l'exercer, en percevoir une part. En général, les femmes devaient être exclues de cette solidarité active et passive, car elles ne pouvaient manier ni la hache, ni le glaive, et, comme elles n'avaient pas de terreur à inspirer, elles ne devaient pas non plus avoir de crainte à concevoir. Cependant cette règle souffrit de nombreuses exceptions; on comprit quel intérêt pouvaient avoir les familles à faire recevoir des gages de réconciliation et de paix à

(1) *Bot*, amende, réparation ; *oran*, vengeance, colère, fureur. Dans son Gloss. des Gragas, Schlegel traduit *oraverk* par *facta furoris*.

(2) La racine de ce mot est *Arfr*, *hæreditas*, comme le traduit Schlegel dans son Gloss. des Grag.

(3) Wilda, *Geschichte des Deutschen Strafrecht*, p. 373.

ces ennemies souvent si dangereuses, qui pouvaient
trouver des armes dans leur faiblesse même, et qui
enivraient souvent de leurs jalousies et de leurs haines
les plus puissants guerriers (1).

(1) Wilda, p. 373, ouvrage déjà cité ; *Frostathing*, VIII, 1, p. 173,
et *Gragas-Vigslodi*, l. II, t. CXIV, p. 171, 188. Ce titre est une
espèce de traité complet sur la matière. Dans le droit slave, il semblait également interdit à la femme de se venger, et cependant cette
règle fléchissait dans certaines circonstances. Ainsi la veuve d'Ygor,
Olga, vengea sur les Drévniens la mort de son mari par un massacre
affreux, et on trouva qu'elle avait agi suivant son droit, 1° parce
qu'il s'établit entre la femme et son mari des liens tels qu'on peut les
assimiler à ceux de la consanguinité ; 2° parce qu'elle exerçait tous
les droits de son fils mineur dont elle était la tutrice, et que le premier
de ces droits était la vengeance. (Ewers, *das älteste Recht der Reussen*,
Dorpat, 1826.) Voici maintenant les textes de la loi norwégienne, qui
consacrent la participation des femmes au paiement et à la réception
du *Wergeld*. — Chap. 95, législation de Gulathing : « Le meurtrier
« et *sa mère, sa femme et sa fille*, doivent payer chacun pour sa
« part une once et un cinquième à la femme du mort ; ce qui équivaut
« à deux dons de paix. *La sœur du meurtrier* doit un demi-don de
« paix à la sœur de l'homicidé, à sa femme, à sa fille, à sa mère ;
« ce qui fait un total de deux dons de paix complets. Le même demi-
« don de paix doit être payé à *la sœur* du mort par le meurtrier,
« *sa mère, sa femme et sa fille*. Tous ces dons ensemble en forment
« six complets. Or, cela se monte en tout, avec les amendes, les dons
« de réconciliation, les rachats de proscription et les dons de paix,
« pour les femmes, à vingt marcs cinq onces et demie. »
(Chapitre 96 du même code) : Il y a six hommes dont chacun
« prend six onces, savoir : 1° le frère du père ; 2° le fils du frère ; 3° le
« frère utérin ; 4° le fils de l'esclave ou de la concubine ; 5° le fils de
« la fille, et 6° le père de la mère. (Chap. 97) : Le frère bâtard du
« père prend l'amende d'un marc, et si la fille bâtarde du mort a un
« fils, celui-ci prend aussi un marc. (Chap. 98) : Il y a trois hommes,
« à chacun desquels il revient neuf onces, c'est : 1° le frère de la
« mère ; 2° le fils de la sœur ; 3° le frère né d'une mère libre. Les
« fils des deux sœurs ou des sœurs et frères de mère prennent chacun
« six onces. »
Aucune mention n'est faite ensuite des autres parents. D'après ces

Nous ne donnerons pas ici le détail des combinaisons minutieuses et multiples auxquelles se livrèrent les législateurs de l'Islande et de la Norwége, pour répartir les amendes entre les familles. Il nous a paru préférable de dégager les principes généraux qui présidaient à ces nombreuses lois ; or, voici quel était le fondement commun de toute perception de *wergeld :* — Plus proche était la parenté avec le meurtrier ou la victime, plus forte était la part à donner et à recevoir ; — moins la parenté était proche, plus petite était cette part. En d'autres termes, c'était une règle de proportion fondée sur la part solidaire attribuée à chaque degré de parenté. Dans quelques sources de droit norwégiennes, on partage les familles en deux classes : les parents devant prendre l'amende ou autorisés à la vengeance, *Bauggildis-men*, et les coprenants ou coautorisés, appelés *Upnama-men* (1).

On entendait par ces derniers les cognats les plus éloignés, qui ne descendaient pas du même grand-père que la partie principale; les demi-frères (frères d'un seul lit) et les enfants issus d'une mésalliance (d'un mariage avec une esclave [2]). Un autre vieux code de Norwége dis-

fragments de la législation norwégienne; on voit que la famille se divise en deux classes principales : d'abord les plus proches, qui sont les parents autorisés de préférence à exiger l'amende, et que l'on appelait hommes de *Bauggildi*, et les *médiatement* autorisés, qui recevaient le nom d'hommes d'*upnama*.

(1) D'*Upnama* vient l'allemand *aufnehmen*, prendre, prélever, accueillir, recevoir, accepter. La préposition *up* a ici le même sens que dans l'anglais *take up*.

(2) Hakon *Gulath*. M. L. 93.

tingue le groupe de l'épée et celui de la quenouille (1),
c'est-à-dire les parents directs et les parents par alliance.

Les lois suédoises et danoises séparent nettement
l'amende de l'héritier de l'amende de la race (2). Cette
dernière s'élevait en tout aux deux tiers du *wergeld*,
et devait être payée par les parents, même éloignés,
s'ils voulaient se racheter de la vengeance à l'égard des
parents du défunt. Si la première amende était acquittée
par qui de droit, les coobligés, pour les deux tiers restants, ne faisaient que compléter la composition pécuniaire ; mais ils devaient également leur part du *wergeld* quand le meurtrier ne faisait aucun accommodement pour lui-même, qu'il était déclaré *gridbjotr* ou
skogarmadr (3), ou si, avant d'encourir cette proscription partielle ou complète, il s'était dérobé pour un temps
aux poursuites de la justice.

(1) *Bauggildi, Nef-Gildi-Frostath.,* v. 3.

(2) Voici un de ces textes, moins compliqué et moins embrouillé que
ceux des sources norwégiennes ou islandaises. *Vest. G. Af. Maud.,*
§ iv, p. 11. Si les héritiers exigent l'amende, on doit payer 9 marcs
pour l'amende de l'héritier et 12 marcs pour l'amende de race ;
6 marcs doivent être payés à l'héritier et 6 marcs pour la race,
savoir : 3 pour la ligne paternelle et 3 pour la ligne maternelle.
Le plus proche de chaque ligne doit donner 12 onces, le plus proche
immédiatement après 6, le plus proche du degré suivant 3, et le plus
proche du dernier degré la moitié de 5 *ortugers* et demi. Tous doivent
recevoir et prendre l'amende, chacun en diminuant de moitié jusqu'au
sixième homme. L'amende doit être distribuée jusqu'à la sixième
génération. Ceux qui sont également près, se groupent par unité de
race. L'héritier doit prendre 6 marcs pour l'amende de la race, savoir : 3 pour la ligne paternelle, 3 pour la maternelle. Voir aussi
L. Ost-Gothl., c. 7, p 23.

(3) *Pacifragus* ou *vir sylvæ.* V. ces mots au *Glossaire des Gragas,*
par Schlegel.

11

« Les amis du sang de l'homicidé, dit la législation
« séelandaise du roi Éric, peuvent prendre deux parts
« de la race du meurtrier, bien que celui qui a été dé-
« claré *fridbrotr* se soit enfui avec sa part (1). »

Et ailleurs : « Si un homme a été saisi pour un tel
« méfait, et que le roi, en conséquence, le fasse exécu-
« ter, les amis du supplicié paient les deux parts
« d'amende, qui s'appellent amende de la race ; car du
« moment que le roi lui a fait couper le cou, cela équi-
« vaut à une complète *fridbrot* (2). »

Quand le meurtrier voulait se mettre en règle et payer
sa part du *wergeld*, il avait le droit de réclamer de ses
amis du sang l'acquittement de leur portion pour parfaire la somme exigée. Et comme une action légale est
ordinairement corrélative à un droit, le meurtrier lui-
même pouvait contraindre judiciairement ses parents,
coobligés à la dette du sang, à payer chacun leur part.
Il y a tout une procédure spéciale dans la législation
danoise, au sujet du mode de recouvrement et de saisie
que peut employer à l'égard de ses parents le criminel
lui-même, en qualité de garant de la totalité du *wergeld*.

---

(1) Erik *Seel.*, II, 12, p. 47.
(2) *L. Jutl.*, l. III, 23, p. 335. On lit aussi dans les Gragas Vigsl,
II, c 114, p. 174 : « Quand même un meurtre n'a pas été dénoncé
d'une manière conforme à la loi (que la plainte n'a pas eu lieu judiciairement, etc.), le droit d'exiger l'amende des amis du sang n'en
n'existe pas moins. Ce droit est assimilé à celui qu'on aurait contre le
meurtrier et ne souffre également qu'une exception, celle où le défunt
aurait été proscrit, au moment où on l'aurait frappé, et bien que le
meurtrier soit déclaré *fridbrotr* ou mis à mort, l'amende des amis du
sang est exigée, comme dans tous les autres cas.

Ainsi, l'auteur d'un homicide puisait dans le sang même qu'il avait versé une action contre les membres de sa famille, solidaires de son fait. De plus, s'il manquait quelque chose à l'intégralité du *wergeld*, la partie adverse pouvait faire déclarer proscrits, non-seulement le meurtrier, mais trois parents du côté paternel et trois du côté maternel (1). La solidarité des membres de la famille était donc poussée jusqu'à ses dernières conséquences et revêtue d'une double sanction.

Du reste, la faculté de contrainte légale donnée au meurtrier à l'égard du *wergeld* (dit *wergeld de secours*), témoigne du relâchement des liens de parenté et de la décadence de l'esprit de famille. Dans les temps primitifs, tous les parents d'un homme poursuivi pour homicide se seraient empressés d'accourir à son aide pour le sauver des périls de la vengeance et de la proscription, et pour le dégager de ses obligations pécuniaires. Plus tard, leur tiédeur à remplir ce devoir sacré rendit nécessaires des prescriptions légales et même une véritable pénalité. Cependant, on ne tarda pas à s'apercevoir de l'inconvénient qu'il y avait à armer un malfaiteur d'un privilége qu'il puisait dans son crime même, et dont il abusait souvent en employant contre des parents des voies excessivement rigoureuses. Aussi, en l'an 1200, le roi Knut qualifia d'homme de vol et de rapine celui qui pressait ses parents plus que de raison pour les forcer à contribuer à l'expiation de son mé-

---

(1) *L. Séeland.* du roi Éric, V, 20.

fait (1). Cette espèce de flétrissure légale ne suffit pas pour prévenir tous les abus. Il parut bientôt après une loi de Waldemar II, portant que le meurtrier devait payer le wergeld tout entier, et ne demander ni aide ni supplément aux divers membres de sa famille (2). Cependant, s'il s'enfuyait sans remplir les conditions nécessaires pour la perte de la paix, les amis du sang devaient toujours les deux tiers du *wergeld* ; ils étaient considérés comme les cautions du coupable jusqu'à concurrence de cette somme. Seulement les contributions et les souscriptions volontaires restaient permises dans le sein de la famille.

Magnus, dans sa législation de Gulathing, supprime encore plus complètement l'amende de race. Il ordonne que six arbitres seront nommés pour régler, en faveur de l'héritier du défunt, l'amende à prélever sur les biens du meurtrier : « Toutes les autres amendes et supplé-
« ments provenant des amis du sang doivent totalement
« disparaître, de sorte que les amis des deux parts ne
« doivent plus rien payer ni prendre. Que si les biens
« du meurtrier ne peuvent pas suffire à la fois pour
« l'amende du roi et pour celle de l'héritier, toutes les
« deux sont diminuées proportionnellement, suivant la
« valeur du bien (3). »

(1) Rosenvinge, t. 1, p. 36.
(2) Ancher's Worterklarungen zu Jull. L., tome 1, p. 610, 611. Suivant Wilda (*Strafr.*, p. 383), ces prescriptions furent particulières à la Scanie : c'est, en effet, ce que semble prouver le décret du roi Christian III que nous citons à la fin de ce chapitre.
(3) M. *Gul.*, M., cap. 12, p. 158.

On trouve dans la législation de l'Upland des dispositions semblables (1).

L'historien Geyer remarque que les amendes de race ont été complétement supprimées en Suède par une prescription du roi Magnus Trichon, en 1335 (2).

Mais le Danemarck n'avait pas fait des pas aussi rapides dans la voie du progrès, ou bïen il avait rétrogradé vers les temps de barbarie ; car nous trouvons, à la date de 1537, un décret du roi Christian III, lequel commence en ces termes : « Nous avons fait l'expérience qu'il « y a une grande plaie dans le royaume, consistant en « ce que l'un épie sans cesse l'occasion d'ôter la vie à « l'autre ; cela vient de ce que l'on prend ici de l'argent « pour le meurtre, et que la race et les parents qui n'y « sont pour rien, même l'enfant qui est au berceau, « doivent concourir et aider pour l'amende ; d'où il suit « que maint meurtrier se rencontre qui n'aurait pas « commis le crime dont il s'est rendu coupable, s'il ne « s'était pas cru à l'abri de la peine de mort (3). »

---

(1) Si les biens ne suffisent pas à l'amende pleine (de 40 marcs), chacun de ceux qui avaient droit à l'amende perdra proportionnellement savoir : le plaignant, le roi et le peuple. (*L. Upl. M.*, c. X, § 1, p. 140) Dans cette même législation le *wergeld*, qui, pour le meurtre ordinaire, montait à 40 marcs ou plutôt à 13 marcs 1/2, déduction faite de ce qui revenait au roi et à la communauté, se produisait sous la dénomination de *Sporgald*, en opposition à la *Morthgald*, ce qui signifie le meurtre avec la circonstance très-aggravante de la clandestinité. On punissait cet assassinat commis perfidement et tenu secret de la peine capitale ou de l'amende de 140 à 160 marcs. (Wilda, *Strafr.*, p. 384.)

(2) Geyer, *Histoire des Suédois*, t. 1, p. 267.

(3) Rosenvinge, *Histoire du Droit danois*, tom. IV, p. 176.

Et, par une brusquerie de transition dont les annales des autres peuples n'offrent guère d'exemples, le roi Christian supprime à la fois la solidarité des familles, la possibilité de rachat du crime par le *wergeld* et le *fredum*, et il arrive sans transition à l'établissement de la peine de mort, applicable à tous les cas de meurtre.

§ III.

Solidarité appliquée dans l'institution du wergeld chez les Anglo-Saxons.

Chez les Anglo-Saxons, qui tenaient de si près aux Scandinaves, le principe de la solidarité des familles n'est ni moins respecté ni moins vivace que chez leurs frères du Nord : « Si un homme en tue un autre, dit « Æthelbirth dans sa législation, il paie le demi-wergeld « de 100 schillings. Si un meurtrier s'exile du pays, sa « parenté paiera pour lui le demi-leudis (1). » Voici maintenant un autre passage du recueil de lois attribué au roi Alfred ; on y voit d'une manière encore plus claire comment se divisait le *wergeld* : « Si un homme qui « n'a pas de ligne paternelle tire l'épée et tue quelqu'un, « et qu'il ait une ligne maternelle, celle-ci paiera un « tiers du *wergeld*, les cojouissants de communauté un « autre tiers, et, pour l'autre tiers, *il y aura sa fuite*. « S'il n'a pas de ligne paternelle ni maternelle, ses co- « jouissants de communauté paieront la moitié, et il « s'échappera pour l'autre moitié. Que si on tue un

(1) Æthelb., L. § 21.

« homme qui n'ait aucune parenté, la moitié du wer-
« geld reviendra au roi, et l'autre moitié à la commu-
« nauté dont le défunt était membre (1). »

Voici encore un passage des lois du roi Édouard, où
il est clairement expliqué comment la garantie solidaire
des familles a été transportée des familles aux dizeniers,
et des dizeniers aux centeniers et aux groupes supérieurs :

« Il existe, en outre, dans ce royaume un moyen
« suprême, et le plus efficace de tous, d'assurer la sé-
« curité de chacun de la manière la plus complète,
« c'est à savoir l'obligation où est chacun de se mettre
« sous la sauvegarde d'une espèce de caution que les
« Anglais appellent une *libre garantie (freoborges)*,
« et que les seuls habitants du pays d'Yorck nomment
« *tien manna tulla*, ce qui signifie une division de dix
« hommes. Voici la manière dont cela se pratiquait :
« Tous les habitants de tous les villages du royaume,
« sans exception, étaient classés dix par dix, de telle
« sorte que si l'un des dix commettait un délit, les neuf
« autres répondaient de lui devant la justice ; que s'il
« disparaissait, on accordait un délai légal de trente-un
« jours pour le représenter ; si dans l'intervalle on le
« trouvait, il était traduit devant la justice du roi : aus-
« sitôt il était condamné à réparer de son bien le
« dommage qu'il avait causé. S'il retombait dans sa
« faute, on faisait justice sur sa personne même. Mais
« si on ne pouvait le trouver dans le délai prescrit,

(1) Alfred's L., cap 27, p. 48.

« comme il y avait dans chaque *friborg* un chef que
« l'on appelait *friborges heofod*, ce chef prenait avec
« lui deux des plus considérables de son *friborg*, puis,
« dans les trois *friborgs* les plus proches, le chef et
« deux des membres les plus considérables, s'il le pou-
« vait ; puis, il se justifiait, lui douzième, en son nom
« et au nom de son *friborg*, en jurant qu'il n'était pour
« rien dans le méfait ni dans la fuite du malfaiteur. S'il
« ne pouvait le faire, il venait lui-même à la tête de
« son *friborg* réparer le dommage, et cela avec le bien
« du malfaiteur tant qu'il durait ; et lorsqu'il n'en res-
« tait plus, il y suppléait de son propre bien et de celui
« de son *friborg*, jusqu'à ce que satisfaction complète
« eût été faite devant la loi et la justice. Si les chefs
« du *friborg* ne pouvaient accomplir les prescriptions
« de la loi en ce qui concernait le nombre de jureurs à
« prendre dans les trois *friborgs* voisins, ils devaient
« au moins jurer eux-mêmes qu'ils n'étaient pas coupa-
« bles, et que s'ils parvenaient jamais à mettre la main
« sur le malfaiteur, ils l'amèneraient à la justice, ou
« découvriraient à la justice le lieu de sa retraite (1). »

C'est le roi Edmond qui essaya le premier de consacrer chez les Anglo-Saxons cette phase d'évolution législative, par laquelle la solidarité des familles est sup-
primée pour faire place à la responsabilité exclusivement
personnelle du coupable. D'après les lois de ce monarque, le meurtrier doit seul encourir la *fehde*. Cependant,

---

(1) L Edward, Canciani, tom. ɪv, p. 338.

s'il est dans l'embarras pour acquitter le plein *wergeld*, ses amis du sang peuvent volontairement l'aider et le cautionner, et lui obtenir un délai de douze mois pour le paiement. Si les parents déclarent qu'ils l'abandonnent et le répudient, ils seront en dehors de la *fehde*, mais à condition qu'ils ne lui donnent ni nourriture, ni hospitalité, ni secours (1).

§ IV.

Même principe de solidarité appliquée dans l'institution du wergeld, chez les Franco-Allemands.

Chez les Francs et les Allemands, aussi bien que chez les Anglo-Saxons, correspondait au système de l'amende et de la composition pécuniaire un vaste système de garantie et de responsabilité solidaires, qui embrassait dans ses réseaux multiples tous les individus des diverses classes du peuple.

Le premier anneau de cette chaîne de garantie se rattachait au *mundoaldus* ou chef du *mundium*.

La racine de *mundium*, c'est *mund*, dont le sens primitif dans la vieille langue allemande est proprement *manus*, main, il a eu plus tard le sens de bouche, organe par lequel s'exerce l'attouchement le plus délicat. *munda ek* est traduit par *in manum capio* dans le glossaire de la *Nials Saga*, comme dans celui des Gragas. Aux temps antiques, étendre la main était le

(1) L. Edm., c. 1, § 1, Canciani, tom. IV, pag. 270. – Edouard a régné environ un siècle après Edmond; mais aussi il dépeint l'usage du *freoborges* comme un usage ancien et peu observé de son temps.

signe employé pour bénir et pour prendre possession :
à ce double titre, la main semblait donc être le parfait
emblème de l'autorité du père de famille, alors qu'il
exerçait un pontificat domestique en même temps qu'une
juridiction séculière, et en quelque sorte domaniale.

Il y a donc, au point de vue du droit, d'étonnants
rapports entre le *mund* juridique des Scandinaves et la
manus juridique des Romains.

Cependant sans nous occuper de ces rapprochements,
qui sont souvent périlleux à poursuivre trop loin et qui
d'ailleurs ne sont pas dans notre sujet, cherchons quels
étaient les caractères particuliers du *mundium* germanique.

Le *mundium* supposait, dans celui qui l'exerçait :
1° une autorité spéciale sur la personne et sur les biens
de tous ceux qui dépendaient·de lui ; 2° une espèce de
tutelle qui, en conférant certains droits, imposait certains devoirs ; 3° une responsabilité active et passive,
fondée sur des idées de solidarité dont le *Mundoaldus*
était le principal représentant dans la famille.

A l'époque où l'histoire, par l'organe de César et de
Tacite, nous parle pour la première fois des peuples
germaniques, elle nous les montre dans un état de formation sociale assez rapproché de l'état primitif ou
patriarcal que nous avons décrit dans la première partie
de cet ouvrage. Les peuples n'en étaient pas encore arrivés à ce point où un groupe abstrait, sous le nom d'état,
se substitue à tout groupe intermédiaire de famille ou
de communauté particulière. Ils n'avaient pas encore

créé un pouvoir central, dépositaire de toutes ces forces
isolées et éparpillées, en lui imposant le droit et le devoir de protéger également chaque individu, membre
du grand tout appelé la nation. Ces petits groupes de
famille, où prennent racine les sociétés qui commencent, où vont se retremper les sociétés qui se dissol-
vent et qui finissent, étaient, au temps de la barbarie
germanique, comme autant de petites sphères juxtaposées, qui se mouvaient avec une singulière indépendance dans la sphère générale de l'état. L'état, qui sentait sa faiblesse, aimait mieux ne pas agir lui-même et
n'avoir affaire qu'aux hommes libres majeurs, ou aux
chefs de famille qui lui répondaient des individus groupés
autour d'eux. Le pouvoir social s'en remettait même,
jusqu'à un certain point, à ces chefs de famille, du droit
et du devoir de protéger les hommes qui les entouraient,
puisqu'il leur concédait le droit de prendre fait et cause
pour eux, soit par voie judiciaire, soit même par voie
de vengeance.

Cependant la loi donnait le droit de poursuivre le
pauvre, le mineur, l'insolvable, etc., à la charge par
ceux-ci de rejeter la solidarité pécuniaire de leur fait
sur la famille, c'est-à-dire sur tous ceux de leurs parents
qui leur étaient unis par les liens de la consanguinité
et qui se trouvaient sous le même *mundium*.

Une vieille loi (1), qui a été reproduite dans tous
les textes de la loi salique, quoiqu'elle remontât au

---

(1) L. Sal. *De Chrenecrudà*, tit. LXI, édit. de Lindenbrog.

temps où les Francs étaient encore païens, ne déchargeait l'indigent du paiement de la composition qu'en lui en faisant rejeter la solidarité sur ses plus proches parents par des signes emblématiques ; il devait d'abord faire jurer par douze témoins qu'il n'avait ni sur ni sous terre pas autre chose que ce qu'il avait donné : ensuite, il entrait dans sa maison, ramassait aux quatre coins une poignée de terre, et, se tenant sur le seuil, en jetait quelque peu de la main par-dessus ses épaules (c'est ce qui s'appelait jeter la *chrenecruda* (1) sur son plus proche parent). « Si, ajoute la loi, après que son père ou sa mère ou son frère aura payé, il reste encore quelque partie de la composition à fournir, qu'il en jette sur la sœur de sa mère et sur ses enfants, c'est-à-dire sur les trois premières générations du côté maternel, savoir : la mère, la tante et les enfants de celle-ci.

« Puis, revêtu seulement d'une chemise sans ceinture (2), pieds nus et un bâton à la main , qu'il saute par-dessus la haie, le tout afin que les parents de ces trois générations lui paient ce qui manque pour parfaire la composition. »

On en agit de même ensuite à l'égard des parents pa-

---

(1) Suivant M. Guizot, *Hist. de la civilisation mod* , t. 1ᵉʳ, p. 330, et suivant M. Michelet, *Origines du Droit*, p. 116, *Chrenecruda* vient de *reines kraut* , herbe pure, l'*herba pura* des lois latines, c'est-à-dire l'herbe prise dans un terrain consacré. M. Pardessus, note 634 de son édit. de la *Loi salique*, a voulu en vain révoquer en doute cette étymologie, qui nous paraît incontestable.

(2) Emblème de sa pauvreté et preuve qu'il se dépouillait de tout, en faisant cession de biens.

ternels ; et si, parmi eux, il s'en trouve quelqu'un qui
n'ait pas assez de biens, il doit à son tour jeter la *chrenecruda* sur celui qui en a davantage. Ce dernier doit
solder le surplus, et enfin, si aucun parent ne peut payer,
l'homicide doit demander le pardon ou le rachat de sa
vie *(de vita componat* [1]), c'est-à-dire qu'il mette sa
vie à la discrétion de l'offensé ou des parents de l'offensé.

Or, à mesure que l'ordre public acquiert plus de
consistance, le membre de la famille prend une plus
grande confiance dans l'état ; il sent moins le besoin de
cette solidarité active qui était autrefois sa plus sûre
protection ; mais il arrive en même temps que les charges de la solidarité passive, n'ayant plus de compensa-
tions suffisantes, lui paraissent plus onéreuses. Ces besoins nouveaux de la société trouvent leur expression
dans la disposition législative suivante, appelée *renonciation à la parenté* (2). Celui qui voulait s'affranchir
ainsi *des obligations* de la *chrenecruda* se présentait
au *mallum* du juge local : là, il rompait sur sa tête
quatre branches d'aulne ou de saule, les jetait aux quatre
coins de l'assemblée ou *mallum*, et déclarait publiquement qu'il renonçait à tous les biens de la famille. Par

---

(1) Cette expression est prise quelquefois dans le sens d'une simple
composition, mais elle l'est aussi souvent dans le sens que nous adop-
tons ci-dessus. *Voir* le commentaire de M Pardessus sur la *Loi salique*, p. 664. Ce savant traduit ces mots *De vita componat*, par ceux-
ci « *doit perdre la vie.* » Il avoue cependant qu'il était loisible a
l'offensé ou à ses parents de prendre l'homicide ou de le vendre
comme esclave.

(2) Tit. LXIII de la *Loi sal.*

ce moyen, il s'exonérait des charges que pouvaient lui
imposer ces biens : ainsi il n'avait plus de composition
à payer pour un parent pauvre, qui s'était rendu coupable d'homicide. Mais aussi, il perdait des chances de
bénéfice non moins grandes que ces chances de perte,
car, si un de ses proches venait à mourir ou à être tué,
il n'avait plus de droit, ni à la succession, ni à la composition.

Du reste, cette législation dut en grande partie tomber en désuétude (1), quand furent abolies les coutumes
et les formalités païennes de la *chrenecruda*. Cette
réaction contre la solidarité passive en matière de composition date d'un édit de Childebert (2), rendu en 595.
La loi des Bourguignons (3) fait évidemment allusion à
la suppression d'une coutume semblable, dans le passage
suivant : « Les parents du défunt ne doivent poursuivre
« que la personne même de l'homicide ; car, de même
« que nous voulons perdre le criminel, nous voulons
« mettre l'innocent à l'abri de toute inquiétude. »

Mais, en revanche, nous trouvons encore des traces
du principe de la solidarité des familles dans un monu-

---

(1) Nous verrons plus bas qu'elle continua d'exister dans certains
pays jusqu'au temps des croisades, mais sous un autre nom et sans
les formalités païennes de la *chrenecruda*.

(2) Chap. 6.

(3) Tit. ɪ^r, ss. vɪɪ. — Pardessus, ouvrage déjà cité. p. 663. Du reste,
quant à la *Gesammtburgschaft*, voir Eichhorn, ouvrage déjà cité, p.80,
et surtout la note si remarquable, p. 83, t. 1er. Cependant cet habile
publiciste nous semble avoir outré l'idée de la cohésion et de la solidarité dans la *Gesammtburgschaft*.

ment législatif de beaucoup postérieur à ces monuments des temps primitifs de l'invasion des barbares. D'après les lois du Hainaut, qui furent promulguées en 1200 par Baudoin, depuis empereur de Constantinople, tous les proches d'un homicide ou meurtrier fugitif étaient tenus d'abjurer sa parenté et de renoncer à toute liaison avec lui. En cas de refus, ils étaient poursuivis par la famille offensée, et réputés aussi coupables que le meurtrier lui-même. Mais, après l'abjuration faite, les parents du mort contractaient l'engagement solennel de vivre en paix avec eux, et celui qui, à cet égard, n'eût pas voulu donner les assurances prescrites par les lois, aurait encouru la peine de l'exil et de la confiscation des biens. La coutume générale n'accordait que vingt-quatre heures pour ces abjurations et ces assurances réciproques (1).

Du reste, chez les Francs, si la solidarité passive parut avoir été abolie en matière de meurtre au vi⁰ siècle, il est certain qu'on fut obligé d'y revenir, au moins pour les vols. Voici, à cet égard, un décret du roi Clotaire ii (2).

« Comme il est constant que les gardes nocturnes ne « réussissent pas à s'emparer des voleurs de nuit, il a « été décidé qu'on établirait des *centaines*. Si quelque « chose vient à être perdu dans la centaine, celui qui « l'aura perdue en recevra la valeur, et le voleur sera « poursuivi. — Que s'il se montre dans une autre *cen-* « *taine*, et que les habitants, mis en demeure de le

(1) Collin de Plancy, *Légendes de l'Histoire de France*, p. 17.
(2) Decret. Chlotar. reg. ann. 595.

« livrer, refusent de le faire , qu'ils soient condamnés
« à payer cinq sols d'amende, et que le citoyen volé
« n'en reçoive pas moins de la centaine le prix de la
« chose perdue. »

Enfin, l'idée de la solidarité était tellement dominante
et tellement répandue parmi les Germains, qu'elle s'appliquait aux associations, même les plus frivoles et les
plus transitoires, celles d'un festin ou d'un banquet.
« Si, dit la loi salique, à une table de quatre à cinq
« personnes, ou même de sept, un des convives vient
« à être tué, ceux qui resteront dénonceront l'auteur du
« meurtre, en attestant sa culpabilité, ou bien ils paie-
« ront solidairement la composition pécuniaire pour
« cette mort (1). »

Il nous reste à dire comment on répartissait l'amende
dans les droits des Saliens et Allemands.

On ne s'y livrait pas, dans la fixation de cette répartition, à des combinaisons aussi savantes et aussi multipliées que celles dont abondent les législations scandinaves. « Si le père de quelqu'un a été tué, dit sim-
« plement la loi salique, ses fils recueilleront la moitié
« de la composition, et l'autre moitié sera adjugée
« aux parents les plus proches, tant du côté paternel
« que du côté maternel. Que si, dans l'une des deux
« lignes, il n'y a point de parents, cette portion sera

(1) *L. sal. emend.*, tit. LXV *De homicidiis in convivio factis*. Canciani croit qu'il s'agit ici d'une véritable association. M. Pardessus
pense au contraire qu'il n'est question que d'une réunion accidentelle
de convives. *Voir* sa note LIIe du 5e texte.

« donnée au fisc, ou à celui auquel le fisc en fera la
« concession (1).

Il est évident que, comme dans tous les codes du Nord,
la composition n'est pas exigée ici à titre d'héritage; si
c'était là le principe de la loi, les enfants de l'homme
assassiné n'en partageraient pas le prix avec d'autres
parents; car, d'après le titre 62 de cette même loi salique,
ils étaient exclusivement héritiers de leur père. Le droit
de solidarité l'emporte donc encore dans cette répartition
sur le droit d'héritage.

La loi des Lombards présente une physionomie particulière à l'égard du partage dans la composition, dans
certains cas. S'il y a des fils légitimes et deux ou plusieurs fils naturels, et qu'il arrive que l'un des frères soit
tué, les frères légitimes doivent, suivant la prescription
du roi Rotharis (2), prendre deux parties de la composition qui aura été réglée; les frères naturels prendront la
troisième partie. Quant aux biens du défunt, ils seront
tout entiers dévolus aux frères légitimes. Si on donne
une part de la composition aux frères naturels, c'est
pour terminer les *fehde*, c'est-à-dire pour apaiser les
inimitiés.

Le législateur semble s'excuser ici de faire une excep-

----

(1) *Lex sal. emend.*, tit. LXV Dans les *capita extravagantia*, tit. XV
(additions attribuées au roi Childebert), il y a quelques différences de
proportions dans le partage. Le fils a toujours la moitié, les parents
n'ont plus que le quart. Quand la mère est vivante, elle a la moitié de
ce quart.

(2) L. Rothar., cap. 162. *Propter faïdam deponendam, id est ini-
micitiam pacificandam.*

tion au droit d'héritage, et il explique que c'est dans l'intérêt des familles et de l'ordre public.

La loi des Saxons a, sur *la composition pécuniaire*, un passage fort obscur, devant lequel nous ne devons pas reculer. « Si quelqu'un commet un meurtre, qu'on fixe « d'abord le simple *wergeld*, suivant sa condition ; le « tiers en sera payé par ses parents et les deux autres « tiers par lui, puis il paiera encore huit fois le *wergeld*, « sans quoi lui et ses fils seraient *faïdeux* (1). »

Chez ce même peuple (2), resté sanguinaire et plus barbare que les autres Germains, la vengeance pouvait s'exercer non-seulement contre le meurtrier et contre ses fils, mais encore contre les sept plus proches parents : or, celui dont le crime faisait courir un tel danger à ses parents devait, après que ces derniers avaient contribué à remplir leur obligation de famille par le paiement de l'amende simple, les racheter à son tour par le paiement de l'amende octuple ; et s'il ne le faisait pas, lui seul restait, ainsi que ses enfants, exposé aux vengeances des parents du défunt (3).

Sans nous étendre davantage sur ces détails, qui pourraient remplir un volume entier, voici comment nous croyons devoir résumer et généraliser les progrès législatifs qui se rattachent à l'idée du *wergeld*.

1° Il subsiste d'abord à côté de la *fridbrot*, de ce

(1) *Lex sax.* II, 6.
(2) *Ibid.*
(3) Pour interpréter ainsi cette loi, nous nous sommes servi des savants commentaires de Gaupp sur le vieux droit saxon. (Gaupp, *Recht der alten Sachsen*, p. 116).

système de pénalité fondé sur la mise hors la paix et sur
la proscription. Tant que dure cette première phase, la
société n'intervient pas dans les transactions pécuniaires
qui se font entre les familles, ni dans les conséquences
qui en dérivent. Le *wergeld* est facultatif. L'offensé et la
famille peuvent l'accepter ou le refuser; et, s'ils prennent
ce dernier parti, le contrat qui en résulte n'a d'autre
garantie et d'autre sanction que la bonne foi des parties ;
2° soit que le pouvoir social, en vertu de sa propre initiative, prenne connaissance de ces transactions pour les
faire respecter, soit qu'afin de leur donner plus d'authenticité et plus de force les parties elles-mêmes aient réclamé
son assistance et son intervention, les trèves et les paix
particulières se font sous sa garantie solennelle et deviennent de véritables lois privées, sanctionnées par une
pénalité spéciale. La composition pécuniaire s'élève
alors à la hauteur d'une institution de droit; 3° par suite
de ce point de vue, le *wergeld* est étendu aux membres
de la famille de l'offenseur et de celle de l'offensé, afin
d'éteindre entre ces familles tout germe de haine et de
vengeance. Cette obligation légale ne fait d'ailleurs que
consacrer un usage depuis longtemps enraciné dans les
mœurs ; 4° la législation réagit ensuite sur elle-même,
elle tend à limiter de plus en plus la solidarité des
parents, jusqu'à ce qu'elle en vienne à supprimer la
nécessité de leur participation à l'amende : alors triomphe
le principe que le malfaiteur seul doit payer le *wergeld*,
à l'exclusion de toute garantie solidaire et subsidiaire.
Le *wergeld* prend par conséquent le caractère d'une peine

personnelle. Il s'unit au *fredum* et remplace définitivement la mise hors la paix ; 5° le *wergeld* s'applique ensuite, non plus seulement au meurtre, mais à une foule de délits d'un ordre inférieur.

Pendant ces dernières phases du droit criminel de ces époques barbares, le pouvoir social s'efforce d'ôter à l'offensé la faculté de l'option entre l'acceptation et le refus du *wergeld* ; à plusieurs reprises, les lois décident qu'il ne peut pas y avoir refus et par suite conservation du droit de vengeance. Mais une telle prépondérance de l'état sur l'individu ne sera pas définitivement consacrée sans de longues et pénibles vicissitudes. Que si le bras redouté d'un Charlemagne fait prévaloir ce principe d'ordre public dans toutes les parties de son vaste empire, on verra bientôt la faiblesse de ses successeurs le remettre en question. Puis la féodalité entraînera en quelque sorte l'humanité en arrière ; elle détruira l'œuvre du grand empereur, et parviendra à ressusciter, sous le titre d'une prérogative seigneuriale, le droit de *fehde* des anciens guerriers de la Germanie.

Plus tard, le pouvoir social réussira à se substituer à l'offensé ou à la famille qui poursuit la vengeance : mais ce sera à la condition de prendre fait et cause, en quelque sorte, contre l'auteur du meurtre, de lui faire une guerre judiciaire à outrance, et de satisfaire le sang versé par une nouvelle effusion de sang, ou tout au moins de bannir le criminel loin de son pays par une irrémissible proscription. De là peut-être ce mot de *vindicte sociale*, qui a été conservé dans les traditions de notre magistrature, et contre lequel réclame, non sans raison, la philantropie de nos jours. De là encore la limitation que le souvenir du vieux droit des familles avait apportée au droit de grâce du souverain dans plusieurs pays d'Europe. Ainsi, jusqu'aux temps qui ont précédé la grande révolution française, l'empereur d'Allemagne, en jurant la joyeuse entrée du Brabant (1), s'engageait à n'accorder aux homicides graciés le droit d'entrer dans leur patrie, qu'après qu'ils auraient été reçus à composition par les parents du mort. « La rémission de l'homicide en « Brabant, dit Depape dans son *Traité de la joyeuse* « *entrée*, n'est régulièrement entérinée que quand la « partie civile a reçu contentement (2). »

Une cérémonie qui rappelle tout à fait les coutumes et les lois antiques relatives à la solidarité des familles, se pratiquait encore à Anvers, au dernier siècle. Là, pour que la grâce accordée par le souverain à un meurtrier eût son plein et entier effet, voici ce qui était exigé. Les parents du défunt se rassemblaient, en grands habits de deuil, dans une chambre toute tendue de noir ; le coupable devait comparaître devant eux et se mettre à genoux, la tête découverte ; puis, il demandait miséricorde, et recevait les conditions imposées par la famille. Lorsqu'on était d'accord sur les articles de la composi-

---

(1) Ensemble de franchises dont les souverains devaient jurer le maintien à leur avénement

(2) C'était le 20° article de cette joyeuse entrée, et Dahlmann atteste que Joseph II en jura solennellement l'observation. (*Geschichte von Danemark*, t. 1, p. 161.)

sition, le fils aîné, ou, à son défaut, le plus proche parent donnait au criminel un baiser de réconciliation. De ce moment, toute inimitié cessait de la part de la famille, qui se déclarait satisfaite.

En Espagne, jusqu'à ces derniers temps, le droit de grâce du souverain a été subordonné au consentement des parents de la victime du meurtre.

La France n'a conservé d'autre souvenir du droit de vengeance des familles, que la faculté donnée au fils ou au plus proche parent d'un homme assassiné, de se joindre, comme partie civile, aux poursuites exercées contre le meurtrier par le ministère public. C'est une faculté dont on use rarement, et l'abandon progressif de ce droit, dont on regardait autrefois l'exercice comme un devoir sacré, est un triomphe insensible de l'esprit chrétien, qui nous apprend à ne pas venger nous-mêmes nos propres injures et à en remettre la répression à la société.

CHAPITRE VIII.

DES DIVERSES JURIDICTIONS CRIMINELLES PENDANT LA PREMIÈRE PÉRIODE DU MOYEN-AGE, OU PÉRIODE BARBARE.

Après avoir essayé de pénétrer l'esprit de la pénalité des peuples barbares au commencement du moyen-âge, nous devons étudier leurs juridictions et leur mode de poursuivre les crimes et les délits.

C'est ce qui forme la branche du droit criminel qu'on appelle *la procédure*, et qui a des rapports encore plus intimes avec la constitution des peuples qu'avec leur civilisation elle-même. En effet, les mœurs d'une société polie, qui repousseraient des pénalités atroces, peuvent supporter la procédure secrète et toutes les conséquences qui en résultent. Là où il y a absence de garanties pour la liberté politique, il est tout naturel qu'il y ait absence de garanties pour la liberté civile. C'est un parallélisme qui ne saurait choquer les esprits.

Cependant, l'organisation judiciaire proprement dite suit les progrès sociaux ; presque nulle dans l'enfance des peuples, elle se perfectionne à mesure qu'ils se constituent d'une manière plus forte et plus stable.

Nous avons été obligé, malgré nous, de toucher à la

procédure des Scandinaves et des Germains, tout en
parlant de leurs lois pénales. Ces deux grandes divisions
de la même branche du droit, très-nettement tracées
aujourd'hui, tendaient à se confondre dans le vaste chaos
où était plongé alors l'ordre social.

Cependant, nous avons tâché d'élaguer sur notre route
tout ce qui avait trait aux juridictions et à la procédure
criminelles, pour coordonner à part ces matériaux spéciaux et en faire le sujet de chapitres séparés. Nous com-
mençons par les juridictions ou l'organisation judiciaire.

§ Ier.

Des juridictions chez les Scandinaves, les Bavarois, les Francs, les Anglo-Saxons.

Dès ces temps antiques, qu'éclairent les premières
lueurs de l'histoire, les tribus semblent s'enrégimenter
comme une immense armée qui s'organise pour l'invasion et la conquête. Le groupe qui se forme d'abord, et
qui représente la première unité en dehors de la famille,
est la *centénie*. Elle est mentionnée formellement dans
Tacite (1), et, chose singulière! nous la retrouvons
encore, sous le nom de *Fylky* (2) ou d'*hérad*, dans la

---

(1) « *Centeni* singulis ex plebe comites, consilium simul et aucto-
« ritas adsunt. » (*De moribus Germanorum*, 12.)

(2) Suivant Geyer, *Histoire de Suède*, la *Fylky* n'aurait été composée
que de cinquante homme, *le demi-cent*. Si cela est, c'est une exception unique dans le mode de division de la vieille Germanie ; et ce ne
serait, après tout, que la centénie coupée en deux. Quoi qu'il en soit,

Suède et même dans l'Islande, où l'esprit nomade et
guerrier des Germains semblait s'être replié sur lui-même,
en mettant l'Océan pour barrière entre lui et les autres
peuples.

Ce même chiffre de *cent* est encore employé très-
souvent comme l'expression d'une haute unité pour
des valeurs d'or et d'argent, sans qu'il soit pour cela le
résultat du système décimal, inconnu aux peuples germaniques.

Ce fut par ces mêmes procédés de multiplications et
de divisions, usités, comme nous l'avons vu, pour la
fixation des amendes pécuniaires, que l'on arriva, en
prenant la centénie pour *unité type*, à former les décanies et les millénies (1). Il n'est pas besoin de dire que
ces divisions guerrières, judiciaires et administratives

l'hérad proprement dit ne fut pas étranger à la vieille Suède. Du reste,
on retrouve la centénie jusque chez les *Cosaques*. Avant leur soumission à la Russie, « chacune de leurs bourgades avait un centurion
» qui jugeait les différends des particuliers, maintenait la police et
« présidait aux exercices militaires. Plusieurs centuries formaient une
» brigade, *millénie,* qu'on appelait *Polk* et qui était commandée par
« un *Polkovinck*. » (Karamsin, *Histoire de Russie ; Voyage en Russie,*
du baron de Hartausen).

Le mot slave *polk* ou *pulk* a la même signification que le mot scandinave *fylky* ; il rappelle le latin *populus* sans la réduplication, et il
est dérivé de la même racine sanscrite (note du baron d'Eckstein).
Un *fylky* ou un *pulk* est une population rurale assise sur un territoire ;
c'est la *yeomanry* quittant les armes et la vie vagabonde pour la charrue
et les occupations sédentaires. C'est donc le contraire de la bande
nomade et guerrière.

(1) Les décanies des Anglo-Saxons ne se produisent que tardivement,
comme une subdivision factice et de police politique. Plusieurs peuples barbares de ce temps paraissent ne les avoir pas connues, surtout
dans le nord de la Germanie.

laissèrent subsister, sans y porter la moindre atteinte ,
le domicile particulier et la vie commune des familles.

Plus tard, quand les tribus nomades se furent fixées
au sol et que les fédérations de centénies eurent pris
la consistance de nations véritables, les mots *hundreda*
dans le nord, *hun* ou *hau* dans le midi de la Germanie,
se prirent dans le sens de district, de circonscription
territoriale (1). Une *hundreda* était une centénie qui
avait fait halte, et dont les guerriers avaient changé les
fers de leurs lances en socs de charrue. Or, dans le sein
d'un district ainsi formé, se reproduisait l'unité
primitive, et chaque *hérad* scandinave eut son *ding* ou
tribunal, comme chaque centénie franque son *mal* ou
mallum. La juridiction du *ding* ou du *mal* ne s'étendait
pas au-delà de l'hérad ou de la centénie.

Dans le nord, une grande réunion nationale et judiciaire était convoquée une ou deux fois par an, en Islande,
sous le nom d'*Allthing*; en Suède, sous celui d'*Allhe-
riarding*; chez les Germains ou Francs, de *grand Mal*
ou de *placité royal*.

Cette assemblée était en général présidée par le souverain, qu'il portât le nom de roi ou de duc ; en Islande,
elle l'était par le *Logsmadr* ou *l'homme de la loi* (2).

(1) C'est ce qui arriva souvent, notamment chez les Goths. Grimm's
Recht's alt., p. 754.
(2) Le Logsmadr est comme le Lagmann ; il dit la loi, il la trouve,
quand les juges du peuple ou jurés ont prononcé sur la cause. M.
Pardessus, dans son *Comment. de la loi sal.*, p. 183 et suiv., et après
lui M. Lehuerou, ont prouvé d'une manière irréfragable qu'une

En Suède, chaque district avait son lagmann, espèce d'orateur ou de tribun, dont on se servait comme de contre-poids à l'autorité royale. Mais partout ailleurs, la juridiction du *Godi* islandais, du centenier franc, ou du magistrat qui, sans avoir le même nom, exerçait les mêmes attributions, était par elle-même faible, peu respectée et mal définie. Il s'en fallait de beaucoup qu'elle attirât à elle la connaissance de tous les méfaits commis sur le territoire du district ; les uns étaient jugés par le père de famille ou par le propriétaire, quand ils étaient commis par un *lite*, colon ou esclave, faisant partie de son *mundium* ou de son immunité territoriale ; les autres devenaient l'objet d'une transaction ou d'un arbitrage. Voici ce que dit à cet égard la législation norwégienne de *Frostathing :* « Quand des gens auront pris « dispute dans un cabaret, ils devront sortir et se séparer « puis se réunir de nouveau le lendemain, et arranger « l'affaire, s'ils connaissent le droit : autrement, l'affaire « sera portée au *ding* local (1). »

Le plus souvent, en Norwége et en Islande, il se formait une sorte de tribunal arbitral, composé des habitants du lieu : chacune des deux parties amenait avec elle huit ou dix de ses voisins, *accolæ*; on se réunissait près du lieu du litige ou près de la maison de celui

---

certaine juridiction était attachée à la concession de toute immunité territoriale, dès la première race. On peut voir à ce sujet les formules ɪv,·xɪv, xvɪɪ et xxxv du liv. 1er de Marculfe, et le chap. xɪɪ d'un édit de Childebert, de 595.

(1) *Frost.* ɪɪɪ.

qui était assigné ; cette réunion s'appelait *Heim Thing*, tribunal domestique (1).

« Le siége de l'audience, disent les Gragas, doit être
« placé en dehors de toute clôture, dans un lieu où il n'y
« a ni pré, ni champ labouré, à une portée de flèche de
« l'enclos qui entoure la maison du plaignant. Puis le
« *Godi* vient à l'heure de midi et désigne six membres
« de chaque groupe pour former le tribunal qui y est
« composé de douze membres, et ce sont là les juges
« qui doivent trouver le droit (2). » Dans la législation
de Frostathing, le magistrat local n'est pas même appelé
pour assister à la séance d'un tribunal semblable :
« Qu'aucun homme tenant emploi ou bénéfice du roi
« n'aille ni au tribunal ni dans la maison où doit avoir
« lieu l'audience, à moins que son chemin ne l'y con-
« duise (3). »

L'employé royal n'aurait donc été, devant cette espèce
de tribunal ou de *jury*, qu'un simple *spectateur*.

Dans la même catégorie doit se ranger le tribunal de
la *flèche*.

La flèche était un bâton brûlé au bout ; on s'en servait dans le cas d'appel aux armes ou de convocation
pour le jugement d'un meurtre. On la nommait la flèche

(1) Wilda, *Strafrecht*, p. 134, 176 et 204 ; *Nials Saga*, cap. 124, p. 188 *et seq.* ; *Grag.*, I, p. 72-78.
(2) *Gragas*, t. II, p. 82-83. Quelquefois, le nombre *neuf* se produit au lieu du nombre *douze*.
(3) *Frostathing*, tit. XII-XV, p. 150. Il s'agit, devant cette assemblée quasi-judiciaire, de savoir si on fera une visite domiciliaire pour saisir des objets volés.

du combat ou le bâton de l'appel. Le plus proche parent
de la victime du meurtre (et sa femme avait aussi ce
droit) prenait la flèche et la portait au voisin, en lui
disant que chaque cojouissant de la communauté eût à
se rendre, dans trois jours, là même où le meurtre avait
eu lieu ou sur la tombe fraîchement remuée de là victime. Celui qui trouvait un homme tué sur la route ou
qui avait lui-même tué un homme pour une juste cause,
devait employer le même signe de convocation pour la
réunion de ce tribunal libre ou extralégal. Chacun de
ceux à qui la flèche était transmise devait la prendre et
la porter sur-le-champ jusqu'à la maison voisine, et
elle devait ainsi circuler de maison en maison dans tout
l'*hérad*. Si 32 hommes, et, suivant d'autres textes de lois,
si 27 se réunissaient, cela paraissait être un nombre suffisant pour rendre la sentence. Le *tribunal de la flèche*
était une espèce de jury d'accusation : son office était surtout de préparer l'affaire et de constater le corps du délit.
Cependant, si les parties comparaissaient, il pouvait tout
régler séance tenante par une sentence définitive. Si le
prévenu faisait défaut, on le plaçait hors de la paix ;
mais il fallait que ce jugement fût confirmé ou au moins
proclamé par le tribunal de l'hérad ou dans le ding
général.

Ces juges de la *flèche circulante* constituaient donc une
espèce de jury d'accusation tumultuairement réuni (1).

Quelquefois, comme dans la Frise et la Suisse, on

(1) Grimm's *Rechts Alterth.*, 162, 844, et Wilda, *Strafrecht*, p. 135,
136.

convoquait le peuple par *feu et paille;* en Catalogne, au cri de guerre ou de meurtre sur les terres du roi, on sonnait les cloches; sur les terres des barons, le cor. En Normandie, le cri usité était la clameur de *haro.* Une vieille coutume de Bretagne portait : « Tous et « toutes doivent aller au cry communément, quand « oyent cry de feu ou de meurtre, et aider au besoin (1).

Au lieu d'une flèche, dans la Saxe, c'était un marteau qu'on faisait porter de maison en maison. Le signe de convocation, quel qu'il fût, devait circuler d'orient en occident, dans le sens de la marche du soleil (2).

Du reste, chez les Germains comme chez les Bretons, ces avertissements *à cor et cri public* étaient plutôt des enquêtes officieuses que des jugements : pourtant, elles avaient leur importance dans un temps où rien ne se constatait par écrit.

Le tribunal légal d'enquête ou d'accusation de l'Hérad, en Islande, ne se composait que de neuf membres : cinq d'entre eux devaient être voisins du lieu où le crime s'était commis. Nul n'avait le droit d'y siéger s'il était parent de l'accusé ou du plaignant au neuvième degré et au-dessous. Le tribunal définitif de l'*Hérad* était composé du *godi,* d'un juge pris parmi les anciens *godis,* et de quatre dodécades d'hommes libres (3). Sur ces quarante-huit membres, on en tirait au sort douze qui

---

(1) Houard, *Institutes de Littleton,* t. 1, vi, 179, et Laurière, Gl., 114.

(2) Grimm's *Rechts alt.,* 161-162-840, etc. Voir aussi Michelet, *Origines du Droit,* p. 293 et suiv.

(3) *Grag.,* t. i, p. 165-168, § iii, tit. 71 et 72.

composaient le tribunal s'il n'y avait pas de récusation ;
mais comme chacune des parties pouvait en récuser
douze, on continuait les désignations jusqu'à ce que le
tribunal fût complet. A ce tribunal de l'Hérad corres-
pond, chez les Francs, le tribunal du *Centenarius* ou
Tunginus (1). Plusieurs édits des rois de la première
race sont adressés à ces magistrats locaux : Childebert
et Clotaire leur imprimèrent une grande activité pour la
poursuite et la répression des crimes. Les centeniers
tenaient un véritable *mal placitum*, et leur juridiction,
comme toutes celles de ce temps, au moins en règle
générale, n'était pas susceptible d'appel.

La compétence du centenier fut ensuite limitée aux
délits de peu d'importance.

Il paraît que, dans le principe, les audiences des centeniers étaient publiques, mais que Louis-le-Débonnaire
en exclut implicitement les hommes libres, en ordonnant
de n'y convoquer que les parties, les témoins et les
juges (2). Dans tous les cas, le grand *mal, mallum*, était
et resta public.

Dans chacune des justices du comté ou grand district,
il y avait toujours un président pour ouvrir l'audience,
diriger les débats, prononcer le jugement ou l'exécuter. Le fond même du jugement n'était soumis à sa

---

(1) J'adopte ici l'opinion de M. Pardessus, qui croit que les *Centenarii* prirent le nom de *Tungini* dans le même temps que les *Comites*
prirent celui de *Grafiones,* et que ce ne sont pas des institutions
différentes. (*Comment. de la loi sal.*, p 580)

(2) Lex *Bajuvariorum*,, tit II cap. xv, § 2. Lex *Alamannor.,*
tit. 41.

décision chez aucun des peuples Germains, mais il compétait à d'autres personnes, dont les fonctions étaient déterminées par ces mots : « trouver le droit, « juger ; trouver la sentence ou réformer le jugement. » Comme principe d'institution, chez chacun de ces peuples, voici ce qui se produit de la manière la plus saillante. La communauté faisait choix, dans le sein du tribunal tel qu'il avait été convoqué, d'un jurisconsulte destiné à le diriger par ses conseils et par son expérience. D'après le droit allemand et bavarois, le jugement dépendait d'un trouveur de droit spécialement établi à cet effet. Son jugement ne pouvait avoir de force que par l'adhésion des autres hommes libres, qui résultait de ce que personne ne demandait un autre juge. Les *judices* de la plupart des législations allemandes doivent être entendus des membres de la communauté qui siégeaient avec lui.

D'après le droit franc, on devait réunir, pour les faire concourir au jugement, des hommes libres que l'on nommait *Rachimborgii :* ils étaient en nombre indéterminé. Cependant, il faut faire une distinction entre ceux qui venaient prendre part au jugement et ceux qui étaient simplement présents (1). Le nombre des membres appelés à siéger était ordinairement fixé à sept : « *tunc* « *Gravio congreget secum septem Rachimborgios* « *idoneos* (2). »

---

(1) Qui ibidem ad universorum causas adiendum residebant vel adstabant. (Marc. *Form.*, 162).

(2) *Lex Salica emendata ;* Pardessus, *Comment.*, p. 578.

Les *possessores* de race romaine paraissent avoir été
admis, bientôt après la conquête, à faire partie des
Rachimbourgs (1). Car, sans eux, le jugement des affaires
régies par la loi romaine eût été impossible.

Quant à la fonction du Sagibaron, M. Eichorn prétend (2) qu'elle était la même que celle du *judex* des
Bavarois et des Allemands, de l'*Asega* des Frisons, etc.
Ce raisonnement par analogie a bien quelque poids,
quand on compare des législations contemporaines qui
appartiennent à des peuples de souche commune (3).

Chez les Anglo-Saxons, comme chez les autres Germains, il y eut de bonne heure des *Theodunge*, dizénïes,
des *Hundrede*, centénïes, et chacun de ces groupes
sociaux avait un magistrat particulier sous le nom de
Tien-heofod, Hundred-heofod. On retrouve chez eux les
principes et les divisions de juridiction que nous avons
retracés chez les Francs et les Scandinaves. Cependant,
il paraîtrait que les procès criminels et civils se jugeaient
plutôt dans les cours de comté que dans les centénies.
Les Thanes ou propriétaires libres étaient tous appelés à
faire partie de cette cour, à l'exclusion des *Céorls* ou

---

(1) Savigny, *Hist. du droit romain au moyen-âge*, § 76.

(2) *Id., ibid.*, p. 404 et 405. Pardessus, *Comment. de la loi sal*,
p. 874.

(3) On a prétendu que le *sagibaro* n'était que le vicaire du comte,
vicarius comitis. Ne serait-il pas possible que le comte choisit ordinairement le sagibaro pour le remplacer au mal quand il ne pouvait pas
y aller? cela concilierait les deux opinions.

Les *judices deputati* des Bourguignons paraissent avoir été la même
institution que les *Rachimburgii* des Francs.

simples hommes libres ; ceux-ci y étaient convoqués aussi, non pour y prendre part, mais pour y assister.

Le mot *Ealdorman* (homme plus âgé ou l'aîné en âge, *senior*) est employé comme synonyme du mot *comes*, ou premier magistrat, dans les anciennes lois de ce peuple. Cet *Ealdorman* pouvait souvent être un des plus jeunes membres de la communauté, mais il était censé en être l'*aîné* par sa capacité, sa sagesse et sa prudence (1).

En outre des tribunaux du comté, une loi d'Æthelred II établit dans chaque canton (*Wapentake* ou *Wapentagium* [2]) une cour de justice, où le *Géreffa* et douze des principaux Thanes devaient jurer de n'acquitter aucun coupable, de ne punir aucun innocent (3). Mais ces Thanes devenaient des assesseurs permanents, au lieu d'être des espèces de jurés, comme les Ratchimbourgs.

Les *Ealdormen* avaient été probablement élus par les *Thanes* dans les temps antiques. Au temps d'Alfred–le-Grand, ils sont à la nomination du roi. Deux siècles après, sous Edouard-le-Confesseur, nous les retrouvons élus par le peuple.

---

(1) *Starost* chez les Slaves voulait aussi dire *le plus âgé*, et ce n'était aussi qu'une fiction symbolique pour signifier celui qui avait la sagesse des plus anciens de la tribu.

(2) Il ne faut pas confondre *Wapentake* et *Vopnatak* (*armorum sumptio*) dont nous avons parlé plus haut, quoique l'étymo'ogie soit la même : Quod Angli vocabant *hundredum*, isti vocant *Wapenta-* « *gium ;* et quod illi vocabant *tria hundreda* vel plura, isti vocabant « *Trehing.* » *Leg. Edward confessoris*, cap. 31

(3) Canciani, tom. iv, p. 295.

Dans les lois scandinaves antiques, il y a un caractère
d'originalité sur lequel nous avons souvent appelé l'attention : les corrections mêmes que ces lois ont subies
après l'établissement du christianisme dans le nord, aux
XIIe et XIIIe siècles, y laissent subsister en grande partie
l'empreinte barbare et primitive. On peut en dire autant,
quoique à un degré moindre, des lois de plusieurs peuples
germains du midi, et, entre autres, de celles des Francs.
Mais il n'en est plus de même de celles des Wisigoths,
telles qu'elles nous sont parvenues sous le nom de
forum judicum. Là, l'influence du droit canonique
et du droit romain est telle, qu'elle fait disparaître
presque entièrement l'originalité native de la vieille
législation gothique.

Et d'abord, pour ne pas sortir du sujet qui nous
occupe maintenant, un des traits caractéristiques du
forum judicum, qui le sépare tout à fait des autres lois
barbares, c'est la différence de la constitution de l'organisation judiciaire.

Dans le *forum judicum*, on ne trouve plus de traces
du *Mal* ou *Ding* des Germains ou des Scandinaves. Le
comte ou les juges (*comes et judices*) sont nommés par
le roi, de qui émane toute justice. Ce n'est donc plus
l'assemblée des hommes libres qui juge : l'élection populaire n'a aucune part à la formation des tribunaux.

La publicité des audiences reçoit une profonde atteinte
dès le VIIe siècle chez les Wisigoths d'Espagne. Elle est en
quelque sorte laissée à la discrétion du juge, ainsi que cela
semble résulter du passage suivant du *forum judicum :*

« Ceux qui ne sont pas de la cause doivent être placés
« à part (1); mais que ceux qui ont intérêt à la cause
« entrent dans le sanctuaire, *ingrediantur judicium*.
« Ensuite le juge peut encore faire placer des auditeurs
« à côté de lui, soit pour leur faire honneur, soit pour
« prendre leur avis : cela dépend de lui. S'il ne le veut
« pas, qu'aucune personne de l'auditoire ne s'avise de
« s'ingérer dans les débats et de faire des objections ou
« des observations inopportunes et superflues qui puis-
« sent troubler l'une des parties. Que si, malgré l'aver-
« tissement donné par le juge que nul ne doit s'ériger
« en patron, quelqu'un s'obstine à en remplir le minis-
« tère, le juge le condamnera à 10 sous d'or et le fera
« jeter dehors (2). »

La partie qui avait recours à un patron, suivant une
autre loi, perdait, *ipso facto*, son procès, sans qu'il fût
besoin d'examiner si elle était dans son droit (3).

Quant au principe de la publicité des accusations, il
était tellement tombé en désuétude qu'on le rétablit
comme un privilège dans des cas exceptionnels. Un
concile de Tolède défend de mettre à la torture un prêtre,
un optimat ou un palatin avant que l'accusation ait été
publiquement discutée (4).

L'*eddictum Theodorici*, qui régit les Goths d'Italie,

---

(1) En dehors de la barre ou en dehors de l'enceinte? c'est ce qui
n'est pas expliqué. En latin, *in parte positi qui causam non habent*.
L. *Wisigoth.*, l. II, tit. II.

(2) *Ut nulla audientia clamore turbetur*. L. *Wisigoth.*, l. II tit. II.

(3) Lib. II, tit. II, l. 8.

(4) Lembke, *Hist. d'Espagne*, t. I, p. 270.

n'est qu'une espèce d'extrait du code Théodosien. Il n'est
pas nécessaire, pour suivre la marche de la civilisation
dans les diverses phases du droit criminel, de nous appe-
santir sur cette espèce de retour à l'organisation judiciaire, à la procédure et au droit pénal des Romains.
Mais, en Espagne, il naît un droit nouveau et original
de la combinaison de l'influence ecclésiastique, qui est
toute-puissante, avec les traditions germaniques à demi
effacées dont le *forum judicum* garde encore les traces.

La législation espagnole de tout le moyen-âge se trouve
en germe dans les institutions que fondèrent les Wisigoths
aux VI⁰ et VII⁰ siècles.

§ II.

Juridiction nationale et royale chez les Scandinaves, les Francs, les Anglo-Saxons.

Les grands crimes qui emportaient la peine capitale :
ceux de trahison, de désertion, de lâcheté, et enfin les
crimes contre nature, étaient jugés par l'assemblée nationale. On les regardait comme des crimes *publics*, parce
qu'ils mettaient la société en péril, ou qu'ils outrageaient
le sentiment moral qui place l'homme au-dessus de la
brute. Il fallait d'ailleurs, pour retrancher un membre
du sein de la communauté, que la communauté tout
entière exprimât légalement ses intentions à ce sujet. De
même, chez les Scandinaves, la perte absolue de la paix,
espèce de peine de mort indirecte, ne pouvait être éten-

due à tout le pays, sans une proclamation faite à *l'allthing* ou assemblée générale.

Chez ces Germains du nord, le roi ne faisait que présider à l'ordre judiciaire. Nous avons vu ailleurs combien son pouvoir, dans le principe, était étroitement limité.

Ceux qui s'établirent dans l'empire romain, tels que les Francs, essayèrent de se faire appliquer la même fiction légale ; ils n'y réussirent que fort incomplètement.

Clovis s'efforça bien d'augmenter et de centraliser son pouvoir ; mais ses compagnons d'armes étaient peu préparés à subir le joug des idées romaines. Tout ce qui resta de ces tentatives despotiques en matière judiciaire, ce fut l'usage de ce qu'on appela les *préceptions royales*, ou lettres particulières émanées du souverain.

En vertu de ces lettres, on enlevait des filles à leurs pères (1) ; on privait les propriétaires de leurs biens (2) ; on condamnait des accusés sans les entendre (3). Les juges qui refusaient d'obéir à ces préceptions étaient punis par la saisie de leurs biens et même par la perte de la vue.

Les premiers rois francs avaient cru fonder par là leur autorité judiciaire, et ils n'avaient institué que l'arbitraire, qui ne saurait durer.

Clotaire II, à l'instigation du clergé, abolit les *préceptions*, et ordonna que personne ne serait condamné sans être entendu ; mais Dagobert les rétablit.

(1) Grég. de Tours, liv. iv. n° 42.
(2) *Id., ibid.*, vi, cap. ultim. x-12.
(3) Baluze, t. i, p. 72.

Quelquefois, à la faveur de la modération ou de la faiblesse d'un roi, les assemblées nationales reprenaient une portion de leur pouvoir judiciaire ; on leur déférait des procès d'ordre public ou des procès entre de hauts personnages, qu'elles jugeaient sur la proposition et sous la présidence du roi ou du maire du palais (1). Mais outre l'assemblée nationale, il y avait le *placitum palatii*, qui était composé de grands, d'évêques, d'officiers du palais, et qui réunissait des fonctions administratives aux fonctions judiciaires. M. Pardessus énumère jusqu'à vingt-deux actes authentiques de jugements rendus par les placités royaux sous la première race (2).

Les juges qui refusaient de rendre la justice ou qui jugeaient contrairement à la loi, les *Grafen* ou comtes, pour leurs procès personnels, étaient de droit justiciables de ces placités. Quant aux bénéficiers, soit laïques, soit ecclésiastiques, leurs causes, vu leur qualité d'*antrustions* ou fidèles du prince, pouvaient toujours être évoquées par le roi, à son placité, et par conséquent soustraites à la juridiction du *Pagus* ou du *Mal*. On a cru voir dans ces évocations l'origine des *committimus* de la troisième race (3).

Du reste, la justice, à la cour du roi comme à celle

(1) C'est ainsi qu'on statua au sujet des droits de Brunehault sur la succession de sa sœur. (*Voir* le traité d'Andelaw de 587)

(2) Wilda, *Strafrecht der Germanen*, p. 200.

(3) Grimm, *Rechts-Alterthum.*, n° 879. — Michelet, *Origines du Droit*, p. 621.

des comtes, fut trop souvent souillée, pendant l'époque mérovingienne, par la faveur et la corruption (1).

Chez les Anglo-Saxons, le grand-conseil qui assistait les rois dans leurs jugements ainsi que dans leurs actes administratifs s'appelait *wittenagemot*. Il était composé de prélats et d'abbés, des *Ealdormen* des comtés, de Thanes royaux, et suivant l'expression légale de ce temps, des hommes nobles et sages du royaume. Il ne paraît pas que les Thanes inférieurs pussent en faire partie, ou du moins y siéger avec voix délibérative (2).

Pour faire cesser les meurtres et les rapines, pour réprimer la licence qui passait toute mesure, les rois anglo-saxons furent obligés de limiter singulièrement la liberté. D'après les lois de quelques-uns d'entre eux, personne ne pouvait sortir sans la permission de son *Ealdorman*; tout homme devait avoir un seigneur : s'il n'en avait pas, ou si ses parents ne lui en nommaient pas un à la cour du comté, il était un homme sans aveu et chacun avait le droit de l'arrêter comme un voleur (3). On ne pouvait donner l'hospitalité à un étranger plus de deux nuits sans se rendre responsable de sa conduite (4).

Qui aurait dit qu'un pays soumis à cette police ombrageuse dût offrir plus tard à l'Europe le modèle d'une

(1) Biener, *Opusc. academ.* Lips., 1830.
(2) *Leg.* Henrici. cap. 72, *Canciani*, vol. IV, p. 412. Voir aussi une loi d'Edouard Ier, même volume, p. 408.
(3) Biener, *Opuscula academica.*
(4) *Forum judicum*, liv. VI, tit. 1, Lex 7.

constitution où la liberté politique et la liberté individuelle recevraient la consécration la plus haute et
obtiendraient les garanties les plus complètes |

§ III.

Les Ostrogoths et les Wisigoths se sont tellement
imprégnés de romanisme dans leur législation, qu'on
ne retrouve plus dans leur organisation judiciaire que
de faibles traces des traditions germaniques. D'après
l'*Edictum Theodorici*, espèce de modification du Code
Théodosien, toute justice émane du roi et est distribuée
par ses comtes dans chaque province; à Rome, par le
préfet de la ville et par le préfet du prétoire. Il y a aussi des
juges romains pour les causes qui ont lieu entre Romains.

Chez les Wisigoths, le peuple a également abdiqué
sa liberté et ses droits politiques et judiciaires ; mais
d'après le *forum judicum*, il abdique entre les mains
des conciles en même temps que dans celles du roi. Le
roi est bien en principe la personnification de la justice ;
mais en fait, son droit de grâce et son droit de vie et
de mort sont également limités.

Le droit de grâce absolu n'existait que pour les
causes royales, c'est-à-dire apparemment pour outrages
et offenses envers le roi, pour fausse monnaie, altération du sceau royal, et peut-être aussi dans les causes
où, en l'absence de l'accusateur, le juge royal avait

poursuivi d'office (1). Quant aux trahisons envers la
nation et envers la patrie, le souverain, à lui tout seul,
n'avait pas le droit de les amnistier : il ne pouvait
pour ce genre de crime, remettre la peine qu'avec le
consentement des prélats et des grands du palais.
C'était le conseil palatin, *concilium palatinum*, sans
lequel le roi ne pouvait pas disposer des intérêts de la
nation (2).

Quant au droit de vie et de mort ou de jugement
capital direct de la part du roi, il n'est pas autorisé
par la loi des Wisigoths. On trouve même dans le prologue du *fuero jugzo*, tiré du 7ᵉ concile de Tolède, ce
passage d'une exhortation aux rois : « Qu'aucun de
« vous, leur dit-on, ne prononce sentence de mort sur
« aucun homme, si ce n'est devant les prêtres de Dieu
« et avec leur conseil, et du peuple, et des seigneurs du
« royaume : et donnez votre jugement publiquement. »
Mais en fait, ce précepte fut enfreint par les rois goths
et par les rois francs (3), quoique ni le *forum judicum*
ni la loi salique ne leur donnassent ce pouvoir arbitraire,
tandis que la loi des Bavarois, qui a d'ailleurs beaucoup
de ressemblance avec le code gothique, contient les dis-

---

(1) Le droit de vengeance ayant été censé abandonné dans ce cas
par la famille du lésé et par le lésé lui-même, il paraîtrait que la
grâce pouvait avoir son effet sans le consentement du lésé ou de sa
famille.

(2) La même condition était exigée chez les Bavarois (tit. II, cap.
IX) et chez les Saxons (capitul. X).

(3) Voir dans Grégoire de Tours, liv. VII, chap. 36, et liv. IX, chap.
9, comment Magnovaldus et Reachingus furent mis à mort, directement, par ordre de Childebert et de Gontran.

positions suivantes . « Si quelqu'un tue un homme
« par ordre d'un officier qui a le pouvoir du roi, qu'il
« ne soit point poursuivi, et qu'il ne soit exposé à
« aucune vengeance, ni privée, ni publique, parce que
« cela a été l'ordre de son seigneur, et qu'il n'a pas dû
« désobéir. Que le duc le défende donc, ainsi que ses
« enfants (1) ! »

Il est vrai que la même loi interdisait au duc lui-
même de réduire en esclavage ou de dépouiller de ses
biens un homme libre qui n'aurait pas été convaincu
d'un crime capital (2). Mais on voulait prévenir l'abus
de l'arbitraire, et d'ailleurs la propriété et la liberté
étaient plus chères aux Germains que la vie elle-même.
Elles devaient donc être entourées de plus de garanties.

Du reste, il résulte de ces rapprochements que, grâce
à l'influence du christianisme, un grand progrès social
et gouvernemental s'était accompli de bonne heure en
Espagne. En droit, le roi n'avait plus de droit de haute
justice *direct*, ou, comme on dirait aujourd'hui, le
pouvoir judiciaire était séparé du pouvoir exécutif.
Cette division, que le despotisme impérial des Césars
avait détruite à Rome, en attirant tout à lui, renaissait
donc dans les royaumes fondés et civilisés par les
évêques catholiques. Elle allait devenir un des points
fondamentaux du droit public des monarchies modernes,
une des libertés essentielles des états chrétiens. La

(1) *Lex Bajuvariorum,* tit. ii, cap. 8.
(2) *Id.,* t. vi, cap. 3.

tyrannie orientale et la tyrannie antique, les caprices homicides des Sardanapale et des Tamerlan, comme ceux des Denys de Syracuse, des Néron et des Caligula devenaient impossibles avec une telle institution. Le retour de ces orgies de pouvoir ne pouvait être désormais favorisé que par la ruine du Christianisme et par une complète transformation sociale.

CHAPITRE IX.

DU MODE DE POURSUIVRE LES CRIMES PUBLICS ET PRIVÉS, ET DES DIVERS GENRES DE PREUVES USITÉS DEVANT LES TRIBUNAUX CRIMINELS PENDANT LES PREMIERS SIÈCLES DU MOYEN-AGE.

—

La procédure criminelle, comme nous l'avons dit, a des rapports intimes avec la forme des gouvernements, en même temps qu'avec la civilisation des peuples. Un des traits qui la caractérisent, dans les temps d'ignorance, c'est son caractère tout oral ; c'est ce qui lui donne pour date l'état d'enfance des sociétés. Un autre trait, qui se rapporte à la liberté politique dont jouissaient les Germains et à leur dispersion à de grandes distances sur un vaste territoire, ce sont les longs délais de l'ajournement ou de l'assignation donnée à l'accusé.

§ Ier.

Assignation.

Prenons d'abord pour exemple notre ancienne législation nationale, la loi salique.

On y voit que les assignations doivent être faites en

présence de trois témoins et affirmées par eux (1)..
L'homme libre (2) doit être cité trois fois au tribunal ou
plaid du comté dans l'espace de quarante nuits ; à chaque
citation, il faut trois témoins différents ; s'il n'obéit pas
à l'assignation, une quatrième citation lui est donnée
pour le faire comparaître devant le roi au bout de
quatorze nuits ; s'il est encore contumace à l'égard du
tribunal royal, les témoins des diverses citations seront
réunis pour attester que ces citations ont eu lieu régulièrement, et le jugement sera mis à exécution. C'est
alors seulement, après tous ces délais multipliés, après
ces condescendances, cette longanimité de la loi à l'égard
de l'accusé, qu'il est mis hors la loi, *extra sermonem
regis*, que ses biens sont confisqués et qu'on interdit à
tous les siens, fût-ce sa femme, de lui donner le pain ou
le couvert (3).

On trouve encore des délais plus longs dans certaines
législations particulières, mais à ces extensions de délais
sont jointes des conditions fort dures et assez bizarres.

Dans l'île de Gothland, le *wergeld* ne devait pas
être offert aussitôt après le crime commis. La loi invitait le coupable, dans ce cas, à se réfugier dans l'une
des trois églises du pays, à l'abri de la *paix* qui les
protégeait : il devait vivre ainsi un an, dans une sorte

---

(1) *Lex sal.*, tit. 59 et 76.

(2) Pour les antrustions, les citations se font de sept nuits en sept
nuits et se renouvellent six fois au lieu de quatre, de sorte que si
pour l'homme libre douze témoignages doivent suffire, dix-huit seront
nécessaires pour l'antrustion.

(3) *Etiamsi uxor ejus propria sit.* Voir fin du t. 59.

de réclusion, loin de ses parents et notamment de son adversaire. Tant qu'il restait dans *les lieux de l'asile*, sa personne devait être sacrée. Au bout de l'année, il était tenu d'offrir le *wergeld* ; si la famille de l'offensé refusait de le recevoir, il devait renouveler sa proposition dans le cours de l'année suivante. « Que si les « héritiers du défunt, dit la loi, refusent encore d'ac-« cepter la rançon du sang, la communauté, en son lieu « et place, déclare en prendre réception, affranchir le « coupable de toute dette et le garantir de toute ven-« geance privée. (1). »

Il y a là je ne sais quelle vague réminiscence de l'ins-titution des villes de refuge par le législateur des Hébreux. L'influence de l'Eglise chrétienne s'y fait sen-tir ; elle remplit l'office des théocraties antiques en portant une première et rude atteinte à la vengeance privée, regardée comme un privilége sacré des familles. Après que le coupable a consommé son expiation en vivant longtemps aux pieds de ses autels, après qu'il s'est humilié en offrant le *wergeld* à son adversaire, quand même celui-ci refuse à la fois la rançon et le pardon, elle fait recevoir l'une et prononcer l'autre par la communauté elle-même, qui devient protectrice du criminel purifié en lui accordant et lui garantissant la *paix*.

Nous anticipons ainsi de la première période barbare sur la seconde, où se forme et se développe l'influence

(1) *Gutalagh.*, cap xiii. p. 15.

théocratique. Ce sont des frontières souvent mal déterminées, que l'on est sans cesse exposé à franchir.

Du reste, dans les délais si habilement accordés au
meurtrier, on démêle l'intention de laisser les colères
se refroidir, les animosités s'éteindre, et les transactions
se préparer par de bienveillantes interventions.

Au contraire, dans la législation des Francs, on
paraît se contenter de rendre hommage à ce principe,
qu'il faut tout faire pour qu'un accusé ne puisse pas
être condamné sans avoir été entendu ; de sorte qu'il ne
doive pas en résulter pourtant l'impunité pour le criminel.

Quand au mode oral de procéder, que nous allons
suivre dans tous ses développements, il prenait sa
source, non-seulement dans l'inculture de la nation
germanique, mais dans son horreur pour les écritures
et les formalités judiciaires.

§ II.

Corps du délit et comparution de l'accusé.

Tout est grossier et matériel dans la procédure primitive. Le voleur est amené au tribunal, avec les objets
volés sur son dos ; la femme violée y comparaît avec ses
vêtements déchirés : elle montre les traces mêmes des
mauvais traitements qu'elle a subis (1). S'il s'agit d'un
meurtre, le corps de la victime est apporté devant le

(1) Pardessus, *Comment. de la loi sal.*, p. 567.

tribunal. Il doit l'être par les soins mêmes de celui qui
a été l'auteur de l'homicide dans le cas de légitime défense. Si l'assassin n'est pas connu d'une manière certaine, on a un moyen de le découvrir, car le cadavre
saigne à son approche : c'est ce qu'on appelle le *jus
cruentationis cadaveri* (1).

Dans quelques contrées, la coutume veut que les
plaignants viennent crier *meurtre et vengeance* devant
la justice. En arrivant, ils poussent un premier cri et
déposent le mort; au second cri, ils tirent leurs épées
du fourreau; ils remettent leurs épées au fourreau après
le troisième (2).

Quelquefois on se contente de produire devant la justice un des membres fracturés du cadavre, sa chevelure
souillée ou sa chemise sanglante (3). En l'absence d'un
accusateur ou d'un témoin, quand un cadavre, fût-il
celui d'un homme inconnu, était trouvé dans les champs
ou dans les bois, ce cadavre était placé sur une claie
et élevé en l'air pendant sept jours et sept nuits ; on
allumait et on entretenait un bûcher tout auprès, en
promettant des présents et des récompenses à quiconque pourrait découvrir le coupable (4).

(1) *Niebelungen*, v. 984-986. Cette scène des *Niebelungen* a été reproduite avec une vérité effrayante par le professeur Schnorr, dans
une de ses belles fresques du palais royal de Munich. Voir aussi
Grimm, *Rechts alterth.*, 931, et *Chronique de Berne*, d'Anselme, année 1503, citée par Michelet, *Origines du Droit*, p. 348.
(2) Pardessus, *Comm. de la loi*, p. 569.
(3) Grég. de Tours, liv. IV-45, liv. VIII-18, liv. X-5.
(4) Hallam's *History of middle Age*, III.

Ainsi, à côté d'un parent, vengeur du sang, il y avait encore un pouvoir social qui veillait et qui provoquait la délation.

En dehors de ces modes d'enquête grossiers et barbares, on ne connaît guère pendant longtemps de procédure relative au corps du délit, au moins pour le meurtre. Il faut franchir plusieurs siècles pour arriver à l'usage de l'examen préalable du cadavre par des médecins. Cet usage, suivant Biener, a été recommandé pour la première fois dans le moyen-âge par Innocent III (1), et du droit canonique, où ce pape l'avait introduit, il s'est répandu peu à peu dans la procédure criminelle des divers peuples de l'Europe.

On trouve partout çà et là quelques traces d'une sorte d'inspection exercée par les hommes de l'art, pour constater des délits d'une espèce particulière.

En voici un exemple tiré de la loi des Allemands :

« Si quelqu'un a fait avorter une femme enceinte et
« que le fœtus soit assez avancé pour que l'on puisse
« reconnaître s'il était du sexe masculin ou féminin,
« dans le premier cas, on paiera 12 sous, et dans le
« second 24, mais s'il est impossible d'en distinguer
« le sexe, 12 sous; si le plaignant croit néanmoins
« pouvoir distinguer que l'enfant est du sexe féminin,
« il doit le jurer (2). »

(1) Biener, *Opuscula academica.*
(2) *Lex Alamann.*, cap. XCI. Ainsi, cette loi semblait estimer la femme deux fois plus que l'homme. V. les *additam.* de la même loi ; V. aussi la loi des Frisons, tit. 1; Canciani, vol. III ; L. d'Athelstane, vol 4 de Canciani.

En Orient, où les croisés s'efforcèrent de faire un tout bien coordonné des coutumes barbares ou féodales éparses dans l'Occident, on avait établi un mode de procéder qui marque la transition du vieux droit au nouveau : « Celui qui veut faire *appiau* de meurtre, « doit faire apporter le corps de la victime à l'hôtel du « seigneur, ou bien au lieu affecté spécialement à ce « dépôt. Ensuite, il faut qu'il se présente avec son con- « seil devant le seigneur et lui dise : Seigneur, visitez « ce corps d'un homme qui a été assassiné (1). Et alors « le seigneur doit envoyer trois hommes, un en son « nom et deux au nom de la cour, pour aller voir ce « corps : ces trois hommes reviennent ensuite faire leur « rapport devant le seigneur et devant sa cour réunie « sous sa présidence, et là ils font les détails des « blessures qu'il a reçues et disent celle qui leur paraît « avoir été mortelle. S'il n'y a point de traces, ils doi- « vent le dire également (2). »

§ III.

De l'aveu des accusés.

Du reste, dans les temps barbares, là justice semblait avoir beaucoup moins d'intérêt à constater le délit pour

---

(1) *Cors murtri*. Murtri, dans le langage de cette époque, signifie assassiné. « Murtré est quand un homme est tué de nuit ou en re- pos, etc. » *Assises de Jérusalem*.

(2) *Ibid.*, cap. LXXXIV, p. 65.

meurtre et homicide qu'elle ne put en avoir plus tard.
Il s'agissait, non pas d'une peine afflictive et infamante
pour le coupable convaincu, mais d'une composition
pécuniaire et d'une amende qui le réintégraient dans la
paix, qui le mettaient à l'abri des vengeances privées :
jusqu'à un certain point, et dans une certaine mesure,
il était intéressé lui-même à sa propre condamnation.
D'ailleurs, la loi encourageait souvent son aveu en diminuant la peine à l'égard de celui qui le faisait avec une
entière franchise (1). Ces aveux étaient donc très-fré-
quents ; on ne connaissait pas, sous l'empire des lois
barbares, cette philanthropique maxime que l'on ne peut
pas condamner un accusé quand on n'a d'autres preuves
que son propre témoignage (2). Les sentences les plus
sévères avaient une physionomie de contrat judiciaire,
de réconciliation avec la famille de la victime et avec la
société. La volonté unique de la partie poursuivie suffisait donc, de son côté, pour la conclusion du contrat.

Mais l'aveu du prévenu manquait souvent à la justice.
Un crime, tel que l'homicide d'un antrustion, entraînait
des amendes tellement ruineuses, que le prévenu avait
grand intérêt à le nier et à en dérober la preuve à ses
juges, s'il le croyait possible. Lorsque cette dénégation
avait lieu, *si negator exstiterit*, on avait recours, pour

---

(1) En voici un exemple entre beaucoup d'autres : « Celui qui
« avait coupé la queue d'un cheval ne payait que l'équivalent de la
« valeur du cheval, s'il avouait son méfait; s'il niait, il payait 15 sous
« ou 200 deniers en sus de cette valeur. » *Loi salique*, t. LXVIII.

(2) *La form.* VIIe de Bignon constate des condamnations de ce
genre en matière criminelle.

instruire la cause, aux preuves testimoniales ou aux *or-dalies*, connues aussi sous le nom générique de juge-ments de Dieu.

§ IV.

Preuves testimoniales.

Il est important de distinguer dans le système des lois barbares les témoins proprement dits, assignés pour dire ce qu'ils savent « *ut quod sciant jurati dicant* (1), » et les *conjuratores* ou *sacramentales*, qui avaient plutôt à affirmer la probité et la véracité du prévenu.

Nous avons vu que les divers actes introductifs d'in-stance se prouvaient purement par témoins. Il en était de même des arrangements privés qui terminaient une *fehde*. S'il y avait contestation sur le taux de la compo-sition pécuniaire, le demandeur produisait un ou deux témoins ; si c'étaient des témoins qu'on avait la pré-caution de tirer par l'oreille au moment où le pacte se faisait, leur déposition faisait foi en justice (2).

L'oreille, à ce qu'il paraît, passait ordinairement. chez les peuples primitifs, pour être le siége de la mé-moire. Les anciens Romains avaient le même préjugé.

Cette idée était tellement enracinée chez les anciens Germains, que les Ripuaires, quand ils faisaient un contrat solennel, y amenaient un certain nombre d'en-fants auxquels ils tiraient les oreilles en leur donnant des

(1) *Lex Ripuar.*, tit. L.
(2) *L. Bajuvar.*, t. XV, c. 2.

soufflets (1), et les Bavarois, pour faire foi d'une vente, assimilaient la position de deux témoins à une charte authentique, si ces témoins avaient eu les oreilles tirées (2). Donc ce moyen d'imprimer un souvenir dans la mémoire d'hommes de tout' âge était à la déposition orale ce qu'est aujourd'hui à une convention écrite le sceau d'un notaire : c'était une marque d'authenticité légale.

Il fallait que les témoins eussent atteint l'âge de raison pour être admis à déposer sous la foi du serment (3). Les faux témoins n'étaient pas aptes à témoigner de nouveau (4) ; les affranchis n'étaient pas admis à déposer contre les ingénus, non plus que les esclaves, même mis à la question (5).

On exigeait souvent qu'ils fussent pris dans le voisinage de l'accusé, ou dans sa centénie, parmi ses *cojouissants de communauté* (6), ou tout au moins parmi ceux qui vivaient sous la même loi (7). Les lois des Cambriens, attribuées à Hoël-dda, et dont nous avons discuté ailleurs le degré d'authenticité, allaient jusqu'à

---

(1) Nous avons dit ailleurs que, d'après de vieux usages des Romains, un demandeur appelait le défendeur devant la justice en lui tirant l'oreille. Encore aujourd'hui, dans le midi de la France, quand on exécute un parricide, les mères conduisent leurs petits enfants au lieu du supplice et leur tirent l'oreille au moment de l'exécution.

(2) *Lex Ripuar.*, LX, 1; *L. Bajuvar.*, XVI, 2.

(3) *Capitul. de* 709, cap. LXII : probablement douze ans, *ætas perfecta* de la *Loi sal.*

(4) *Lex Alamann.*, tit. XLII, § 2.

(5) *Capitul.* de 744, cap. XV, et *Lex salica*, tit. XLII, § 6.

(6) *Capitul.*, lib. III. cap. 10.

(7) *Ibid.*, lib. IV, cap. 19.

exiger que les témoins fussent du même sexe (1). Des amendes, qui chez les Francs-Saliens s'élevaient à 15 sous, furent décernées contre les témoins défaillants qui ne faisaient pas apporter d'excuses légales (2).

Plus tard, quand la civilisation eut fait quelques progrès, on traça des règles à suivre sur la manière de recueillir les dépositions orales.

Sous Charlemagne et ses successeurs (3), il fut établi que les témoins prêteraient serment et qu'ils déposeraient à jeun ; ils devaient être interrogés séparément; avant de consentir à ce qu'ils fussent entendus, la partie contre laquelle ils étaient produits pouvait les *discuter*, c'est-à-dire fournir contre eux des reproches dont l'appré-ciation appartenait aux juges. Mais encore, dans cette procédure ainsi perfectionnée, il n'y avait rien d'écrit.

Comme appendice à ces observations sur la preuve testimoniale, il nous reste à dire un mot sur la torture et sur les esclaves. La torture n'aurait pu être acceptée comme une peine ou épreuve légale par ces libres et fiers Germains, qui déjà ne recevaient qu'en frémissant le frein ordinaire des lois d'ordre public. Elle ne fut donc appliquée, en règle générale, qu'aux esclaves seuls. Chez quelques-uns des Germains du midi comme chez les Burgundes (4) on l'étendait encore aux colons.

On mettait donc l'esclave à la torture pour lui faire

(1) Wotton, cap. xix, 17. V. les *Prolégomènes*, § 3.
(2) *Si veniro noluerint et eos sunnis non detinuerit, Lex sal.*, LII, § 1.
(3) *Capit.*, lib. iii, 10.
(4) *Lex Burgund.*, vii.

avouer son crime ; mais auparavant l'accusation donnait
au maître dont on compromettait ainsi la propriété, un
gage d'une valeur égale à celle de son esclave. Si l'esclave avouait son crime, on le condamnait à mort et le
maître rendait le gage ; si l'esclave n'avouait pas et que
sa culpabilité ne pût pas être prouvée, on rendait l'esclave torturé au maître, qui gardait en même temps, à
ce qu'il paraît, le gage qu'il avait reçu (1).

L'esclave, pour son propre fait, ne pouvait se purger
par serment, ni seul ni avec des aides-jurés, car il n'a-
vait pas de droits civils ; il ne pouvait pas non plus
demander le *campus* ou duel, car il n'avait ni le droit
de porter les armes ni celui de s'en servir. Mais s'il
n'était pas citoyen ou *cojouissant* de communauté aux
yeux de la loi temporelle, aux yeux de la loi divine il était
homme, et à ce titre il pouvait invoquer les *ordalies* proprement dites. Les jugements de Dieu, *par le fer rouge,
l'eau bouillante*, etc., lui étaient donc applicables.

§ V.

Des conjurateurs.

Les *conjurateurs* n'étaient pas des témoins destinés
à attester un fait *de visu* ; ils étaient produits par l'ac-

---

(1) *L. Wisigothor.*, lib. vi, 5. Cette loi, plus sévère que nos lois
saliques et ripuaires, voulait que, si l'esclave était mort des suites de
la torture, sans que sa culpabilité eût été reconnue, celui qui l'avait
fait mettre à la question, dans le cas où il n'aurait pas consigné de
gage et où il ne pourrait pas payer de composition, fût lui-même
condamné à devenir esclave à la place de sa victime.

cusé pour attester sa *crédibilité* et sa bonne réputation.

Une différence qui existait encore entre les conjurateurs et les témoins, c'est que les premiers devaient être
en nombre fixe, pour que leur comparution et leur serment eussent une valeur efficace en justice, tandis que
le petit nombre des seconds pouvait être compensé
par leur moralité. « Si quelqu'un est accusé d'un crime
« quelconque, et que par trois ou quatre témoins de
« bonne renommée le juge soit convaincu du fait, l'ac-
« cusé ne sera plus admis à se disculper par serment ;
« mais il sera condamné sur-le-champ (1). »

Au contraire, les conjurateurs devaient être, suivant la
gravité du crime et la qualité des personnes, six, douze,
vingt-quatre, quatre-vingts, et même jusqu'à deux cents.

Quelques auteurs ont cru voir dans l'institution des
compurgateurs l'origine du jury anglais ; il nous suffira
de la faire bien connaître pour réfuter cette opinion.

L'admission des conjurateurs était proposée par l'accusé, quand il demandait à se disculper sous serment,
et qu'il voulait faire corroborer ce serment par des
hommes honorables, prêts à attester qu'il était incapable de se parjurer ; or, très-souvent les preuves étaient
telles (comme le montre le texte ci-dessus cité) que le
juge n'avait pas besoin d'aller chercher ailleurs des lumières nouvelles : il condamnait sur-le-champ, ou bien
alors ne laissait à l'accusé d'autres ressources que les ·
ordalies dont nous allons parler bientôt.

(1) *Lex Alamannor.*, tit. 42, 1.

Pour qu'il y eût lieu d'admettre des *conjuratores*, il fallait donc qu'il n'y eût pas de preuves certaines : *si probatio non esset certa.*

Ce n'est pas tout : le mode de nomination de ces *conjurateurs* ne paraît pas avoir été le même dans les diverses lois barbares (1).

La loi des Allemands est peut-être celle qui s'étend le plus à ce sujet : c'est à son texte que nous allons principalement avoir recours pour tâcher d'expliquer ce que c'était que les *compurgatores nominati*, *advocati*, *toti electi* et *medii electi*.

Les *nominati* étaient ceux que l'accusateur désignait lui-même parmi les plus proches parents de l'accusé. Il en nommait toujours deux de plus qu'il n'en fallait, pour que l'accusé pût en récuser autant.

Les *advocati* étaient ceux que l'accusé appelait pour l'assister conjointement avec les *nominati*, et qu'il pouvait choisir parmi les hommes libres de sa nation.

Les *toti electi* étaient ceux qui étaient exclusivement du choix de l'accusateur ou *nominati*. (Le mot *electi*,

---

(1) M. Pardessus croit que l'accusateur pouvait produire des *conjurateurs* tout comme l'accusé, à l'appui de sa propre conviction. Il s'appuie sur le titre xviii des *capita extravagantia*, titre qui est fort obscur, comme M. Pardessus en convient lui-même. *Comment. de la Loi sal.*, p. 627 et suiv. Nous trouvons bien dans d'autres lois le serment de l'accusateur et de ses aides-jurés; mais c'est alors pour attester et faire attester la valeur de l'objet détruit ou enlevé. C'est une espèce d'expertise.

quand il est seul, se prend aussi quelquefois dans le sens d'*advocati*.)

Les *medii electi* sont ceux qui sont mi-partie *nominati* et mi-partie *advocati* (1).

Les *compurgateurs* appelés pour jurer, ou *sacramentales*, pouvaient se dispenser de le faire. Ce refus était un préjugé fâcheux contre l'accusé, mais il n'entraînait pas sa condamnation de plein droit : il pouvait avoir été déterminé par la crainte d'offenser un accusateur puissant. Aussi, les circonstances de la cause pouvaient toujours être librement appréciées par le juge et les Rachimbourgs, qui pouvaient jusqu'à la fin balancer les probabilités et se décider pour ou contre. Cependant, il paraît que si le nombre exigé de conjurateurs soutenait l'accusé d'une voix unanime, ce dernier était de droit *purgé* de l'accusation. Quelques lois barbares n'exigeaient même que les deux tiers des voix des compurgateurs pour amener ce résultat (2).

Cette institution n'a donc que des rapports bien éloignés avec celle du jury moderne ; elle est *sui generis*, et ne s'explique bien que par les mœurs du temps. La composition des *cosacramentales* dans le cas où ils étaient *medii electi*, et c'est le cas le plus

---

(1) Une partie de cette analyse appartient au savant Rogge : *Gerichtswesen*, B. 1. Voir la *loi des Allemands*,, tit. 89, et la loi des Lombards qui paraît avoir consacré spécialement l'usage des *medii electi*. *L. Luitprand*, lib. vi, cap. 1-8.

(2) Pour le *sacramentum majus* des Cambriens, fait par des hommes libres, les deux tiers suffisaient. — Voir le *Recueil des lois* de Hoel-dda, édit. de Wotton, p. 20 et 226, et la préface de Guillaume Clarke.

fréquent, .offrait évidemment plus de garantie à l'accusé qu'à l'accusateur. Cette institution supposa d'abord une sorte d'impossibilité du parjure dans celui-là même qui était intéressé à le commettre, du moment que sa moralité était suffisamment attestée. Ce fut ensuite un moyen politique offert à un coupable puissant pour se justifier, en couvrant du texte de la loi la responsabilité du placité ou tribunal. Alors la dégénération des mœurs fit dégénérer l'institution elle-même. Quand les parjures se multiplièrent et qu'on ne put plus croire à la parole des hommes, on en appela au jugement de Dieu : de là, les *Ordalies* et le *Campus* ou *Duel judiciaire*.

§ VI.

Des avocats.

Nous venons de parler des *conjuratores advocati.* Il ne faut pas croire que ce mot *advocati* rappelle en rien l'idée que nous attachons au mot *avocat.* L'aversion des Germains pour cette profession était fort ancienne, et elle se conserva bien longtemps. On sait que les Germains qui avaient vaincu Varus furent très-cruels pour ceux de leurs prisonniers qui avaient été ou qui étaient avocats. Ils arrachèrent aux uns les yeux, aux autres la main ; il y en eut un à qui ils coupèrent la langue en lui disant : « Vipère, cesse de siffler (1). »

---

(1) *Tandem, vipera, sibilare desiste.* (Flor., lib. iv, cap. 17.)

Les Goths eux-mêmes, qui avaient tant emprunté à la législation romaine, ne voulurent pas lui prendre cette institution ; ils maintinrent contre les avocats une proscription sévère : nous avons vu ailleurs que si, dans une audience, quelqu'un *s'avisait de faire le patron ou l'avocat, le juge devait le condamner à une amende de dix sous d'or et le faire jeter hors du tribunal* (1).

Le *forum judicum* a un autre chapitre qui annonce le même but d'exclusion et qui est intitulé : *De ceux qui prennent la liberté de remplir le rôle de patron dans les causes des autres* (2). Il est vrai que le mot patron s'entend plutôt ici du protecteur puissant dont l'influence dangereuse pourrait détruire l'équilibre que doit toujours garder entre deux plaideurs la balance de la justice.

Mais, un peu plus loin, la loi des Wisigoths suppose bien l'existence des avocats, car elle dit que les avocats qui perdent leur cause, s'ils n'ont pas de quoi payer sur-le-champ l'amende imposée à leurs clients. recevront cent coups de fouet (3). Cela prouve, du reste, que suivant les traditions germaniques, on n'accordait pas encore à cette profession du barreau une bien grande considération.

(1) Texte déjà cité, lib. II, *de negotiis causarum*, tit. II *de causarum exordiis*, cap. 2.

(2) Lib. II, tit. 2, cap. 8, *antiqua de his qui in causis alienis patrocinare præsumunt.*

(3) *Id., ibid.*, cap. 10. *Quod si ipsi causidici non habuerint unde damnum persolvant, centenos ictus flagellorum utrique accipiant.*

Un autre chapitre du *forum judicum*, qui défend au
mari de poursuivre des procès sans mandat de sa
femme, permet à celle-ci de se défendre elle-même devant la justice, et ne lui interdit pas d'avoir recours
au ministère d'un avocat pour faire rejuger une cause
plaidée sans son autorisation par son mari lui-même
et déjà perdue par l'effet d'une première sentence. « Si
elle perd une seconde fois, dit la loi, elle doit une indemnité non-seulement au juge, mais à son avocat qu'elle
a engagé à plaider pour elle (1). »

Ici, la loi semble accorder à l'avocat sa protection et
de certaines garanties.

Du reste, on ne saurait retrouver le ministère de
l'avocat dans les fonctions du mandataire que l'on
donnait au prince ou à l'évêque pour que la dignité de
ces grands personnages ne fût pas compromise par des
débats personnels avec des adversaires d'une condition
inférieure (2).

Ce n'était pas non plus précisément un avocat, que
l'*assertor* auquel un plaideur donnait un mandat pour
le représenter devant le tribunal. Il fallait que ce mandat fût fait par écrit, signé par le mandant, ou, à défaut

---

(1) *Noverit eadem mulier, non solum se judici qui causam prius
examinavit, sed et illi* CAUSIDICO, *quem iteratius ad judicium compulit,
juxta legis sentenliam esse satisfacturam.* L. Wisigoth., lit. III, cap. 6.
Voir aussi la mention faite des avocats, *causidici*, même loi, lib. II,
tit. I. cap. 27. *Ut omne vinculum, quod post datum judicium a causi-
dicis violenter fuerit exactum, omnino habeatur invalidum.*

(2) *L. Wisigothor.,* lib. II, lit. III, cap. 1.

du mandant, par plusieurs témoins (1) ; ce n'est pas là
le caractère de l'homme public, de l'avocat proprement
dit, qui doit être cru, quand il affirme publiquement
qu'il a telle ou telle cause à plaider.

Enfin, il résulte implicitement des règles posées par
le *forum judicum* sur la forme des accusations criminelles, que l'on ne pouvait accuser, par mandat, un
noble ou un homme libre d'un crime capital. C'était, en
quelque sorte, un duel judiciaire moral dans lequel il
n'était pas permis de prendre un champion. Dans ce
cas, il y avait à courir, pour l'accusateur, le risque de la
peine du talion qui n'aurait pas pu être subie par remplaçant (2).

Nous devons donc conclure de l'examen attentif de
la loi des Wisigoths, qui est pourtant la moins barbare,
la plus *romaine*, pour ainsi dire, de toutes les lois
germaniques, que l'on avait rarement recours, en Espagne, au ministère de l'avocat *(causidicus)* ; que cette
profession n'était nullement estimée, et qu'on la tolérait
plutôt qu'on ne l'autorisait expressément.

L'invasion des Sarrasins et la nécessité d'une lutte
séculaire retrempèrent encore les mœurs héroïques des
Espagnols, et il en résulta que leur invincible éloignement pour la profession du barreau se prolongea plus
longtemps que chez les autres peuples de l'Europe. En
1258, Alponse X veut reconnaître et régler la *avoga-*

---

(1) L. *Wisigoth.*, lib. II, tit. III, cap. III.
(2) *Id., ibid.*, lib. VI, tit. I, cap. II.

cia : beaucoup de communes repoussent encore les avocats et se refusent à reconnaître le règlement royal (1). Cela est vraiment étrange chez une nation qui avait, dès le VIIe siècle, calqué sa législation sur le droit canon et sur le droit romain.

§ VII.

Ordalies ou épreuves.

L'*Ordalie* ou épreuve est d'institution païenne (2) et remonte à la plus haute antiquité. Les grands coupables, dans la religion d'Odin comme dans celle de Teutatès ou de Jupiter, devaient être sacrifiés aux dieux. Mais quand le crime n'était pas constaté, on s'adressait à la divinité elle-même au moyen de l'*Ordalie*; on lui renvoyait un jugement dont la faillibilité humaine n'osai pas prendre la responsabilité. La divinité était donc censée juger elle-même l'accusé et accepter ou refuser la victime qui lui était offerte (3).

Ceci nous ramène au véritable sens du mot *Ordalie*, qui veut dire *jugement* plutôt qu'*épreuve*. En vieil

___

(1) V. l'*Histoire d'Espagne*, de Rosseew Saint-Hilaire, tom IV, p. 246.

(2) Dans la première partie de cet ouvrage, nous avons démontré, d'après Sophocle, que l'épreuve du feu était connue des anciens Grecs. Dans le premier chapitre, nous avons détaillé les divers genres d'épreuves connus des anciens.

(3) Philipp's *Deutsche Geschichte*, 1, p. 254.

allemand et en hollandais, *Ordeel*, en allemand
moderne *Urtheil* signifient jugement (1).

Dans le principe, il ne paraît pas que, sur la seule
demande de l'accusateur ou de l'accusé, les juges fussent
obligés de prescrire l'ordalie : ils ne le faisaient que
quand les preuves certaines manquaient, et alors encore
ils pouvaient, à leur gré, ordonner que l'accusé se justifierait par le moyen des conjurateurs, ou subirait par
exemple l'épreuve de l'eau bouillante : *ambularet ad
œnum* (2).

Cependant, les femmes, les pauvres, les enfants,
les esclaves auraient difficilement trouvé des conjurateurs
ou des témoins qui eussent déposé en leur faveur, quand
ils avaient pour accusateur quelque homme puissant.
Alors on ne pouvait guère leur imposer une pareille
voie de justification. On comprend donc que, dans ce
cas, on eût presque toujours recours à l'une des épreuves
ou ordalies que consacraient les coutumes locales.

Parmi ces épreuves, celles qui paraissent avoir été le
plus généralement et le plus anciennement pratiquées
sont l'épreuve par l'eau froide et celle par l'eau bouillante
et le fer rouge : c'est surtout de ces sortes d'épreuves
que l'on fait remonter l'origine jusqu'au temps du paga-

(1) Meyer, *Esprit des Institut. judiciaires*, t. I, p. 325.
(2) *Loi salique*, tit. LVI, et *Comment. de M. Pardessus. Ænum*,
d'où les poëtes du siècle d'Auguste avaient fait, *per diœresim, ahenum :*

> Pars calidos latices, et ahena undantia flammis
> Expediunt.   (VIRG.)

C'est le χαλκεῖον des Grecs, vase d'airain où l'on faisait chauffer
de l'eau : vulgairement *chaudron* ou *chaudière*.

nisme odinique ; il était assez dans l'esprit de ce culte de mettre l'humanité en communication mystérieuse avec les éléments.

Quand le juge avait vainement interrogé et l'accusé et les témoignages des hommes pour obtenir la découverte d'une vérité qui lui échappait toujours, il s'adressait aux choses inanimées, à ce qui, dans la nature, passait pour être resté le plus pur, l'eau et le feu ; ou plutôt il s'adressait à Dieu lui-même, en le priant de signifier en quelque sorte sa sentence à l'accusé par ces intermédiaires incorruptibles.

Lorsque la religion de l'Évangile succéda au paganisme germanique, elle trouva tout l'ordre judiciaire reposant sur des pratiques de ce genre. Plutôt que d'essayer sur-le-champ une révolution radicale dans les mœurs et dans les lois, il lui convint mieux de s'emparer de ces usages et de ces rites barbares, et de leur donner une couleur toute chrétienne.

Il y eut donc des évêques qui instituèrent, comme complément nécessaire de l'administration de la justice à cette époque, des espèces de liturgies pour consacrer les *ordalies* ou épreuves, et particulièrement celles de l'eau froide, de l'eau bouillante et du fer chaud.

1° Voici quelle était la procédure religieuse qui était suivie à l'égard des accusés dans le cas de l'ordalie par l'eau froide.

On commençait par faire jeûner trois jours de suite, sous la surveillance du prêtre, les accusés que l'on voulait soumettre à cette épreuve ; puis on allait les chercher

dans leur prison et on les amenait à l'église. Là, le
prêtre chantait devant eux une grand'messe, dont les
prières, toutes spéciales pour cette cérémonie, ont été
composées ou approuvées par un grand nombre d'évêques
ou archevêques d'Espagne, de France ou d'Angleterre ;
puis, immédiatement avant la communion, le même officiant se retournait de leur côté et leur faisait l'allocution suivante : « Au nom du Père, du Fils et du Saint-
« Esprit ; au nom du Christianisme que vous avez
« embrassé ou que vous professez ; au nom du saint
« Evangile et des reliques sacrées qui sont dans cette
« église ; au nom du baptême dans lequel vous fûtes
« régénérés par la voix d'un prêtre, je vous adjure de ne
« pas oser communier, ni même approcher de l'autel,
« si vous avez commis le fait qui vous a été imputé, si
« vous y avez participé ou consenti, ou même si vous
« savez quel en est l'auteur et que vous persistiez à taire
« son nom à la justice. » Si les accusés ne répondaient
rien à cette solennelle adjuration, le prêtre communiait
lui-même à l'autel et venait ensuite leur donner la communion à la table sainte, en altérant ainsi la formule
ordinaire : *Corpus hôc sanguis Domini nostri Jesu
Christi sit tibi* AD PROBATIONEM HODIE !

L'oraison de la post-communion faisait aussi allusion
au but principal de cette cérémonie religieuse (1).

_____

(1) « Perceptis Domine Deus noster sacris muneribus, suppliciter
« deprecamus ut hujus participatio sacramenti, et a propriis nos
« reatibus indesinenter expediat, et *in famulis tuis veritatis sententiam*
« *declaret* : per Dominum nostrum, etc. »

Puis, après la messe, le prêtre faisait de l'eau bénite ; et, précédé des diacres ou servants qui portaient la croix, l'Evangile et l'encensoir, il s'en allait processionnellement en faisant l'aspersion sur son chemin, jusqu'au lieu où devait se faire l'épreuve. Il donnait à boire aux accusés de l'eau bénite, et, s'approchant de l'eau d'épreuve qui était ordinairement contenue dans un grand bassin ou dans une immense cuve (1), il prononçait sur elle l'adjuration suivante :

« O Dieu ! qui, exerçant vós jugements par l'élément de l'eau, avez fait périr par le déluge des milliers de peuples, et qui ayez voulu sauver par ce même élément le juste Noé avec sa famille ; vous, qui avez roulé dans les eaux de la Mer-Rouge des monceaux d'Egyptiens, et y avez fait passer sans crainte toute la nation armée d'Israél, daignez donner à ces eaux d'épreuve la vertu de votre bénédiction et montrer en elles un nouveau signe de votre puissance, de telle sorte que ceux qui seront innocents du crime de vol, d'homicide ou d'adultère, etc., qui leur est imputé, et dont nous faisons l'examen en ce jour, soient reçus par les eaux et attirés par elles jusqu'au fond ; mais, qu'au contraire, ces mêmes eaux repoussent et rejetent les auteurs et les complices du crime ; de sorte que, là où manquera le

(1) D'après un règlement du monastère d'Utique, que l'on croit du VIIᵉ siècle, le bassin devait avoir 12 pieds de dimension en profondeur et 20 pieds en largeur, et on le remplissait d'eau jusqu'au bord. Sur le tiers de ce bassin était une traverse en bois où se plaçaient le prêtre, le juge et les deux hommes qui plongeaient l'accusé dans l'eau. D. Martène. *Thesaurus anecdotorum*, tom. II, p. 940.

poids de la vertu, manque aussi le poids de la substance
matérielle (1). »

On voit donc qu'on réputait innocents ceux qui en-
fonçaient dans l'eau ; la raison qu'en donne Hincmar
est assez remarquable : « La pure nature de l'eau, dit-il,
ne peut pas reconnaître comme pure elle-même celle de
l'homme qui, après avoir été purifié par le baptême, se
souille de nouveau par le péché (2). »

Il semble que cette ordalie n'était pas physiquement
bien dangereuse. Cependant, un vieux chroniqueur rapporte naïvement que des hérétiques ayant été soumis à
cette épreuve par un évêque, l'un d'eux, *Clementius*,
surnagea comme une verge (3).

Il a pu arriver souvent encore qu'en présence de ces
prières solennelles et de cette imposante cérémonie, plus-
d'un accusé ait senti le sang se glacer dans ses veines, et
que l'aveu de son crime se soit échappé de ses lèvres.
Dans ces temps de foi fervente, on reculait devant un
sacrilége, et le criminel en apparence le plus endurci
n'aurait pas osé s'approcher de la table sainte après la
grave et sévère allocution du prêtre officiant.

2° L'épreuve de l'eau bouillante était entourée de
formes un peu différentes.

(1) Oraison tirée de la messe pour l'épreuve de l'eau froide, messe
trouvée dans un *Ordo* manuscrit de Dunstan, archevêque de Douvres.
Notes des *capitulaires* de Baluze, par F. Pithou ; Canciani, *Recueil de
lois barbares*, l., vol. 3, p 413.

(2) Hincmar, *de divortio Lotharii et Tetbergæ*, p. 60, et Ducange,
v° *Aquæ frigidæ judicium*, tom. 1, p. 603 (vieille édition).

(3) *Clementius, in dolium missus, ac si virga supernatat.* Guibert.
De Vit., cap. 26, et Ducange, *ibid.*

On faisait sortir de l'Eglise où elle devait avoir lieu tous les curieux, tous les spectateurs étrangers au procès.

L'accusateur et l'accusé, accompagnés chacun du même nombre d'amis (ordinairement douze, suivant Lingard [1]), s'avançaient au bout de la nef, près du chœur. « Les deux parties, dit la loi, se rangeront sur deux lignes opposées. Tous devront être à jeun et s'être abstenus de leurs femmes la nuit précédente. Ils commenceront par chanter les litanies. Puis, chacun des deux groupes adverses enverra un délégué pour visiter la chaudière du jugement, reconnaître si le feu est bien disposé et si la pierre qu'on doit y mettre est à la profondeur convenue. « Il faut, dit la loi d'Ina, que l'eau bouille furieusement. » Quand la messe sera dite, que la dernière collecte et que l'*adjuration* de l'eau bouillante (2) auront été récitées par le prêtres, l'accusé s'approchera, il y plongera son bras s'il s'agit d'un crime grave (3), sa main seulement s'il s'agit d'un moindre délit. Le prêtre enveloppera immédiatement dans un sac de toile le bras du patient jusqu'au-dessus de la partie brûlée, y apposera le sceau de l'église et ne le brisera que le troisième

(1) *Histoire d'Angleterre*, traduction française, tom. 1, p 554, et l. d'Æthelstane, LXXIII, Canciani, tom III, p 263-2 *Calefiat usque dum ebulliat furiose.* L. Inæ. cap. LXXVII, §2, Canciani, p. 243.

(2) Voici quelle était la formule de cette adjuration, suivant l'*Ordo* de Dunstan, déjà cité : « Deus, innocentiæ restitutor et amator, qui « es auctor pacis et judicas æquitatem, te subnixis rogamus precibus ut « hanc aquam ordinatam ad justitiam et examinationem cujuslibet « dubietatis benedicere et sanctificare digneris, ita ut.... » (Ibid)

(3) *Si sit simplex accusatio, immerget manum post lapidem usque ad pugnum, et si sit triplex, usque ad cubitum.* L. d'Ina ci-dessus citée.

jour. Si alors le bras est parfaitement guéri, on procla-
mera l'innocence de l'accusé ; sinon, il subira le châtiment
dû à son crime (1). »

3° L'épreuve par le fer rouge différait peu, dans
les cérémonies extérieures qui l'accompagnaient, de
l'épreuve par l'eau bouillante.

On mettait seulement, au commencement de la messe,
sur le feu, une barre de fer d'une à trois livres, suivant
la gravité du délit ; près de ce foyer, on mesurait un
espace égal à neuf fois la longueur du pied de l'accusé,
et on le divisait par des lignes en trois parties égales ;
on plaçait dans la première un petit pilier de pierres ;
après la première collecte et l'adjuration sacrée (2), on

(1) Ce texte est tiré des lois d'Ina et d'Æthelstane, des *benedictiones
aquæ judicii* de Gilbert, évêque de Luna, reproduites dans les *Ana-
lecta* de J. Mabillon, I, p. 47, et enfin de l'*Ordo* de l'archevêque
Dunstan.

(2) Voici l'une des oraisons que le prêtre pouvait prononcer pour
faire cette adjuration :

« Deus, qui per ignem signa magna ostendens Abraham puerum
tuum de incendio Chaldæorum quibusdam pereuntibus eruisti ; Deus,
qui rubum ardere ante conspectum Moysi, et minime comburi
permisisti ; Deus, qui ab incendio fornacis tres pueros illæsos eduxisti ;
Deus, qui incendio ignis populum Sodomæ et Gomorrhæ involvens.
Loth famulum tuum cum suis saluti donasti ; Deus, qui in adventu
Sancti Spiritus illustratione ignis fideles tuos ab infidelibus decre-
visti, ostende nobis in hoc pravitalis nostræ examine virtutem
ejusdem Sancti Spiritus et per hujus ignis fervorem discernere
fideles et infideles ut a tactu ejus furti vel homicidii, cujus inquisitio
agitur, conscii exhorrescant, et manus eorum vel pedes comburantur
aliquatenus, immunes vero ab ejusmodi crimine liberentur penitus
et illæsi permaneant, etc. »

(*Ordo* de l'archevêque Dunstan, Canciani, p. 414.)

On remarquera combien ces oraisons sont belles et soigneusement
composées.

transportait la barre de fer rougie sur le pilier (1). L'accusé
la prenait alors dans sa main, faisait les trois pas marqués d'avance sur le pavé et la jetait par terre. Sa main
était cachetée et scellée du signe de la croix, et elle
était soumise au même examen que dans l'épreuve par
l'eau bouillante.

Ces épreuves étaient usitées, à peu près dans les
mêmes formes, pendant la première période du moyen-
âge, chez tous les peuples barbares qui habitaient la
Germanie, la péninsule ibérique, la Grande-Bretagne
et l'ancienne Gaule.

D'après les lois des Francs-Saliens, les deux parties
n'amenaient chacune que trois personnes choisies pour
surveiller ces Ordalies (2).

L'épreuve du fer rougi semble avoir subi une transformation sous Charlemagne : elle consistait alors à faire
passer l'accusé pieds nus sur neuf socs de charrue tout
brûlants (3).

4° Il y avait une quatrième espèce d'épreuve dont
les cérémonies se trouvent détaillées dans le rituel
déjà cité de l'archevêque Dunstan. Elle consistait à
mesurer une once de pain d'orge ou de fromage et à le
donner à manger à l'accusé après qu'il avait jeûné trois
jours. S'il parvenait à avaler ce pain, il était réputé inno-

---

(1) Suivant l'Ordo de Dunstan, ce transport se faisait en grande
cérémonie, après que l'aspersion de l'eau bénite avait eu lieu.

(2) Ternæ personæ electæ ne *concludius* fieri possit. *Decret. Clotarii*,
cap. vii.

(3) Deuxième *capitul.* de 803 et *append.*, art. iii.

cent ; sinon, on le considérait comme coupable. Après
la messe et les prières d'usage, le prêtre prononçait
une oraison où l'on trouve le passage suivant :

« Faites, Seigneur, que les entrailles de cet homme
se resserrent et que son gosier se ferme. de sorte qu'il
ne puisse manger ce pain ou ce fromage bénit et consacré, s'il a faussement nié, avec serment, le vol,
l'homicide, l'adultère ou le maléfice qu'on lui imputait,
et s'il a pris votre saint Nom à témoin de son impos-
ture, etc. (1) »

Ce passage est fort curieux, et nous l'avons cité
textuellement, parce qu'il met en relief un côté de
l'épreuve trop peu observé jusqu'à ce jour : il prouve
qu'elle servait principalement à donner une solennité,
une authenticité religieuse plus grande à ce qu'on appelait le serment de *purgation* ou serment justificatif de
l'accusé. Quand cet accusé était un homme libre, un
guerrier (*miles*) de la race conquérante, sa parole
suffisait pour détruire l'effet de la parole de l'accusateur.
Le guerrier ne pouvait mentir, car le mensonge est une
faiblesse et une lâcheté (2). Cependant, l'accusateur,

(1) Même recueil de Canciani, tom. III, p. 414 En voici le texte:
« Fac eum, Domine, in visceribus angustari, ejusque guttur con-
clude, ut panem vel caseum istum in tuo nomine sanctificatum devorare
non possit, hic qui injuste juravit ac negavit furtum vel homicidium
ac adulterium quod quærebatur, et jusjurandum pro nihilo habuit, et
Nomen tuum nominavit ubi non rectum erat. » En Angleterre, on
appelait cette épreuve *corsned*, ce qui voulait dire *panis conjuratus.*

(2) Il y a eu pourtant des guerriers qui se sont quelquefois soumis à
cette épreuve, quoique cela leur attirât le mépris des hommes de leur
classe. Les chroniques anglo-saxonnes citent l'exemple d'un comte

homme libre aussi, produisait des conjurateurs, l'accusé
produisait des compurgateurs à son tour, et cette espèce
de combat de témoignages devant la justice finissait
ordinairement par un véritable combat en champ clos,
que devait proposer l'accusateur, pour prouver, par
devant Dieu et l'épée à la main, qu'il n'avait pas
menti.

Mais à l'accusation d'un homme libre, que pouvait
opposer un pauvre serf ou une faible femme? Son serment? Il ne pesait pas autant que la parole du guerrier,
que la simple affirmation du roi, du *graf*, du *rico home*, du
thane ou de l'antrustion. Des compurgateurs non libres?
Ils ne pouvaient contrebalancer le seul témoignage d'un
ingénu. A qui donc le faible et l'indéfendu pouvaient-ils
recourir pour donner quelque valeur à leur justification?
Ils recouraient à l'Eglise, ils se jetaient entre ses bras,
ils lui criaient : « Au secours, bonne mère ! sans vous,
nous sommes perdus. Nul moyen de prouver notre
innocence, d'établir notre bon droit. La calomnie va
nous écraser, appuyée sur la force et la violence. » Et
à de pareils cris de détresse, l'Eglise aurait refusé son
secours ! Elle ne se serait pas interposée entre le ca-
lomniateur et la victime ! Sa robe maternelle ne serait

Godwin qui voulut se purger par ce genre d'épreuve d'un fratricide
qui lui était imputé, et qui périt au moment même où il subissait
l'épreuve à laquelle il avait demandé sa justification (Ingulfus, pag.
898, et Ducange, au mot *corsned*, t. II, p. 1102). Si l'accusé était
moine ou ecclésiastique, on lui permettait de se disculper par le serment sur la croix ou par l'*Eucharistie*, qui devenait une espèce de
corsned (Wilkins, *leg. saxon.*, p. 82).

pas allée couvrir le pauvre opprimé ! Elle n'aurait pas
eu foi elle-même au Dieu des pauvres et des petits, au Dieu
qui maudit l'injustice et qui hait l'iniquité !

En vertu de quelle philosophie oserait-on la louer, si
elle avait repoussé ceux pour qui elle était une dernière
et suprème ressource ?

Dans l'état social si imparfait et si désordonné de
cette époque, où se trouvâient réunies tant de barbarie
et tant de foi, l'intervention sacerdotale était en quelque
sorte un rouage nécessaire dont l'absence aurait amené
une épouvantable oppression des classes faibles et pauvres. Nous avons dit que cette intervention existait déjà
à un certain degré dans le culte odinique ; loin de la
supprimer, l'Eglise ne fit que la perfectionner et l'étendre, et, au nom de l'humanité, on doit l'en remercier
et l'en bénir (1).

5° Parmi les épreuves de même *famille,* nous devons
ranger celle du feu, ou l'action de tenir sa main dans
les flammes pour prouver son innocence : cette ordalie
était usitée chez les Ripuaires (2).

6° Celle de la croix, qui se pratiquait de diverses
manières. Ici, l'accusé jurait sur la croix qu'il était
innocent ; là, les deux contendants étendaient les bras,
ou le bras droit devant la croix, et celui des deux qui,

---

(1) Il est expressément dit dans la loi des Frisons que les épreuves,
et en particulier celle de l'eau bouillante, étaient surtout employées
pour les femmes, les esclaves et les personnes faibles. *L. Frison.,*
tit. III; 6 et 9.

(2) *L. Ripuar.,* tit. XXX, *de interpellatione servorum.*

le premier, le baissait ou le laissait fléchir, était condamné ; d'autres fois, enfin, les deux parties devaient
se tenir debout devant la croix, et celui qui se lassait
le premier de cette posture était censé avoir menti (1).

7° Il y avait une autre ordalie appelée *sortes*. En voici
un exemple tiré de la loi des Frisons :

« Si un homme a été tué dans une sédition ou dans
une mêlée, et que l'auteur de l'homicide n'ait pas pu
être découvert ou distingué dans la foule, celui qui
voudra trouver le coupable pour lui demander une
composition pécuniaire pourra prendre à partie sept
hommes choisis dans le groupe où le crime aura été
commis (le groupe eût-il été composé de 20 ou 30
personnes ou plus) ; on les conduira à l'église : alors,
on mettra sur l'autel deux petits bâtons égaux, dont
l'un marqué d'une croix et tous les deux enveloppés de
laine. Le prêtre ou un jeune enfant tirera un de ces
bâtons pendant qu'on priera Dieu, et si le bâton tiré est
celui marqué de la croix, tous les sept accusés seront
déclarés innocents...... Si le bâton tiré n'est pas celui
marqué de la croix, il sera constaté qu'un des sept
accusés est coupable, et pour le découvrir, on donnera
à chacun d'eux un petit bâton sur lequel chacun fera son
signe et écrira son nom. Puis on les enveloppera de
laine, ils seront passés sur des reliques et tirés ensuite

---

(1) C'est probablement l'épreuve de la croix sous cette dernière
forme qui fut substituée à ce qu'on appelait dans la loi des Bavarois,
stafsaken. Canciani, tom. II, p. 395 et note 3. (*Voir*, au surplus,
Ducange, au mot *crucis judicium*, t. II, p. 1185, même édition.)

par le prêtre ou par un jeune enfant, et celui dont le
bâton sera le dernier tiré paiera la composition (1). »

Ce genre d'épreuve se rattache aux *sortes* germaniques dont parle Tacite avec quelque détail (2). La loi
des Frisons avait conservé une couleur plus barbare et
plus païenne que les lois des Germains, transportés au
midi de l'Europe.

On ne peut pas nier que cette espèce d'ordalie n'eût
beaucoup plus d'inconvénients que les précédentes : elle
risquait de faire tomber sur l'innocent le châtiment
réservé au coupable, car ce n'était pas en plaçant une
semblable loterie sur l'autel (3) qu'on lui ôtait le caractère du caprice et du hasard et qu'on en faisait l'organe
assuré des volontés de la Providence.

Ce qui diminue l'odieux de cette singulière superstition, c'est que la peine infligée dans ce cas à l'homicide
ne consistait que dans un *wergeld* et un *fredum*.

On comprend donc qu'à côté de la tendance du clergé
national à favoriser les épreuves, à cause d'un besoin
social plus rapproché de lui et plus vivement senti, une
autre tendance plus sévère dut se manifester contre elles
au centre de la chrétienté, dans l'église de Rome, cette
gardienne inflexible de la pureté du dogme, cette mère
et maîtresse de toutes les Eglises. Les papes, en effet,
furent en général contraires à ces concessions de leurs

(1) *L. Frison.*, xiv., i.
(2) *De moribus Germanor.*, x
(3) Il ne paraît pas pourtant qu'il y ait jamais eu pour cette espèce
d'épreuve un rituel en règle, une messe et des oraisons autorisées par
des évêques.

missionnaires et des évêques aux mœurs et aux institutions de peuples à demi barbares. On assure que
saint Grégoire-le-Grand les condamna expressément (1).

Ce qu'il y a de certain, c'est que plusieurs autres
pontifes romains, ses successeurs, renouvelèrent cette
condamnation avec la plus pressante instance, et la
firent confirmer par des conciles dans les xiᵉ, xiiᵉ et
xiiiᵉ siècles. Ce mouvement se communiqua dans toutes
les églises faisant partie de la grande Église catholique,
et les évêques d'Angleterre, par exemple, finirent par
réclamer eux-mêmes l'abolition de ces épreuves que
leurs prédécesseurs avaient tolérées et même quelquefois
encouragées. Aussi, le roi Henri iii, pour calmer sur
ce point les scrupules de son clergé, consentit à suspendre l'usage des ordalies dans la troisième année de
son règne (2).

En France, dès les viiiᵉ et ixᵉ siècles, quelques uns
de nos prélats les plus éclairés s'étaient déclarés contre
ce qu'ils appelaient de vieilles superstitions. Mais on
ne put en obtenir la réforme que beaucoup plus tard, .
quand Philippe-Auguste et saint Louis eurent introduit
quelque régularité dans l'administration du royaume ; et
encore ces sages monarques ne purent abolir entière-

(1) Decr., part. ii, caus. ii, quæst. 5. La seconde partie du chapitre
qui contient cette condamnation ne se trouve point dans les OEuvres
de Saint-Grégoire, mais elle est citée par des auteurs postérieurs, et
Lingard semble la croire authentique. *Antiquités de l'église saxonne*,
traduct. française, p. 372. Paris, 1828.

(2) Voir le rescrit de Henri iii *ad Ladmund,* dans le *Spicilegium* de
Selden, p. 204, et *Antiquités de l'Eglise saxonne,*, par Lingard, p. 378.

ment la moins raisonnable peut-être et la plus dangereuse des épreuves, le *campus* ou duel judiciaire.

Il nous reste à parler de cette autre espèce de *jugement de Dieu*, et à montrer comment il se fonda et s'étendit dans toute l'Europe. Comme il a sa physionomie particulière, il a dû demander un examen à part.

§ . VIII.

Du campus ou duel.

Ce chapitre ne contiendra pas la monographie complète du *duel judiciaire* ; on n'y verra que l'origine et l'établissement de cette *ordalie* jusque sous les Carolingiens.

On se rappelle l'espèce de duel dont Tacite fait mention : quand les Germains étaient sur le point de livrer une bataille aux légions romaines, ils prenaient un de leurs captifs romains, lui donnaient des armes, le mettaient aux prises avec un de leurs compagnons d'armes, et de l'issue de ce combat singulier ils tiraient un bon ou un mauvais augure pour la bataille du lendemain (1).

La *fehde* des peuples du nord reposait bien sur ce principe que la victoire devait, en définitive, appartenir à la cause la plus juste. Mais quelques-unes des lois germaniques combattirent et supprimèrent entièrement

_____

(1) Tac., *de moribus Germanorum*, 10. « *Victoria hujus aut illius pro præjudicio accipitur.* »

cet usage barbare ; d'autres lui ôtèrent sa couleur de vengeance privée en permettant de l'autoriser judiciairement, seulement dans le cas où, en l'absence de preuves testimoniales, l'accusé niait sous la foi du serment ce qui avait été affirmé sous la foi du serment par l'accusateur.

Les lois des Anglo-Saxons ne contiennent rien de relatif au duel judiciaire ; il paraît que cette institution ne fut introduite en Angleterre que par les Normands, après la conquête. Le texte primitif de la loi salique n'en parle pas non plus (1). Mais presque tous les monuments législatifs des autres peuples germains en font mention d'une manière expresse et détaillée Les Burgundes ne connaissaient que cette ordalie. On pouvait l'employer, non-seulement contre l'accusé, mais contre chacun de ses compurgateurs ou aides-jurés. Si l'un d'eux acceptait le combat et était vaincu, lui, et tous ceux qui avaient juré en faveur de l'accusé, payaient chacun 300 sous de *fredum* ou *mulcta*. On voit déjà comment cette procédure armée du *campus* cadrait avec le système d'expiation pécuniaire ; plus tard, elle se conciliera non moins bien avec le système de pénalité proprement dite (2).

Le roi Luitprand, l'un des législateurs lombards, tout en admettant le duel, exprime une préférence marquée pour la preuve testimoniale, qu'il trouve plus raisonnable, et dont il recommande l'usage pour l'instruction

(1) Montesquieu prétend que cela vient de ce que les Francs ne connaissaient pas la preuve négative par serment, dont le duel est la conséquence. Mais les Anglo-Saxons admettaient la preuve négative et n'avaient pas de duel.

(2) *L. Burgund*, tit. 45 et 80.

des grands crimes ; car, dit-il, si, par respect pour les
« coutumes de notre nation lombarde, nous ne pouvons
« défendre le jugement de Dieu, il ne nous paraît pas
« moins très-incertain, ayant appris que beaucoup de
« personnes avaient injustement perdu leur cause par
« un combat impie (1).

Le roi Luitprand a été certainement inspiré sur ce
point, soit par les principes des jurisconsultes romains
ou italiens, soit par l'esprit de l'Eglise, qui répugnait
à ce genre d'épreuve, où le droit et la force semblaient
se confondre.

Dans la loi des Bavarois, on trouve le Campus sous
deux noms différents : le *Wehadinc* et le *Camfwic*. Le
premier est le duel entre les parties elles-mêmes, et le
second avec des champions. Ces champions, comme
firent plus tard les *Bravi* du XVIᵉ siècle, mettaient leur
épée et leur vie au service du premier venu. Ces espèces
de spadassins de profession étaient tombés dans un tel
mépris que leur *wergeld* ne s'élevait pas au-dessus de
celui de l'esclave : la partie dont le champion était vaincu
et tué ne devait à la famille de celui-ci qu'une composition pécuniaire de douze sous (2).

Si les Francs-Saliens ne connurent pas, dès le principe, le duel judiciaire, il ne tarda pas à se naturaliser
parmi eux. Leur fierté guerrière se révoltait de l'ordalie
ecclésiastique qui leur faisait courber le front, comme

(1) Luitp., *Leg. Longobard.*, lib. v, ch. 65. *Propter consuetudinem
gentis nostræ Longobardorum legem ipsam vetare non possumus.*
(2) *Decr. Tassilon.*, 3 et 4.

16

à de simples femmes, devant des prêtres ou des moines. Aussi, quand le roi Gontran reproche à Boson de l'avoir trahi, ce leude ne s'abaisse pas à d'humbles protestations : « S'il y a quelqu'un, s'écrie-t-il, égal à « moi, qui m'impute un pareil crime, qu'il vienne et « qu'il m'accuse à haute voix ; s'il a du cœur, je « l'appelle à champ clos, nous combattrons. Dieu fera « vaincre la vérité, et toi, roi pieux, tu seras son « organe entre nous (1). »

Donc, au vıᵉ siècle, le *campus* était déjà usité chez les Francs.

La popularité de ce genre d'épreuve devient telle après cette époque que les ecclésiastiques mêmes y sont soumis. Austregisile, archevêque de Bourges, accusé de faux, reçoit du roi Gontran l'ordre de se purger par le combat ; lorsqu'il se rend au lieu assigné, son adversaire est tué par une chute de cheval (2) ; sans cet incident, il paraît qu'il aurait combattu lui-même.

L'Eglise lutte cependant avec courage contre l'invasion du *campus*, qui suit le développement de l'esprit guerrier et qui menace d'envahir toute la procédure criminelle. Quand son influence devient prépondérante sous Charlemagne et sous Louis-le-Débonnaire, elle en use pour contrebalancer sur ce point le pouvoir de la noblesse et des grands. On aperçoit dans les Capitulaires une sorte de tâtonnement et d'hésitation entre

---

(1) Grég. de Tours, lib. vıı, cap. 14.
(2) Aimoin., *Gesta Francorum*, lib. ıv, cap. 2.

les deux grands systèmes d'épreuves ou ordalies. Quelques-unes de ces ordonnances laissent le choix entre
les deux (1) : « On ne savait comment faire, dit Mon-
« tesquieu. La preuve négative par le serment avait des
« inconvénients ; celle par le combat en avait aussi ; on
« changeait suivant qu'on était frappé des uns ou
« des autres (2). »

Charlemagne préfère l'épreuve de la croix à celle du
combat, pour la décision des difficultés qui pourront
s'élever entre ses fils au sujet du partage de son royaume
et des limites de leurs terres (3). Mais sous ses successeurs, et particulièrement sous Othon II, les plaintes
de la noblesse contre l'abus des serments et des ordalies
ecclésiastiques reprennent le dessus, et on donne au
duel judiciaire une préférence *rationnelle*, si l'on peut
se servir d'un mot nouveau pour exprimer une vieille
chose. La papauté reçoit là un échec indirect de la
part de la puissance rivale qui s'élève devant elle,
l'empire électif d'Allemagne ; enfin, Saint-Siége et conciles (4), tout est obligé de céder au torrent, jusque-là

---

(1) *Aut cruce, aut scuto et fuste*, dit le *Capitul.* de 803, art. 3 et
art. 6. *Voir* l'art. 132 de la *Loi lombarde* de Charlemagne, qui donne
le même choix, ainsi que le deuxième appendice au 4ᵉ liv. des
Capitul., art. 34 : *aut in campo, aut in cruce*.

(2) Montesquieu, *Esprit des Lois*, liv. XXIII, chap. 18.

(3) *Capitul*, premier de 806, art. 14.

(4) En 1432 ou 1433, au concile de Bâle, les Pères assemblés
furent témoins d'un combat à outrance entre un gentilhomme portu-
gais de race, mais né en Castille, et appelé Jean de Merle, et Henri
de Ramestan, chevalier bourguignon. Ils combattirent à pied et le
Bourguignon fut vaincu. (*Histoire d'Espagne*, par de Mayerne. Tur-
quet, tom. I, p. 858. Paris, 1635.)

que le rituel mozarabique, ou le duel judiciaire à sa place, est approuvé ou au moins toléré par l'Eglise. Seulement, le droit canonique ne se laisse pas envahir par le *campus*, et les membres du clergé, les corporations ou - communautés ecclésiastiques obtiennent, ainsi que les femmes et les enfants, l'autorisation de se faire défendre en champ clos, soit par leurs avoyers ou tuteurs, soit par des champions désignés et payés pour les remplacer. Or, pour avoir une garantie suffisante à l'égard de ces champions, hommes peu estimés, dont les adversaires auraient pu acheter la maladresse, une loi de Louis-le-Débonnaire ordonne que le champion qui serait vaincu et qui ferait perdre ainsi la cause de celui qu'il représenterait, aurait lui-même le poing coupé (1).

Montesquieu essaie de justifier par des observations ingénieuses le duel judiciaire dans sa pureté primitive. « Dans une nation guerrière, dit-il, la poltronnerie sup- « pose d'autres vices.... Pour peu qu'on soit bien né, on « n'y manquera pas ordinairement de l'adresse qui doit « s'allier avec la force, ni de la force qui doit concourir « avec le courage (2). » Tout cela est fort plausible, mais ne peut pas s'appliquer au *duel par champions*.

Bientôt c'est au jugement de Dieu par le combat qu'on

(1) *Capitul.* de 819, art. 10, qu'on retrouve dans la *Collect. de Canciani*, liv. IV, art. 23. — tom. III, p. 200.— L'empereur Louis donne pour prétexte de cette disposition le parjure dont le champion s'était rendu coupable, lorsque, avant de combattre, il avait affirmé sous serment la justice de sa cause, laquelle était démontrée injuste par sa défaite.

(2) *Esprit des Lois*, liv. XXVIII, chap. 18 et suiv.

en appelle pour tout décider. Cette manie ne connaît
plus de bornes. En voici un exemple remarquable :
Alphonse VI, roi de Castille et de Léon, ayant épousé
la fille du duc d'Aquitaine, met en question si l'on
substituera aux coutumes de son pays les lois romaines
que l'on observe sur l'autre versant des Pyrénées. On
nomme un champion pour chacune de ces législations
rivales. Le *duel judiciaire* ne pouvait pas trahir la
cause des institutions barbares. Le champion du droit
romain est vaincu (1), et les coutumes visigothes restent
debout.

Le duel lui-même, que les temps héroïques avaient
reçu en héritage des temps barbares, dut emprunter
une nouvelle vie et un nouvel éclat aux mœurs féodales
qui régnèrent en Europe du xᵉ au xvᵉ siècle. Il fut
mêlé à tout, et principalement à la justice criminelle.

Il faut bien le considérer comme une dernière espèce
d'ordalie ; mais il avait une physionomie plus guerrière
que toutes les autres. Les épreuves proprement dites
devaient être nécessairement dirigées et dominées par
des prêtres et des légistes ; elles se présentaient surtout
comme des cérémonies religieuses et légales. Le duel
judiciaire n'excluait pas les rites religieux (2) et les

(1) *Recueil des historiens de France*, t. ii, p. 221, et Meyer, *Esprit des Instilut. judic.*, t. i, p. 314. C'est également au duel judiciaire qu'on eut recours en Espagne pour décider la question du maintien ou de la suppression du rituel mozarabique (Mariana, *Spaniœ historia* lib. ix, cap 18.). Le pape Jules II interdit formellement le duel dans ses états, en qualité de prince temporel, par une constitution du 27 juillet 1505.

(2) Ducange, vᵒ *Duellum*, t. ii, p. 1671 (ancienne édition).

formalités de procédure ; mais sa couleur la plus saillante était belliqueuse et chevaleresque. Aussi, il fut
d'abord principalement usité parmi les barons, les
chevaliers et les gentilshommes.

Nous reviendrons sur le code du duel judiciaire, qui
achève de se former et de se régulariser à l'époque
féodale.

CHAPITRE X.

RESSEMBLANCES DE QUELQUES LOIS ET COUTUMES PRIMITIVES DES
PEUPLES GERMANIQUES AVEC CELLES DE DIVERS PEUPLES
SAUVAGES, RAPPORTÉES PAR DES VOYAGEURS OU ANNALISTES
CONTEMPORAINS. — SIAELF-DAEMI. — PRIVATION DE LA PAIX.
CRIMES PUBLICS ET PRIVÉS. — ÉPREUVES. — EXÉCUTIONS
JUDICIAIRES.

Avant de sortir complètement de l'époque primitive
de l'histoire du droit criminel des peuples de l'Europe,
avant d'aborder cette seconde phase de civilisation où
commence à s'organiser une justice plus régulière et
une pénalité plus fixe, il sera curieux de comparer
l'enfance de ces institutions avec celle des peuples
sauvages des autres parties du monde. Nous jetterons
ensuite un coup d'œil sur la législation criminelle des
Musulmans, telle qu'elle s'est formée d'après les doctrines des interprètes et commentateurs du Coran, et
principalement d'après les jurisconsultes du rite de Malek.

Déjà nous avons fait voir que la vengeance du sang
était, si on ose parler ainsi, le droit naturel de tous les
peuples qui n'avaient pu passer de l'état patriarcal à
l'état de civilisation, ou qui étaient tombés dans la bar-

barie après avoir traversé une période de culture et
d'organisation sociales. On peut voir un exemple vivant
de cette dégradation morale dans les associations de
piraterie et de brigandage que les *convicts* échappés de
Botany-Bay ont fondées dans les îles de la Polynésie ou
sur les côtes de la Nouvelle-Hollande. Ces sociétés
d'*Out-laws* ne font qu'augmenter l'abrutissement des
sauvages qu'ils ont réussi à s'adjoindre. Ils ne sont
bons qu'à leur enseigner des vices nouveaux (1).

Il est curieux d'étudier les rapports que nous font,
sur les mœurs des peuplades barbares de l'Amérique,
des Européens qui ont passé leur vie parmi eux. Sous
ce rapport, on peut consulter les Mémoires de l'Anglais
John Tanner, qui avait été enlevé par les sauvages dans
son enfance, et qui était devenu sauvage lui-même. On
reconnaît dans les institutions grossières qu'il décrit
quelques-uns des éléments de cette justice primitive dont
nous avons retrouvé les origines, à force de recherches,
dans la Germanie du nord et dans la vieille Scandinavie.

Ainsi, la *siaelf-daemi*, coutume par laquelle l'offenseur allait se remettre entre les mains de l'offensé, le
meurtrier entre les mains de la famille de la victime, se
retrouve presque sous la même forme chez les Peaux-
Rouges de l'Amérique. Comme en Scandinavie, cet acte de
confiance dans la générosité des vengeurs du sang est
ordinairement suivi du pardon et de la remise de l'offense.

---

(1) Voir les ouvrages de MM. de la Pilorgerie et de Blosseville sur
les colonies pénales de l'Australie, ainsi que le dernier livre de lord
Grey sur le système colonial de l'Angleterre.

« J'arrivai assez tôt, dit Tanner, pour assister à l'enterrement du jeune homme que mon frère Wa-me-gou-a-biew avait tué. Wa-me-gou-a-biew vint et creusa lui-même une fosse assez large pour deux hommes. Les amis de Ke-zha-zhoons y descendirent son corps. Alors Wa-me-gou-a-biew se dépouilla de tous ses vêtements à l'exception du dernier ; puis, se tenant, dans cet état, au bord de la fosse, il prit son couteau, et le présentant par le manche au plus proche parent du mort : « Mon « ami, dit-il, j'ai tué votre frère ; vous voyez que j'ai « creusé une fosse assez grande pour deux hommes ; « je suis tout disposé à y dormir avec lui. »

« Le premier, le second et enfin tous les parents du jeune homme refusèrent, l'un après l'autre, le couteau que Wa-me-gou-a-biew leur offrit tour à tour. Les parents de mon frère étaient puissants, et la crainte qu'ils inspiraient lui sauva la vie. D'ailleurs Ke-zha-zhoons l'avait provoqué en l'appelant *nez coupé* ; voyant qu'aucun des parents mâles du jeune homme ne voulait entreprendre publiquement de venger sa mort, Wa-me-gou-a-biew leur dit : « Ne me fatiguez plus maintenant « ou à l'avenir de cette affaire ; je ferai encore ce que « j'ai fait, si quelqu'un de vous s'expose à m'adresser « de semblables provocations (1). »

La formule extérieure de cette *siae lf-daemi* a quelque chose de dramatique et de saisissant. On voit par là que le meurtrier pouvait racheter la paix par la seule offre

(1) Tome II de la traduction, par M. de Blosseville, p. 61.

de sa vie, si son sacrifice n'était pas accepté. Dans une autre occasion, Tanner décrit une scène semblable ; mais alors le meurtrier propose des présents nombreux et considérables au blessé et à ses parents, tout en mettant sa vie à leur discrétion : non-seulement on lui accorde son pardon et la paix, mais la mère de la victime l'adopte pour son fils après que ce dernier a rendu le dernier soupir (1).

Il est vrai encore que dans cette circonstance il ne s'agissait pas d'un assassinat perfidement prémédité, mais d'un mauvais coup commis dans l'état d'ivresse.

Quand le crime présente les véritables caractères de l'assassinat, la famille indienne se croirait déshonorée si elle accordait son pardon.

Il y a plus : quoique, comme le dit M. de Châteaubriand, la vengeance de l'homicide soit en général chez les Indiens abandonnée aux familles (2), quand ce crime dénote une scélératesse exceptionnelle, quand c'est un parricide ou un fratricide, la peuplade ellemême le réprime et le punit ; mais c'est une justice expéditive et sommaire. C'est en quelque sorte une vengeance sociale sur place.

Ainsi, sur les bords de la rivière Rouge, il y a une plage sous l'abri d'un rocher, qu'on appelle *la plage*

---

(1) Tome II de la traduction par M. de Blosseville, p. 230, 231 et suiv. Le père Lafitau atteste que de semblables adoptions avaient lieu de son temps. Voir son ouvrage intitulé : *Mœurs des sauvages américains comparées aux mœurs des premiers temps*, t. I, p. 494.

(2) *Natchez*, t. I. p. 122.

des deux hommes morts. « Les traditions rapportent que, il y a bien des années, des Indiens ayant campé en ce lieu, une querelle s'éleva entre deux frères ; l'un tua l'autre d'un coup de couteau, et les témoins de cette scène tragique trouvèrent le crime si horrible que, sans balancer, ils mirent à mort le fratricide ; la victime et le meurtrier furent enterrés ensemble (1). »

Quant au vol, il paraît n'entraîner chez les Indiens que la peine de la restitution ; mais ceux qui s'en rendent coupables tombent dans le mépris et deviennent incapables d'exercer aucun commandement (2).

Du reste, il arrive souvent que le particulier volé se fait justice lui-même, soit en exigeant la restitution de l'objet volé, soit en prenant au voleur un autre objet d'une valeur à peu près équivalente.

De même si un homme vous a fait un dommage quelconque, vous êtes autorisé à lui en faire un autre, même un peu plus considérable. Tanner raconte qu'il tua le cheval de Wa-me-gou-a-biew, pour se venger de ce que ce dernier lui avait brisé son fusil. « Wa-me-gou-a-biew « ne se plaignit pas de la perte de son cheval ; il est « même probable qu'il en fut très-satisfait, parce qu'un « Indien attend toujours le mal pour le mal. Cela est « dans les mœurs des sauvages, et l'homme qui ne sait « pas se venger n'est guère estimé parmi eux (3). »

Nous croyons inutile de multiplier les exemples du

---

(1) *Mémoires de Tanner*, t. i. trad. de M. de Blosseville, p. 211.
(2) *Ibid.*, t. i, p. 198.
(3) *Ibid.*, t. ii, p. 136.

droit de vengeance ou de talion admis chez tous les
peuples sauvages ou barbares ; seulement, il importe de faire remarquer les complications qu'amènent
quelquefois dans ce droit les préjugés superstitieux des
peuples les plus abaissés dans l'échelle de la civilisation.

Chez les indigènes de la Nouvelle-Hollande, par
exemple, « si un homme périt par accident, soit en
tombant du haut d'un arbre, soit en plongeant dans la
mer, ou de toute autre manière, les amis ou parents
du défunt imputent sa mort à quelque maléfice d'une
tribu ennemie et ils tuent, pour le venger, un homme
de cette même tribu. Lorsqu'un individu est sérieusement indisposé, et qu'il croit ses jours menacés, il ima-
gine se racheter du danger en mettant à mort, s'il le
peut, un individu quelconque (1). »

Dans le premier cas, il y a une raison pour la vengeance du sang, si l'on admet la croyance superstitieuse
des sauvages ; dans le second cas, on reconnaît la trace
confuse d'une idée d'expiation et de rédemption par le
sang : c'est la même croyance qui, dans sa pureté première, conduit à la vertu la plus sublime, le sacrifice,
et qui, défigurée par la corruption humaine, engendre
le plus grand des crimes, le meurtre commis avec préméditation et perfidie. Rien donc n'est plus dangereux et
plus funeste que l'altération d'un principe vrai.

(1) *Voyage dans les Deux Océans*, par **Eugène Delessert**, p. 141.
(Paris, Franck, 1849.)

A Otahiti, nous retrouvons les institutions de solidarité et de paix de la race germanique : à l'époque où
cette île fut découverte par les navigateurs européens,
le chef de chaque district était responsable de la conduite du peuple placé sous sa juridiction. Le droit de
vengeance y était reconnu ; mais, avec ce droit de se
faire justice soi-même, « on en était venu à admettre
des espèces de lois tacites qui, en donnant à de certaines actions un caractère de criminalité, ôtaient le droit
de défense à celui qui les avait commises, attirant sur
lui le blâme de toute la communauté, et l'abandonnant
sans secours aux poursuites de ceux qui avaient souffert
de ses actions (1). »

C'est bien là la privation de la paix de la vieille Scandinavie.

« En vertu de cette convention, ajoute l'auteur cité
plus haut, convention acceptée du plus grand nombre,
plusieurs actions coupables étaient sévèrement punies,
surtout le vol. Ces peuples s'étaient donc élevés à des
idées générales de justice... Pour des causes de trahison,
de rébellion, les coupables étaient condamnés au bannissement et à la confiscation des biens (2). »

Ainsi, le traître, reconnu comme tel, devenait l'objet
d'une excommunication sociale, de même que l'*Utlaëgr*
des Scandinaves, l'*Out-law* des Écossais, le *Forbannitus* des lois germaniques.

_____

(1) Vincendon-Dumoulin et Desgraz, t. II, p. 314-316. — M.
Mœrenbout, t. II. p. 9 et suiv.
(2) *Voyage dans les Deux Océans*, par Eugène Delessert, p. 251.

Le crime public reste ainsi distinct du crime privé.

Cependant, on reconnaît, dans ces coutumes ou ces lois d'Otahiti, un progrès plus grand vers la civilisation que chez l'Indien américain ou chez le sauvage de la Nouvelle-Hollande.

On entrevoit même, chez les Otahitiens, des traces d'une organisation judiciaire. La condamnation d'un chef d'un certain rang ne pouvait avoir lieu sans le consentement des chefs ses égaux (1). Cette institution rappellerait, à quelques égards, celle de la cour des pairs des temps féodaux.

L'établissement de cet ordre, à peu près régulier, s'explique par la forte constitution religieuse du *Tabou*, dont nous avons parlé plus haut, et qui régnait dans cette partie de la Polynésie.

Là où les peuples sauvages sont devenus sédentaires et se sont groupés autour d'un autel, on retrouve, sous toutes les latitudes, des lois qui ont le même caractère, et, si on peut le dire, la même physionomie.

Ainsi, dans notre dernier chapitre, nous avons vu que les *épreuves* étaient, chez les anciens Germains, un acte de procédure judiciaire (2).

Nous retrouvons l'usage des *épreuves* jusqu'au sein même de l'Afrique,

Sur les côtes de la Guinée, le prêtre ou *belli-mo*,

---

(1) *Voyage dans les Deux Océans*, p. 281.

(2) Dans notre premier ouvrage sur l'histoire du droit criminel des peuples anciens, nous avons montré que les épreuves avaient été chez les Hébreux, les Grecs et les Romains.

comme on l'appelle dans le langage du pays, place dans
la main de l'accusé une certain mélange d'herbe et d'écorce
d'arbre, mélange qui doit prendre feu si l'accusé soumis
à cette épreuve est coupable ; d'autres fois, il prépare un
breuvage empoisonné que le prévenu doit prendre, qu'il
rejette s'il est innocent, et qui lui revient en écume à la
bouche s'il a commis le crime qui lui est imputé (1).
Dans la Sénégambie, l'individu accusé de sorcellerie est
lié à un arbre ; on lui promène un fer rouge sur la
langue après l'avoir enduite du jus d'une certaine herbe
qui croît dans ce pays, et qui empêche ou modifie
l'action du feu (2). Au Darfour, on soumet à l'épreuve
de l'eau de *Kily* celui qui est présumé nourrir dans son
cœur des projets de révolte ; dans l'île de Madagascar,
on se sert, pour le même usage, du suc de l'arbre nommé
Tanguin (3).

Mais ce qu'il y a de plus curieux, c'est qu'on retrouve
l'usage des *épreuves*, même chez les peuples où les
mœurs, restées en arrière des lois, conservent encore
une empreinte sauvage et résistent à l'action d'un
pouvoir qui veut les mûrir trop vite, par des emprunts
factices faits à des civilisations étrangères.

---

(1) Hermann, *Recueil des Voyages les plus remarquables*, Francfort,
1793, tom. IX.

(2) Geoffroy de Villeneuve, *Voyage en Afrique.*

(3) C'est un poison très-actif auquel on succombe infailliblement
si on ne s'est pas muni par avance d'un antidote. (*Revue des Deux-*
Mondes, 1846) Les peuples de la Nouvelle-Zélande connaissent aussi
la vengeance du sang, les épreuves, etc.

C'est ainsi que, dans la Russie méridionale, un
voyageur digne de foi nous raconte la singulière procédure à laquelle on a recours pour découvrir l'auteur
d'un vol domestique.

« La maîtresse, ou quelque personne attachée à la
« maison , fait chercher une *vorogéïa* (sorcière ,
« diseuse de bonne aventure) ; dès que cette *vorogéïa*
« est arrivée, on rassemble tous les gens, et on leur
« annonce que si le voleur se trouve parmi eux, il doit,
« par un aveu volontaire, obtenir son pardon, sinon la
« sorcière, pour laquelle rien n'est caché, ne tarderait
« pas à le découvrir, et alors rien ne pourrait le pré-
« server d'un châtiment juste et mérité. Souvent, et
« c'est ce qui arriva ce jour-là, le coupable, intimidé
« par sa confiance dans l'infaillibilité de la bonne
« femme, avoue sa faute, et implore sa grâce avant qu'on
« ait même mis à l'épreuve le savoir-faire de la. *voro-
« géia.* La vieille procède de la sorte : elle fait, avec de
« la mie de pain, autant de boulettes qu'il y a de
« domestiques ; ensuite, elle place sur la table un vase
« rempli d'eau et ordonne aux gens de se ranger en
« cercle. Quand ces préliminaires sont terminés, elle
« prend une boulette, et dit, en regardant celui qui se
« trouve le plus près : — Ecoute, Jean, Pierre ou
« Paul, si c'est toi qui as commis le vol, cette boulette
« tombera au fond du vase comme ton âme aux enfers ;
« mais si tu es innocent, elle surnagera à la surface,
« et tu n'auras rien à craindre. — Le Russe de la basse
« classe du peuple ne laisse jamais aller la chose aussi

« loin, et c'est aussi pourquoi il est impossible de
« s'assurer de l'efficacité de ce moyen (1). »

Quoi qu'il en soit de la réflexion naïve par laquelle ce
récit est terminé, on voit que toutes les fois que les
peuples ont gardé leur antique simplicité de mœurs et
cette vivacité de foi qui devient la base d'une civilisation naissante, la justice humaine, quand elle ne peut
percer les ténèbres qui l'environnent, est portée à
demander à Dieu lui-même les lumières dont elle aurait
besoin pour découvrir le crime qui lui est dénoncé.
C'est une loi, sinon de l'enfance, au moins de l'ado-
lescence des nations.

Pour ce qui concerne le mode d'exécution judiciaire,
sujet que nous avons traité plus haut, nous retrouvons encore aujourd'hui non-seulement chez des peuples
à demi sauvages, mais encore chez les Musulmans, la
coutume qui permettait à nos pères de n'avoir pas de
bourreaux en titre. Au Maroc, par exemple, ce sont les
parents de la victime qui, après avoir obtenu du Cadi
une sentence de mort, sont chargés de l'exécuter sur la
personne du mertrier ; et il doit en être ainsi, car c'est
la vengeance du sang judiciairement régularisée (2).

En Russie, comme dans le nord de la vieille Allemagne, les juges firent longtemps eux-mêmes l'office de
bourreau. Aussi les Russes furent moins choqués que
ne l'aurait été un autre peuple, quand le czar Pierre-le-

---

(1) *Etudes sur la Russie*, par le baron Haxthausen, t. I, p. 237
de l'édition française. Hanovre, 1848.
(2) Voir le *Voyage au Maroc*, de Xavier Durrieu.

17

Grand, après avoir condamné les Strélitz, fit tomber
leurs têtes de sa main souveraine. « Le premier jour,
dit un historien, il en abattit cinq ; une autre fois, il en
trancha vingt. Ses courtisans achevaient son œuvre. Le
français Lefort refusa seul de prendre part à ce passe-
temps barbare (1)..... A Azoff, le czar exécuta encore
lui-même quatre-vingts Cosaques. Le Boyarin Pletscheff
les tenait assujétis de sa main sur la poutre fatale (2) »

L'idée de la division des pouvoirs et des fonctions
suppose une civilisation plus avancée qu'on ne pense.
Elle est au gouvernement ce que la division du travail
est à l'industrie.

Ces exemples, que nous aurions pu multiplier beaucoup plus encore, suffisent pour prouver les rapports
des institutions qui se réfèrent, non pas à la même date
chronologique, mais au même âge des peuples. Dans
les âges primitifs surtout, ces rapports sont d'une
évidence frappante.

Nous en retrouvons encore quelque chose dans la
législation mulsumane, dont nous allons tracer une
rapide esquisse, avant de reprendre le fil de l'histoire
du droit criminel de l'Europe. Cette étude nous prouvera
de plus en plus que le mode de formation des peuples,
comme le mode de développement des individus, est
soumis à de certaines lois morales, à de certaines
conditions, qui se reproduisent toujours et partout.

---

(1) Esneaux, *Histoire de Russie*, tome IV, p. 40.
(2) *Id., ibid.*, tom IV, p. 42.

Seulement, on reconnaîtra que la véritable religion hâte, favorise et perfectionne sans cesse ces développements, tandis que les religions fausses, qui ôtent à la liberté de l'esprit tout ce qu'elles donnent à la liberté des sens, ne peuvent conduire la civilisation que jusqu'à un certain degré, au-delà duquel elles s'arrêtent elles-mêmes, frappées d'impuissance et d'inertie.

CHAPITRE XI.

LÉGISLATION CRIMINELLE DES MUSULMANS COMPARÉE A CELLE
DES PEUPLES GERMANIQUES.

————

De l'homicide et des blessures considérées comme crimes privés. —
Talion. — *Aâcibs, Qéçâmé, Louis, Dié, Aâqila.* — Solidarité. —
Exposition religieuse, etc.

Les Musulmans, ayant pris rang parmi les peuples
européens par la prise de Constantinople, rentrent directement dans le sujet historique que nous traitons.
D'un autre côté, leur législation est restée à peu près
ce qu'elle était au temps de Mahomet; les Turcs, surtout, qui étaient encore plus barbares que les Arabes,
au moment de leur conquête, appartiennent à l'époque
primitive, dont ils ne sortent péniblement qu'à l'aide
d'importations du dehors, imposées par les nations
chrétiennes. Mais au commencement de ce siècle, ils
n'avaient pas encore fait un pas hors de la période
barbare qui les rendait moralement contemporains des
Scandinaves et des Germains du Ier et du IIe siècle de
notre ère.

Le Coran, qui a amoindri d'un degré peut-être la
férocité primitive des Osmanlis païens, les a ensuite
immobilisés dans la demi-barbarie à laquelle il donne
une consécration religieuse.

Néanmoins les Musulmans n'admettent pas précisément, comme on l'a dit, que le Coran n'ait rien laissé à

dire ni à enseigner, et qu'il faille chercher dans le *livre* toutes les prescriptions sociales et civiles ; mais ils soutiennent que tout a été révélé à Mahomet, et que ce qui n'a pas été écrit par lui-même a été dit à ses compagnons, qui l'ont recueilli avec soin pour le transmettre aux générations futures des fidèles de l'islamisme.

Cela est très-bien expliqué dans un auteur arabe, *El-Magrizi :*

« Dans son émigration de la Mecque à Médine, « Mahomet était entouré des Ashâb (compagnons) qu'à « chaque instant il trouvait près de lui, malgré la gêne « et la difficulté qu'ils éprouvaient à pourvoir à leur « subsistance. En effet, les uns exerçaient des industries « dans les marchés ; les autres vivaient de dons, et à « chaque instant ils venaient auprès du prophète, et « quelques-uns y accouraient aussitôt que le soin qui « les occupait tous de pourvoir à leur subsistance, « leur avait laissé le moindre loisir.

« Or, si une question lui était soumise, s'il rendait « une décision, s'il commandait ou défendait de faire « une chose, ou s'il la faisait, la connaissance en était « acquise à ceux qui étaient alors avec lui, mais elle « échappait aux autres.

« C'est ainsi qu'Omar ignorait, au sujet du Dié dû « pour le fœtus de la femme, ce que savait un simple « Arabe de Hodaïl.... Cet Arabe le savait, tandis « qu'Omar l'ignorait (1). »

---

(1) *Etudes sur la loi musulmane,* par **B.** Vincent, p. 15. (Paris, Joubert, 1842.)

On comprend par là pourquoi la connaissance des décisions de Mahomet se propageait lentement ; les Ashâb, disséminés par les conquêtes de l'islamisme, ne pouvaient donner sur la jurisprudence du prophète que des renseignements partiels : « car tel qui avait été la « veille auprès de lui, n'y était plus le lendemain ; et « de la sorte, chacun savait ce qui avait eu lieu en sa « présence, et la connaissance du surplus lui échap- « pait. (1). »

Les Emirs appelés à juger suppléaient donc à ce qu'ils ne savaient pas, par l'étude des lois qui leur étaient connues, et dont ils appliquaient l'esprit aux cas sur lesquels ils ignoraient les décisions de Mahomet.

' Cela aurait introduit à la longue une grande divergence dans le droit mahométan, si les jurisconsultes des grandes cités n'avaient pas cherché à rassembler ces traditions éparses au milieu des contrées les plus lointaines, à les écrire et à en faire un corps de doctrine. « Plusieurs d'entre eux accomplissaient souvent, dit « *El-Magrizi*, de longs voyages à la recherche d'une « seule tradition (2). »

Mais cet auteur arabe parle ici du rite de Malek, qui se distingue en effet par une scrupuleuse conformité aux enseignements traditionnels du prophète. Il n'en est pas tout à fait ainsi des trois autres rites, ceux d'Haneefah, de Shaféï et d'Hannbal. Celui d'Haneefah sur-

---

(2) *Etudes sur la loi musulmane*, par B. Vincent, p. 20-21.
' (1) *Ibid.*, p. 17.

tout, qui est un des plus étendus , fait une part assez large à la raison humaine et à l'équité naturelle (1).

Cependant, en comparant entre eux ces rites divers, on reste convaincu qu'ils s'accordent sur les généralités , et ne diffèrent que sur quelques détails.

Comme le rite de Malek est celui qui fut importé en Espagne au VIIIᵉ siècle, qu'il est encore suivi en Afrique et par conséquent dans nos possessions algériennes , c'est celui qui sera aujourd'hui l'objet principal de nos études.

Nous nous servirons , pour base de ce travail, du *Réçâlé* (2) d'Abou-Mohhammed-Abd-Allah-Ibn-Aby-Zéid.

« L'auteur de ce traité était un docteur fameux de
« Zeyraouan , où il enseigna et où il mourut en l'an 389
« ou 390. Il mérita par sa science, de ses contempo-
« rains , le surnom de *Petit Malek*. Il est l'auteur
« d'ouvrages dont un écrivain que cite *Casiri* porte le
« nombre à plus de cent. Mais son Réçâlé surtout fonda
« sa renommée, et, de tous les livres élémentaires du
« rite, c'est certainement le plus classique (3). Le Réçâlé
« n'est qu'un abrégé fort concis , se bornant à énoncer
« la disposition de la loi , le plus souvent seulement à
« l'indiquer, et la présentant toujours isolée de la plu-
« part de celles qui s'y lient intimement et qui en déter-
« minent le rapport avec le système général et l'esprit

(1) *Tableau de l'empire ottoman,* par de Hammer, et *Hist. d'Espa-*
gne, par Rosseew Saint-Hilaire, liv. VII, chap. 1ᵉʳ.
(2) *Réçâlé. Petit Traité.*
(3) *Etudes sur la loi musulmane,* par B. Vincent, p. 45.

« de la loi. Aussi est-il loin de former par lui-même un
« exposé lucide et surtout complet; et pour être compris
« des Arabes non versés dans la science de la juris-
« prudence, il a besoin de leur être expliqué (1). »

Il ne serait donc pas parfaitement exact de comparer
le *Réçâlé* aux *Institutes*, et de dire que l'un est au
droit musulman ce que les autres sont au droit romain.
Que l'on suppose une analyse des Institutes, faite par
un jurisconsulte qui ne donnerait que la quintessence
des dispositions législatives contenues dans ce recueil,
en se servant d'un langage technique étranger au vulgaire et concis jusqu'à la sécheresse, on se fera ainsi
l'idée du *Réçâlé*, cet abrégé du droit criminel de
l'islamisme, lequel nous a servi de guide dans nos recherches spéciales.

Quoique fort bien traduit par M. B. Vincent, un tel
livre nous aurait été d'un faible secours, et il serait resté
pour nous une lettre morte, si nous n'avions pas cherché à nous l'expliquer, soit par les notes savantes du
traducteur lui-même, soit par les éclaircissements que
nous avons trouvés dans d'autres ouvrages.

Le commencement du Réçâlé est relatif aux homicides, meurtres, blessures, et aux *Hhadds*, c'est-à-dire
peines définies par la loi. Dans ce que nous appellerions
le *grand criminel*, la loi détermine elle-même le mode
et la mesure des peines, de sorte qu'il est interdit au
magistrat de les modifier, d'y rien ajouter ni d'en rien

(1) *Etudes sur la loi musulmane*, par B. Vincent, p. 161.

retrancher. Dans le châtiment *correctionnel*, au contraire, le magistrat détermine le mode et la mesure de
la correction d'après l'appréciation qu'il fait lui-même
de la gravité de la faute, de l'opportunité de la répression, de la situation physique, morale et sociale du
délinquant (1).

Nous allons d'abord examiner le mode de procéder
que suivaient primitivement la victime et les parents de
la victime pour la poursuite des meurtres et des blessures considérés comme crimes privés. Il est clair que
cette espèce de réglementation de la vengeance du sang
a été le premier pas fait par la législation musulmane
pour établir chez les Arabes une véritable justice sociale.
Il faut, pour pouvoir suivre les développements successifs de cette organisation, renoncer à l'ordre suivi dans
nos codes ; ce n'est donc pas par les crimes publics et
soumis à la poursuite des autorités publiques que nous
devrons commencer l'étude du droit pénal des Arabes,
mais bien par les crimes regardés par eux comme des
crimes privés.

À la tête de ces sortes de crimes, ils placent le
meurtre intentionnel et l'homicide par imprudence.

Le meurtre intentionnel n'est pas précisément ce que
nous entendons par l'assassinat. L'assassinat, considéré
comme crime lâche et cupide, s'appelle l'homicide de
Ghilé, chez les Arabes. Nous verrons plus loin à quelles
règles spéciales il est soumis.

---

(1) Nous empruntons cette exposition aux notes dont M. B. Vincent accompagne le premier chapitre de sa traduction.

L'homicide *intentionnel*, suivant les jurisconsultes de l'islamisme, consiste à commettre sur la personne d'un individu, dans un sentiment de colère ou d'inimitié, un attentat qui cause sa mort.

La volonté de porter les coups qui ont donné la mort suffit pour faire considérer l'acte de l'homicide comme intentionnel. Ainsi, peu importe que le meurtrier se soit servi d'un instrument en apparence peu dangereux; il est responsable des suites de cet usage qu'il en a fait volontairement.

Il est vrai qu'il n'est pas responsable à l'égard de la société, mais de la famille à laquelle il a ravi un de ses membres; or, le point de vue d'intérêt privé diffère nécessairement du point de vue d'intérêt général.

Le premier peut prendre pour unique point de départ le résultat matériel de l'acte, le dommage qui consiste pour une famille dans la perte d'un de ses membres.

Le second est plus élevé : la société, qui se substitue aux familles, doit sans doute exiger une réparation pour toute lésion qui leur est faite. Mais l'étendue de cette réparation doit être mesurée sur l'appréciation de la moralité de l'acte lui-même de lésion, et proportionnée au degré de criminalité dont il est empreint.

Le tribunal social doit donner l'exemple d'une bonne justice distributive fondée sur les principes de la morale éternelle, et il doit accomplir autant qu'il est en lui la réalisation terrestre de cette maxime, qui ne peut recevoir que de Dieu seul son application parfaite : « Que chacun soit récompensé ou puni selon ses œuvres ! »

Mais dans les sociétés où l'on n'a fait , en quelque
sorte, que régulariser l'exercice du droit de vengeance,
où le talion existe dans sa grossièreté native, l'état n'intervient que pour sanctionner ce talion, ou pour le remplacer par une composition pécuniaire par laquelle il
règle les conditions mises à la rançon du meurtrier et
au pardon des parents de la victime.

Nous avons vu que telle a été la marche du droit
pénal chez les nations germaniques : cette marche a été
la même, dans son ensemble, au sein des nations musul-
manes.

Le mot *Dié* ou *Dia* (prix du sang) a en arabe à peu
près la même signification que le mot *Wergeld* en vieil
allemand. Dans son sens technique, il veut dire la somme
fixée par la loi pour la réparation de l'homicide commis
sur un individu ou d'une lésion personnelle qui lui aurait
été faite. Dans un sens moins restreint, il désigne toute
espèce de réparation pour un dommage personnel souffert.

Cependant, malgré l'institution du Dié, la peine légale
pour l'homicide intentionnel est toujours le *talion*. Les
parents n'ont le droit de requérir contre lui aucune
peine plus forte, ni moindre, ni même d'exiger le paiement du Dié (1). C'est au meurtrier poursuivi d'offrir la

(1) Le meurtrier est passible du genre de mort qu'il a lui-même fait
subir à sa victime : ainsi il doit être mis à mort par le bâton, s'il a
donné la mort à sa victime en la frappant avec un bâton ; il peut être
mis à mort par le feu, s'il a fait périr sa victime par le feu. Du reste,
il est loisible aux Aàcibs de se contenter de la décapitation. C'est

rançon du sang à la victime ou aux parents de la victime, appelés en arabe *Aâcibs*. Le meurtrier ne peut être contraint à payer le *Dié* que quand cette transaction a été faite.

Le talion supposant une sorte d'égalité de position devant la loi, on en déduit les règles suivantes : « On ne donne point la mort à un individu libre pour avoir donné la mort à un esclave, mais bien à un esclave pour avoir tué un individu libre ; on ne donne point la mort à un musulman pour avoir donné la mort à un infidèle ; mais bien à un infidèle pour avoir donné la mort à un musulman (1). »

Les Aâcibs, ou autorisés à la poursuite, comme représentants de la victime, sont :

1° Les fils, fils de fils et descendants en ligne directe.

Les pères, grand-pères et ascendants en ligne directe.

Les frères germains et consanguins, leurs fils et descendants.

Les frères germains et consanguins de père et leurs descendants.

---

même le seul mode de supplice qu'on puisse infliger au meurtrier, dans le cas où son crime n'est pas établi par son aveu ou par l'affirmation des témoins, mais seulement par Qéçâmé.

Quand il y a lieu à appliquer le talion pour blessure, l'exécution doit être confiée à un individu capable de pratiquer habilement l'opération.

Au contraire, quand il y a lieu à appliquer le talion pour meurtre, l'iman peut, à son choix, confier l'exécution à un tiers, ou livrer le meurtrier aux Aâcibs de la victime, pour qu'ils lui donnent eux-mêmes la mort. Les Arabes se font à la fois un devoir et une joie de remplir ce rôle de bourreau.

(1) *Réçdlé*, trad., 86.

Les frères germains et consanguins de l'aïeul et leurs descendants.

Les frères germains et consanguins du bisaïeul et leurs descendants.

2° Les patrons (pour leurs esclaves affranchis).

3° Les filles, filles de fils, la mère, les sœurs germaines et consanguines, et l'aïeule, mère du père.

« On ne met à mort une personne pour avoir ôté la « vie à une autre, dit le Réçâlé, qu'autant qu'il y a des « témoins *Aad'ls*; un aveu du coupable, ou un *Qéçâmé.*»

On désigne par *Aad'ls* ceux qui possèdent l'*Aadâlé.* Or, l'Aadâlé répond à peu près à ce que nous entendons par capacité civique.

L'Aadâlé consiste donc, pour les individus appelés à rendre témoignage en justice, à être libres, pubères, musulmans, à avoir la crainte de D'eu et la pleine possession de sa dignité personnelle.

Quant à l'aveu du coupable, nous n'avons pas à en préciser le sens, qui s'entend de lui-même.

Le Qéçâmé, qui est le troisième moyen de conviction de l'homicide, consiste dans cinquante serments prêtés par cinquante Aâcibs de la victime. Mais comme, en dehors de la vie patriarcale des tribus, ces cinquante Aâcibs sont très-difficiles à réunir, et qu'il peut même quelquefois n'en exister que deux ou trois seulement, la loi, tout en maintenant l'exigence des cinquante serments, tolère qu'ils ne soient prêtés que par deux hommes; mais ils devront être au moins deux et du sexe mâle, l'un des deux étant le plus proche Aâcib de la victime. Le nombre des serments qui leur seront demandés variera ou sera réparti entre eux deux, suivant le droit plus ou moins grand qu'ils auront à la succession du défunt, et par conséquent au partage du *Dié*. Ainsi, par exemple, si un héritier est appelé à recueillir vingt-neuf cinquantièmes un tiers du Dié, et un autre héritier vingt cinquantièmes deux tiers, le premier prêtera vingt-neuf serments et le second vingt-un.

On reconnaît là les principales règles qui présidaient à l'établissement et à la division de l'amende et du wergeld chez les Scandinaves et chez les Germains. Si donc l'on fait attention que la race arabe et la race germanique proviennent de souches absolument différentes, on en tirera nécessairement la conséquence que cette ressemblance d'institutions tient à une loi identique de développements sociaux, correspondant à une même période de civilisation.

Avant d'aller plus loin, il faut remarquer que, dans la législation musulmane, il n'y a lieu au Qéçâmé que quand il y a *Louts*, c'est-à-dire circonstances fournissant des présomptions graves de la vérité de l'affirmation du demandeur : en sorte que s'il n'existe pas de *Louts*, les Aâcibs ou parents mâles ne peuvent être admis à prêter les serments du Qéçâmé, et s'il y a preuve complète, il est inutile pour eux de les prêter, puisqu'on ne les demande pas.

« Dans chacune des provinces de la Mecque, de Médine et de Jérusalem, on conduit les Aâcibs au chef-lieu pour prêter le serment du Qéçâmé. Dans les autres, on ne conduit au chef-lieu que d'une distance d'un petit nombre de milles. »

« Or, l'*Aâcib* prononce le serment debout et dans la formule suivante : « Par Dieu, il n'y a pas d'autre Dieu qu'Allah; » — et après il ajoute, suivant la nature du crime présumé commis : « Certes, N*** l'a « tué, ou lui a porté des coups dont il est mort. »

« La victime, si elle survit, et les Aâcibs, si elle succombe, ont le droit de pardonner; mais le pardon implique la renonciation au Dié. »

« Dans le cas d'homicide par imprudence, le pardon de la victime s'impute sur le tiers dont il lui est permis de disposer par testament. — Si l'un des fils a pardonné, il n'y a plus lieu à infliger la mort, et alors les autres ont droit à leur part du Dié. Les filles n'ont pas le droit de pardonner quand il existe des fils (1). »

Mais le pardon ou la remise de l'offense privée n'entraîne pas l'exemption de toute peine. Là où cessent les exigences de la vengeance des familles, commencent celles de l'ordre public. L'homicide prouvé, quoique pardonné, est puni par le magistrat de cent coups de courroie et de l'emprisonnement d'une année (2).

Dans une telle disposition, c'est la civilisation qui fait ses réserves contre l'impunité qui pourrait provenir

(1) P. 74 du Réçâlé, traduct. de M. B. Vincent. Le Réçâlé veut dtre que dans le cas ci-dessus, les héritiers de la victime ne pourront plus réclamer que les deux tiers du Dié, dans sa succession.
(2) *Ibid.*, p. 75.

de l'abandon du droit de vengeance privée.

On sait que nous avons eu quelque peine à établir, soit dans les lois scandinaves, soit dans les lois germaniques et saliques, l'unité type de la *busse* et du *wergeld* (1), et à nous rendre raison des fractionnements qu'on leur faisait subir pour les appliquer aux diverses nuances des crimes et délits. La loi musulmane est beaucoup plus claire sur l'unité type du *Dié*. « Le Dié, dit le Réçâlé, quand il est dû par des individus appartenant à des populations à chameaux, est de cent chameaux. Il est de mille dinars, quand il est dû par des individus appartenant à des populations à or. Il est de douze mille drachmes quand il est dû par des individus appartenant à des populations à argent (2). »

Les Arabes respectent moins la femme et protégent moins sa faiblesse que ne le faisaient les Scandinaves et la plupart des Germains du Nord : ils n'accordent à la femme que la moitié du Dié de l'homme.

Les chrétiens et les juifs, confondus sous le nom de *Kitabys* (3), n'obtiennent également qu'un demi-Dié; et la femme Kitabye n'a éncore que la moitié de ce Dié. Quant aux sectateurs de Zoroastre, ou *Madjoucys*, ils ont seulement le tiers du cinquième du Dié, 800 drachmes.

Cela tient à ce que les Musulmans admettent dans une certaine mesure la tradition juive et la tradition

(1) Voir la fin du chap. 8.
(2) P. 75 et 76 de la traduction de M. B. Vincent.
3) Ou gens du livre, *Ahl-El-Kitâb*.

chrétienne ; ils se considèrent comme une des deux
branches de la famille d'Abraham, et ils honorent comme
un grand prophète Jésus, fils de Marie. Au contraire, les
cultes de Zoroastre, de Brahma et de Boudha leur sont
totalement étrangers, et ceux qui les professent leur
paraissent devoir être placés au plus bas degré dans
l'échelle de la considération publique.

La totalité du Dié est due pour toute mutilation qui
anéantit complètement un organe essentiel à l'homme :
cette suppression d'organe est donc considérée comme
une mort partielle. Telle est la perte de la vue, soit par
la privation des deux yeux, soit par la privation de l'œil
d'un borgne ; telles la perte de l'ouïe, celle de l'odorat,
celle du goût ; l'amputation des deux mains, considérées comme le principal instrument du sens du
tact ; l'arrachement de la langue, qui ôte la faculté
de la parole ; la mutilation des parties génitales,
etc., etc.

La moitié du Dié seulement est due pour l'amputation d'une seule main, pour la privation d'un seul œil,
et ainsi de suite.

En suivant la même règle de progression décroissante,
on trouve, par exemple, que le Dié de chaque doigt est
du dixième du Dié entier.

Nous ne multiplierons pas davantage les indications
de ce genre. Elles suffisent pour montrer, dans la fixation
proportionnelle des compositions pécuniaires, l'esprit
mathématique de la législation arabe, de même que

certaines appréciations de fait révèlent la subtilité de ses vues philosophiques.

Il nous reste à parler de l'*Adquila*. Nous retrouvons dans cette communauté des musulmans les principes de solidarité et de responsabilité que nous avons rencontrés tout vivants dans la famille celtique et dans le clan écossais, chez les *Bauggildis* et *Upnâmadmen* des Scandinaves, et au sein des *Friborgs* des Anglo-Saxons et du *Mundium* des Francs-Saliens (1).

L'Aâquila se compose pour le musulman :

1° De ses Aâcibs par la parenté ;

2° De ses Aâcibs par l'affranchissement, c'est à-dire de ses patrons ;

3° De ses affranchis ;

4° Et enfin de son divan, c'est-à-dire des musulmans inscrits avec lui sur les registres publics, pour être assistés du *Beit-el-mâl*, ou trésor public de la communauté.

Pour le *Diunny* (client ou infidèle patronné, autorisé ; de *Diéunn*, clientelle), l'Aâquila se compose de ses coréligionnaires portés sur les mêmes contrôles de capitation que lui.

Voici maintenant les cas de responsabilité et de solidarité de l'Aâquila.

Le principe qui transporte la responsabilité d'un fait à l'Aâquila est fondé sur la non imputabilité morale de ce fait à l'individu qui en est l'auteur. Ainsi les blessures par imprudence sont, en règle générale, à

(1) Chap. 7. §§ 2, 3 et 4.

la charge de l'Aâquila : l'acte intentionnel de l'enfant qui agit sans discernement est assimilé à l'acte par imprudence. Il en est de même de l'homicide commis par un individu en état d'aliénation mentale.

Le Dié personnel étant la rançon du talion, il n'y a pas lieu à cette espèce de Dié quand le talion n'est pas applicable. Ainsi, pour les blessures, même intentionnelles, telles que l'écrasement des testicules, le brisement des reins, etc., il n'y a pas lieu au talion, à cause du danger de mort.

Or, comme on ne donne point la mort à un individu libre pour avoir donné la mort à un esclave (1), et qu'on ne lui inflige pas non plus des blessures quand il a blessé un esclave, il est encore de principe que, pour qu'il y ait lieu à la responsabilité de l'Aâquila, il faut que la victime soit un individu libre.

Une autre condition pour qu'il y ait lieu à la responsabilité de l'Aâquila, c'est que la preuve de l'homicide ou des blessures soit établie autrement que par l'aveu de celui qui en est l'auteur.

On conçoit, en effet, qu'il ne doit pas pouvoir dépendre d'un membre de la communauté d'engager la communauté tout entière par son allégation, et de lui imposer des charges dont lui-même ne serait astreint à payer qu'une part imperceptible.

Enfin l'*Aâquila* n'est responsable de la réparation

_____

(1) Ou paie le prix de l'esclave tué à quelque valeur qu'il puisse 'élever : ce prix peut donc dépasser celui du Dié du musulman ou tout au moins du *Kitâby*.

pécuniaire que quand elle s'élève au moins au tiers du Dié entier, soit de l'auteur de la blessure, soit de la victime. Ainsi, si la victime est un chrétien, la réparation pécuniaire, pour retomber à la charge de l'Aâquila, devra s'élever au moins au tiers de la somme de 500 *dinars*, qui est le Dié entier du *Kitâby*.

On impose le paiement du Dié entier à l'Aâquila avec termes échéant dans le cours de trois années : si un tiers seulement est dû, ce tiers se paie au bout d'une année.

Il y a un cas où l'Aâquila se groupe d'une manière qui rappelle les clans celtiques venant soutenir un de leurs membres devant la justice, où plutôt les *compurgateurs* germaniques se rassemblant en grand nombre pour déposer de l'innocence de leur parent ou de leur ami, injustement accusé.

Lorsque, en présence d'une très-vague présomption d'homicide, les héritiers de la victime refusent de prêter les serments du Réçâlé, on réfère ces serments aux défendeurs, c'est-à-dire d'abord à ceux qui auraient commis l'homicide ou les blessures, et ensuite à tous les membres de leur Aâquila ou communauté. Donc, chacun de ces membres, quel que soit leur nombre, est tenu de prêter cette espèce de serment de *compurgation*; car quiconque s'y refuserait serait par cela seul tenu à sa part contributive du Dié.

Nous remarquerons, comme un trait caractéristique de la législation mulsumane, que si l'auteur de l'homicide par imprudence est couvert de toute responsabilité pécuniaire par son Aâquila, il n'en est pas moins tenu de l'expiation personnelle par les bonnes œuvres. Cette expiation consiste dans l'affranchissement d'un esclave musulman, ou, si l'auteur de l'homicide n'a pas d'esclave, dans un jeûne de deux mois consécutifs. C'est une véritable *pénitence* que l'Iman est chargé de faire exécuter.

Enfin, il paraîtrait que l'inégalité entre l'homme et la femme est moins radicale, d'après le Koran, que ne l'ont dit plusieurs publicistes; car on donne la mort au musulman pour avoir commis un meurtre sur la personne d'une musulmane : de même « on applique « le talion à la femme pour blessures faites à « l'homme, et *à l'homme pour blessures faites à la* « *femme.* »

Cette législation sur l'homicide et sur le talion offre donc quelque chose de plus suivi et de mieux réglé dans son ensemble que les législations germaniques dont nous avons donné l'analyse. Moins sanguinaire que la religion d'Odin, la religion de Mahomet avait, pour ainsi dire, cet avantage sur notre religion, qu'elle était sortie des idées et des mœurs barbares pour les réglementer, pour les améliorer, mais non pour les changer radicalement. Elle s'adaptait donc mieux et plus naturellement aux exigences de la vengeance du sang et du talion que ne pouvait le faire le Christianisme, en présence des lois et des coutumes des Germains du 1⁰ siècle. La religion évangélique, qui commande l'oubli des injures, ne pouvait que tolérer dans les lois ce qui restait de la vengeance et du talion, en attendant qu'elle l'abolît entièrement. De là ces demi-concessions qu'elle faisait aux préjugés et aux mœurs du temps ; de là ces tiraillements, ce manque de logique que l'on remarque précisément à un plus haut degré dans les législations barbares, où le clergé a le plus fait pénétrer son influence : tel est, par exemple, le *forum judicum.*

Mais aussi, si la législation musulmane a atteint, peu d'années après Mahomet, la perfection relative, si elle a réglementé aussi bien que possible la vengeance du sang en la conciliant avec l'intérêt social, elle ne pourra pas sortir de ce cercle d'idées où elle se sera renfermée. Tout progrès vers une civilisation plus élevée lui sera interdit, sous peine d'être infidèle à ces croyances mêmes, avec lesquelles elle s'est, pour ainsi dire, étroitement entrelacée.

Au contraire, dans la législation européenne du moyen-âge, il y aura déchirement et lutte pendant longtemps ; l'élément chrétien se trouvera en guerre sourde avec l'élément barbare jusqu'à ce qu'il le dompte ou qu'il l'absorbe : mais enfin ce jour finira par arriver ; alors l'harmonie se trouvera établie entre nos lois temporelles et nos dogmes religieux ; car l'individu et la famille auront achevé de déposer entre les mains de la société leur vieux droit de vengeance, de même que le chrétien remet entre les mains de Dieu le pardon des injures qu'il a reçues.

CHAPITRE XII.

LÉGISLATION MUSULMANR. — SUITE.

Avortement. — Assassinat proprement dit, soumis à la justice sociale. — Vol. — Crimes contre les mœurs. — Crimes contre la religion — Réflexions.

Pour les crimes autres que le meurtre et les blessures, nous ne retrouvons pas, en général, l'institution du Dié, ou la composition pécuniaire. Nous voyons seulement qu'il est dû, pour le fœtus de la femme libre dont on a causé l'avortement, une indemnité de 50 dinars ou de 600 drachmes, et qu'on peut choisir de fournir à la place un esclave ou une petite servante d'une valeur identique (1).

Il est donc faux que toute la législation musulmane repose sur le Dié.

Or, nous lisons dans les récits d'un voyageur en Afrique : « Chez les Arabes, l'autorité judiciaire n'in-« tervenait que sur la plainte des parties intéressées, « et n'appliquait la peine de mort que si l'auteur de

(1) Répçâlé, traduct. de B. Vincent, p. 88.

« l'assassinat refusait, ou n'avait aucun moyen de s'ac-
« quitter du Dié (1). »

Cela est vrai, comme nous l'avons vu dans le chapitre
précédent, quand il s'agissait du meurtre et des blessures ; mais cela est faux sous la forme générale et
absolue que lui donne ce voyageur. Il y a encore
une autre justice chez les Arabes que la vengeance du
sang régularisée ; il y a encore d'autres poursuites
qu'exercent les parents de la victime. C'est à l'iman,
c'est-à-dire au représentant de l'autorité, qu'il appartient
d'informer pour *l'homicide de Ghilé*, ainsi que pour
l'homicide de brigandage. L'homicide de Ghilé est l'assassinat commis perfidement et clandestinement, et
principalement celui qui a le vol pour objet. L'homicide
de brigandage n'a pas besoin d'être défini. L'un et l'autre
sont punis de mort. « Il n'y a pas de pardon, dit le
« *Réçâlé*, pour le brigand duquel on s'est rendu maître :
« s'il a donné la mort, on doit indispensablement lui
« donner la mort ; s'il n'a pas donné la mort, l'iman
« apprécie la gravité de ses méfaits et la durée de son
« crime, et alors il lui inflige ou la mort simple, ou
« la mort après avoir été attaché à un poteau, ou
« l'amputation d'un pied d'un côté du corps et de la
« main de l'autre, ou l'exil dans une localité où il de-
« meure emprisonné jusqu'à ce qu'il se repente (2). »

Il y a sans doute dans le choix de ces peines diverses

(1) Félix Mornand, *Voyage inédit de Philippeville au désert* (*Illustration*, 15 février 1851.)
(2) Réçâlé, p. 89.

un immense arbitraire, et il est vrai de dire qu'en fait, les plus sévères sont toujours appliquées. L'emprisonnement est beaucoup moins usité chez les Arabes et même chez les Turcs, que les peines corporelles ; mais on voit que cette espèce de pénalité existe en droit, et qu'elle pourrait même avoir le caractère pénitentiaire. Mais voici une disposition législative encore plus remarquable : « Si le brigand coupable d'homicide s'est « présenté repentant avant qu'on soit devenu maître de « lui, on le tient quitte de tous droits appartenant à « Dieu à raison de son brigandage, et on répète contre « lui les droits appartenant aux hommes relativement « aux personnes et aux propriétés (1). »

Ainsi le repentir, manifesté par la présentation même du coupable devant l'iman ou le kadhy, efface son crime devant le ciel. La justice sociale, qui n'a d'autres droits sur l'homme que ceux qu'elle tient de Dieu, ne peut plus poursuivre l'homme qui est venu spontanément comparaître et s'humilier devant elle. Mais alors reparaissent les vengeurs du sang, qui auraient été écartés du débat si on s'était emparé de force du brigand, comme d'un ennemi public : alors, à la place de la justice sociale qui a quitté la scène, se montre de nouveau la justice privée, celle des *Adcibs*, qui peuvent requérir contre l'accusé ou le talion ou la composition pécuniaire.

Le pardon de Dieu et de la société n'implique donc pas du tout le pardon des hommes ou des familles

(1) Réçalé, p. 89.

lésées. Le droit social et le droit privé sont considérés
comme deux droits juxtaposés qui ont chacun leur
existence propre : seulement le second, étant d'un ordre
inférieur, ne s'exerce que quand l'autre renonce à toute
action. Cela explique comment, dans la législation
mozarabe ainsi que dans la législation espagnole, la
grâce royale ne peut donner la vie à l'assassin que
lorsque la victime ou la famille de la victime renonce
elle-même à son droit privé de vengeance.

Or, dans un pareil ordre social, la justice sauvage
a encore fait ses réserves contre la justice de la civilisation : elle ne donne à la société qu'une démission
conditionnelle, prête à revendiquer l'exercice de ses
droits, si le supplice de l'offenseur n'égale pas au
moins la lésion faite à l'offensé.

Dans notre régime moderne, au contraire, où l'idée
chrétienne est plus complétement réalisée, l'individu et
la famille ont donné leur blanc-seing à la société, et
lui ont laissé le plein et entier exercice de la justice et
du pardon. Mais il n'en résulte pas que la société soit
investie d'une sorte d'arbitraire en fait de pénalité, et
qu'il lui soit loisible de rester, dans la répression des
meurtres, au-dessous des justes exigences qu'auraient
pu avoir les membres lésés, s'ils ne s'en étaient pas
remis à elle du soin de leurs vindictes de famille. Il y
a un certain équilibre entre la faute et l'expiation, dont
la conscience privée de l'offensé est la première appré-
ciatrice, et si une satisfaction suffisante ne lui est pas
donnée, la conscience publique flétrit l'excès de relâche-

ment dans la peine comme une trahison de la société, comme une véritable prévarication de la justice de l'Etat.

La sévérité de la législation arabe est très-grande encore dans les dispositions relatives à la complicité. « On inflige la mort, dit le Réçâlé, à plusieurs indi- « vidus pour le meurtre d'un seul, dans le cas du « Ghilé ou de brigandage, quand même la mort n'aurait « été donnée que par l'un d'eux (1). » L'assimilation de la complicité au crime principal est donc entière, et le brigand est réputé complice de l'assassinat par le seul fait qu'il faisait partie de la bande.

En Turquie, aujourd'hui encore, les voleurs de grand chemin sont pendus ou empalés (2).

Quant au vol ordinaire, les peines qui le répriment nous paraissent plus barbares encore et plus singulières à notre point de vue européen. Suivant le rite de Malek, quiconque a volé un quart de *Dinar* d'or ou un objet valant trois drachmes au jour du vol, subit l'amputa- tion (3) de la main droite, quand cet objet a été volé dans un *Hhirz* ou lieu de sûreté.

En cas de second vol, on coupe au voleur le pied gauche ; on lui coupe la main gauche, s'il en commet un troisième ; le pied droit, s'il en commet un quatrième ;

---

(1) P. 83 et 93, traduct. déjà citée.

(2) *Code pénal*, tit. VI, p. 317.

(3) Dans le rite d'Haneefah, il faut que la valeur de l'objet volé s'élève au moins à cinq dinars (65 francs environ), pour qu'il y ait lieu à l'amputation. — Mills, cité par Rosseew Saint-Hilaire, *Hist. d'Espagne.* t. III, p. 116.

enfin, en cas de nouvelle récidive, on lui inflige des
coups de courroie et l'emprisonnement (1). Il faut donc
deux conditions principales pour que la peine de la
mutilation soit applicable : la première, c'est que la
valeur de trois drachmes soit reconnue par la loi à l'objet
volé ; ainsi, si cet objet est du vin, qui n'a pas de valeur
légale chez les musulmans, point d'application possible
de la peine ; il en est de même si l'on soustrait des chiens,
parce que la vente en est défendue ; la seconde condition,
c'est qu'il faut que la chose volée ait été prise dans un
Hhirz ou lieu de sûreté, et qu'elle en ait été retirée.
Or, la tente sert de *Hhirz*, non-seulement à ce qui y
est déposé, mais encore à elle-même. Le vol de la tente
est donc puni de l'amputation, comme le vol d'un objet
déposé dans la tente.

Le tombeau sert de *Hhirz* au linceul qui enveloppe
le cadavre.

Il n'est pas nécessaire que le voleur soit entré dans
le Hhirz ; il suffit qu'il en ait fait sortir l'objet volé.
Ainsi, par exemple, si en présentant un appât à la chèvre
ou à la brebis, il l'a emmenée en dehors de son étable
ou *Mordhh* (2), la circonstance aggravante existe.

Il n'y a pas lieu à l'amputation pour le vol de fruits
pendants à l'arbre, ni de moelle de palmier dans le
palmier, ni de brebis au pâturage.

Mais cette peine est applicable à celui qui vole dans

(1) P. 107, 108 et 109 de la traduct. déjà citée.
(2) P. 107 et 109 de la traduction du Réçàlé, de Vincent.

une poche, dans un grenier, dans le trésor de la communauté *(Beit-el-mâl)* et dans le butin. Cependant, dans ce dernier cas, des auteurs soutiennent qu'on ne doit lui faire subir l'amputation que s'il excède de trois drachmes la part qui devait lui revenir (1).

Dans les autres cas de vol, la peine n'est que correctionnelle et à l'arbitrage du juge (2), de plus, la restitution de l'objet est toujours due.

Une conséquence singulière de la nécessité de pouvoir évaluer en argent l'objet volé, pour qu'il y ait lieu à l'amputation, c'est que cette peine, qui s'applique à l'enlèvement de l'enfant esclave, ne saurait s'appliquer à celui de l'enfant libre. Dans cette circonstance, comme dans bien d'autres, on trouve chez les musulmans un servile assujétissement à la *lettre* de la loi. Il y a là une certaine analogie avec leur religion, pour laquelle les pratiques extérieures sont au premier rang, tandis qu'elle ne s'occupe presque pas de l'état intérieur de l'âme. *L'esprit qui vivifie* manque aux rites du Koran comme aux rites légaux que l'on fait découler des enseignements de Mahomet.

Il nous reste à examiner la pénalité relative aux crimes contre les mœurs et contre la religion.

L'adultère a toujours été puni avec sévérité dans le vieil Orient. Avant Mahomet, les anciens Arabes enfer-

(1) P. 111, traduct. déjà citée.
(2) Dans ces cas-là, c'est surtout la peine de la bastonnade qui est appliquée. « Le bâton, dit le Koran, est un instrument descendu du ciel. »

maient les adultères entre quatre murs, pour les y laisser
périr dans les tourments de la faim. Mahomet condamne
l'adultère à la lapidation jusqu'à ce que la mort s'en-
suive. Mais il faut, pour qu'il y ait lieu de faire l'application de cette loi , que les deux coupables soient
mohhein, c'est-à-dire majeurs , sains d'esprit, musulmans, libres et mariés. S'il ne sont pas *mohheins*, ils
en sont quittes pour cent coups de courroie , l'exil ou
l'emprisonnement d'une année. La femme mariée et
remplissant les conditions ci-dessus exigées est *mohhein*. Par conséquent, le père et le frère peuvent la
tuer, s'ils la prennent en flagrant délit. Le mari, suivant
la loi religieuse, ne devrait que la répudier ; mais il n'est
pas cependant poursuivi comme meurtrier s'il lui donne
la mort.

La preuve judiciaire n'est pas toujours facile à faire ;
car il faut, pour qu'elle soit complète, qu'il y ait eu ou
aveu, ou manifestation de grossesse, ou quatre témoins
libres, pubères et *aadl's*, qui aient vu le crime , *sicut
stylum in pixide stibii* (1).

On peut donc regarder cette pénalité contre l'adultère
comme comminatoire plutôt que comme effective.

Le législateur d'un peuple à qui la polygamie est
permise veut racheter par la sévérité des peines le dis-
crédit où il a fait tomber l'institution sacrée du mariage.
Il tend à effrayer par les supplices ceux pour qui le
relâchement de la morale domestique semble faciliter

---

(1) Cette formule n'est pas obligatoire ; Réçàlé, trad. déjà citée.

des jouissances coupables. Mais l'excès même de ces supplices répugne tellement aux juges chargés de les appliquer, que de telles condamnations deviennent infiniment rares. Les mœurs et l'opinion, même dans ce gouvernement despotique, semblent réagir contre les lois.

On peut faire les mêmes réflexions par rapport à la sodomie, qui est punie également de la lapidation (1), et qui se prouve de la même manière que l'adultère.

Le chrétien ou l'infidèle qui commet un attentat avec violence sur une musulmane libre, est puni de mort (2). Il peut cependant sauver ses jours en embrassant l'islamisme. On inflige le *hhadd* de la fornication (les 100 coups de courroie) à celui qui a cohabité avec la servante de son père, mais non pas au père qui a cohabité avec la servante de son enfant ; seulement, dans ce dernier cas, le père paie la somme à laquelle la valeur de la servante a été fixée (3). L'autorité paternelle aurait paru violée et foulée aux pieds si, pour un délit commis à son préjudice, un fils avait pu faire battre de verges son père ou son aïeul.

Une certaine latitude de juridiction est laissée au père ou chef de famille, lorsque des crimes de cette nature se commettent dans sa maison par un esclave et une servante lui appartenant. Il peut lui-même leur faire

---

(1) P. 100 du Réçâlé, trad. déjà citée.

(2) P. 99, *id.*, *Ibid.*

(3) P. 96, *ibid.*, Dans le temps de Ramazan, les crimes contre les mœurs sont punis avec un redoublement de sévérité.

appliquer le *hhadd*, s'il a la preuve judiciaire d'un fait semblable. Que si la servante est mariée à un homme libre ou à l'esclave d'un autre maître, c'est au sultan seul ou à ses représentants qu'appartiennent la connaissance et la punition du crime (1).

On voit que la juridiction domestique, qui existe toujours à un certain degré là où règne l'esclavage, est ici nettement séparée de la juridiction de l'Etat.

La bestialité, crime flétri par le Koran, doit être rigoureusement châtié : l'animal souillé est livré aux flammes; quant au coupable, une peine correctionnelle lui est infligée par le juge.

Le musulman libre qui a bu du vin est puni de 80 coups de courroie; l'esclave, de 40 (car, ne jouissant qu'à moitié des bienfaits de la vie, il ne doit supporter que la moitié de ses peines). Le chrétien ou infidèle n'est puni d'aucune peine s'il n'a pas donné de scandale public : en effet, cette action n'est pas contraire à sa loi.

Du reste, le délit d'ivresse doit être prouvé par deux témoins; mais il faut aussi que l'haleine avinée du coupable témoigne contre lui. On punit donc le fait flagrant; mais on ne le punit ni moins ni plus, qu'il ait été précédé ou non de faits semblables, qu'il y ait ou non habitude d'ivresse.

Les injures ou imputations déshonorantes appelées *Qadf* par les Arabes, sont punies de 50 à 80 coups de courroie, et, ce qu'il y a de singulier, c'est que si un

_____

(1) **P. 100**, Réçalé, trad, déjà citée.

individu coupable de crime capital l'est en même temps d'un Qadf, on doit lui appliquer la peine du Qadf avant de lui faire subir le dernier supplice (1).

Les crimes directs contre la religion sont punis avec une grande rigueur : nous transcrivons littéralement les dispositions du Réçâlé à cet égard :

« On met à mort le *Zindyq* sans avoir égard à son « repentir. Le Zindyq, c'est le musulman qui dissimule « l'infidélité.

« On met de même à mort le sorcier musulman (2) qui « a apostasié, à moins qu'il ne se repente, et on lui « donne pour se repentir un délai de trois jours. Cela « s'applique aussi à la femme musulmane.

« On donne à celui qui, sans apostasier et tout en « confessant l'obligation de la prière, déclare qu'il ne « priera pas, un délai déterminé ou réglé sur le temps « nécessaire pour faire une seule prière, et si, alors, il « ne s'est pas acquitté de cette prière, on le met à mort.

« Celui qui omet de s'acquitter de la prière en niant « l'obligation est assimilé à l'apostat; on l'invite trois « jours à se repentir, et si, alors, il ne s'est pas repenti, « on le met à mort.

« Celui qui blasphème le prophète de Dieu est mis « à mort sans qu'on ait égard à son repentir.

« Le Dimmy qui le blasphème par autre chose que « ce qui constitue son infidélité, ou qui blasphème Dieu

(1) P. **103**, trad. déjà citée.
(2) **Le sorcier infidèle n'est puni que d'une peine correctionnelle**

« par autre chose que ce qui constitue son infidélité (1),
« est mis à mort, à moins qu'il n'embrasse l'islamisme.
« La succession de l'apostat est dévolue à la commu-
« nauté des musulmans. »

Ainsi, pour chacun de ces délits religieux, la mort,
toujours la mort! L'omission même de la prière est un
crime capital. Mahomet prêchait le Koran le glaive à
la main, et disait : « Crois ou meurs ! » La loi renchérit
encore sur cette formule première, en disant : « Prie ou
meurs ! » Tout l'esprit de l'islamisme est là. Ce n'est
pas par la persuasion et l'amour que cette religion se
répand et se maintient : c'est par la crainte et la terreur.
La foi, qui est chez le chrétien le volontaire acquiescement de l'âme ; la prière, qui est le doux commerce du
cœur avec la divinité ; enfin toutes les pratiques du culte,
dont la liberté fait le mérite et la grandeur, sont imposées
à l'homme dans l'islamisme par le despotisme de
l'homme. C'est bien la loi servile des descendants
d'Ismaël, le fils de l'esclave, mise en contraste avec la
loi de grâce des descendants d'Isaac, le fils de la femme
de naissance libre.

Et cette religion qui enferme les parties les plus nobles de l'humanité, c'est-à-dire le cœur et l'esprit,
dans des limites si étroites, dans de si insupportables
étreintes, laisse au contraire un champ très-large à

_____

(1) Ainsi le chrétien qui aura dit que Jésus-Christ est le fils de Dieu,
ou que Mahomet n'était pas prophète, ne sera pas mis à mort, parce
qu'il n'aura fait en cela qu'énoncer une proposition du dogme de sa
religion ; il ne sera que châtié correctionnellement.

l'exercice de nos facultés les moins nobles, celles des
sens. Les facilités du divorce, et surtout de la répudiation de la femme par le mari ; la polygamie étendue de
plus en plus dans son application pour les sultans, les
pachas et les hauts fonctionnaires de l'état ; la permission
qu'ils ont d'avoir des concubines sans nombre : toute cette
législation rabaisse la femme jusqu'à n'être qu'un instrument de plaisir pour l'homme ; et l'épouse légitime ne se
relève un peu dans la famille musulmane que par la
comparaison avec les concubines proprement dites, en-
foncées plus bas qu'elle-même dans l'abjection de l'esclavage.

Il semble donc que plus l'intelligence est asservie
par l'ordre religieux, plus on doit accorder de liberté
aux sens. Au contraire, plus on veut affranchir l'intelligence, plus il faut que les sens soient enchaînés.
L'humanité a besoin, pour pouvoir vivre et prospérer,
d'une certaine mesure de liberté et d'autorité. Il s'agit
de savoir seulement comment ces deux éléments peuvent
être répartis de la manière la plus convenable à la dignité
de sa nature. Sous ce rapport, la solution mahométane
peut-elle être un moment mise en balance avec la solution chrétienne ?

Qu'on y prenne garde pourtant, il faut qu'une nation
ait une *religion* ; c'est le *lien* nécessaire à son existence
morale. Si donc elle ne veut pas d'une religion de liberté,
il faudra qu'elle courbe la tête sous le joug d'une religion
de servitude. Alors, comme autrefois et encore aujour-
d'hui dans l'islamisme, des cérémonies et des prières

seront commandées aux hommes sous peine de mort, et il faudra créer un nouveau livre dans le Code pénal afin d'étayer la loi religieuse. Pour l'Europe chrétienne, serait-ce là le progrès ?

CHAPITRE XIII.

LÉGISLATION MUSULMANE. — SUITE.

Organisation judiciaire chez les Musulmans.

Nous avons déjà dit que Mahomet lui-même rendait des décisions judiciaires qui ont fait la première base des recueils de lois composés plus tard sur les matières civiles et criminelles.

Après Mahomet, et dans les premiers temps de l'Islam, le Khalife continua de rendre la justice lui-même, d'apaiser les querelles et de punir les crimes d'après le Koran et la tradition : les audiences qu'il donnait à certains jours étaient de véritables *lits de justice*, où il prêtait l'oreille aux plaintes des derniers de ses sujets. Cinq classes diverses d'employés devaient assister à l'audience (1).

Omar fut le premier khalife qui commenca à partager et à déléguer régulièrement le pouvoir judiciaire ; il fit un écrit remarquable sur les devoirs austères qui incombaient à la charge redoutable de juge (kadhy ou qadhy).

(1) De Hammer, p. 167, *Tableau de l'empire ottoman.*

« Rendre la justice, dit-il, est un devoir institué par
« ordre de Dieu. Décide avec équité les points difficiles
« qu'on te soumet, afin que le puissant ne s'autorise
« pas de ta partialité, et que le faible ne désespère pas
« de ta justice. C'est à celui qui accuse de fournir la
« preuve, et à celui qui nie de prêter serment... Que la
« sentence que tu as rendue hier ne t'empêche pas
« aujourd'hui, quand ton sens plus rassis t'a remis sur
« la voie de l'équité, de rétracter un arrêt injuste, car
« le droit reste toujours à la même place, et il vaut
« mieux y revenir que s'égarer dans l'erreur. Quand le
« doute s'élève dans ton cœur sur un point que le Koran
« et la Sama n'ont pas fixé, étudie les cas de jurispru-
« dence analogue et décide par eux. Donne à celui qui
« doit fournir la preuve de l'accusation un délai au-delà
« duquel l'accusation devient nulle de droit... Tous les
« musulmans peuvent témoigner, sauf celui qui est sous
« le coup d'une condamnation, celui qui a été convaincu
« de faux témoignage et celui dont on ne connaît pas la
« généalogie. Garde-toi de l'impatience et de l'animosité
« dans la recherche de la vérité et du droit, car celui
« qui sait s'en préserver trouve sa récompense auprès
« de Dieu (1). »

On ne peut pas nier qu'il n'y ait quelque chose de
religieux et de solennel dans un pareil langage. Pour le
vrai et pieux mahométan, les fonctions de kadhy ou de
juge sont des fonctions redoutables qu'il ne doit pas

(1) De Hammer, *Tableau de l'empire ottoman*, p. 206.

briguer. Plusieurs personnages distingués se sont fait,
en les refusant ou en tâchant de s'y dérober, une réputation de justice et de sainteté. C'est ainsi que Khasmesah,
profond jurisconsulte, fondateur de l'un des quatre principaux rites qui se partagent l'empire ottoman, aima
mieux passer les dernières années de sa vie en prison et
y mourir, que de céder aux instances du khalife Almansour, qui voulait le forcer à accepter les fonctions de
kadhy. On cite encore l'exemple de Ben–Farroukh, né
en Espagne en l'an 115 de l'hégire. Ce docteur se fixa
d'abord à Qeyraouân, en Afrique. Puis il alla étudier en
Orient sous Malek et Abou–Haneefah, et là il rédigea des
propositions de jurisprudence dont on porte le nombre
à dix mille. A son retour en Afrique, il y ouvrit une école
à son tour. On voulut l'y nommer kadhy : son premier
mouvement fut celui d'une religieuse frayeur en présence
de la responsabilité de ces fonctions difficiles. En conséquence, il refusa. Les anciens et les principaux du
peuple insistèrent auprès de lui, mais en vain.

Alors on vit, sur le sol de l'Afrique, un débat d'une
nature étrange et une scène d'une couleur tout à fait
orientale.

Ben–Farroukh est saisi et lié par les habitants de
Qeyraouân : on le fait asseoir de force dans la mosquée,
et on commande aux plaideurs de venir lui soumettre
leurs causes : mais lui, dès qu'il les voit s'avancer, se
met à pleurer en les suppliant d'avoir pitié de lui.
Aussitôt on le charge de nouveaux liens, on s'empare de
sa personne, on le porte sur le toit de la mosquée et on

le menace de l'en précipiter s'il persiste dans son refus. Il ne veut pas encore céder à ces menaces : mais quand il voit qu'elles deviennent sérieuses, il consent à reprendre sa place sur le siége de kadhy. Là on le garde à vue jusqu'à ce que deux plaideurs se présentent. Puis, au moment où ceux-ci lui expliquent leur cause, le voilà encore qui se met à pleurer en les conjurant de se retirer et en demandant qu'on lui épargne la douleur d'exercer de telles fonctions. Enfin, on se contente d'exiger de lui qu'il désigne un homme capable de remplir à sa place l'emploi de kadhy. Il fait cette nomination et se retire ensuite en Egypte, où il meurt (1).

Cette modestie, ou, si l'on veut, cette humilité musulmane, a quelque chose de remarquable ; et le fait, s'il est authentique, témoigne d'un esprit vraiment religieux.

Peut-être ces anecdotes ont-elles été, sinon inventées, au moins embellies par la fiction, afin de donner aux kadhys un respect religieux pour les fonctions qu'ils sont appelés à exercer.

Le fait est que leur responsabilité est grave et délicate.

Le kadhy, dans l'institution primitive de Mahomet,

---

(1) Note du discours préliminaire du Réçâlé, par B. Vincent, auteur déjà cité, pp. 23 et 24. On cite encore l'exemple du docteur Chebthoun, qui, après avoir appris le *Mouettha* de Malek en personne, revint l'enseigner à Cordoue, sa patrie : lui aussi refusa avec obstination les fonctions de kadhy, malgré l'insistance du khalife Heschâm ; pour se soustraire à la violence que ce prince voulait lui faire, il s'enfuit de Cordoue et n'y rentra que quand il fut sûr de n'être plus inquiété. Enfin, on parle d'Haneefah lui-même, qui était né à Corfou, l'an 80 de l'hégire, et qui fut mis en prison par le khalife Almansour, pour d'avoir pas voulu accepter la place de kadhy.

décide seul des contestations les plus importantes et condamne seul pour les crimes les plus graves. Il faut donc, comme cela résulte des instructions d'Omar, que celui qu'on élève à cette magistrature se distingue à la fois par la pureté de sa vie, sa droiture, sa sagacité et sa science de la loi, qui comprend à la fois la loi civile et la loi religieuse. Tout acte de simonie et l'achat à prix d'argent de sa magistrature entraînent sa destitution et annulent de plein droit ses arrêts et ses sentences. Il n'a pas d'appointements proprements dits, ni de salaire à prendre sur les plaideurs, ni de présents à recevoir ; seulement, il est entretenu aux frais de l'État, et reçoit, à titre d'aliments ou d'indemnité pour son temps perdu, des secours modiques (1).

Cependant, au-dessus du kadhy, il y avait dans l'empire ottoman un tribunal supérieur. C'est celui du kadhy des kadhys, qui était assisté de quatre assesseurs et qui jugeait les appels des kadhys de première instance. La juridiction de ce kadhy supérieur s'étendait sur les juges en même temps que sur les causes.

Il paraît, au reste, que sous les premiers khalifes, chaque juge même inférieur avait auprès de lui des assesseurs permanents appelés *Oudoul* (les justes) ou *Schouhoud* (les examinateurs). Ces assesseurs avaient voix consultative, et le juge appelé Mufti ne rendait ses décisions les plus importantes qu'après avoir pris leur avis.

(1) De Hammer, *Tableau de l'empire ottoman.*

En Espagne, il y eut cela de singulier que les judicatures des kadhys devinrent héréditaires et prirent ainsi une couleur féodale. Les premiers d'entre eux cependant ne s'étaient point « rués sur le temporel, « comme le firent après eux les Beni-Gâchem, lesquels « étaient Malekys lorsqu'ils eurent été investis de la « judicature. Ceux-ci se transmettaient les siéges à titre « d'héritage, de la même manière que l'on transmet des « terres (1). »

Il fallait que les conquérants de l'Espagne eussent subi à un bien haut degré l'influence des nations conquises, pour avoir dévié à ce point des principes musulmans de l'égale admissibilité aux emplois de judicature d'après le mérite personnel. Rien n'était plus antipathique à l'esprit de la législation du Koran que l'hérédité des terres et des fonctions.

Du reste, ainsi que nous l'expliquerons plus tard, on ne respecte et on n'observe plus aujourd'hui dans l'empire turc et dans tout l'Islam les sages préceptes de Mahomet et d'Omar sur l'équité et l'intégrité des juges.

Cependant, il y a eu dans l'empire de l'islamisme des révolutions et des réformes qui auraient dû en rajeunir la vieillesse. Ainsi, quand la dynastie des khalifes fatimites, sectateurs d'Ali ou Schyites, eut été renversée en Egypte, le sultan Saladin déposa tous les juges Schyites, et favorisa spécialement le rite schaféite

(1) Discours préliminaire du Réçâlé, par B. Vincent, p 25.

auquel il appartenait lui-même. Cependant il fonda des écoles de jurisprudence pour les autres rites, et après lui, en l'an 665 de l'hégire, El-Mélik-Ed-Dhâer-Bibars institua au Caire quatre tribunaux, un pour chacun des quatre rites, et cette institution s'y est perpétuée jusqu'à nos jours (1).

C'est surtout depuis la fondation de ces écoles, que les savants et lettrés qui en sortirent formèrent une espèce de corporation sous le nom d'Ulémas.

Et ici, quelques explications sont nécessaires.

L'institution de l'Eglise est essentielle à la religion catholique ; elle remonte au berceau même du christianisme. Dans cette religion purement spirituelle, et qui ne s'appuya lors de sa fondation sur aucun gouvernement terrestre, sur aucune force humaine, il dut y avoir dès le principe une association, une société de fidèles, hiérarchiquement organisée. Quand ensuite, au nom de la société temporelle, l'Etat reconnut l'existence de l'Église, il eut à régler avec elle les rapports qui durent les lier ensemble ; mais celle-ci ne changea rien à son organisation intérieure : elle continua d'avoir son existence propre et indépendante. Un certain nombre de membres du clergé entrèrent dans les grandes charges

---

(1) Discours préliminaire des *Études sur la loi mulsumane*, par B. Vincent, pag. 27. Un auteur a comparé les différences de ces quatre rites aux rites romain, syriaque et arménien chez les catholiques. Mais cette comparaison n'est pas juste : car il n'y a là que des différences de liturgie, tandis que dans la religion unitaire de Mahomet, la diversité des rites entraîne la diversité des législations.

et les fonctions élevées de l'État; mais ces fonctions
étaient exceptionnelles et en dehors de la mission spéciale du sacerdoce. — C'était une espèce d'emprunt que
faisait à l'Eglise la société temporelle, qui ne trouvait
pas dans son sein des lumières suffisantes, et qui allait
chercher sur les siéges épiscopaux et jusque dans les
cloîtres d'habiles administrateurs ou de grands ministres. Mais le chef de l'empire n'avait qu'à dire comme
Charlemagne : « *Nemo militans Deo implicet se negotiis sæcularibus* (1) ; » et aussitôt l'évêque retournait à
son siége, le moine allait se renfermer dans son cloître,
le prêtre rentrait dans le sanctuaire, sans que l'Église
songeât à élever la moindre réclamation, la moindre
protestation contre une pareille mesure. Au contraire,
elle n'avait fait que tolérer, pour le bien de la société
temporelle, l'immixtion de ses pontifes dans les *affaires
séculières* ; elle les voyait avec joie rendus, sans mélange et sans partage, à leur vocation première et à leur
mission spirituelle. Ainsi, dans tous les États vraiment
chrétiens, la position et les prérogatives du sacerdoce
étaient reconnues et acceptées, mais elles étaient en
même temps nettement définies.

Au sein de l'islamisme, au contraire, il n'y a rien qui
réponde à ce qu'est l'Église dans les états catholiques,
rien qui ressemble au corps hiérarchique que nous appelons le clergé.

Mahomet, dont le génie était grand, sans doute, mais

---

(1) Saint Paul, épit. à Timothée, chap. II, v. 4

borné comme tout génie humain qui procède de la seule raison, voulut une chose impossible : il tenta de fonder une religion sans sacerdoce. *Pas de sacerdoce en Islam*, a-t-il dit dans le Koran (1). Qu'arriva-t-il? C'est qu'il s'établit une espèce de sacerdoce en dehors des prescriptions de son livre sacré. Or, ce corps devint d'autant plus puissant et plus dangereux que le Koran, qui n'avait pas prévu son existence, ne pouvait pas avoir limité ni circonscrit ses attributions.

Comment naquit ce sacerdoce dont Mahomet avait cru pouvoir se passer? Il naquit, pour ainsi dire, de la force des choses. La tradition s'altérait. Le Koran, livré à des interprétations diverses et contradictoires, donnait lieu non-seulement à l'établissement de rites différents que nous avons fait connaître, mais à la naissance de sectes opposées et ennemies (2). La masse du peuple, enthousiaste mais profondément ignorante, ne savait à qui entendre. Il fallait donc une autorité qui l'empêchât de s'égarer, une classe d'hommes chargés spécialement de maintenir l'explication du Koran. Or, pour sauver cette orthodoxie, il fallut commencer par la violer; il fallut autoriser ce que Mahomet avait formellement interdit, l'institution d'un véritable sacerdoce.

Dans l'islamisme, le dogme religieux est fort simple et se réduit à peu près à un déisme pur; il semble con-

(1) *Lettres sur la Turquie*, Ubicini, t. 1er, p. 57.
(2) Par exemple, celle des *Schyites* qui dominent en Perse et dans une grande partie de l'Asie. On compte jusqu'à soixante-dix sectes et sous sectes non orthodoxes au sein de l'islamisme.

tenu tout entier dans la formule célèbre : *Dieu est Dieu
et Mahomet est son prophète.* Mais il n'en est pas de
même de ses préceptes pratiques et de ses enseignements moraux, qui sont fort multipliés et fort complexes.
Sur ces derniers points, les doutes et les scrupules des
croyants à la fois sincères et illettrés allaient toujours se
multipliant à mesure que s'éteignaient les derniers compagnons du prophète. Le Koran était souvent dans ses
prescriptions d'une brièveté désespérante et d'une
obscurité telle, que les lumières d'un interprète nourri
des saines traditions pouvaient seules la dissiper. Ainsi
on y lit ce passage : « Ceux qui désirent acquérir la
« piété doivent garder de souillure leurs sept membres,
« de peur qu'ils ne deviennent pour eux les sept portes
« de l'enfer. » Mais, comme le fait observer un auteur
moderne (1), quels sont ces sept membres (2)? En quoi
consistent ces souillures? le livre n'en dit rien. De là,
pour les bons et simples sectateurs de l'islam, la nécessité de recourir aux plus savants d'entre eux, aux disciples de ces grandes et célèbres écoles où l'on enseignait
les *rites orthodoxes.* Ils en vinrent insensiblement à les
considérer comme les interprètes naturels de la loi religieuse, et comme leurs guides dans la vie spirituelle : ils
les transformèrent ainsi peu à peu en de véritables prê-

_____

(1) M. Ubicini, *Lettres sur la Turquie*, p. 86. Guillaumin, Paris,
1851.

(2) Ces membres, suivant l'interprétation des Ulémas, sont les
oreilles, les yeux, la langue, les pieds, les mains, le ventre et les
parties sexuelles.

tres qui, sous le nom d'Ulémas, furent appelés à exercer une grande influence sur le peuple musulman.

Les croyants scrupuleux, qui craignaient d'omettre ou de ne pas bien comprendre certaines prescriptions relatives aux mariages et aux funérailles, réclamèrent encore pour ces cérémonies l'intervention des Ulémas, et quoiqu'une pareille intervention ne fût nulle part indiquée dans le Koran, ceux qui voulurent s'en passer, ainsi qu'on l'avait fait dans le principe, finirent par être regardés comme des indifférents en matière religieuse, et même flétris dans l'opinion comme des impies. Or, dans une loi où le spirituel et le temporel sont non seulement unis, mais confondus, l'influence acquise par les Ulémas dans les actes purement religieux du peuple musulman ne pouvait manquer de s'étendre bientôt aux diverses relations de la vie civile. Cet empiètement de la nouvelle corporation sacerdotale fut encore favorisé et accéléré par l'imprévoyante confiance que lui témoignèrent les khalifes. Les khalifes, dans le principe, étaient pontifes et juges en même temps que souverains ; ils récitaient la prière publique du vendredi, présidaient aux cérémonies religieuses du Ramazan et rendaient eux-mêmes la justice. Quand leur empire s'étendit, ils se laissèrent bien vite absorber par les soins de l'administration militaire et civile, et ils n'hésitèrent pas à se décharger sur les Ulémas des fonctions sacerdotales et judiciaires. C'est ainsi que ce corps joignit, à l'ascendant moral qu'il exerçait déjà sur l'esprit du peuple, une sorte de consécration légale et officielle

Dans l'origine, le khalife avait le droit d'appuyer toute entreprise guerrière ou toute réforme civile importante, sur une ordonnance sacrée ou *fetva*, qu'il promulguait en qualité de pontife, et qui avait dans l'islam la valeur qu'une bulle du pape avait au moyen-âge dans la chrétienté. Plus tard, le khalife remit à son délégué spirituel, le Cheik-ul-Islam, chef des Muftis, le soin de rendre le *fetva* qui déclarait les actes émanés du pouvoir politique conformes au Koran et obligatoires pour tous les fidèles. Tant que les khalifes ou sultans furent des princes guerriers et despotes, le *Cheik-ul-Islam* ou grand Mufti ne fut qu'un instrument docile entre les mains du monarque. Mais quand les sultans de Constantinople cessèrent d'être des chefs militaires, quand ils s'endormirent dans la mollesse au fond de leur sérail, quand les ressorts de l'autorité se relâchèrent entre leurs mains débiles, alors un pouvoir réel, pouvoir d'autant plus grand qu'il était plus vague et plus mal défini, s'éleva en face de celui du souverain. Le corps des *Ulémas* fit quelquefois au gouvernement de la Porte ottomane une opposition systématique, et il y eut des muftis qui, non seulement refusaient le *fetva* au sultan, mais qui encore frappaient d'anathème les réformes proposées par lui, comme contraires à la doctrine de Mahomet. De là des réformes de palais et des soulèvements de janissaires qui avaient pour mobile primitif et souvent inconnu le fanatisme perfide des Ulémas.

L'*Uléma* ou corps des Ulémas ne tarda pas à se partager en deux branches : la branche des Imans, chargés de présider aux cérémonies et pratiques religieuses, et la branche judiciaire comprenant les kadhys ou juges et les *Muftis* ou interprètes de la loi. Cette seconde branche est devenue beaucoup plus considérée et plus puissante que la première. Le corps des *Kadhys* a tendu sans cesse à s'enrichir par le droit de quarantième qu'ils prélèvent sur tous les procès soumis à leur juridiction, droit auquel ils joignent des profits secrets beaucoup plus considérables. C'est à eux qu'appartient l'administration des mosquées et de tous les biens qui en dépendent et qui proviennent des donations ou immobilisations connues sous le nom de *H'abous*, *Ouaf'f*, *H'abès* (1). C'est dans leur sein qu'est choisi le chef de l'Uléma, dont les attributions sont si importantes et si étendues. La suprématie des Ulémas n'est pas contestée : quand ils exercent une magistrature civile, ils ont sur les Imans une juridiction qu'on pourrait comparer à celle de nos évêques sur le clergé de leur diocèse.

Le corps des Ulémas n'est cependant pas une aristocratie. Comme le Mandarinat chinois, il est accessible à tous, mais au prix d'un noviciat long et pénible. Tout étudiant doit être nourri, entretenu et enseigné aux frais d'une des mosquées auxquelles est jointe une école. Après qu'il y a étudié dix ou douze années, et qu'il a subi les premières épreuves, il peut devenir Iman. Il

---

(1) Voir le grand ouvrage sur la jurisprudence musulmane, par M. Perron, l'un de nos premiers *Arabisants*, t. v, pp. 24 et 25. (L'auteur a eu l'obligeance de me communiquer ce passage en feuilles, le 5ᵉ volume n'ayant pas encore paru). Ces biens, qui s'appellent Evcafl, ou Vakoufs, forment les deux tiers de la propriété foncière en Turquie

faut de plus quelques années d'études et un nouvel examen pour devenir *Mulazim* (préparé), ce qui est le
premier degré de l'*Uléma*. Pour qu'il soit apte à devenir
Mufti et à arriver aux dignités principales de ce haut
sacerdoce de l'*Islam*, il doit consacrer encore sept années
à l'étude de la jurisprudence, de la dogmatique, de
l'interprétation orale, etc., et alors il reçoit le grade de
Mudéri (professeur), qui est conféré par le *Cheik-ul-
Islam* en personne. Enfin, pour parvenir tout à fait aux
premiers rangs et jusqu'au sommet de la magistrature
religieuse, il est tenu de parcourir tous les degrés du
professorat jusqu'à celui de *Suléïmanié*. Alors il est
Mollah de première classe et peut aspirer à tout, même
à devenir lui-même *Cheik-ul-Islam*.

Voici à quelle initiation on soumet, en Orient, ceux
qui sont appelés à juger et à gouverner les peuples (1)!

ULÉMAS.	INTERPRÈTES DE LA LOI.	JUGES DES CINQ ORDRES.
1er degré. MULAZIM.		1er ORDRE, NAIBS. 2e — KADHIS.
2e degré. MUDÉRI.	MUFTIS.	3e — MUFTLTIBIS. 4o — MOLLAHS *dévriïé*.
3e degré. MOLLAH.	Premier ordre, formant 6 classes.	6o Mollahs Mabred;i 5o Mollahs des 4 villes. 4o Mollahs des villes saintes. 3o Mollahs de Stambol. 2o Kazi-Askers d'Ana-tolie. 1er Kazi-Askers de Rou-milie.

CHEIK-UL-ISLAM.

(1) En Egypte et dans l'Orient antique, les *initiations* étaient éga-

Il est à remarquer que par cela seul qu'on a atteint, en subissant les épreuves voulues, tel ou tel degré de la hiérarchie, on n'a conquis qu'une aptitude et non un droit à l'exercice actuel de telle ou telle magistrature. Les Mulazims, les Mudéris et les Mollahs du premier ordre sont au corps des Ulémas ce que les *agrégés* sont en France au corps de l'Université.

Le tableau qui précède a été emprunté au savant ouvrage de M. Ubicini, sur la Turquie (1) : il donne une idée assez exacte de la hiérarchie comparée des *Ulémas*. On voit par ce tableau que la seconde branche judiciaire, comprenant les magistrats en exercice, se compose de Mollahs du premier ordre, de Mollahs de second ordre ou Mollahs *devriié*, de Muffetiris, de Kadhys et de Naïbs. Les Muftis, dont se compose la première branche, ont un rang qui répond à celui des Mollahs de second ordre. Occupons-nous d'abord des Muftis. — Ils forment un corps de plus de deux cents membres, nommés à vie par le Cheik-ul-Islam, tous égaux en rang et ayant pour attribution principale de délivrer des *fetvas* aux parties qui viennent les consulter. Ces *fetvas* sont aux affaires privées et civiles ce qu'est le grand *fetva* du Cheik-ul-Islam pour les affaires politiques, pour les décrets du monarque. La forme du

---

lement lentes et laborieuses. C'est parce qu'on méconnaît de plus en plus dans nos sociétés modernes ces lois indispensables de l'*initiation* pour la participation au gouvernement de l'Etat, que les nations de l'Europe semblent menacées d'une décadence prochaine.

(1) *Lettres sur la Turquie*, pag. 64.

fetva est très-simple. La question est très-nettement
posée, puis elle est résolue affirmativement ou négati-
vement, sans aucune raison à l'appui. En voici un
exemple ·

« Si Zeïd, étranger en pays musulman et ayant un
« procès avec Amr, sujet tributaire, offre en faveur de
« sa cause le témoignage de Bekir et de Béchir, étran-
« gers l'un et l'autre, la déposition testimoniale de ceux-
« ci peut-elle être recevable en justice?

« Réponse : Elle ne le peut (1). »

Il faut remarquer que de telles décisions, faites de
bonne foi et par un docteur qui s'est initié à la loi par
plusieurs années d'études passées dans les écoles, ne
sauraient guère être erronées.

Aussi, sans être absolument obligatoires pour le
kadhy, elles ont une grande influence sur son jugement.

Il a pu arriver quelquefois que deux parties, ayant
exposé séparément leur point de droit au Mufti, aient
chacune obtenu de lui une sentence favorable ; alors le
kadhy, sans tenir compte des *fetvas*, jugeait le procès
d'après ses propres lumières. Mais le Mufti était ensuite
appelé à rendre raison de ses consultations contradictoires, et s'il était convaincu de mauvaise foi et de corruption, il était mis à mort : aujourd'hui, il n'est plus
condamné, en pareil cas, qu'à la prison ou à l'exil.

Le Mufti ne connaît donc que du point de droit et ne

(1) Olmaz : « Extrait de la grande collection du Mufti Behdjeh
Abdoullah Effendi. »

donne qu'un simple avis, tandis que le kadhy juge le droit et le fait.

Maintenant, sous le rapport de l'administration de la justice, la Turquie est divisée :

1° En une haute cour de justice et d'appel (*Arzodassi*) divisée en deux présidences (*Soudour*) ou chambres, celles de Roumilie et d'Anatolie, jugeant en dernier ressort. Les deux Kazi-Askers sont les chefs de la magistrature, l'un en Europe, l'autre en Asie, et nomment aux emplois judiciaires vacants, sous la sanction du Cheik-ul-Islam ;

2° Les *Mevleviets*, grands ressorts judiciaires correspondant à nos cours d'appel ; ces ressorts se divisent en plusieurs *Eyalets* ou arrondissements, dans lesquels siègent les *Kasas* ou tribunaux de première instance.

Il y a 22 Mevléviets et 94 Kasas dans l'empire de Turquie, ce qui donne un total de 116 tribunaux.

Ces tribunaux se composent : 1° du juge (*Mollah* ou *Kadhy*) ;

2° Du Mufti élu par la province parmi plusieurs candidats ;

3° Du Naïb (juge suppléant ou substitut) ;

4° De l'Ayak-Naïb (lieutenant civil) ;

5° Du greffier (Bach-Riatib) ;

Ces trois derniers fonctionnaires sont à la nomination du juge lui-même.

Toutes ces charges sont révocables et annuelles. Quand le Kadhy a siégé pendant une année, il cède sa place à son successeur, et, sans perdre son grade, il n'a plus rien à recevoir que du *Vakouf*.

Les Mollahs, Kadhys ou autres juges en activité, ne reçoivent d'autres honoraires que le *Reçum* ou le quarantième sur la valeur de tous les procès soumis à leur décision.

Beaucoup d'entre eux exploitent avec une cupidité ignoble et oppressive cette année de judicature, surtout quand leur siége est loin de Constantinople.

Ainsi on cite, tout récemment encore, l'exemple du Mollah de Damas, qui, parti sans aucune ressource pour son *Mevléviet*, en est revenu l'année suivante avec 1,600 bourses (184,000 fr.)

Les juges assesseurs des deux chambres de l'*Arzodassi* et du tribunal de l'*Istambol Cadissi*, ont des honoraires fixes sur le budget de l'empire (1).

Ce sont les seuls fonctionnaires de l'ordre judiciaire qui soient dans ce cas.

§ II.

Tribunaux criminels.

Le tribunal civil de chaque province se forme en tribunal correctionnel ou criminel, en s'adjoignant le gouverneur du *Liva* (arrondissement administratif) et les membres du *Medjlis*. Le Medjlis est composé : 1° du

---

(1) *Lettres sur la Turquie*, par Ubicini, pag. 130.

gouverneur, président ; 2° du délégué des finances ; 3°
de l'évêque chrétien de la localité ; 4° du *Kodja-Bachi*,
délégué des municipalités chrétiennes ; 5° des nobles
(Vudjouh) élus par les habitants de la province.

L'impartialité à l'égard des *Raïas* ou chrétiens semble
donc garantie par la présence de l'évêque et du *Kodja-
Bachi*, et la masse des habitants est suffisamment représentée par les Vudjouh, qui sont l'élément électif du
tribunal criminel. Si on veut voir dans les Vudjouh
quelque chose de semblable à ce qu'étaient sous la dernière république nos jurés de France (1), qui étaient
aussi élus dans les chefs-lieux de canton par les délégués
des communes, on reconnaîtra du moins qu'ils sont en
minorité dans un tribunal où dominent des fonctionnaires et des juges.

La compétence de ces tribunaux s'étend à tous les
crimes et à tous les délits. Ils prononcent toutes les
peines en dernier ressort, excepté la peine capitale. Les
condamnations à mort sont soumises à la révision du
conseil suprême de justice, à Constantinople, et l'arrêt
définitif doit être signé par le sultan (2).

Le conseil suprême de justice connaît aussi directement des crimes commis contre l'Etat, ainsi que des
malversations, actes de violences et abus de pouvoir
commis par les principaux agents de l'autorité dans

(1) Il n'en est pas moins curieux de retrouver quelque chose de
l'élément du jury dans un gouvernement réputé despotique, tel que
celui des Osmanlis.

(2) Code pénal de 1840, art. 1er.

l'exercice de leurs fonctions. C'est devant ce conseil que
comparut en 1849 Hassan-Pacha, gouverneur de Ko-
niah, sous la prévention d'avoir tué, dans un moment de
colère, un domestique du Mal-Madiri. Hassan-Pacha
fut condamné pour ce fait aux travaux forcés à perpé-
tuité, dans la ville même qu'il avait administrée comme
gouverneur pendant plusieurs années (1).

Outre les tribunaux ordinaires dont nous avons décrit
la composition, il y a pour les procès soit civils, soit
criminels, où sont impliqués des étrangers, des tribunaux composés mi-partie de membres étrangers et indigènes, « les uns permanents, les autres siégeant alternativement, suivant la nationalité à laquelle appartiennent les parties ou les accusés, et élus parmi les notables
de la nation par l'entremise des consulats (2). » Les devoirs et les attributions de ces tribunaux, ainsi que la
procédure qu'ils doivent suivre, sont tracés avec un soin
minutieux par le firman d'institution.

On peut dire que ce sont les premières règles législatives sur la procédure, notamment en matière criminelle,
qui aient été promulguées dans le monde de l'Islam.
Jusque-là, les voies et moyens pour arriver à la découverte de la vérité étaient à peu près laissés à l'arbitraire
et à la discrétion du Kadhy. Il employait à son gré,
soit à l'égard des accusés, soit à l'égard des témoins
dont il soupçonnait la véracité, les instruments de la

(1) *Lettres sur la Turquie*, déjà citées. p. 123
(2) *Id., Ibid.*

torture (1) ou la bastonnade, qui, appliquée préventive-
ment, devient une espèce de torture judiciaire. Son plus
grand mérite n'était pas la circonspection et la prudence,
mais la célérité; dans l'esprit de l'opinion et de la
législation de l'Islam, on aurait donné le prix, non pas
à la meilleure, mais à la plus prompte expédition des
affaires.

Aussi, quand l'historien Cantemir, qui aurait dû
pourtant être plus dégagé que bien d'autres des préjugés
de l'islamisme (2), veut nous donner l'idée d'un magistrat modèle, il prend pour type le visir Chuchurli-Ali-
Pacha, et nous trace ainsi son portrait : « Lorsqu'il
« siégeait au Divan, il était impossible de le considérer
« sans admiration; car il était d'un esprit si vif et si
« délié qu'il pouvait faire trois choses à la fois, comme
« s'il eût été divisé en trois parties. Pour expédier
« plus promptement les affaires, il faisait lire à la fois
« deux requêtes; il entendait chacune des deux causes,
« aussi bien que si elles avaient été répétées trois ou
« quatre fois, et il prononçait, en conséquence, une
« sentence convenable. Il écoutait en même temps

(1) On se souvient que dans l'affaire du père Joseph, qui aurait été
assassiné à Damas par les juifs pour que son sang servît à arroser les
pains azymes le jour de Pâques, le Kadhy du lieu instruisit l'affaire
au moyen de la torture. Mais aussi les Anglais prétendirent que les
témoignages accusateurs avaient été arrachés par la peur et par la
souffrance, et ils se servirent de ce moyen pour faire réviser et casser
la sentence de mort qui avait été prononcée contre plusieurs juifs par
le tribunal de la localité.

(2) Cantemir abandonna le service de la Porte-Ottomane pour celui
de la Russie; il mourut en Ukraine, en 1723.

« celles qui se plaidaient devant le Kazi-asker, et lui
« renvoyant l'Arzi-hâl, lui dictait la sentence qu'il de-
« vait donner (1). »

Quel est l'accusé, quel est le plaideur que n'effraierait
pas cette manière de *bâcler* les affaires, si admirée
par l'historien oriental? Qui ne préférerait, même avec
plus de frais, les formes lentes et quelquefois trop com-
pliquées de nos procédures?

Le rapprochement des Européens et des musulmans
dans les tribunaux mixtes accoutume peu à peu ces
derniers à suivre les formes régulières d'instruction qui
sont prescrites par le nouveau sultan. Ces tribunaux
donneront aux juges indigènes l'exemple de la pratique
des réformes dont le *Hatti-Shériff de Gulhané* (2) a
pris l'initiative en 1839.

Ce Hatti-Shériff a essayé de rompre d'une manière
éclatante avec le système judiciaire et pénal qui était
fondé sur le Koran et sur toute la tradition religieuse de
l'islamisme. Il a eu pour but d'importer dans la législation musulmane des principes empruntés à la civilisation
chrétienne et européenne.

Cette espèce de charte d'Abdul Medjid a été le signal
de réformes importantes qui se sont opérées en Turquie,
dans le droit criminel. Si ces réformes se consolident,
si ces nouveaux principes se naturalisent en Turquie,
malgré l'opposition, tantôt sourde, tantôt avouée de

(1) *Lettres sur la Turquie*, Ubicini, p. 125.
(2) Hatti Shériff veut dire bulle du seigneur, bulle du Khalife.

l'*Uléma*, on peut regarder comme clos le premier âge
judiciaire des Ottomans, et par conséquent des Mahométans, puisque le sultan de Constantinople a succédé au
double pouvoir temporel et spirituel des anciens khalifes.
En partant de ce point de vue, nous pourrions donc
terminer ici notre analyse de la législation musulmane ;
car nous ne devons nous occuper dans cette partie de
notre ouvrage que des premières phases du droit criminel des peuples. Mais comme le Hatti-Shériff n'est qu'un
simple essai, qu'une espèce d'échafaudage placé devant
un vieil édifice toujours subsistant, nous ne croirons
pas sortir du sujet dans lequel nous devons nous cir-
conscrire en ce moment, en montrant la véritable portée
de cette mesure, qui a excité tant de scandale dans le
monde dévot de l'Islam, et qui a été si fort encouragée
en Occident par les puissances européennes.

CHAPITRE XIV.

LÉGISLATION MUSULMANE. — SUITE ET FIN.

Des réformes judiciaires et pénales dans l'empire ottoman.

Rien n'est plus antipathique à l'esprit de l'islamisme que l'idée de *progrès*. Il ne saurait en être autrement dans un ordre de choses dont l'unitarisme est l'essence, et où la législation civile est intimement unie à la législation religieuse.

Malgré le pouvoir despotique que nos préjugés européens attribuent au sultan, ce prince ne peut pas changer la loi ; or, toute la loi est censée avoir été révélée par Mahomet : elle est donc ou dans le Koran, ou dans les entretiens que les disciples du prophète ont recueillis de sa propre bouche.

Les décrets du prince qui sont contraires *à la loi* peuvent bien la suspendre, mais non l'abolir. Ces décrets ont, aux yeux des musulmans, la même valeur que la suspension de l'*habeas corpus* en Angleterre, que la *mise en état de siége* de Paris ou de certains départements pourrait avoir en France.

C'est au milieu d'un peuple imprégné de pareilles idées, que deux sultans de Constantinople ont essayé d'accomplir des réformes importantes, presque radicales.

Le sultan Mahmoud eut l'adresse de paraître s'appuyer
sur le Koran lui-même, pour détruire, non-seulement
les superfétations et les abus qui s'étaient mêlés à l'islamisme, mais des institutions que Mahomet lui-même
avait affirmées ou fondées.

Mahmoud brisa le corps des janissaires qui, après
avoir été longtemps redoutables par leur valeur aux
troupes européennes, leur étaient devenus inférieurs en
science stratégique et ne voulaient se prêter à aucune
réforme. Ces soldats privilégiés n'étaient plus que des
prétoriens, qui suspendaient sans cesse, sur le souverain, leur épée menaçante.

Il prépara plusieurs autres réformes qui tendaient à
établir entre ses sujets de diverses religions et de diverses
nationalités, la liberté des cultes et l'égalité devant la
loi, qui sont les principes du droit européen.

Cependant ce n'est que du règne de son successeur,
Abdul-Medjid, que date, à proprement parler, le nouveau régime appelé *Tanzimat (Tanzimati Khaïrie,
l'heureuse organisation).*

Le 3 novembre 1839, en présence du sultan et de
toute la cour, du corps des Ulémas, de tous les fonctionnaires civils et militaires, des représentants de toutes
les puissances alliées résidant à Constantinople, des
Scheiks et Imans de tout rang et de toute hiérarchie,
des patriarches des trois religions, du rabbin des Juifs,
de tous les notables et chefs des corporations de la capitale, réunis dans l'immense parc du Gulhané, situé
dans l'intérieur du palais de Tap-Kapou, Réchid-Pacha,

alors ministre des affaires étrangères, donna lecture à haute voix du hatti-shériff, émané de la volonté du souverain, représentant de Mahomet. Voici en quels termes était conçu ce hatti-shériff, espèce de constitution nouvelle de l'empire.

TRADUCTION DU HATTI-SHÉRIFF DANS LA RÉUNION QUI A EU LIEU A GULHANÉ LE 13 NOVEMBRE 1839.

« Tout le monde sait que, dans les premiers temps de la monarchie ottomane, les préceptes glorieux du Koran et les lois de l'empire étaient une règle toujours honorée. En conséquence, l'empire croissait en force et en grandeur, et tous les sujets, sans exception, avaient acquis au plus haut degré l'aisance et la prospérité. Depuis cent cinquante ans, une succession d'accidents et de causes diverses a fait qu'on a cessé de se conformer au code sacré des lois et des règlements qui en découlent, et la force et la prospérité antérieures se sont changées en faiblesse et en appauvrissement.

« C'est qu'en effet, un empire perd toute stabilité quand il cesse d'observer ses lois.

« Ces considérations sont sans cesse présentes à notre esprit, et depuis le jour de notre avénement au trône, la pensée du bien public, de l'amélioration de l'état des provinces et du soulagement des peuples, n'a cesser de l'occuper uniquement. Or, si l'on considère la position géographique des provinces ottomanes, la fertilité du sol, l'aptitude et l'intelligence des habitants, on demeurera convaincu qu'en s'appliquant à trouver les moyens efficaces, le résultat, qu'avec le secours de Dieu nous espérons atteindre, peut être obtenu dans l'espace de quelques années. Ainsi donc, plein de confiance dans le secours du Très-Haut, appuyé sur l'intercession de notre prophète, nous jugeons convenable de chercher, par des institutions nouvelles, à procurer aux provinces qui composent l'empire ottoman le bienfait d'une bonne administration.

« Ces institutions doivent principalement porter sur trois points : 1° les garanties qui assurent à nos sujets une parfaite sécurité, quant à leur vie, leur honneur et leur fortune ; 2° un mode régulier d'asseoir et de prélever les impôts ; 3° un mode également régulier pour la levée des soldats et la durée de leur service.

« En effet, la vie et l'honneur ne sont-ils pas les biens les plus précieux qui existent? Quel homme, quel que soit l'éloignement que son caractère lui inspire pour la violence, pourra s'empêcher d'y avoir recours et de nuire par là au gouvernement et au pays, si sa vie et son honneur sont mis en danger? Si, au contraire, il jouit à cet égard d'une sécurité parfaite, il ne s'écartera pas des lois de la loyauté, et tous ses actes concourront au bien du gouvernement et de ses frères.

« S'il y a absence de sécurité à l'égard de la fortune privée, tout le monde reste froid à la voix du prince et de la patrie, personne ne s'occupe du progrès de la fortune publique, absorbé que l'on est par ses propres inquiétudes. Si, au contraire, le citoyen possède avec confiance

ses propriétés de toute nature, alors, plein d'ardeur pour
ses affaires dont il cherche à élargir le cercle, afin
d'étendre celui de ses jouissances, il sent chaque jour
redoubler en son cœur l'amour du prince et de la patrie,
le dévouement à son pays. Ces sentiments deviennent
en lui la source des actions les plus louables.

« Quant à l'assiette régulière et fixe des impôts, il
est très-important de régler cette matière, car l'État qui
est, pour la défense de son territoire, forcé à des dépenses diverses, ne peut se procurer l'argent nécessaire pour
ses armées ou autres services, que par les contributions
levées sur ses sujets ; mais, grâce à Dieu ! ceux de notre
empire seront dans quelque temps délivrés du fléau des
monopoles, regardés mal à propos autrefois comme une
source de revenu. Un usage funeste subsiste encore,
quoiqu'il ne puisse avoir que des conséquences désastreuses ; c'est celui des concessions vénales connues sous
le nom d'*Illézam*. Dans ce système, l'administration
civile et financière d'une localité est livrée à l'arbitraire
d'un seul homme, c'est-à-dire quelquefois à la main de
fer des passions les plus violentes et les plus cupides,
car si le fermier n'est pas bon, il n'aura d'autre soin que
son propre avantage.

« Il est donc nécessaire que désormais chaque membre de la société ottomane soit taxé pour une quotité
d'impôt déterminée, en raison de sa fortune et de ses
facultés, et que rien au-delà ne puisse être exigé de lui.
Il faut aussi que des lois spéciales fixent et limitent les
dépenses de nos armées de terre et de mer.

« Bien que, comme nous l'avons dit, la défense du
pays soit une chose importante, et que ce soit un devoir pour tous les habitants de fournir des soldats à cette
fin, il est devenu nécessaire d'établir des lois pour régler les contingents que devra fournir chaque localité,
selon les nécessités du moment, et pour réduire à quatre
ou cinq ans le temps du service militaire. Car c'est à la
fois faire une chose injuste, et porter un coup mortel à
l'agriculture et à l'industrie, que de prendre, sans avoir
égard à la population respective des lieux, dans l'un
plus, dans l'autre moins d'hommes qu'ils n'en peuvent
fournir; de même que c'est réduire les soldats au désespoir et contribuer à la dépopulation du pays, que de
les retenir toute leur vie au service.

« En résumé, sans les diverses lois dont on vient de
voir la nécessité, il n'y a pour l'empire ni force, ni ri-
chesse, ni bonheur, ni tranquillité. Il doit au contraire
les attendre de l'existence de ces lois nouvelles.

« C'est pourquoi, désormais, la cause de tout prévenu sera jugée publiquement, conformément à notre
loi divine, après enquête et examen ; et tant qu'un jugement régulier ne sera point intervenu, personne ne
pourra, secrètement ou publiquement, faire périr une
personne par le poignard ou par tout autre supplice.

« Il ne sera permis à personne de porter atteinte à
l'honneur de qui que ce soit.

« Chacun possédera ses propriétés de toute nature,
et en disposera avec la plus entière liberté, sans que
personne puisse y porter obstacle ; ainsi par exemple,

les héritiers innocents d'un criminel ne seront point
privés de leurs droits légaux, et les biens du criminel
ne seront pas confisqués.

« Ces concessions impériales s'étendant à tous nos
sujets de quelque religion ou secte qu'ils puissent être,
ils en jouiront sans exception. Une sécurité parfaite est
donc accordée par nous aux habitants de l'empire, dans
leur vie, leur honneur et leur fortune, ainsi que l'exige
le texte sacré de notre loi.

« Quant aux autres points, comme ils doivent être
réglés par le concours d'opinions éclairées, notre conseil
de justice, augmenté de nouveaux membres autant qu'il
sera nécessaire, auquel se réuniront, à certains jours
que nous déterminerons, nos ministres et les notables de
l'Empire, s'assemblera à l'effet d'établir des lois régle-
mentaires sur ces points de la sécurité, de la vie et de la
fortune, et sur celui de l'assiette des impôts. Chacun,
dans ces assemblées, exposera librement ses idées et
donnera son avis.

« Les lois concernant la régularisation du service
militaire seront débattues au conseil militaire tenant
séance au palais du Sérasquier.

« Dès qu'une loi sera finie, pour être à jamais valable et exécutoire elle nous sera présentée; nous l'or-
nerons de notre sanction, que nous écrirons en tête, de
notre main impériale.

« Comme ces présentes constitutions n'ont pour but
que de faire refleurir la religion, le gouvernement, la
nation et l'empire, nous nous engageons à ne rien faire

qui y soit contraire. En gage de notre promesse, nous
voulons, après les avoir déposées dans la salle qui renferme le manteau glorieux du prophète, en présence de
tous les Ulémas et des grands de l'empire, faire serment
par le nom de Dieu et le faire faire ensuite par les
Ulémas et les grands de l'empire.

« Après cela, celui d'entre les Ulémas ou les grands
de l'empire, ou toute autre personne que ce soit, qui
violerait ces institutions, subira, sans qu'on ait égard
au rang, à la considération et au crédit de personne, la
peine correspondante à sa faute, bien constatée. Un code
pénal sera rédigé à cet effet.

« Comme tous les fonctionnaires de l'empire reçoivent
aujourd'hui un traitement convenable, et qu'on régula-
risera les appointements de ceux dont les fonctions ne
seraient pas encore suffisamment rétribuées, une loi
rigoureuse sera portée contre le trafic de la faveur et des
charges *(richven)* que la loi divine réprouve, et qui est
une des principales causes de la décadence de l'empire.

« Les dispositions ci-dessus arrêtées étant une altération et une rénovation complète des anciens usages, ce
rescrit impérial sera publié à Constantinople et dans tous
les lieux de notre empire, et devra être communiqué
officiellement à tous les ambassadeurs des puissances
amies résidant à Constantinople, pour qu'ils soient
témoins de l'octroi de ces institutions, qui, s'il plaît à
Dieu, dureront à jamais.

« Sur ce, que Dieu très-haut nous ait en sa sainte et
digne garde.

« Que ceux qui feront un acte contraire aux présentes institutions soient l'objet de la malédiction divine et privés pour toujours de toute espèce de bonheur. »

Ainsi, l'un des points principaux sur lesquels porte le Hatti-Shériff, ce sont les garanties propres à assurer à tous les sujets de l'empire, Musulmans ou *Raïas*, une sécurité complète, quant à leur vie, leur honneur et leur fortune.

L'établissement de ces garanties n'est pas précisément contraire à l'ancien droit du Koran, car du moment que les *infidèles*, dont le pays a été conquis par les Musulmans, paient le *Djézieh* ou la capitation, « leur sang « devient le même que le sang musulman, et leur pro- « priété la même que la propriété musulmane (1). »

Mais le Hatti-Shériff a servi de point de départ à un ordre de choses dans lequel les *Raïas* ou infidèles ne sont plus seulement comme des tributaires protégés, mais comme des sujets du Sultan, mis sur un pied d'égalité complète avec les croyants eux-mêmes.

Les *Raïas* ne jouissaient pas, dans l'empire de l'islam, de ce que nous appellerions la capacité civique ; ils n'étaient aptes ni au service militaire, ni aux fonctions administratives et diplomatiques ; leur témoignage n'était pas même recevable en justice.

Maintenant, leur témoignage a autant de valeur légale que celui des musulmans (2). Tous les sujets de l'empire,

(1) Paroles d'Ali, citées par Rosseew Saint-Hilaire, *Histoire d'Espagne*, p. 155, t. III.

(2) Ordonnance du mois de mai 1850.

indistinctement, sont appelés à faire partie du contingent, et en conséquence sont affranchis du *haradj* ou impôt personnel qui représentait l'impôt du sang (1). De hauts emplois diplomatiques ont été attribués à des chrétiens, et, dernièrement encore, c'était un Grec, M. Callimachi, qui représentait à Paris la Porte Ottomane.

On comprend la vive opposition que suscite cette politique nouvelle sortie du Tanzimat, laquelle s'applique à relever les chrétiens de la Turquie de l'état d'infériorité et d'oppression où ils avaient été tenus depuis la conquête de Constantinople.

Cette opposition se manifeste surtout en Egypte, dans le midi de la Syrie, et, plus que partout ailleurs, en Arabie, à la Mecque, le berceau et le centre du mahométisme.

Un pareil esprit public est également contraire à l'observation du Code pénal de 1840, dont la promulgation a été encore un pas immense fait dans la voie de la civilisation.

Par le premier article de ce Code, le sultan a renoncé au droit de jugement direct en matière criminelle, principe qui avait toujours séparé le droit de l'islamisme du droit public européen.

« Le Grand-Seigneur, dit cet article, s'étant engagé à ne faire périr ni publiquement ni secrètement, soit

(1) Cette ordonnance, qui a mécontenté les chrétiens plus encore que les musulmans, a excité de telles craintes qu'on en a suspendu l'exécution pendant quelque temps. Maintenant, le conseil de la guerre est chargé d'employer les moyens propres à la faire observer. (*Lettres sur la Turquie*, de M. Ubicini, p. 318.)

par le poison ou tout autre genre de mort, aucun
criminel avant que son délit ait été constaté et condamné par la loi, il n'est permis à aucun employé ou
à nul autre de faire périr un individu quel qu'il soit:
un visir même ne pourra en agir ainsi à l'égard d'un
berger. » La suite du même article donne ensuite à la
vie des accusés des garanties inconnues jusqu'à ce jour
dans la législation de l'Islam ; « Tout procès pouvant
entraîner la peine de mort sera jugé *publiquement*
devant le *Cheïk-ul-Islam*, si le crime a été commis à
Constantinople, et il ne pourra être mis à exécution
sans avoir été soumis préalablement à la sanction
impériale. Si le crime a été commis dans un pays
éloigné de la capitale, le procès sera jugé dans le sein
du conseil dudit pays, et le jugement définitif porté à
la connaissance de Sa Hautesse, qui prononcera l'arrêt
en conséquence. »

L'art. 4 du même Code n'est pas moins remarquable :

« Sa Hautesse s'étant abstenue d'usurper les biens
et les propriétés d'aucun particulier, il n'est plus permis
à personne de s'approprier par force le bien d'autrui,
ni de contraindre personne à vendre ses propriétés pour
s'en emparer injustement. »

C'est, comme on voit, la destruction complète de
l'ancien despotisme oriental.

Mais ce qui caractérise principalement la nouvelle
législation musulmane, ce n'est pas tant cette définition si nette de la division des pouvoirs et cette limite
si précise apportée à la souveraineté du sultan : c'est

plutôt un effort pour dégager la loi proprement dite de la morale et du culte que l'on avait jusqu'alors identifiés avec elle.

Nous avons expliqué ailleurs comment s'étaient formés les quatre *rites* suivis dans les diverses parties de l'islam. Dans l'empire de Turquie, en particulier, on suivit longtemps le rite d'Haneefah ; puis en 1549, une espèce de digeste, puisé principalement dans les prescriptions de ce rite, fut rédigé par le savant Cheik *Ibrahim-Habbï*, natif d'Alep. Ce recueil, écrit d'abord en arabe, puis traduit en turc, est connu sous le titre de *Moulteka-ul-Ubur* (confluent des deux mers). C'est ce code qui a servi principalement de règle aux Kadhys et aux conseils de justice, depuis l'époque où il fut rédigé ; en 1824, il fut corrigé et augmenté par ordre du gouvernement de la Porte. On le compléta avec des extraits empruntés à la *Sunna*, ou recueil des traditions orales venant du prohète, à l'*Idima-y-Hummet* (accord de la nation), qui contient les explications et décisions légales des quatre premier Khalifes, et au *Kyass* (comparaison) ou recueil des décisions jurisprudentielles rendues par les quatre grands Imans des trois premiers siècles de l'hégire.

Tel qu'il a été refondu en 1824, le Code Moulteka est une vaste compilation en deux volumes in-folio, et qui contient beaucoup plus de préceptes religieux et moraux que de dispositions législatives proprement dites.

Les matières qui y sont traitées sont divisées en 26 livres. Voici les titres des cinq premiers :

1° *Taharet*, purifications.

2° *Salat* (en turc *Namaz*), prière.

3° *Zekhiat*, aumône.

4° *Sainir*, jeûne.

5° *Hadj*, pèlerinage.

Ces cinq prescriptions sont de droit divin et obligatoires, comme émanant du prophète lui-même.

Ce code traite ensuite de la guerre, du commerce, du
droit de succession et des testaments, du mariage, de
la répudiation, de l'affranchissement, etc.

Dans les deux derniers titres (25 et 26), on trouve
une réforme de la pénalité arabe primitive : le *Kéçâs*,
c'est-à-dire la vengeance du sang, et le Talion sont
abrogés; il en est de même de la *Dia* ou *Dié*, l'ancienne composition pécuniaire pour homicide. La Dia
n'existe plus à Constantinople que comme représentant
les *droits de la partie civile* (1).

Or, cette législation modifie évidemment celle du
Koran lui-même, qui s'exprime ainsi sur le meurtre
volontaire :

« O croyants, la peine du *Talion* est écrite pour le
« meurtre. Un homme libre sera mis à mort pour un
« homme libre, l'esclave pour un esclave, la femme
« pour une femme. Celui qui pardonnera au meurtrier
« de son frère aura droit d'exiger un dédommagement
« raisonnable, qui lui sera payé avec reconnaissance. Cet
« adoucissement est une faveur de la miséricorde divine.

---

(1) Ubicini, *Lettres sur la Turquie*, p. 108.

« Celui qui portera plus loin la vengeance sera la proie
« des tourments, etc. (1). »

« Si le meurtre est involontaire, ajoute ailleurs le
« Koran, le meurtrier doit la rançon d'un fidèle captif,
« et à la famille du mort, la somme fixée par la loi, à
« moins qu'elle ne lui en fasse grâce (2). »

Ce même code *Moulteka*, qui substitue ainsi ses
prescriptions à celles du Koran, contient un livre VII,
sous le titre d'*Emr Nehi* (ordonner, empêcher),
lequel a pour but de constituer tout musulman juge et
vengeur des transgressions de la loi à l'égard du souverain, qui en est dépositaire. Cela rappelle l'article de
notre dernière constitution républicaine qui la plaçait
sous la sauvegarde de la vigilance et du patriotisme du
peuple français.

Le Code pénal de 1840 va plus loin encore que le
code *Moulteka*. Il supprime dans tous les cas la
Dia, ou composition pécuniaire, et punit de la peine
capitale l'assassinat ainsi que les coups et blessures qui
ont donné la mort (3). Pour le vol, il remplace par sept
ans de prison la peine de la bastonnade et celle de la
mutilation (4).

A côté de ces innovations pénales, on peut placer les
réformes que l'on a commencé d'opérer en Turquie, en

---

(1) Chap. II, tome 1, p. 32 de la traduction in-12 de 1839, par M.
Garcin de Tassy, librairie de Dondey-Dupre, à Paris.
(2) *Koran*, chap. IV, même traduction, même tome, p. 101.
(3) Art. 10 et 11.
(4) Art. 11.

matière de procédure criminelle, par l'instruction qui suit le firman d'institution des tribunaux mixtes dont nous avons parlé dans notre dernier chapitre.

Cette instruction prescrit positivement aux juges « de « rejeter tous les aveux qui auraient été obtenus par « des violences et des menaces ou par des promesses, « tout en admettant ceux qui auront eu lieu volontaire- « ment et sans violences. — De n'employer jamais, et « pour quelque motif que ce soit, la bastonnade ou « toute autre peine corporelle, etc. (1). »

Cela implique évidemment l'abolition de la torture, qui était souvent employée comme moyen de procédure par les Kadhys. On espère que la jurisprudence des tribunaux mixtes s'étendra peu à peu aux tribunaux ordinaires.

Quoique ces nouveaux décrets ne forment pas des codes méthodiques ni complets, ils marquent, suivant nos idées européennes et chrétiennes, de grands progrès relativement aux institutions passées de l'empire ottoman. Mais la constitution de Gulhané et toutes les ordonnances qui en ont été la conséquence, sont-elles considérées par les mahométans comme des lois *fondamentales* et *définitives* ? C'est ce qui est fortement contesté par les fervents sectateurs de l'islamisme. Ainsi que nous l'avons dit en commençant ce chapitre, les décrets émanés du souverain *(Ourf)* n'ont qu'un caractère essentiellement provisoire et temporaire... Ces décrets

(1) Firman du 29 mars 1850.

sont censés remplir les lacunes laissées par le *Chériat* (1) ou législation arabe primitive ; ils ne sauraient prévaloir d'une manière durable, s'ils étaient en contradiction flagrante avec elle.

L'Uléma fait contre ces innovations une opposition constante, tantôt secrète et tantôt avouée. A Alep, à Adana, à Damas, les Kadhys et les Kaïmacans continuent contre les chrétiens leur système d'actes arbitraires et d'avanies. Dernièrement encore, des Ulémas demandaient que l'on fit décapiter un Arménien catholique *qui se trouvait à la torture.* Son crime était, disait-on, d'avoir blasphémé contre le prophète (2).

Du reste, il est reconnu que la loi civile et religieuse, qu'on ne distingue pas, est immuable, et que les kadhys ne doivent juger que suivant cette loi. Si quelquefois ils obéissent aux décrets du sultan dérogatoires à la loi, c'est qu'ils y sont forcés par la volonté du souverain ;

---

(1) Le *Chériat* est composé, comme on sait, du *Koran*, de la *Sunna*, de l'*Idima-y-Hummet* et du *Kiass :* ces recueils de préceptes religieux et civils sont dus à l'intervention successive du prophète, des compagnons du prophète, et de ce qu'on pourrait appeler les *Pères de l'église islamite.* Ils sont rédigés en arabe, tandis que les *Kanouns* sont écrits en turc.

(2) Ecrit de *Tarsous,* le 2 juin 1850, par le correspondant de la *Gazette du Midi,* à Marseille. Le même journal raconte le fait suivant, qui prouve que l'arbitraire n'a pas été détruit *en fait,* par le *Hatti-Shériff* de *Gulhané :* — « Gaspard Dalifar, Arménien catholique, est « insulté à *Adana* par un prêtre schismatique arménien ; il l'assigne « devant le Kadhy, et là, ils se réconcilient. Le Kaïmacan, Mahmoud- « Bey, les fait appeler et les met en prison l'un et l'autre. Le Pacha « écrit pour faire mettre Dalifar en liberté. Mahmoud-Bey n'exécute « pas l'ordre, sous prétexte que Dalifar étant en prison l'a maudit, « lui, sa mère et sa sœur. »

souvent, tout en obéissant, ils protesteront ; mais, bien plus souvent encore, ils refuseront d'appliquer des ordonnances qu'ils regarderont comme novatrices et impies. Pour la mise en œuvre du nouveau code pénal, le kadhy peut être appelé à informer sur un crime, à instruire une affaire, et par suite, à s'occuper de la culpabilité du prévenu ; mais ce kadhy alors ne prononcera pas de condamnation : les délégués momentanés du pouvoir indiqueront la peine, le sultan la ratifiera, et le coupable sera puni ; mais, en somme, « ce sera un procès fait, pour ainsi dire, moitié au parquet, moitié en dehors du juge (1). »

Il y a de nos jours, chez quelques savants, une espèce de *Mahométomanie* qui affecte de préférer le régime social né de l'islamisme, à celui sous lequel nous vivons dans notre vieille Europe. Rien ne leur paraît plus admirable que cette unité compacte de la société musulmane, où tout précepte se trouve à la fois sanctionné par la morale et par la loi, où l'autorité civile et l'autorité religieuse se confondent en une seule. On voit pourtant les inconvénients d'une pareille unité, par la difficulté de l'adoption définitive des innovations essayées dans la loi civile. L'élément religieux, ou supposé tel, est, par sa nature même, immuable; il tient de la nature de Dieu qui ne change jamais. Le Koran est ainsi censé contenir le dernier mot des révélations du ciel. Les Sul-

---

(1) Lettre de M. Perron, célèbre arabisant, et auteur de la traduction d'un savant ouvrage sur la législation musulmane, dont quatre volumes grand in f° ont paru, publiés à l'imprimerie royale.

tans, les Muftis et les Ulémas peuvent commenter ces
révélations, mais non les modifier. L'homme ne peut
pas remanier l'œuvre de Dieu.

Si donc la loi spirituelle et la loi temporelle ne sont
qu'une seule et même loi, elles ne peuvent se plier à aucun
changement, se prêter à aucun progrès, sans que le principe fondamental de l'islamisme soit détruit, sans que
la religion de Mahomet soit ébranlée jusque dans sa base.

Voilà le secret de ces tiraillements qui se font sentir
dans le sein de l'empire ottoman et qui finiront peut-être
par amener un déchirement entre la Turquie proprement
dite, devenant de plus en plus européenne par les mœurs
et par les institutions, et l'Asie musulmane, qui a conservé dans toute leur rudesse primitive les traditions et
la foi des premiers compagnons de Mahomet.

Combien n'y a-t-il pas plus de sagesse dans l'idée
chrétienne, qui distingue l'ordre spirituel qui vient de
Dieu de l'ordre temporel qui vient des hommes ; qui sépare le dogme, toujours inaltérable, de la loi et des
institutions temporelles, nécessairement mobiles et pro-
gressives ! Du reste, le Christianisme ne repousse pas, il
favorise même, là où il domine, une certaine union, une
alliance légale entre la puissance civile et la puissance
ecclésiastique. Cette union est utile à la société politique
plus qu'à lui-même. La sécularisation trop absolue de
l'État consisterait à en expulser Dieu, tout comme l'exa-
gération de la maxime constitutionnelle *le roi règne et
ne gouverne pas* a amené les peuples à se passer de
monarques et à se constituer en république.

Si donc les *Mahométomanes* opposent ce qu'ils
appellent la belle unité sociale de l'islamisme à la division des pouvoirs ecclésiastique et civil qui existe dans
la civilisation européenne, c'est qu'ils prennent pour
point de départ la scission de ces deux pouvoirs, telle
que l'a faite l'esprit révolutionnaire depuis 1792, et telle
qu'il voudrait la consommer aujourd'hui par des mesures
encore plus radicales. Mais cette scission n'est point
essentielle aux sociétés chrétiennes ; c'est un fait tout
moderne qui semble destiné à montrer la vitalité mer-
veilleuse de notre religion, résistant à une épreuve qui
ferait périr toute religion d'invention humaine.

Que ceux qui ont tant d'admiration pour l'unité de
l'islamisme expriment donc hautement leurs regrets en
faveur de l'union des deux pouvoirs dans le sein du
Christianisme, telle que certaines époques du moyen-âge
nous en ont offert le modèle ! Qu'ils sachent rendre un
légitime hommage à cet ordre de choses qui avait marié
l'élément immuable et l'élément progressif sans absorber
l'un dans l'autre, et qui avait su appuyer ce qui change
toujours sur ce qui ne passe jamais !

LIVRE II.

CHAPITRE Ier.

LÉGISLATION DE CHARLEMAGNE.

§ Ier.

Tendances toutes germaniques de ce prince.

Le titre que nous donnons à la période dans laquelle nous allons entrer (1) suffit pour faire comprendre que nous n'avons pas dû y rattacher les peuples vivant sous la loi de Mahomet, qui n'a pas fondé dans le Koran de sacerdoce régulier.

Cependant, nous ne pouvions omettre complètement l'histoire criminelle du peuple musulman, et en particulier celle des Turcs, bien que ces conquérants de Bysance fussent placés par leur origine, comme par leur religion, en dehors de la grande communauté des nations européennes. Les forces mahométanes se sont trouvées, depuis onze ou douze siècles, en contact presque continuel avec les forces isolées ou réunies des

---

(1) Nous dirons dans le dernier chapitre de ce livre pourquoi nous n'avons pas voulu nous servir de cette expression : *Période théocratique.*

États chrétiens. Or, écrire les annales de ses ennemis , c'est écrire une partie des siennes. Du reste, la civilisation de l'islamisme, qui se meurt sans avoir pu atteindre l'âge mûr, a pu être comparée, à quelques égards, à la civilisation germanique encore au berceau ; mais nous ne serons pas exposé à la mettre en parallèle avec l'état social où le christianisme a élevé l'Europe moderne.

Du point où nous nous sommes placé , nous n'avons pas à faire beaucoup de chemin en arrière pour revenir des Turcs de Mahmoud et d'Abdul-Medjid aux Francs de Pépin et de Charlemagne, et la transition du code *Moulteka* aux Capitulaires ne sera peut-être pas aussi brusque qu'on pourrait l'imaginer.

De même que les successeurs de Soliman, sans abdiquer à Stamboul les traditions du khalifat de Bagdad, essaient de greffer sur un fond asiatique dont ils ne sauraient se détacher des idées empruntées à la perfectibilité européenne, le petit-fils de Charles-Martel, le descendant de ces maires du palais qui avaient défendu la liberté germanique avec les leudes d'Austrasie contre les derniers Mérovingiens, se laissait engager par la papauté à rétablir le vieil empire romain au profit de sa race à demi-barbare.

Ce ne fut pas, au surplus, sans une secrète et mystérieuse répugnance, que le roi des Francs, le glorieux vainqueur des Saxons et des Lombards, consentit à revêtir les insignes d'une dignité à laquelle se rattachaient des idées et des traditions qui lui étaient profondément étrangères. On a taxé d'hypocrisie l'expression de cette répugnance (1) ; une telle accusation prouve un esprit bien superficiel et peu d'intelligence du vrai caractère et des sympathies réelles de Charlemagne.

Ce grand homme n'eut d'inclination au romanisme que comme chrétien et enfant de l'Eglise. Comme homme, comme souverain et comme législateur, il était avant tout, Franc et Germain. On le reconnaît dans ses habitudes extérieures, dans ses goûts, dans la direction de ses idées, dans l'esprit de ses institutions. Il était plus à l'aise avec les courts vêtements de ses ancêtres que dans les riches manteaux et les robes traînantes, qui étaient le symbole obligé de la majesté impériale. « Il ne porta « que deux fois dans sa vie, dit son biographe, ces « gênantes parures : une fois à la prière du pape Adrien, « et une seconde fois sur l'invitation d'un autre pape, « Léon III. — Il se plaisait, suivant le même auteur, « à recueillir et à graver dans sa mémoire les chants « nationaux et barbares qui célébraient les exploits des « héros et des rois des vieux âges (2). »

Ce n'est ni dans la molle Aquitaine ni sous le ciel

(1) Quo tempore imperatoris Augusti nomen accepit; quod primo in tantum aversatus est, ut adfirmaret se eo die, quamvis præcipua festivitas esset, ecclesiam non intraturum, si pontificis consilium præscire potuisset. (Eginhard. *Vita Kar. Magn*, 28.)

(2) Vestitu patrio, id est francisco, utebatur.... peregrina vero vestimenta, quamvis pulcherrima, respuebat, nec unquam eis indui patiebatur, excepto quod Romæ semel, Adriano pontifice petente, et iterum Leone successore ejus supplicante, longa tunica et chlamyde amictus, calceis quoque romano more formatis induebatur.

Item barbara et antiquissima carmina, quibus veterum regum actus et bella canebantur, scripsit memoriæque mandavit. (Egin., *Vit. Kar., M.*, 28 et 29.)

22

serein de l'Italie, que le monarque de tant de pays divers
ira fixer sa résidence favorite : ce sera au nord de la
brumeuse Austrasie, non loin des bords du Rhin, qu'il
élèvera la cité d'Aix-la-Chapelle, qui fut sa capitale, et le
massif dôme de pierres au-dessous duquel il gît aujour-
d'hui encore dans le tombeau.

Aussi, parcourez aujourd'hui la vieille Allemagne :
vous retrouverez partout les traces de ses pas dans les
traditions populaires. Mayence, Cologne, Francfort, prétendent que les pierres de leurs monuments ont été
remuées par cette puissante main (1). Des abbayes et
des châteaux sans nombre dans les forêts de Thuringe,
de Saxe et de Souabe, redisent le nom de Charlemagne, et
on montre encore en Bavière les vestiges du canal (2) par
lequel il essaya de joindre le Danube au Rhin, de Mayence

---

(1) Dans ces pays du Rhin, où les confréries de maçons ont fait de
si grandes choses, les légendes locales ont placé Charlemagne parmi
les chefs de ces confréries. Du reste, la plupart des chartes et des
capitulaires de Charlemagne sont datés de ses manoirs ou de ses
menses royales situées à Seltz, Worms, Mayence ou près de Juliers.
Il fréquenta beaucoup moins les bords de la Seine et de la Loire que
ceux du Mein, du Rhin et de la Meuse.

(2) On montre les traces de ce creusement de terre près de Dœt-
tenheim, et le village qui est auprès a gardé le nom de *Graben*, fossé.
Les annales de Fulde donnent quelques détails sur ces immenses travaux, qu'interrompirent plusieurs invasions et que ruinèrent des
éboulements occasionnés par de grandes pluies. L'Allemagne moderne, dans son culte pour Charlemagne qu'elle semble vénérer comme
un héros ou plutôt comme un saint national, s'est en quelque sorte
divisé ses reliques. Ainsi, sans parler du trésor si riche de la cathédrale d'Aix-la-Chapelle, Vienne, Dresde, Munich, possèdent des vêtements, des bijoux, des livres de prières, des armures, que l'on dit avoir
appartenu au grand empereur *germanique*.

à Ratisbonne ; ce prince, qui aurait uni sur sa tête l'empire d'Orient à l'empire d'Occident, si la vieille Irène avait accepté sa main, voulait mettre en communication les Bataves et les Grecs, Aix-la-Chapelle et Byzance, l'Océan et l'Hellespont.

Mais c'est dans des monuments plus authentiques et plus durables encore que s'est révélé le *germanisme* de Charlemagne : nous voulons parler des œuvres législatives auxquelles il consacra une si belle part de sa longue et glorieuse vie.

§ II.

Ce que la législation de Charlemagne emprunta aux lois mérovingiennes ; en quoi elle en diffère.

Les peuples ont un merveilleux instinct pour conserver dans l'héritage de leurs traditions ce qui appartient à leur nationalité. Or, la France capétienne semble ne garder aucun souvenir de la législation de Charlemagne. Philippe-Auguste et saint Louis, Beaumanoir et Pierre Desfontaines ne citent jamais les Capitulaires (1). Au contraire, la législation des Othons, les Miroirs de Saxe et de Souabe et même les statuts mystérieux de la Sainte-Wehme sont tout pleins du nom et de la mémoire du grand empereur.

Ce que les vieux instincts populaires ont su si bien

---

(1) On n'en trouve pas trace dans les ordonnances du Louvre. C'est un droit qui s'éteint en France avec la dynastie carlovingienne.

démêler et discerner, une sorte de préjugé moderne,
établi dans un monde superficiel, l'a de nouveau embrouillé et dénaturé; on ne craint pas de présenter
aujourd'hui Charlemagne comme un novateur qui voulait
marcher plus vite que son siècle, et qui cherchait à ressusciter la civilisation romaine au sein de mœurs à demi
barbares.

Il nous semble que, pour bien se rendre compte du
gouvernement de ce monarque, il faut distinguer en lui
l'administrateur et le législateur.

Même comme administrateur, Charlemagne ne fut
pas un novateur absolu, s'efforçant d'importer, comme
le czar Pierre-le-Grand, les institutions et les idées de
la civilisation au milieu de la barbarie. Il se servit des
éléments existants, épars et confus au sein de ses vastes
états; seulement il les rapprocha, les réunit, et autant
que possible les relia en faisceau. Par ses *Missi Dominici*,
il répandait ses ordres et ses instructions sur tous les
points de son empire. Par les ducs, les comtes et les
évêques qui venaient à ses assemblées nationales, il
apprenait deux fois par an les vœux, les plaintes et les
besoins des provinces. Il suppléait ainsi à l'insuffisance
des correspondances de cette époque par une sorte
d'action et de réaction administratives qu'il provoquait
avec assez de régularité. C'est ainsi qu'une sorte de
circulation du sang social était continuellement entretenue
par la force d'impulsion de son infatigable génie. — En
tant que législateur, Charlemagne nous apparaît moins
encore comme un novateur systématique et absolu. On

pourrait plutôt le considérer comme le Justinien des lois
barbares. Très-souvent, il révise, il extrait, il additionne
les monuments déjà existants des législations nationales
et des conciles généraux ou nationaux ; en un mot, il
compile bien plus qu'il ne crée.

Cependant il fit un certain nombre de' lois et ordon -
nances , soit dans ses assemblées générales. soit tout
seul, en vertu de sa propre initiative et de sa propre autorité. Nées presque toujours·des circonstances, ces lois
ont pourtant un caractère de généralité, surtout dans les
matières politiques.

Mais il n'en fit pas, il n'essaya même pas d'en faire
un code uniforme : il laissa à chaque nation , à chaque
race, sa législation et ses coutumes. « Il fit remettre à
chaque homme sa loi, » dit Eginhard (1), c'est-à dire la
loi particulière à chacun des peuples qui lui étaient soumis , et par laquelle ce peuple devait être jugé.

Quand Charlemagne faisait des révisions ou des additions à la loi salique, par exemple, ces révisions ou ces
additions devaient être approuvées par les Francs-Saliens,
représentés dans l'assemblée nationale par leurs évêques. leurs abbés, leurs comtes et leurs Scabins (2). Les
corrections faites à la loi des Bavarois ou à la loi des
Lombards devaient également avoir l'assentiment des
Bavarois ou celui des Lombards.

Les lois continuaient ainsi d'être nationales ou personnelles, et non territoriales.

---

(1) Eginhard, *Vita Kar. Mag.* Cap. 29.
(2) *Capitul. III*, ann. 803, cap. 19, et *Baluzii præfatio,* v111.

Mais en quoi différait donc la législation carlovingienne des législations antérieures? Le voici :

Les codes barbares de la vieille Europe, tels que la
loi salique et celle des Ripuaires, s'abstiennent généralement de tout conseil moral; ils ne renferment guère
que des dispositions pénales ou prohibitives (1). Il n'en
est pas de même de ceux des Capitulaires de Charlemagne
qu'il a promulgués pour tous les sujets de son empire,
en dehors des limites des nationalités diverses. Ce grand
empereur, qui usait si bien du glaive des combats,
comprenait cependant que la force n'est pas un moyen
suffisant pour civiliser les peuples et réformer les sociétés·
Il sentait qu'il fallait chercher dans la libre conscience
des hommes la plus intime sanction de ses lois. De là,
ses efforts pour réveiller l'idée du devoir, l'amour de la
vertu, par de nobles préceptes, par de pathétiques exhortations. Comme tous les législateurs primitifs qui ont
laissé leurs traces dans l'histoire de l'humanité, il tâ-
chait de faire entrer la morale dans les cœurs par les
voies les plus diverses ; il cherchait dans ses lois elles-
mêmes des moyens de prédication et d'enseignement.

C'est par le même motif que Charlemagne fit avec
l'Eglise une si intime alliance ; c'est pour cela qu'acceptant le titre d'*évêque du dehors*, donné jadis à Constantin et à Théodose, il s'appuya sur la papauté à qui il
demanda de bénir sa couronne impériale. C'est dans le
même but qu'il tint un si grand nombre de conciles na-

(1) Nous ne parlons que de la portion de ces codes relative au
droit criminel.

tionaux, destinés à faire connaître et à répandre les doctrines de l'Evangile et les préceptes de l'Eglise.

Sans cesse en guerre pour défendre ou pour propager le christianisme, l'épée, la loi et la parole sainte devenaient pour lui le triple instrument de la civilisation des peuples et du perfectionnement des sociétés.

Il trouvait les nations germaniques de son empire arrivées à un âge social contemporain de celui où l'élément théocratique avait dominé en Orient ; il fut donc amené à introduire cet élément au sein de la législation européenne, dans la mesure où le permettait la distinction des deux pouvoirs, ce principe fondamental du christianisme.

Presque tous ses Capitulaires furent faits et rédigés, soit avec le concours des évêques et des grands, soit avec celui des évêques seuls. Aussi on trouve dans une grande partie des lois que contient ce recueil, non-seulement des préceptes de morale, mais des prescriptions religieuses et canoniques.

Si donc on voulait rechercher ce que présente de nouveau et d'original la législation des Capitulaires, en la comparant à celle des Francs sous les Mérovingiens, on le trouverait dans cette couleur morale dont Charlemagne lui donne l'empreinte, bien plus que dans quelques légères différences de prohibitions et de pénalités. C'est lui qui inaugura dans l'Europe du moyen-âge cette manière de concevoir la loi comme *impérative et instructive pour la conscience*, au lieu d'être simplement coercitive et intimidatrice, ainsi que dans les temps

antérieurs. Or, cette double compétence que le législateur s'attribue au for intérieur comme au for extérieur,
est, ainsi que nous l'avons dit ailleurs, le principal caractère auquel on reconnaît la seconde phase de la civilisation des sociétés, phase que nous avons appelée
théocratique dans l'*Histoire du droit criminel des peuples anciens* (1).

Cette tendance de Charlemagne à faire de la théocratie
l'amena à s'appuyer beaucoup sur le clergé chrétien et
sur les livres sacrés, et comme l'Evangile ne lui four-
nissait que des principes de morale individuelle et non
des règles sociales, il remonta naturellement jusqu'à la
législation de Moïse, et il reproduisit textuellement dans
ses Capitulaires, comme articles de loi, des versets
extraits de la Genèse, de l'Exode, du Lévitique, des
Nombres et du Deutéronome (2).

Les grands principes de justice commutative, appuyés
sur l'autorité de la révélation mosaïque, étaient ainsi
recommandés aux juges, non pas peut-être comme application immédiate et usuelle, mais comme sujet d'études
et de méditations. On pouvait comparer la loi salique
et les autres lois barbares, revues et rééditées également
par Charlemagne, avec les monuments sacrés de l'Orient.
La simplicité majestueuse des prescriptions mosaïques
était mise en parallèle avec la rudesse des coutumes

---

(1) Voir cet ouvrage qui a paru chez Joubert, à Paris, en 1845.

(2) Voir surtout le commencement du livre VII, dont la première
loi est celle du talion, empruntée à la Genèse : « Quicumque effuderit humanum sanguinem, fundetur sanguis illius. » Gen. xi, 6.

franques ; le wergeld germanique, institué primitivement
pour tout meurtre, même volontaire, avec la composition
pécuniaire des Hébreux , permise seulement pour l'homicide par imprudence ; et enfin la vengeance du sang,
avec le talion , qui , bien entendu et bien interprété ,
signifie le mal rétribué par le mal, en un mot l'expiation, ce fondement moral de toute pénalité humaine.

Quand Charlemagne cesse de faire ainsi de la théorie
sur le droit criminel et religieux, et qu'il se laisse entraîner sur le domaine de la morale proprement dite,
alors il s'appuie non plus sur l'Ancien, mais sur le Nouveau Testament. « La cupidité , dit-il , consiste à con-
« voiter le bien d'autrui et à n'en faire part à personne,
« après qu'on l'a conquis. Suivant la parole de l'apôtre,
« ce vice est la racine de tous les maux (1). »

Ailleurs, il recommande en ces termes la pratique de
l'hospitalité : « Que personne, soit riche, soit pauvre,
« ne s'avise de refuser l'hospitalité aux voyageurs; que
« personne ne dénie le toit, l'abri et l'eau du foyer à tout
« homme qui voyage sans offenser la loi de Dieu, et
« encore moins à ceux qui ont entrepris des pèlerinages
« pour l'amour de Dieu et pour le salut de leur âme.
« Que si l'on veut encore ajouter d'autres bienfaits à
« celui de l'hospitalité proprement dite, qu'on sache
« que l'on en recevra de Dieu la meilleure des récom-
« penses, ainsi qu'il l'a dit lui-même : « Celui qui re-

(1) *Juxta apostolum, hœc est radix omnium malorum.* 1 Timoth ,
IV, 10 (*Capitul.*, lib. V, ann 806, n° 15, p. 454.)

« cevra un seul petit enfant en mon nom, me recevra
« moi-même (1). »

Les Capitulaires abondent ainsi en principes moraux,
étayés de textes de l'Evangile et des épîtres de saint
Paul. On voit, par les citations que nous avons faites,
comment ces prétextes étaient formulés.

Quant aux prescriptions canoniques, elles sont aussi
fort multipliées. Ainsi l'observation du repos pour le
dimanche est rigoureusement ordonnée . « Ceux qui ne
« s'abstiennent pas, dans ce saint jour, du labourage,
« de la taille de la vigne, de la moisson ou de la fau-
« chaison, sont abandonnés, non à la justice séculière,
« mais à la justice du prêtre (2). »

On trouve dans le livre vi des Capitulaires des prescriptions bien plus rigoureuses, soit sur l'observation
du dimanche (3), soit sur le respect pour les morts,
soit sur l'obligation de la prière. Il est recommandé aux
fidèles de jeûner et de faire des oblations pieuses pendant trente jours après la mort de leurs parents dé-
funts (4). Un peu plus loin, il est ordonné à tous les
laïques d'apprendre par cœur et de réciter tous les jours

(1) *Capitul.* ann. 802, n° 27, pag. 370, Baluze; texte cité de saint
Mathieu, ch. 18.
(2) *Non in laicorum districtione, sed in sacerdotis castigatione con-
sistat,* lib. vii, n° 276, p. 1086. — *Idem.* Il faut remarquer que les
pénitences et autres pénalités canoniques étaient sanctionnées par
l'*exequatur,* et, s'il le fallait, par l'intervention de l'autorité séculière.
(3) N°s 189 et 205.
(4) N° 97, p. 957, *id., ibid.* Cette loi avait pour but d'abolir, par
un précepte contraire, la coutume païenne de donner des festins
dans les funérailles.

le symbole des apôtres et l'oraison dominicale. Les comtes et les centeniers doivent donner l'exemple, en s'instruisant soigneusement de la loi de Dieu. S'ils ne le font pas, ils seront punis disciplinairement sur le rapport des *Missi Dominici* (1).

Ces exemples suffisent pour montrer dans quels détails de pratiques pieuses ne dédaignait pas d'entrer le grand empereur. Pour adoucir les mœurs de ses farouches compagnons d'armes, il voulait qu'ils devinssent sérieusement chrétiens ; il leur ordonnait d'abaisser leurs fronts altiers devant le Tout-Puissant. Il croyait ensuite pouvoir leur défendre, avec plus d'autorité morale, d'opprimer les pauvres et d'être injustes envers les petits (2).

Cette immixtion de la loi civile dans le for intérieur nous paraît, maintenant, quelque chose d'inouï ; à cette époque, où la force matérielle avait tant d'empire, on n'aurait pas compris la valeur d'un précepte moral dénué de toute sanction extérieure.

§ III.

Organisation judiciaire.

En matière d'organisation judiciaire, comme pour tout le reste, Charlemagne agit par voie de réforme et de

---

(1) Nº 290, p. 971, *id.*, *ibid.*

(2) Nºs 5 et 29 du Capitul. de 802. pp. 364 et 371, *id.* Voir aussi nº 282, lib. VI, le nº 3 du *Capitul.* de 819. où Charlemagne ordonne à ses juges d'entendre les causes des pauvres avant toutes les autres, et de les aider, de leur donner un avocat s'ils ignorent la loi ou ne savent pas s'expliquer, p. 599, *id.*

perfectionnement, et non de création *a priori* et de refonte complète.

Nous avons dit déjà, en commençant ce chapitre, quel parti il tira de l'institution des *Missi Dominici*, pour régulariser et activer l'administration générale de ce royaume. Mais cette institution elle-même existait sous les Mérovingiens; seulement il lui donna une efficacité et une régularité inconnues avant lui.

Les *Missi* étaient au nombre de deux : un évêque ou un abbé, et un comte palatin. C'était la représentation des deux éléments supérieurs de la société. Ils tenaient dans quatre provinces différentes quatre plaids d'un mois, et les évêques, comtes et magistrats de tout le pays devaient s'y rendre, sans qu'on admit d'autre excuse que la maladie; et encore l'absent devait, dans ce cas, se faire représenter par un viguier (1).

Les *Missi* punissaient de l'amende les comtes et centeniers qui se négligeaient dans la répression des crimes; ils destituaient ceux qui s'étaient laissé gagner par 'des présents (2). A la destitution, on joignait des peines encore plus sévères, quand le juge avait puni un homme par haine ou par méchanceté et dans un autre but que la justice (3).

De plus, il n'était permis aux comtes d'acheter des terres appartenant à leurs administrés que dans un *placité* public, en présence de témoins irréprochables,

(1) *Capitul.* dat. ann. 803.
(2) *Capitul* de 779, addition donnée par Siimond au n° 23, p. 199.
(3) N° 11, *ibid.*, p. 197.

et à leur juste valeur (1). En cas de contravention, la vente était annulée par lettre du roi (*per jussionem nostram*).

Les comtes siégeaient quelquefois dans les cités chefs-lieux, et plus souvent encore dans des châteaux en dehors des villes, *castella*, qui devenaient alors eux-mêmes des capitales. Ils tenaient trois ou deux sessions par an. Leurs assesseurs, sous les Mérovingiens, avaient été élus indistinctement parmi tous les hommes libres assistant au plaid, et ils s'appelaient alors *Rachim-bourgs*. Sous Charlemagne, nous trouvons que les *Scabins* étaient de véritables juges qui étaient nommés par le roi (2), et qui siégeaient, au nombre de sept,

_____

(1) Baluze, *id.*, p. 858.

· (2) Ou par le *Missus Dominicus*, ou par le comte qui représentait l'autorité du monarque. Quelques auteurs ont pensé que les Scabins étaient élus par le peuple. Cela ne résulte pas du texte, qui est ainsi conçu : « Ut judices, advocati, centenarii, præpositi, vicarii, scabini, quales meliores inveniri possunt, constituantur ad ministeria exer-cenda. » *Capitul.* 809, Bal., t. i, p. 472. Ce capitulaire semble être une instruction pour les *Missi Dominici.* Il est vrai que dans le capitulaire précédent il est dit : Scabini boni et veraces et mansueti cum comite et populo eligantur, etc. (*Id., ibid.*, Bal., p. 466), et que, par un capitu-laire postérieur, les *Missi* reçoivent l'ordre de destituer les mauvais Scabins et de les remplacer par de bons candidats que leur désigneront les sympathies et que confirmera l'*approbation du peuple*. Mais il n'en est pas moins certain que c'est le prince ou son représentant qui nomme ses délégués judiciaires, et qu'il ne reste plus au peuple que le privilége assez illusoire d'approuver les choix du pouvoir, ou peut-être, dans quelques cas, de les provoquer. « Ut ubicumque missi nostri malos Scabinos inveniant, et totius populi consensu in locum eorum bonos eligant. » Ludov. Pii *Capitul.* 809, Baluze, pag. 665. Dans l'article suivant, il n'est pas question du concours du peuple : • Ut in omni comitatu hi qui meliores et veraciores inveniri possunt

dans toutes les causes. Suivant la vieille coutume germanique, tous les hommes libres devaient fréquenter le *mal* ou *mallum*. Mais peu à peu, après la conquête, les habitudes sédentaires prévalurent, et le Mal resta désert. Alors on ne fit une obligation de la présence au tribunal qu'aux plaideurs eux-mêmes, aux Scabins et aux vassaux particuliers des comtes. C'est ainsi qu'en France la justice devient de plus en plus fixe, à mesure qu'on s'avance vers la civilisation.

En outre, dans le choix des juges, il y avait un principe fondamental, c'était la supériorité du magistrat sur le justiciable. Le plus grand, disent les Capitulaires, ne doit pas être jugé par le plus petit : *Major a minore non potest judicari* (1). Ailleurs, il est recommandé aux *Missi* et aux comtes de chasser du nombre des juges ceux qui ne réuniraient pas à une bonne naissance la science, la sagesse et la piété (2).

Il résulte de ces principes que les grands dignitaires, ceux qui étaient dans la *Truste*, c'est-à-dire sous la protection royale, devaient être jugés par le roi lui-même pour l'être par un supérieur. Ils pouvaient donc toujours porter leurs causes devant la cour du roi, lorsqu'ils étaient demandeurs ; et, lorsqu'ils avaient été appelés comme défendeurs devant un tribunal de comte, ils

eligantur à Missis nostris ad inquisitiones faciendas et rei veritatem dicendam et ut adjutores comitum sint ad justitias faciendas. » *Idem, ibid.*

(1) Bal., *Capitul.*, lib. 5, n° 397, p. 908.
(2) Ludov. imperat. *Capitul.* ann. 856, n° 3.

avaient toujours le droit d'appel devant celui du roi ou du comte palatin.

Il semble, au reste, que, dans le principe, ce droit d'appel appartint à tous les hommes libres.

Il y avait deux manières différentes d'en appeler du jugement des Scabins présidés par le comte.

Voici quelle était la première :

Quand le tribunal avait prononcé, il fallait ou que la partie condamnée acquiesçât au jugement, ou qu'elle le *blâmât*, en s'inscrivant en faux contre la décision des juges ; si elle ne voulait ni acquiescer, ni blâmer (*blasphemare*), on la mettait en prison jusqu'à ce qu'elle prît l'un ou l'autre parti ; si le condamné prenait le parti du *blâme* et de l'attaque contre le jugement, ou bien il jetait le gant devant les Scabins, et alors il y avait lieu au duel, ou bien il faisait procéder à un supplément d'instruction ; et s'il ne pouvait prouver le *mal jugé* d'aucune de ces manières, il devait payer à chacun des premiers juges une amende de quinze sols, ou bien recevoir de leurs mains quinze coups de bâton (1).

La seconde manière consistait à porter l'appel directement devant le roi.

Mais ce droit d'appel fut, peu à peu, considérablement restreint.

D'abord, il fut interdit de porter sa cause devant la

_____

(1) *Aut quindecim ictus a scabinis, qui causam prius judicaverint, accipiat.* Carol., *Capitul. ad Theod. villam*, ann. 805. — 8 et 9.

cour royale avant de l'avoir portée au tribunal du comte.
Il fallut, ensuite, invoquer jusqu'à trois fois la justice
du comte avant d'être admis à se présenter devant le
roi (1) ; et le comte dut tenir registre *(breve)* des
affaires portées devant lui, pour prouver que la partie
ne s'était pas adressée à lui, ou qu'il avait fait justice (2).

L'empereur présidait assez souvent sa cour en personne ; Louis et son fils Lothaire avaient même pris
l'engagement de siéger au moins un jour par semaine
pour écouter les plaintes de leurs sujets (3). Mais peut-
être était-ce, de la part de Lothaire, qui devenait, à
ce moment, le véritable empereur, un de ces program-
mes de nouveau règne, dans lesquels on cherche un
moyen de popularité plutôt qu'on ne croit contracter
une obligation véritable.

Cette cour royale était composée de tous les grands
dignitaires du palais, et elle était ordinairement présidée, en l'absence du roi, par le comte du palais, qui
avait la garde du scel (4) de la couronne.

Nous ne dirons qu'un mot des juridictions placées au
bas des degrés judiciaires, dont la cour du roi occupait
le sommet. C'étaient, en-dessous du tribunal du comte,
celui du viguier ou du vicomte, placé dans les châtel-

---

(1) *Hoc statuimus ut unusquisque clamator tertiam vicem ad comi-
tem se proclamet*, etc. *(Capitul. Mantuan.* ann. 781, n° 2).

(2) *Ibid.*, n° 3.

(3) Ludovic. et Lothar. *Capit.* an. 829 — 15.

(4) Carol. II, Imp. Convent. Carisiac. ann. 873 — 17.

lenies où aucun comte ne résidait, celui des centeniers et les dizeniers dans les bourgs ou villages d'une importance inférieure.

Chez d'autres peuples germaniques, l'échelle judiciaire était mieux graduée. Ainsi chez les Wisigoths, il existait aussi des comtes et des vicomtes, puis des magistrats préposés à cinq mille, mille, cinq cents, cent et dix habitants (1).

Parmi les Anglo-Saxons, on compte plus de soixante-cinq noms de fonctionnaires différents, s'échelonnant ainsi dans l'ordre judiciaire. Il faudrait se livrer à d'immenses recherches d'érudition, pour porter une lumière suffisante sur cette hiérarchie compliquée, et qui variait suivant les divers pays de l'heptarchie et les législations variées de plusieurs monarques, tels qu'Ina, Edouard ou Eadward, Alfred, etc. (2).

Qu'il nous suffise de dire que l'esprit de cette gradation hiérarchique et ses principales divisions étaient à peu près les mêmes chez les Anglo-Saxons, les Burgundes, les Bavarois et les autres peuples barbares.

On peut remarquer aussi que tous ces peuples réunissaient, entre les mains de leurs comtes et de leurs prin-

---

(1) *Comes*, *vicarius*, *tynphadus* (*), *millenarius*, *quingentenarius centenarius*, *decanus*. *Lex Wisigoth.*, lib. II, 26.

(2) Voir, pour approfondir ce sujet, le 2ᵉ vol. de l'*Histoire de la législation des anciens Germains*, tome III, de la p. 440 à la p. 695. Davoud-Oglou, Berlin, 1845, et Kemble, *The Saxons in England*, London, 1848.

(*) Le sens de ce mot serait identique à celui de *millenarius*. Canciani, *collect leg. Barbar.*, vol IV, p 216.

cipaux magistrats, les attributions militaires et administratives aux attributions judiciaires.

Enfin, dans l'empire des Francs, il y avait, parallèlement aux justices publiques, des justices privées, dont l'origine remontait à la première race.

Quand les rois mérovingiens concédaient à leurs fidèles ou à des établissements ecclésiastiques de grands domaines fiscaux, ils leur donnaient quelquefois en même temps le droit d'y rendre la justice. Ces concessions de juridiction, appelées *immunités*, se multiplièrent beaucoup sur la fin de la première race ; elles s'appliquèrent même quelquefois à des terres déjà possédées par le concessionnaire. Il résultait de ces *immunités* que les propriétaires y administraient la justice par eux-mêmes ou par des préposés, et il n'y avait guère plus d'autre lien de juridiction entre eux et le pouvoir central, que le droit d'appel de leurs jugements au plaid du roi.

Cependant, il est à remarquer que ces concessions ou immunités étaient ordinairement accordées sous la réserve de la haute juridiction affectée aux comtes pour la poursuite et la punition des crimes graves. Soit que les *immunistes* eussent commis des usurpations sur cette juridiction royale, soit qu'ils eussent arraché à la faiblesse des derniers Mérovingiens des exemptions exagérées et incompatibles avec l'ordre public, il y avait là de véritables abus qui ne pouvaient pas échapper à la vigilance administrative de Charlemagne. Voici sous quelle forme il y remédia dans un de ses Capitulaires intitulés Additions à la loi salique :

« Si quelqu'un a commis un vol cu un homicide et
qu'il se réfugie dans une immunité, que le comte mande
à l'évêque ou à l'abbé, ou au vidame qui tient la place
de l'évêque ou de l'abbé, qu'il ait à rendre le coupable.
S'il conteste et qu'il refuse de le rendre, qu'il soit condamné pour la première fois à une amende de 15 sols.
Si après une seconde sommation il refuse encore, qu'il
soit condamné à une amende de 30 sols. Si à la troisième
sommation il s'obstine, que tout le dommage fait par le
coupable retombe sur celui qui le retient dans l'immunité (1) et qui refuse de le rendre. Et que le comte,
venant en personne, ait le droit de rechercher le coupable dans l'immunité, et de mettre la main sur lui partout où il le trouvera. Que si, à la première réquisition,
on répond au comte que le coupable a été, il est vrai,
dans l'immunité, mais qu'il s'est enfui, que le lieutenant
de l'évêque ou de l'abbé jure aussitôt qu'il ne l'a pas fait
évader pour entraver la justice d'autrui, et le serment
suffira. Mais si quelqu'un essaie de résister au comte a
main armée, quand il pénétrera dans l'immunité, que le
comte le fasse savoir au roi ou au prince, qui en jugera.
Et de même que celui qui a violé une immunité doit
payer 600 sols de composition, de même celui qui osera
résister au comte, à main armée, en paiera 600 (2). »

Ce capitulaire a pour but de prévenir des conflits de
juridiction et de revendiquer en faveur du comte *le droit de*

(1) Il ne faut pas traduire le mot *immunitas* par *asile*, comme l'a
fait M. Capefigue dans son *Charlemagne*, tom. ii, p. 201.
(2) *Capit. addit. ad leg. salicam*, cap. 1 (Bal. 1, p. 388).

suite de sa haute-justice criminelle sur les malfaiteurs
de son *comitat* réfugiés dans les terres des immunistes.
Il révoque ce qu'il y avait d'excessif dans les concessions d'immunités de la dynastie mérovingienne, concessions qui portaient « qu'aucun magistrat ou délégué
« de l'autorité publique ne pourrait mettre le pied sur
« les dépendances actuelles ou futures de l'Eglise à la-
« quelle l'immunité était accordée, etc. (1) »

Il y a encore une justice qui tenait une grande place
chez les Scandinaves et les anciens Germains et dont nous
retrouvons des traces sous Charlemagne, sous Louis-le-
Débonnaire et sous Charles-le-Chauve : c'est celle du tribunal des voisins. Cependant cette justice n'est mentionnée
d'une manière expresse que dans les capitulaires faits
pour des populations placées aux deux extrémités de l'empire : les Saxons et les Espagnols réfugiés de ce côté des
Pyrénées. Voici un extrait de ces dispositions législatives :

« Il a été convenu qu'à l'occasion de tous jugements
qui auront été rendus au pays de Saxe par l'arbitrage
des voisins, les juges du canton recevront, selon l'usage,
douze sols pour prêter force exécutoire à ces jugements (2) ; et pour le wergeld, qu'il soit acquitté sur le
même pied qu'on a coutume de le payer. »

Les autres capitulaires, ceux relatifs aux Espagnols,
sont plus remarquables encore :

---

(1) *Formules de Marculphe*, 1, 3. On sait que ce recueil est du
VIIe siècle.

(2) *Pro districtione :* Carol. Magn. *Capitul. Saxon.*, ann. 797
(Bal., tom. 1, p. 277). J'ai traduit en paraphrasant; mais, sans para-
phrase, la traduction serait inintelligible.

« Que les Espagnols réfugiés ne refusent jamais de
comparaître au *mallum* de leur comte pour les causes
majeures telles qu'homicides, rapts, incendies, pillages,
fractures, vol, brigandages, invasions violentes sur la
propriété d'autrui, et, en général, toutes les fois qu'ils
seront accusés au civil et au criminel, et sommés de
comparaître en justice. Mais pour ce qui est des causes
mineures, que nul ne les empêche de les terminer à leur
manière, ainsi qu'ils l'ont fait jusqu'ici.

« Et si l'un d'eux attire d'autres hommes, de quelque
côté qu'ils viennent, sur la portion de territoire qu'il a
reçue pour y fixer son habitation, et leur permet d'y
habiter avec lui, qu'il use de leurs services sans aucune
contradiction ni empêchement, et qu'il lui soit permis
de les contraindre dans les affaires que nous leur avons
accordé de pouvoir terminer entre eux. Mais pour toutes
les autres affaires, c'est-à-dire pour les procès criminels,
qu'on les réserve au jugement du comte (1). »

Le premier paragraphe fait allusion aux procès en
matière grave (*majores causæ*) que les propriétaires
libres pourraient avoir entre eux : ceux-là sont réservés
à la juridiction du comte. Mais ils ont la faculté, pour
les causes mineures, de s'en rapporter à l'arbitrage de
leurs voisins.

Quant aux procès de leurs hommes ou vassaux, desquels il est question dans le second paragraphe, c'est
le propriétaire ou seigneur qui peut les juger et les ter-

_____

(1) Cœtera vero judicia, id est criminales actiones, ad judicium co
milis reserventur. (*Præceptum Ludovici Pii pro Hispanis.*)

miner lui-même, s'il s'agit de petites causes. Mais les autres affaires, c'est-à-dire les grandes actions criminelles, ne peuvent être soustraites à la juridiction du comte (1).

Enfin, un capitulaire de Charles-le-Chauve confirme et étend les dispositions du capitulaire précédent :

« Nous voulons, dit-il, que sauf les trois cas d'homicide, de rapt et d'incendie, ni les Espagnols réfugiés, ni leurs hommes, ne soient soumis au jugement ou à la contrainte du comte ou de tel autre ministre du pouvoir judiciaire; mais qu'il leur soit permis de terminer leurs différends conformément à la loi, et, hors les cas spécifiés ci-dessus, de juger souverainement tous les procès qui naîtront soit entre eux-mêmes, soit entre leurs hommes (2). »

Le tribunal des voisins semble ainsi disparaître peu à peu entre la juridiction du propriétaire ou seigneur immuniste, et celle des comtes ou ducs qui acquièrent l'inamovibilité et l'hérédité.

C'est le même empereur Charles-le-Chauve qui conféra ces dangereux privilèges aux comtes de ses états, et, dès lors, ces magistrats prétendirent à une souveraineté territoriale semblable à celle des immunistes. D'abord ils s'emparèrent des péages et des revenus publics,

(1) On a voulu voir dans ce capitulaire l'origine des basses justices de la troisième race. N'est-ce pas trop généraliser un cas particulier ?

(2) *Caroli Calvi præceptum* pro *Hispanis*, § 3. L'assise des voisins pouvait être transformée en tribunal criminel par la seule présence du comte. C'est une induction qu'on a tirée des règlements sur les plaids du comte contenus dans les capitulaires *de part. saxonis*, tit. 46 et suiv. (*Histoire du conseil d'État en France*, par M. de Vidaillan, *Revue contemporaine*, avril 1853.)

qu'ils n'auraient dû percevoir qu'au nom du roi ; puis ils finirent par s'approprier le pouvoir judiciaire sur les habitants de leurs arrondissements, pouvoir qui ne leur avait été remis qu'à titre de délégation.

Ils ne contestèrent pas en droit, dans le principe, le ressort de leurs justices au plaid du palais. Mais, en fait, tous les moyens de violence et de ruse leur étaient bons pour empêcher ces recours, et comme leur pouvoir était présent et toujours plus fort, que le pouvoir royal était éloigné et toujours plus faible, tout lien finissait par se rompre entre les juridictions locales et la juridiction centrale. « Le monarque, dit un savant moderne, n'était « plus considéré comme la source des pouvoirs, comme « le suprême réformateur des torts dont ses délégués « ou ses concessionnaires pouvaient se rendre coupa- « bles ; il ne faisait plus de lois, il ne rendait plus « de jugements (1)..... »

C'est ainsi que se prépara la révolution féodale à laquelle l'avènement au trône de Hugues Capet mit le sceau, en 987.

§ IV.

Procédure criminelle.

Charlemagne modifia moins la procédure criminelle que l'organisation judiciaire; cependant il tâcha de remettre en vigueur ce vieux principe à peu près

---

(1) *Essai historique sur l'organisation judiciaire en France, depuis Hugues Capet jusqu'à Louis XII*, par M. Pardessus , membre de l'Institut. Paris, Auguste Durand, 1851.

abandonné dans la pratique par les Mérovingiens,
mais déjà consacré par plusieurs lois barbares :
savoir, que l'on doit rechercher les témoignages et procéder par enquête avant de recourir au serment et aux
épreuves judiciaires.

Ainsi, on lisait dans le code des Wisigoths : « Que le
juge étudie bien la cause, et interroge d'abord les témoins ; qu'il examine ensuite les pièces écrites pour
arriver plus sûrement à la vérité, et qu'on n'en vienne
pas facilement au serment, car le véritable moyen de
parvenir à la connaissance de la vérité est de la demander aux écritures et de ne jamais recourir au serment.
Qu'il ne soit permis de l'invoquer que dans les causes
où la conscience du juge ne peut s'appuyer sur aucune
écriture ou preuve, ou tout autre indice certain de la
vérité. Nous laissons néanmoins à la discrétion du juge
de décider dans quelles causes et de qui le serment
devra être exigé dans l'intérêt de la vérité (1). »

D'après les Capitulaires, l'enquête dut se faire par les
soins du comte et avec le concours des hommes les plus
véridiques et les plus respectables du *comitat* (2).

Il faut bien reconnaître, cependant, que la législation
de Charlemagne admet et recommande tous les genres
d'épreuves. Elle va même jusqu'à interdire le moindre
doute par rapport à l'efficacité que doit avoir le duel

(1) Leg. Wisigoth., 11-12 (*Antiqua*).
(2) Kar. ii, *Capitular. Carisiac.* ann. 873. Ce capitulaire de Charles-
le-Chauve n'est que la reproduction plus détaillée d'ordonnances de
Charlemagne. Voir, par exemple, ses *capitul.*, liv. v, art. 292 (Baluz.,
1, p. 883).

judiciaire pour prouver l'innocence ou la culpabilité d'un accusé (1). Mais une pareille interdiction prouve qu'il faut raffermir une foi qui chancelle. Et cependant la multiplicité des parjures devient telle dans l'empire germanique, que l'on sent la nécessité d'y substituer le combat, et Othon le Grand, en 967, l'autorise même dans les contestations sur l'état des personnes et sur la propriété (2).

Alors le duel devient un moyen de procédure général et presque inévitable : tout ce qu'on peut faire pour une certaine classe de personnes, c'est de leur permettre de se faire représenter par un champion ou un avoué (3). Tels sont les enfants, les femmes, les vieillards, les infirmes et les églises. Quelquefois on se contente d'imposer le serment ou les épreuves autres que le combat aux clercs, aux infirmes et aux timides (4). Les dignitaires ecclésiastiques et même les grands vassaux étaient admis à faire jurer et à présenter aux épreuves des mandataires choisis parmi *les meilleurs hommes* (5). C'est ainsi que dans l'affaire de Tassilon, duc de Bavière, Pierre, évêque de Verdun, se purgea de l'accusation de complicité portée contre lui, non en personne, mais par l'inter-

(1) *Ut omnis homo judicium Dei credat absque ulla dubitatione.* Karol., *Capitul. Aquisg.*, ann. 809-25.

(2) Pertz, tom. IV, p. 32.

(3) *Si unum aut decrepitus ætas seu infirmitas pugnare prohibuerit, liceat ei se pugnatorem imponere.— Ecclesiæ et comites seu viduæ lites suas .. per consimiles advocatos pugna dirimunt.* Pertz, 1, 9 et 10, p 32.

(4) TIMIDI. Kar. *Capitul.* Ticinens, ann. 801, § 9.

(5) *Melior homo illorum et credibilior. Capitul.* ann. 884-11.

médiaire d'un de ses gens : on ne sait pas sous quelle
forme eut lieu cette purgation ou épreuve (1).

Le combat judiciaire, à l'arme blanche, était réservé
aux hommes libres ; mais les autres genres d'épreuves
paraissent avoir été communs à toutes les classes de la
société. Du reste, on comprenait souvent l'incertitude
et les abus de ces moyens de procédure judiciaire, et il
y en a que tantôt on autorisait, tantôt on défendait,
comme l'épreuve de l'eau froide qui fut défendue par
Louis le Débonnaire, en 829 (2), et celle de la croix,
qu'il proscrivit en 817 après l'avoir ordonnée en 816 (3).

Comme nous l'avons dit ailleurs (4), un grand nombre
d'évêques crurent être réduits à l'alternative ou d'abandonner le monde barbare à lui-même, ou de se prêter
à ses préjugés et à ses lois. En prenant le premier de
ces partis, le clergé perdait sur la société de cette époque toute son action civilisatrice : en choisissant le second, il restait le guide et le directeur des peuples qui
l'avaient placé à leur tête, et il pouvait les faire marcher
insensiblement dans le chemin des réformes et des améliorations les plus praticables. Ce fut ce dernier parti qu'il
suivit : grande et salutaire inspiration à laquelle il dut le
rôle magnifique qu'il remplit dans tout le moyen-âge (5).

(1) Henri Martin, *Histoire de France,* ann. 929, tom. II.
(2) Illotarii, *Capitul.* ann. 829-12.
(3) Ejusdem *Capitul. Aquisgran.*
(4) Voir le chap. IX, § 7.
(5) Remarquons pourtant que l'Eglise n'a pas transigé sur tous les
points avec les mœurs barbares. Ainsi, pour les monogamies et l'indis-
solubilité du mariage, elle n'a jamais rien concédé. La sagesse de ses
résistances semble être un gage de celle de ses concessions.

§ V.

Pénalité.

Pendant les quarante-six années que régna Charlemagne, il suivit fidèlement les grandes lignes de sa politique ; mais on peut cependant reconnaître quelques
nuances diverses de conduite dans les différentes phases
de son existence. De 768 à 800, tant qu'il n'est que roi
des Francs, il est plus exclusivement Germain et national ; après son couronnement à Rome, il sent qu'il devient l'avoué, le *mundoald* de la papauté et de l'épiscopat ; son gouvernement et sa législation s'empreignent
d'une couleur plus large et plus chrétienne. Il tend en
même temps à resserrer, comme défenseur temporel de
l'Eglise, les liens de l'unité administrative qui doivent
joindre toutes les parties de son vaste empire.

Ainsi encore, dans la première période de son règne,
Charlemagne avait admis sur les frontières, sur les *marches* de ses États, le système des ducs, des *margraves*
ou *marquis* héréditaires. Dans la seconde période, il
étend à peu près à tout son Empire le système des comtes relevant immédiatement de son autorité, et soumis à
l'inspection de ses *missi dominici*. L'infidélité d'un duc
de Bavière, qu'il fait juger et condamner, est l'occasion
dont il profite pour consommer cette réforme administrative aux extrémités de la Germanie.

Charlemagne a-t-il varié de la même manière dans

la direction qu'il chercha à imprimer à la législation pénale ? Nous aurions peut-être conclu par analogie si nous n'avions pas été en garde contre les généralisations trop précipitées. Mais rien n'est plus dangereux que ces systèmes prématurément conçus.

Quelques érudits modernes ont prétendu qu'au commencement de son règne, Charlemagne avait abondé dans le sens des compositions pécuniaires et du vieux droit pénal des barbares, mais qu'ensuite, sous l'influence du droit canonique et des traditions romaines, il en était revenu à établir de véritables pénalités sociales pour les crimes privés. Une étude attentive des textes originaux n'a pas confirmé pour nous la justesse de ces vues historiques.

L'espèce de réaction qu'on a voulu trouver sous ce rapport dans les capitulaires de Charlemagne devenu empereur, s'était produite d'une manière bien plus marquée sous les rois mérovingiens. Déjà, Childebert, en 595, avait promulgué un décret fondé sur des principes tout opposés à ceux des lois germaniques. Par ce décret, l'homme coupable de rapt (1) était condamné à mort ; quant au meurtrier qui avait tué sans cause légitime, il devait perdre la vie, et ne pouvait la racheter à quelque prix que ce fût (2) ; enfin, les voleurs et les malfaiteurs dont le crime était attesté par cinq ou sept personnes dignes de foi, devaient

(1) Decret. Childeb. reg., ann. 595.—Art 1 (Baluz, tom. 1 p. 17).
(2) Id., Ibid. — 5, p. 18.

également être mis à mort, « car, suivant le texte du
. décret, celui qui s'est placé au-dessus ou en dehors de
la loi pour voler, doit mourir sans pouvoir l'invoquer (1), » c'est-à-dire que le Franc qui s'abaisse à
des actions aussi viles, perd son droit, est privé du
bénéfice de la loi.

Le juge ne doit, dans aucun cas, sous peine d'être
mis à mort lui-même, faire relâcher le brigand qui aura
été saisi ; seulement, si c'est un Franc, il doit l'envoyer
toujours garrotté à la cour du roi : si c'est une personne
de basse condition, il doit le faire pendre sur-le-
champ (2).

Il semble que cet article modifie le précédent. Cependant, si on y fait attention, on verra qu'il n'y a pour
le Franc d'autre privilége réservé que celui de la juridiction, et on reconnaîtra que la même pénalité lui reste
applicable.

Or, Charlemagne n'aurait jamais fait de décrets aussi
contraires à la tradition germanique. C'est ce que nous
allons voir en analysant ses principaux actes législatifs
relatifs au droit pénal (3).

---

(1) *Quomodo sine lege involavit, sine lege moriatur* (*Id. ibid*, art. 77).

(2) *Id. ibid.*, art. 8 (p. 19). Et eum ligare faciat, ita ut si Francus
fuerit, ad nostram præsentiam dirigatur, et si debilior persona fuerit,
in loco *pendatur.*

(3) On retrouve le décret de Childebert. — *Capitul.*, lib. vii, cap.
256 et 257. (Bal., tom. ier, p. 1079) Mais on sait que les trois derniers livres des capitulaires, recueillis par le lévite Benoît ou Béné-
dict, *Benedictus levita*, n'ont pas d'authenticité et n'ont même jamais
eu le degré d'autorité qu'on a reconnu aux fausses décrétales. Voir
sur ce point l'*Histoire du droit civil français*, de Laferrière, tom. iii,
pag. 461.

Dans ses premiers capitulaires, ceux de 779, par exemple, il ne fait que confirmer la loi de la composition pécuniaire et lui donner, en quelque sorte, le sceau de l'autorité sociale.

« Si quelqu'un, dit-il, ne veut pas recevoir le prix fixé en satisfaction d'un meurtre, envoyez-le-nous, et nous le ferons conduire dans un lieu où il ne pourra nuire à personne : nous prétendons en agir de même avec ceux qui ne voudraient pas payer ce même prix (1).

Le temps n'est pas venu encore où il invoquera toutes les sévérités des législations antérieures contre les homicides et les voleurs. « Quant aux voleurs, pour une première faute, ils ne seront pas punis de mort, mais on leur crèvera un œil ; à la seconde, on leur coupera le nez, et, si on les trouve une troisième fois en faute, sans qu'ils soient corrigés, qu'ils meurent (2). »

La peine de mort est encore prononcée une fois dans ce capitulaire, mais pour un crime d'une gravité immense, surtout dans une époque de foi et aux yeux d'un prince protecteur de la religion, du *mundoald* de la papauté : c'est pour la destruction d'une église (3).

Dans une épître de Charlemagne, on trouve ce remarquable passage sur la composition pécuniaire à payer pour le meurtre des prêtres :

(1) *Capitul.* de 779, cap 22. (Bal., tom. 1, p. 198.)
(2) *Ibid.*, cap 23.
(3) *Ibid.*, *artic. addit* (id , *ibid.*, p. 20)

« Quant à ce qui regarde les prêtres , il nous paraît convenable que, si le prêtre tué est né libre, on triple la somme exigée par la loi, et que, s'il n'a été que blessé, on paie triple aussi. Mais si le prêtre est né serf, *on examinera* sa naissance pour savoir si l'on doit faire payer triple également (1). »

Ainsi le principe de la naissance ou de la race domine, aux yeux de ce prince, celui de la composition pécuniaire. Il y a plus, il recherche une prétendue empreinte primitive et originelle là où l'onction sainte n'aurait plus dû laisser subsister à ses yeux qu'un seul caractère, celui du sacerdoce. Il va s'enquérir si ce prêtre était né libre ou Franc, si cet autre était d'origine gauloise ou serve. L'esprit germanique était donc bien puissant, puisqu'il résistait à ce point à l'influence ecclésiastique, sous un prince tel que Charlemagne.

Cependant , en 803, quand Charlemagne règle législativement ces questions de composition pécuniaire, sous la forme d'une addition à la loi salique, la différence du *wergeld* se détermine d'après le degré occupé dans la hiérarchie ecclésiastique par le membre de l'Église qui a été victime du meurtre , et on ne recherche plus quelle a été sa naissance et son origine. On sent ici que le prince agit, non plus seul, mais avec le concours des *évêques* de son empire. Voici le texte de ce document législatif, qui mérite d'être médité :

« Celui qui aura tué un sous-diacre, paiera 300 sous ;

---

(1) *Epist. Kar. mag.* D. Bouquet, *Gall. histor. collectio*, t. v, p. 629.

pour un diacre, on en donnera 400 ; pour un prêtre, 600 ; pour un évêque, 900 , pour un moine, 400 (1). »

Le même capitulaire confirme le droit d'asile, et lui donne même une extension matérielle plus grande : « Si quelqu'un va pour chercher un refuge dans une église, il n'a pas besoin de pénétrer dans le sanctuaire, ni même d'entrer dans l'intérieur ; qu'il reste en sûreté sous le porche ou le vestibule, et que personne ne puisse l'en arracher par la violence ; mais que des hommes probes tâchent de lui faire avouer sa faute et l'amènent au plaid public (2). »

On retrouve donc dans cette législation les deux grands principes des lois barbares, telles qu'elles avaient été modifiées par le christianisme : la composition pécuniaire, l'inviolabilité du droit d'asile. Mais Charlemagne montre cependant une tendance à restreindre le privilège du *wergeld*, même dans cette addition à la loi salique, faite par les Francs-Saliens : « Si quelqu'un, dit-il, craignant de tomber en esclavage, tue son père, sa mère, sa tante, son oncle, son beau-père, ou tel autre de ses parents par lesquels il soupçonnera pouvoir être réduit à l'esclavage, qu'il meure, et que ses enfants et sa famille soient esclaves. S'il nie le fait, qu'il soit soumis au jugement de Dieu par le fer chaud, etc. (3). »

Les additions à la loi des Ripuaires, qui sont égale-

---

(1) *Capitul., ad. leg. salic*, ann. 803, cap. I (Bal., tom. I, p. 387.).

(2) Capitul. de 803, *ibid.*, cap. III (Bal., I, 389). Nous reviendrons sur la question du droit d'asile.

(3) *Id., ibid.*, cap. V. (*Id., ibid.*)

ment l'ouvrage de Charlemagne devenu empereur, portent l'empreinte du même esprit (1).

En faveur du système qui attribue à ce prince, vers
cette époque de son règne, une sorte de conversion aux
idées de l'ancien empire d'Occident et un culte exclusif
et nouveau pour les lois romaines, un auteur moderne
cite le recueil attribué au chancelier Erchembald , et
donné comme un dernier supplément aux capitulaires (2).
On ne connaît ni la date, ni le lieu où ce recueil aurait
été accepté comme loi de l'empire par les assemblées
générales de la nation, et cela seul pourrait faire douter
de son authenticité. Mais d'ailleurs il n'y a qu'à examiner les dispositions qu'il contient, pour reconnaître qu'il
a un caractère plutôt civil que pénal, et bien plutôt encore ecclésiastique que civil.

C'est dans une espèce d'exhortation pieuse contre
certains crimes d'impureté, que l'auteur du recueil invo-
que la loi romaine qui punit ces crimes fort sévèrement
et qu'il l'appelle *la mère de toutes les lois humaines* (3).
Son but est d'exciter chez les prêtres et chez les clercs

(1) Bal , t. i, p. 305 et suivantes. Ces additions sont de la même
date, de l'année 803. Elles ne diffèrent que par le taux du *wergeld*,
qui est inférieur, mais qui garde des proportions à peu près semblables entre les divers rangs de la société.

(2) *Capitul. additio quarta* (Bal , t. i, p. 1181). Il y a dans ce supplément plusieurs chapitres qui font double emploi avec le septième
livre, rédigé par Benoît et que l'on regarde comme apocryphe. Or,
la non-authenticité des capitulaires de ce dernier implique la non-
authenticité du recueil qui les copie.

(3) *Lex romana, quæ est omnium humanarum mater legum. Capitul
addit. quarta*, cap. 160, *de patratoribus diversorum malorum.* (Bal.,
1, p. 1226.)

24

l'horreur de crimes pareils, et non de rétablir dans la pratique la pénalité de cette loi qu'il admire si fort. Il cite un peu plus loin, pour montrer combien ce genre de péché est détesté de Dieu comme des hommes, non-seulement les exemples de Sodome et de Gomorrhe consumées par les flammes, mais ceux des Espagnols et *des peuples de Provence et de Bourgogne*, qui, pour l'avoir commis sont livrés au joug cruel des Sarrasins, ces ennemis de la foi (1).

Ainsi, d'une part, on voit que l'autorité de la loi des anciens Romains est invoquée comme une autorité purement morale, et de l'autre on représente la Provence et la Bourgogne comme actuellement soumises aux Sarrasins ou aux païens, ce qui ne saurait se rapporter à l'époque du règne de Charlemagne (2).

Dans les instructions si détaillées et si curieuses qu'il donne à ses *Missi*, on ne voit pas que Charlemagne leur recommande une seule fois de s'appuyer sur la loi romaine, ou même de la consulter comme raison écrite.

(1) « Sicut aliis gentibus Hispaniæ et Provinciæ et Burgundionum populis contigit, quæ sic a Deo recedentes fornicatæ sunt, donec judex omnipotens talium criminum ultrices pœnas per ignorantiam legis Dei, et per Sarracenos venire et servire permisit. » Et dans le même article on lit aussi ce passage, plus concluant encore : « Gens nostra .... nobis in Francia et in Italia *improperatur et ab ipsis paganis improperium est.....* » (Id., ibid, p. 1227.)

(2) L'ouvrage de M. Reinaud, *sur les invasions des Sarrasins dans le midi de la France*, prouve que ces invasions ont eu lieu *par mer* après des débarquements successifs à Fréjus et à Saint-Tropez à des époques très-postérieures au règne de Charlemagne (de 889 à 972) — (Reinaud, *Invasions des Sarrasins*, p. 188 et suivantes) — Paris, Dondey-Dupré, 1836. Cependant quelques savants croient, il faut bien le dire, que les principales sommités des Alpes et de la Savoie restèrent occupées par les Sarrazins du VIIIe au Xe siècle.

Quelquefois, il les invite à appliquer à toutes les parties de l'empire qu'ils visitent la loi particulière d'une
nation ; ainsi on lit dans un capitulaire de 806 : « Que
« les voleurs, les meurtriers, les adultères et les inces-
« tueux soient sévèrement punis suivant la loi des Ba-
« varois (1). » On ne trouvera nulle part qu'il engage ses
Missi à appliquer aux voleurs et aux meurtriers quelque
disposition du code Théodosien ou des édits des empereurs.

Il y a bien un capitulaire dans lequel Charlemagne
n'a plus recours que rarement au *wergeld* et au *fredum*
et où il prodigue la peine capitale : nous voulons parler
de celui qu'il donne aux Saxons. — Pour le Saxon qui
brûle les cadavres des siens à la manière des païens, au
lieu de les enterrer dans les cimetières chrétiens, c'est
la mort (2) ; pour celui qui mange de la viande en carême,
c'est la mort (3) ; pour celui qui se cache et ne vient pas
se faire baptiser, c'est encore la mort (4). Cette loi si
dure, si sanguinaire, est une loi toute locale, toute de
circonstance : elle ne se justifie pas, mais elle s'explique
par les retours si fréquents des Saxons à l'idolâtrie et à

---

(1) *Capitul.* 806, cap. 5.—Bal., t. 1, p. 451.—Le vol et le brigandage étaient des crimes fort multipliés à cette époque, à ce qu'il paraît, car Charlemagne y revient dans la plupart des instructions à ses
Missi. « Que le comte, dit-il ailleurs, qui a envoyé un voleur en exil,
le fasse savoir aux comtes ses voisins, afin que ceux-ci ne le reçoivent point dans l'étendue de leur domination. » *Capitul.* de 809 ,
Bal., t. 1, pag. 468 et 470.

(2) *Capitul. in partib. Saxoniæ,* art. 7. (Bal. tom. 1. pag. 252.)

(3) Id., ibid., art. 4. (B., 1, p. 251.)

(4) Id., ibid., art. 8.

la révolte (1). Charlemagne voulait dompter par la terreur ce peuple indomptable. Nous verrons ailleurs quel
contre-poids il mit à la sévérité de ces peines. Dans tous
les cas, ce n'est pas dans le droit romain qu'il est allé
chercher les modèles de cette pénalité féroce.

Le Code pénal militaire de Charlemagne, qui devait
avoir nécessairement un caractère de généralité applicable à tout l'empire, ne nous offre pas non plus de
trace de cette imitation. Il suffit de parcourir ce code
pour voir qu'il est conçu dans un esprit complètement
germanique. En voici les principales dispositions :

Tout homme qui aura été appelé à marcher contre
l'ennemi, et s'y sera refusé, devra payer le plein *hériban* c'est-à-dire 60 sous (2). S'il n'a pas de quoi payer
cette somme, qu'il se mette en gage au service du prince,
et qu'il y reste jusqu'à ce que, avec le temps, il ait pu
payer son amende. Alors seulement il recouvrera sa liberté. Si l'homme qui s'est mis au service pour payer son
amende vient à mourir pendant qu'il est encore en gage
pour le paiement de l'*hériban*, que ses héritiers ne perdent pas pour cela l'héritage qui leur revient de droit,

---

(1) Saxones.... semper indomabiles, ipsique Deo et nobis tandiu
rebelles, etc, *Præceptum pro Trutmanno comite.* (Bal., *Capitul.*,
tom. 1, p. 249.)

(2) Il y avait dispense du service militaire et de l'hériban pour tout
homme qui venait de se marier. Cette dispense devait durer une
année, afin que les nouveaux mariés eussent le temps de se livrer aux
douces joies de l'amour conjugal. *Cum acceperit homo uxorem, non
accedat ad bellum .. ut uno anno lætetur cum uxore sua* (*Capitul.* lib.
vi, art. 52, Bal., tom. 1, p. 931.)

ni leur liberté, et qu'ils ne soient pas soumis eux-mêmes
à l'*hériban* (1). »

L'*hériban* était donc une obligation toute personnelle
et qui ne devenait pas une charge de la succession,
transmissible aux héritiers.

Le plein hériban est de 60 sous, suivant la *loi des
Francs* (2), est-il dit dans la loi des Lombards. Ainsi,
la chose comme le nom est bien d'origine franque et non
romaine. « Que le comte ne lève aucun droit, de garde,
d'armes ou de guet avant que nos *missi* aient reçu
l'hériban pour la part qui nous revient, et qu'il ait pré-
levé notre tiers pour nous l'expédier. Or, cet *hériban*
ne doit pas être payé en terres ou en fermes, mais en or
ou en argent, en manteaux.ou en armes, en animaux ou
en troupeaux, enfin en choses qui puissent nous être de
quelque utilité à la guerre (3). »

« Que tout homme qui tient de nous une dignité, et
qui, ayant été appelé à marcher contre l'ennemi, ne se
sera point rendu au plaid indiqué, soit privé de vin et de
viande pendant autant de jours qu'il aura été en retard (4). »

(1) *Capitul*. sec. ad. ann. 812. (Bal., tom. 1, pag. 493.) *Heriban-
num* ou *herebannum*, dans son acception primitive, c'était l'*injonction*
de se rendre à l'armée, *submonitio ad exercitum : heer, exercitus :
bannire, mandare;* il fut pris plus tard pour l'amende ou l'impôt dû
par celui qui refusait de se rendre à l'armée après convocation officielle. *Post bannum.*

(2) *Secundum legem Francorum, L. Longobardorum*, lib. I, tit. XIV,
§ 13.

(3) *Capitul*. 812, art. 2 (Bal., p. 493). Voir Ducange aux mots *herebannum* et *feudum militiæ*. Sous Charles le Chauve, à l'occasion des
invasions des Normands, l'hériban fut exigé de tous, même des prêtres.

(4) Id., Ibid., art. 3.

C'est ici la pénitence canonique de l'abstinence introduite dans le code militaire : ce mélange bizarre de pénalités n'est certainement pas emprunté au droit romain,
où la distinction de l'ordre religieux et de l'ordre civil
était tranchée nettement et pleinement pratiquée.

« Suivant notre ancienne constitution (1), la peine de
mort sera infligée à celui qui, en présence de l'ennemi,
aura quitté l'armée sans la permission du prince, action
que les Francs appellent *herisliz* (2). »

On reconnaît là l'un des crimes sociaux que les Germains condamnaient à mort du temps de Tacite. La
qualification du crime, aussi bien que la punition qui
doit le frapper, remonte aux plus vieilles traditions de la
nation franque.

Nous remarquons encore, dans cette espèce de code
militaire, une loi disciplinaire contre l'ivresse qui a un
caractère singulier, mais nullement romain.

« Que personne n'invite son compagnon à boire en
présence de l'ennemi. Tous ceux qui seront trouvés
ivres dans le camp seront excommuniés, de telle sorte
qu'on ne leur permettra plus de boire que de l'eau jusqu'à ce qu'ils aient bien reconnu qu'ils ont mal agi (3). »

Ce sont toujours les pénitences canoniques et mona-
cales appliquées à la répression des délits militaires.

A la fin de sa vie, Charlemagne cherche à fortifier le

(1) *Volumus ut antiqua constitutio,* etc. (Id , ibid., art. 4.)
(2) D'*heer*, armée , et *lassen*, laisser, abandonner. (*Capitul.*, ann.
812, art. 3.)
(3) Id., ibid., art. 6. (Bal., t. I, p. 495.)

pouvoir judiciaire, mais sans abandonner les principes germaniques en fait de pénalité. Dans ses capitulaires de 813, il fait des emprunts nombreux aux lois salique et gombette. L'un de ces capitulaires est sur l'organisation de la justice *(de justitiis faciendis)*. C'est là qu'il donne aux évêques un grand pouvoir inquisitorial et répressif (1) ; c'est là aussi qu'il réserve à la cour du roi lui-même la connaissance des crimes commis par des hommes de haute naissance *(boni generis)* pour les punir par la prison ou par l'exil, *jusqu'à ce qu'ils se corrigent* (2). Il veut, il est vrai, que les comtes aient chacun une prison, et leurs vicaires ou juges un gibet. Mais dans le capitulaire suivant, donné solennellement au mois de septembre de la même année, dans une assemblée générale du peuple, tenue à Aix-la-Chapelle, il rétablit ou confirme la vieille pénalité germanique, fondée sur la composition pécuniaire, qui se gradue suivant la qualité de la victime ou de la partie lésée. C'est en quelque sorte son testament judiciaire ; c'est la charte de garantie qu'il laisse au moment de mourir aux compagnons de ses victoires, aux guerriers francs de race pure qui ont fait la force et la gloire de son règne.

Il commence son premier chapitre par dire qu'il assimile *aux causes des Francs celles des clercs ou serviteurs de Dieu* (3).

---

(1) *Capitul.* II, ann. 813, art. 1. (Bal., tom. 1, pag. 507.)
(2) *Usque ad emendationem illorum* (id., ibid, art. 12, pag 509).
(3) *Capitul.* III, ann. 813, art 1, pag 511. — *De Dei servis sic habemus quomodo et alii Franci habent.*

Puis il ajoute :

« Qui tue un Franc doit payer 600 sous pour les travaux publics du domaine (1) et 200 sous pour le *fredum.*

« Qui tuera un homme libre donnera 200 sous et le tiers en sus au seigneur ou roi (2).

« Qui tuera un lide donnera 100 sous de composition et le tiers en sus au roi. Qui tuera un esclave donnera 50 sous et le tiers en sus au roi.

« Qui tuera un comte dans son comté paiera un wergeld triple, en rapport avec la naissance du mort.

« Quiconque tuera un *missus dominicus* dans le cours de son inspection, paiera un wergeld triple en rapport avec la naissance de la victime.

« Quiconque tuera un *wargengus,* donnera 600 sols au roi (3). »

C'est ici que Charlemagne semble s'éloigner le plus de la vieille tradition barbare. Le *wargengus* n'est plus l'ancien *wargus,* le *loup,* le proscrit sur lequel chacun peut et doit courir, pour le tuer comme une bête fauve ; c'est le mendiant errant et isolé, le vagabond abandonné de tous ; et, à ce titre, par cela seul qu'il ne possède ni

---

(1) *Ad opus dominicum. (Capitul.* 813, art. 2. Bal., tom. 1, p. 511-512.)

(2) C'est la même proportion qu'avaient fixée les lois barbares, et en particulier la loi des Ripuaires. (*L. Ripuar.*, cap. 88.)

(3) Id., ibid , art. 8. On a voulu prétendre que Baluze avait commis ici une erreur , et qu'il fallait lire 60 *sols* au lieu de 600. Je ne puis pas admettre cette correction. Je crois avoir trouvé les véritables raisons de l'élévation du chiffre de ce *fredum.*

protecteur ni ami sur la terre, il doit avoir pour patron
le roi ou l'empereur lui-même, ce représentant temporel
du Dieu de bonté et de charité, ce *mundoald* par excellence du *déshérité* et de *l'indéfendu.* Aussi le *wargen-*
gus sera dans *la paix* du roi, il deviendra en quelque
sorte son client d'adoption, et il sera protégé par un
fredum égal au *wergeld* d'un franc-salien.

On ne peut pas dire, cependant, que cette transformation si complète du *wargus* soit due en aucune manière
à l'influence du droit romain. On y reconnaît bien plutôt
l'influence de la divine morale du Christianisme, combi-
née encore avec certaines idées germaniques sur les
nobles attributions du *mundium* royal.

Voici, du reste, un article où le vieil esprit de liberté
germanique revit dans toute sa force :

« Quiconque aura attaché un Franc qui n'aura pas
commis de faute, donnera 12 sols de composition et
3 sols au trésor royal (1). » Une punition non moins
sévère sera infligée à celui qui attentera non plus à la
liberté du Franc, mais à un des symboles antiques de sa
liberté, à ses cheveux que le fer respecte toujours et qui
retombent ondoyants sur ses épaules.

« Celui qui aura pris un Franc aux cheveux donnera 12 sols de composition et quatre sols au trésor
royal (2). »

La punition ne sera pas plus forte; elle sera exacte-

(1) Id., ibid., art. 16.
(2) Id., ibid, art. 17.

ment la même, pour celui qui aura fait couler le sang
d'un Franc qui n'était coupable d'aucun crime (1).

Voici quelques autres dispositions de ce même capitulaire qui sont toujours basées sur le vieux principe
du *wergeld* et du *fredum*.

« Si quelqu'un fait effraction à la maison d'un Franc,
il donnera 12 sous de composition et 4 sous au trésor
royal ; pour lui avoir crevé l'œil, mutilé la main ou
le pied, il devra une somme équivalente à la quatrième
partie de son revenu (2), avec le *fredum* fixé de quatre
sous pour le roi (3). »

« Si quelqu'un se parjure sur les saintes reliques,
qu'il perde la main ou qu'il la rachète avec la quatrième
partie des tribuls qu'il retire de sa terre (4). »

« La réparation d'une injure faite à un ingénu sera de 8
sous pour lui et de 4 sous pour le trésor royal ; pour un
lide, de 4 sous pour lui et de 4 sous au trésor ; pour un
esclave, de 2 sous pour lui et de 4 sous au trésor (5). »

Il semble résulter de là que , sans doute, la valeur
de ces hommes diffère au point de vue de la réparation
à obtenir par eux ou par leurs familles, mais que la
même paix les protége, et que l'acte qui la viole , au

(1) Id., ibid., art. 17.
(2) *Pro quarta parte de sua* LEODE ; Ducange traduit ce mot *leode*
par *tributum* ou *præstatio*, ancienne édition, supplément, tom. II,
p. 1030. Je crois que cela voulait dire aussi quelquefois *revenu*, et
notamment dans ce passage des capitulaires.
(3) *Capitul.*, id., ibid., art. 19, p. 513.
(4) *Capitul.*, ibid., art. 30, *pro quarta parte de sua leode* IN DOMI-
NICO. Cette fois le sens de *leode* est mieux déterminé.
(5) Art 20 et 21, id., ibid.

point de vue de l'ordre public, est coupable au même degré.

« Pour un vol ordinaire on paiera neuf fois le *geld*, et pour chaque vol 4 sous au trésor royal (1). »

« Quoi qu'on ait volé dans une maison, le wergeld sera de 7 sous ; pour un cheval entier, ce sera 7 sous ; pour un cheval hongre, 7 sous ; pour un serf ou esclave, 7 sous ; pour une épée, 7 sous ; pour un esclave, 7 sous (ainsi un esclave ne vaut pas plus qu'un cheval ou une épée) ; pour une bête de somme, ce sera 4 sous ; pour un bœuf, 2 sous ; pour un porc, une chèvre et des animaux, on paiera le tiers de ce qu'ils valent (2).

« Quand les Saxons auront volé quelque chose injustement, ils paieront de même 4 sous au trésor royal. Si quelqu'un, dans un bourg, saisit un larron et qu'il ne l'amène point en présence du comte ou du centenier, il paiera une amende de 60 sous. Si quelqu'un voit passer un voleur portant un objet volé et qu'il ne le fasse point connaître, il paiera 4 sous au trésor royal (3). »

« Quiconque, entendant crier aux armes, ne se rendra pas à l'endroit où on l'appelle paiera également 4 sous (4). »

Cet article est relatif à la prise d'armes pour la protection mutuelle.

Ainsi que nous l'avons dit plus haut, on peut appeler

(1) *Capitul.*, id., ibid., art. 23.
(2) Id., ibid., art. 24.
(3) Art. 27, 28 et 29. (B., t. i, p. 513)
(4) Art. 32 et 33 (id , p. 514).

ces capitulaires le testament législatif de Charlemagne.
Entouré, à Aix-la-Chapelle, de comtes et d'évêques
francs, il veut appuyer particulièrement sa jeune dynastie sur les chefs et les principaux représentants de
cette nation fidèle. Il se gardera donc bien de leur
imposer des lois étrangères et des institutions qui leur
seraient odieuses. Sa politique, d'accord au surplus avec
ses instincts personnels, consistera à flatter leurs idées
et jusqu'à leurs préjugés populaires. Les leudes germains et francs seront protégés par lui dans leurs personnes et dans leurs biens, mais pas autrement qu'ils
n'entendent l'être. Dès lors, toute sa préoccupation sera
de perfectionner les lois salique et ripuaire, dans le sens
de leur esprit primitif et sans y introduire aucun mélange
exotique. Charlemagne est un génie tout germanique,
mais seulement épuré et modifié par le christianisme. Il
mourra comme il a vécu : germain et chrétien.

CHAPITRE II.

DROIT DE GRACE ET DROIT D'ASILE.

——— ✦ ———

§ Ier.

Droit de grâce.

Le droit de grâce n'a pas été institué pour corriger la loi, pour plier sa règle inflexible aux fantaisies d'une volonté arbitraire et mobile, mais pour en rendre l'application moins imparfaite, pour retrancher des rigueurs de la justice humaine ce qui excède, dans tel ou tel cas particulier, la proportion exacte entre la grandeur du crime et la grandeur de l'expiation.

Cette institution se forma dans le droit romain de l'empire sous Trajan et sous Alexandre Sévère ; elle acheva de se développer sous Constantin, Théodose et Justinien. Elle dut donc à l'influence du christianisme son perfectionnement et sa dernière empreinte.

Le droit de grâce se divisait en deux grandes branches : l'*abolitio generalis* et l'*indulgentia principis*. L'*abolitio* est définie par un jurisconsulte célèbre : « La destruction, l'oubli ou l'extinction d'une accusation (1). »

(1) Paul, *Sent.*, v, 17. C'est ce qui répond à ce que nous appelons

La grâce proprement dite, ou *indulgentia principis*, ne relevait ordinairement que de tout ou partie de la peine matérielle ; elle laissait subsister l'infamie du crime et les incapacités civiques qui en étaient la conséquence (1).

Dans les royaumes qui se formèrent par suite de l'invasion des barbares, sur les débris de l'Empire, sans doute le droit romain ne périt pas entièrement. M. de Savigny et d'autres publicistes contemporains ont complètement dissipé les préjugés exagérés que l'on avait conçus à cet égard dans le monde savant, à une certaine époque. Mais il est bien évident que la société politique tendit à se constituer avec des principes tout différents de ceux qui avaient présidé à l'organisation de l'Etat, sous les empereurs de Rome et de Byzance.

D'abord la souveraineté n'était plus, comme celle de l'empereur après la république, la représentation de la souveraineté populaire et une concentration complète de tous les pouvoirs entre les mains d'un seul. L'autorité du *rex* ou *dux*, devenu chef de l'Etat après la conquête, était limitée par les libertés et les droits de ses compagnons d'armes.

En ce qui regarde l'administration de la justice, le roi, comme nous l'avons vu, était loin d'avoir l'omni-

---

aujourd'hui *amnistie*, et cette espèce de grâce semble avoir eu pour origine des considérations politiques. Les brusques changements de règne, sous l'empire romain, en rendaient l'application nécessaire et fréquente.

(1) *Indulgentia quæ liberat, notat, nec infamiam criminis tollit, sed pœnæ gratiam facit.* (*L.* 3, *Cod. de generali abolitione, Valent. Val. et Gratian. Constitutio.*)

potence impériale d'un Trajan ou d'un Théodose : il ne
pouvait, dans le principe, exercer qu'une faible intervention dans la répression de ce qu'on appelait les
crimes privés. La poursuite de ces crimes appartenait,
en règle générale, aux victimes elles-mêmes ou aux
familles des victimes. Tout ce que put obtenir la royauté,
ce fut qu'une part (1) de la satisfaction pécuniaire donnée par la famille de la victime fût affectée au trésor
public. Cette part était destinée à représenter l'intérêt
que l'Etat avait à cette expiation. L'Etat était donc réputé
avoir un intérêt moindre à la répression des violences
privées que les familles elles-mêmes de ceux qui avaient
eu à les subir.

Dès lors, si le roi, comme représentant de l'Etat,
avait fait grâce à un meurtrier, il est clair qu'il aurait
paru usurper, à lui tout seul, un droit de pardon qui
devait appartenir principalement à la famille de la victime du meurtre.

Quant aux crimes d'Etat, c'est-à-dire à ceux commis
contre la patrie et contre la race à laquelle les coupables
appartenaient, le roi n'était pas compétent à lui tout
seul pour les gracier. D'après les idées germaniques,
il n'avait ce droit que dans les assemblées générales de
la nation, dans lesquelles était censée résider, quand il
les complétait par sa présence, la plénitude de l'autorité politique et judiciaire.

_____

(1) Ordinairement le tiers, comme nous l'avons vu dans les législations barbares et les capitulaires.

Il n'y a nulle trace du droit de grâce proprement dit dans les lois barbares, telles que la loi salique, la loi des Ripuaires et la loi des Burgundes.

La loi des Wisigoths, qui avait un peu plus emprunté au droit romain, semble vouloir essayer une transaction timide entre les principes romains et les principes germaniques, relativement au droit de grâce.

« Le roi, dit-elle, pourra faire grâce au coupable envers qui la miséricorde divine l'aura poussé à la pitié, mais avec le consentement des évêques, des prêtres et des grands du palais, et pour les causes qui n'intéressent ni la nation, ni la patrie (1). »

Plus tard, la royauté, en Espagne, fut obligée de se limiter encore dans l'exercice de ce droit, et de n'accorder de grâce à un meurtrier qu'avec le consentement de la victime ou de la famille de la victime.

Quant à la nation des Francs, il ne faudrait pas conclure du silence des lois salique et ripuaire, que le droit de grâce lui ait été totalement inconnu. Les lois barbares étaient nécessairement incomplètes, et leurs omissions étaient suppléées par la *coutume*, par ce qui a été appelé plus tard, en Angleterre, *the commonwealth*.

Or, il est certain que les rois mérovingiens firent quelquefois usage du droit de grâce. Voici les divers faits que nous avons pu recueillir à cet égard :

« Un homme puissant, appelé *Eulogius*, avait été

---

(1) Canciani, *Leges barbarorum*, t. IV, p 132, lib. VI, art 7. *De reservata principi potestate parcendi*. On trouve les mêmes principes, I. *Bajuvarior*. tit. II, art 9 et 10.

accusé du crime de lèse-majesté ou d'attentat contre le
roi Clovis. N'ayant pas pu se justifier de cette accusation, il s'était réfugié dans l'église de Sainte-Marie, à
Rheims. Saint Rémi sollicita la clémence du roi, et il
obtint pour l'accusé la grâce de la vie et même la restitution de ses biens (1). »

Il s'agissait ici probablement d'un attentat personnel
contre Clovis, qui avait alors le droit de pardon comme
offensé plutôt que comme roi. Il n'appartenait à nulle
autre victime de s'opposer à l'exercice de ce droit : il put
donc se laisser fléchir aux prières du saint évêque, qui lui
avait enseigné la religion de la miséricorde et de la charité.

Un autre fait plus significatif encore nous est rapporté
par Grégoire de Tours. — A l'occasion de la naissance
de son fils, Chilpéric déclara faire remise de toutes les
amendes dues au fisc, et fit mettre en liberté les prisonniers (2) : c'étaient probablement d'obscurs malfaiteurs,
des gens sans aveu. Cet acte royal n'en a pas moins la
couleur d'une véritable *amnistie*.

Sous le même prince, des voleurs firent effraction à
la basilique de Saint-Martin de Tours : ces voleurs furent saisis, liés et amenés au plaid du roi. Grégoire de
Tours, craignant que tant d'hommes mourussent par
le fait de son accusation, supplia Chilpéric de ne pas les
mettre à mort : ce prince accueillit favorablement la

(1) *Vit. sanct. Remig.*, Hincmar, D. Bouquet, t. III, p. 378 *Ad
ecclesiam Sanctæ Mariæ .. confugium fecit, cui sanctus Remigius ei
vitam et rerum possessionem apud regem obtinuit.*
(2) Hist. de Grégoire de Tours, *Collection des historiens de France*,
par D. Bouquet, pag. 278.

requête du saint évêque et fit grâce de la vie à ces malfaiteurs (1).

Ici, comme la partie intéressée abandonnait elle-
même l'accusation, cette grâce n'excédait évidemment
pas les droits du pouvoir royal tel que les Francs le
comprenaient alors.

Au surplus, d'après le même Grégoire de Tours, les
comtes eux-mêmes auraient eu le droit de grâce. Voici
un fait qu'il cite et qui semble le prouver, comme il le
remarque lui-même :

« Vers l'an 560, saint Eparchius entendit dire qu'un
certain brigand allait être conduit à la potence : alors,
inspiré par sa piété, il envoya un de ses moines pour
prier le juge de faire grâce de la vie à ce criminel. Mais
le peuple, s'élevant avec force contre cette réclamation,
empêcha le juge de changer sa sentence. Alors saint
Eparchius alla trouver le comte pour lui faire des reproches, et il lui dit : « Homme dur et inflexible, pourquoi
n'avez-vous pas donné la vie au criminel que vous aviez
condamné? » Mais il répondit qu'il n'avait pas cru
pouvoir faire autrement, dans la crainte d'une sédition
populaire. D'après ces paroles, nous devons comprendre combien était grande l'autorité des comtes, puisqu'ils pouvaient faire grâce de la vie aux criminels condamnés à mort (2). «

(1) *Id.*, *ibid.*, p. 272
(2) *Quibus ex verbis aperte intelligimus, quanta esset auctoritas comitum, quando vitam reis mortis donare poterant.* (Greg. Turon., *vit.
sancti Nicetii,* lib. VI, c. 8 ; Muratori, dissert. octava, *antiquit. med.
ævi,* t. I, p. 400.)

Il paraîtrait pourtant que les comtes n'avaient pas ce
même droit au temps de Grégoire de Tours ; car cet
historien a l'air de trouver exorbitant un tel pouvoir
remis aux mains de ces magistrats , et en remarquant
combien il est extraordinaire qu'ils en aient joui dans le
passé , il fait supposer qu'ils ont cessé de l'exercer au
moment où il écrit.

·Au temps de Charlemagne , le droit de grâce s'est
étendu , multiplié et régularisé. Les capitulaires de ce
prince en supposent l'usage habituel ; ils vont jusqu'à
s'occuper spécialement de la position civile où doivent se trouver les· criminels condamnés à mort , à
qui on a accordé leur grâce , et qui sont rentrés dans
la société : « Ces graciés ne peuvent demander qu'on
leur rende leurs biens , qui ont dû, suivant la coutume
des Francs, avoir fait retour au trésor public (1). Mais ils
peuvent acquérir d'autres biens et jouir de leur liberté ,
et ils seront protégés par la loi dans l'exercice de leur
liberté et dans l'usage de leurs propriétés nouvelles.
Leur témoignage n'aura aucune valeur en justice , et ils
ne pourront siéger parmi les Scabins pour juger suivant
la loi. A un faux serment que prêterait contre eux un
adversaire en justice , ils ne pourraient opposer leur
propre serment, mais seulement le duel judiciaire (2). »

L'article suivant du même capitulaire parle encore de
ceux à qui on a fait grâce de la vie, après une sentence

(1) *Omnes res suæ, secundum judicium Francorum, in publico fuerunt*
REVOCATÆ.

(2) Capitul. de 809, art. 30, Bal., tom. 1, p. 467-468.

de la justice ordinaire qui les a condamnés à mort.
Cette sentence doit avoir sa pleine et entière exécution pour tout leur passé ; mais pour les difficultés
qu'ils auraient à l'avenir, ils doivent être jugés suivant
les lois de l'équité, et ceux qui leur feraient du mal
doivent être punis (1).

. Les *graciés* n'obtenaient donc pas la pleine restitution de leur état primitif (ce que les Romains appelaient
restitutio in integrum). Mais ils n'étaient pas non
plus soumis à une mort civile complète ; on faisait en
quelque sorte deux parts de leur vie : leur passé était
sacrifié, on leur réservait l'avenir:

Seulement, la loi laissait peser sur eux ce que nous
appellerions aujourd'hui des *incapacités civiques* (2).

Après avoir fait connaître ce que l'on pourrait appeler
l'*état civil des graciés* sous la législation carlovingienne, il resterait à rechercher par qui et dans quelles
formes les grâces étaient accordées.

On peut trouver des lumières à ce sujet dans le récit
fait par les annalistes du temps des condamnations à
mort de quelques grands seigneurs pour désertion, trahison ou crimes d'État, lesquels obtinrent ensuite
grâce de la vie. Nous citerons à ce sujet l'exemple de
Tassilon, duc de Bavière :

Tassilon ou Tassillon fut appelé à comparaître, en
788, devant un parlement composé en majorité, à ce

(1) Id., ibid., art. 21, p. 468.
(2) C'était, à peu de chose près, la *restitutio simplex* du droit
romain.

qu'on croit, de seigneurs germains. Ce parlement se
tint à Ingelheim en 788. Le duc de Bavière était accusé
d'avoir fait une alliance secrète avec les Huns , les
Grecs et les Lombards, ennemis de l'empire, et d'avoir
comploté ainsi contre Charlemagne, pendant qu'il cherchait à l'endormir par des serments hypocrites et des
protestations perfides (1). De plus, on faisait revivre
contre lui un ancien grief, celui d'avoir abandonné, en
764, le roi Pépin et d'avoir déserté l'armée des Francs
au moment le plus critique de la guerre d'Aquitaine.
C'est le crime que les Francs appelaient *herisliz* ,
comme nous l'avons dit dans le chapitre précédent. Il
fut condamné à avoir la tête tranchée ; mais, suivant
de vieux annalistes, ce fut non pas tant pour *félonie
de vassal*, crime tout nouveau dans les lois germaniques,
que pour l'ancien fait de désertion , dont la récente
accusation de trahison avait fait revivre le souvenir (2).

Charlemagne fit grâce de la vie au duc de Bavière ;
mais, au supplice de la décapitation , il substitua celui

(1) Tassilon était gendre de Didier, roi des Lombards, et il avait
été entraîné déjà à la révolte une première fois par son beau-père.
Mais il avait été ramené à la soumission envers Charlemagne par
l'intervention des évêques : il était allé exprimer son repentir à ce
prince et lui prêter serment de fidélité au sein de l'assemblée générale
ou parlement de Worms. Six ou sept ans après, il recommença ses
trames et ses machinations contre Charlemagne : il y avait donc dans
cette défection nouvelle une trahison bien caractérisée.

(2) Reminiscentes priorum malorum ejus, et quomodo dominum
Pippinum regem in exercitu relinquens, ibi quod theotisca lingua
herisliz dicitur, visi sunt judicare eum Tassillonem ad mortem
(Annal. Lauriss. ap. Chesnium, ann. 787-788.)

de la dégradation de la souveraineté et lui infligea l'ignominie la plus profonde qui, dans les idées du temps, pût
être infligée à un guerrier, à un homme libre. Tassilon dut
comparaître devant le plaid impérial, entendre la lecture
de l'arrêt de mort, puis demander humblement sa grâce,
remettre à l'empereur ses insignes ducaux, et entre
autres son sceptre ou bâton sculpté dont le pommeau
représentait une tête symbolique (1) (l'image de la Bavière peut-être?). Sa chevelure à demi-blanchie, mais
encore ondoyante et riche, tomba sous le ciseau ; on lui
ôta son armure qu'on remplaça par la robe du moine,
et ses quatre fils eurent aussi les cheveux coupés et
leurs jeunes têtes cachées sous le froc ; innocentes victimes entraînées dans la proscription de leur père.

C'est ainsi qu'on éteignait alors les dynasties souveraines dans les ténèbres du cloître ; c'est ainsi que l'empereur accordait ses grâces ou ses commutations de
peine, avec le muet acquiescement de ses fidèles, ras-
semblés autour de lui.

Nous ne rappellerons pas le jugement de Pépin le
Bossu, qui fut condamné à mort en 793, comme félon
et traître à son père et souverain, et qui fut aussi gracié, dégradé, rasé et enfermé dans un monastère.
Retracer en détail deux scènes semblables, ce serait
tomber dans d'inévitables redites.

Il sera plus intéressant et plus curieux d'étudier un ˙

(1) Et illuc venit dux Tassillo, et reddit ipsam patriam cum baculo
in cujus capite similitudo hominis erat *scultum* (sic). *Annal.* Guelfer-
bytan., continuatio ann. 787 *(Ibid.).*

monument législatif qui peut éclairer encore de quelques lueurs l'obscurité du sujet qui nous occupe.

Nous voulons parler d'un *Capitulaire des Saxons*, qui a l'air de leur concéder des garanties sur leur demande. Il se trouve, dans ce capitulaire, un texte qui semblerait limiter singulièrement le droit de grâce du souverain :

« Quant aux malfaiteurs qui encourent la peine de « mort, suivant la loi des Saxons, il a plu à tous que « si l'un d'eux a cherché un asile près de la majesté « royale, il soit au pouvoir du roi de le leur rendre pour « le faire périr, ou de l'envoyer en exil, de leur consen- « tement, avec son épouse et sa famille, et tout ce qui « lui appartient, hors de la patrie, dans ses royaumes « ou sur la frontière, partout où il voudra; et alors ils « le tiendront pour mort (1). »

Ainsi Charlemagne lui-même, malgré le prestige de sa puissance et de sa grandeur, n'ose pas s'attribuer d'une manière absolue la faculté de commuer la peine. Il n'exercera cette faculté qu'avec le consentement de ces Saxons qu'il a conquis et décimés plusieurs fois. Même dans les lois qu'il dicte à ce peuple germanique,

---

(1) De malefactoribus qui vitæ periculum secundum jura Saxonum incurrere debent, placuit omnibus ut qualiscumque ex ipsis ad regiam potestatem confugium fecerit, aut in illius sit potestate, utrum inter- ficiendum illis reddat, aut una cum consensu eorum habeat licentiam ipsum malefactorem cum uxore et familia, et omnia sua foris patriam infra sua regna aut in marca, ubi sua fuerit voluntas, collocare, et habeant ipsum quasi mortuum. (*Capitul. Saxon.*, ann. 797, art. 10, Bal., t. I, p. 279.)

dompté mais non abaissé par ses armes, il lui reconnaît, à l'égard de ses nationaux, un droit de vie et de mort primitif et supérieur à son droit impérial ; vainqueur, il respectera ce droit jusque chez des vaincus.

Il consentira même à limiter son droit de grâce à leur égard, plus qu'il ne faisait à l'égard des Francs. Le Franc gracié n'était privé que de l'exercice de quelques droits civils. Le malfaiteur saxon auquel la miséricorde de l'empereur sauvait la vie devait être banni à jamais de son pays, et soumis à une espèce de mort civile qui rappelait les proscriptions antiques de la Scandinavie. Seulement, le proscrit saxon n'était plus *wargus,* et on ne pouvait plus, dès qu'il était couvert par la clémence royale, lui *courir sus* comme à une bête fauve. C'était là un progrès que Charlemagne avait obtenu, une conquête qu'il avait accomplie sur la barbarie germanique des vieux âges.

Du reste, si ce grand empereur consentait ainsi à mettre des bornes à sa puissance de miséricorde, il en donnait une sans limites à l'Eglise, dans la même sphère, au sein de cette Saxe récemment convertie au christianisme. Il ne se réservait guère que les rigueurs de la justice, et il donnait aux ministres de la religion le droit de suspendre, de tempérer et de désarmer ces rigueurs.

Ainsi, la violation de l'abstinence ou du jeûne pendant le carême était un crime puni de mort ; mais que le Saxon, menacé du supplice, prouvât, par le témoignage d'un prêtre, qu'il avait été dans la nécessité de manger de la viande (1), et la puissance séculière ne pouvait plus lui infliger aucune peine.

Si un Saxon baptisé enterrait ses parents suivant le rite païen, s'il allait offrir des sacrifices dans les bois autrefois consacrés aux idoles, il encourait encore la peine capitale. Mais qu'il allât avouer sa faute à un prêtre, avec les marques d'un repentir sincère, qu'il reçût et accomplît la pénitence canonique à lui imposée par ce prêtre (2), et il n'avait plus de compte à rendre à la justice humaine pour son apostasie ou ses infidélités.

Enfin, si, poursuivi pour quelque crime que ce fût, un accusé se réfugiait dans une église, on ne pouvait l'en expulser par la violence : il y jouissait de la paix ; seulement, il devait se présenter au placité prochain, sous les auspices du sacerdoce qui lui avait donné un abri aux pieds des autels. Là, par respect pour le temple de Dieu et les reliques des saints qui y étaient vénérées, le comte ou délégué du pouvoir impérial devait faire grâce au coupable de la vie et des membres (3). On ne pouvait plus verser le sang de celui sur qui l'Eglise avait étendu son bras tutélaire.

---

(1) *Capitul.* ann. 789, art. 2, Bal., t. I, p. 251. *Sed consideretur a sacerdote ne forte causa necessitatis hoc cuilibet proveniat ut carnem comedat.*

(2) Si quis vero pro his mortalibus criminibus(*) latenter commissis aliquis sponte ad sacerdotem confugerit, et confessione data agere pœnitentiam voluerit, testimonium sacerdotis de morte excuset. (Capitul. de 789, art. 14, Bal., t. 1, p. 253.)

(3) Ibid. art. 2, p. 257.

(*) Au nombre de ces crimes était l'infidélité au roi, prévue par l'art. 11 du même Capitulaire.

Ainsi, les Saxons pouvaient voir, d'un côté, le pouvoir laïque toujours escorté du bourreau et appuyé sur une loi de sang ; de l'autre, le pouvoir de l'Eglise toujours prêt à protéger et à sauver ceux qui avaient recours à elle, en s'avouant pour ses enfants et en l'invoquant comme leur mère. Ce contraste frappant ne devait-il pas avoir pour effet de les rejeter entre les bras d'une religion qui n'avait pour eux que des bénédictions et des miséricordes ?

Que Charlemagne était grand quand il prenait ainsi pour son autorité la part de l'odieux et qu'il ne laissait que celle de la grâce et de l'amour à l'autorité de l'Eglise ! Que de profondeur dans cette combinaison législative, où le prince semblait se sacrifier lui-même pour hâter le règne du christianisme sur ces esprits et ces cœurs barbares ! Il savait bien que la religion lui rendrait un jour libéralement ce qu'il faisait pour elle.

Sans doute, cette division des rôles entre les deux pouvoirs est dans la nature des choses. La mission de l'un est la sévérité et l'intimidation ; la mission de l'autre doit être la douceur et la charité.

Mais d'où vient donc que des gouvernements qui se croyaient sans doute plus avancés que celui de Charlemagne avaient associé ou plutôt confondu ces deux missions si diverses, et qu'ils s'étaient efforcés de donner à l'Eglise la moitié de l'odieux dont ils auraient dû garder la responsabilité pour eux seuls ? Nous aurons à juger et à comparer la différence des voies suivies à cet égard au vIII° et au xvI° siècle, et nous verrons si la politique la

plus chrétienne et la plus véritablement *civilisée* n'était
pas celle que notre grand empereur des Francs inaugura
dans une époque et au sein d'une société dont on s'exa-
gère peut-être l'ignorance et la barbarie.

§ II.

Droit d'asile.

Dans le dernier des capitulaires que nous avons cités,
on a vu la liaison étroite du droit de grâce et du droit
d'asile : il faut donc, comme complément du sujet que
nous traitons, donner une idée du droit d'asile dans
cette même période du moyen-âge.

Il est hors de doute que dans l'antiquité odinique,
tout aussi bien que dans l'antiquité polythéiste de la
Grèce, le droit d'asile fut créé pour arrêter les premières
fureurs de la vengeance et rendre possibles les transactions pécuniaires entre les familles. C'est une institution
semblable qui fut perfectionnée par Moïse sous le nom de
villes de refuge, et que ce législateur inspiré ne rendit
applicable qu'à l'homicide par imprudence (1).

Quand le droit d'asile se trouva sous la garde du sacerdoce superstitieux, fanatique ou trompeur d'une
religion fausse, on comprend qu'il dut prendre souvent
une extension abusive et funeste à l'ordre public.

(1) *Hist. du droit criminel des peuples anciens,* chap. 2 : les Hébreux (Paris, Joubert, 1848.)

Déjà, nous avons vu dans *la paix* des temples, telle qu'elle fut modifiée pour s'appliquer aux églises chrétiennes, une coutume ou institution qui commençait à se rapprocher beaucoup du droit d'asile.

Cependant, ce qui paraît distinguer spécialement le droit d'asile, c'est qu'il suppose toujours une intervention, une intercession du sacerdoce gardien des autels auprès desquels l'accusé, le coupable ou le proscrit est venu chercher un refuge, et que cette intercession a pour but de le soustraire à toute punition grave et d'obtenir le triomphe de cette maxime miséricordieuse : *Ecclesia abhorret a sanguine*.

Du reste, dans cette législation sur les asiles, il faut distinguer les canons des conciles des lois temporelles ou séculières : les évêques prenaient ordinairement une grande part à la confection de ces lois, mais on ne les rédigeait pas sans l'assentiment du souverain et des grands, qui voulaient toujours y porter leur esprit germanique et qui plaçaient même l'intérêt politique et national avant celui du maintien des priviléges ecclésiastiques. Aussi les canons des conciles proprement dits, où les évêques se trouvent seuls ou presque seuls, sont beaucoup plus absolus, en faveur des coupables réfugiés dans les Eglises, que les lois barbares ou les capitulaires carlovingiens.

Nous choisirons entre beaucoup d'autres que nous pourrions citer, deux de ces canons, l'un du VIᵉ siècle, l'autre du IXᵉ. Le premier appartient au concile d'Orléans, tenu en l'année 511 : « Nous décidons qu'on

« observera ce qu'ont décrété les canons ecclé-
« siastiques et la loi romaine, à savoir qu'il ne soit
« permis à personne d'enlever les accusés ou cri-
« minels des sanctuaires et vestibules des églises, non
« plus que de la maison des évêques où ils auront
« cherché un asile : on ne doit pas non plus les remet-
« tre aux mains d'un autre (d'un magistrat), à moins
« que celui-ci ne jure sur l'Evangile d'épargner la vie
« et le corps de ce malheureux, et de ne lui infliger
« aucun châtiment corporel ; on doit cependant veiller
« à ce que le criminel qui aura profité de l'asile donne
« une satisfaction convenable à celui qu'il aura lésé (1).

Trois siècles après, en 813, un concile de Mayence
s'exprime à peu près dans le même sens : « Que per-
« sonne n'ose enlever par force un accusé qui se sera
« réfugié dans une église, et ne le livre à la mort ou
« à une peine grave, afin de conserver l'honneur qui est
« dû à Dieu et à ses Saints. Mais que les recteurs ou
« desservants de l'église s'efforcent de sauver la vie et
« les membres de ce malheureux et d'obtenir qu'on lui
« accorde la paix : sans préjudice néanmoins d'une
« composition légitime pour ce qu'il aura fait d'in-
« juste (2). »

---

(1) Concil. Aurel., ann. 511, cap. 36, cité aussi en note par Canciani, lib. ii, p. 360.

(2) Concil. Mogunt. ann. 813, cap 9. En voici le texte : Reum in
ecclesia fugientem nemo inde abstrahere audeat, neque inde donare
ad pœnam, vel ad mortem, ut honor Dei et sanctorum ejus conser-
vetur : sed rectores ecclesiarum pacem et vitam et membra ejus obtinere studeant ; tamen legitime componat quod inique fecit.

Comparons maintenant avec ces canons de conciles celles des lois dites barbares où l'influence religieuse s'est fait le plus vivement sentir : prenons, par exemple, la loi des Bavarois et la loi des Wisigoths.

La loi des Bavarois défend « qu'on enlève par la force un coupable réfugié dans une église , dès qu'il en aura franchi le seuil , jusqu'à ce qu'il ait demandé l'évêque ou le recteur de l'église.

« Si son crime est tellement grave qu'il mérite une punition, il faudra qu'il la subisse, mais cette punition ne devra jamais aller jusqu'à la privation de la vie (1).

« Que si un homme est assez orgueilleux pour passer par-dessus la crainte de Dieu et le respect dû à la sainteté des églises, et qu'il arrache de l'asile l'accusé qu'il poursuit et son esclave fugitif, qu'il paie quarante sousde composition à l'église qu'il aura violée et quarante sous de *fredum* pour le fisc , etc. »

Voilà une sanction positive donnée à la défense de violer le droit d'asile.

Ce texte de loi est, comme celui des canons des conciles, tout en faveur des réfugiés et du droit d'asile : rien n'y est stipulé pour l'intérêt de la société et de l'ordre public.

Il n'en est pas de même de la loi des Wisigoths. Cette loi contient une espèce de code complet sur la

(1) **Lex Bajuvarior.**, titre ı. cap. vıı. La raison est toujours la même : *propter timorem Dei et reverentiam sanctorum; quia Dominus dixit: « qui dimiserit, dimittetur ei ; qui non dimiserit, nec ei dimittetur.* » N'est-ce pas là une interprétation abusive des textes sacrés ?

matière : elle semble moins chercher à protéger le droit d'asile qu'à le régulariser et à le restreindre dans de justes limites.

« · Si le réfugié vient dans l'église avec des armes, et ne les dépose pas sous le portique, celui qui le poursuit peut le frapper légitimement. »

« S'il entre en suppliant dans le sanctuaire, on ne pourra l'en arracher de force ni lui faire aucune violence, sans s'exposer à une amende et à une composition très-forte, calculée suivant la dignité des violateurs. Mais d'un autre côté, le prêtre devra livrer le grand criminel ou même le simple débiteur, quand le poursuivant ou le créancier s'adressera à lui pour en obtenir la remise (1). »

La réaction contre le droit d'asile et les précautions prises contre les abus qu'il entraîne sont encore plus fortes dans les lois anglo-saxonnes et dans quelques lois de Charlemagne.

D'après la législation du roi Alfred, le criminel qui se réfugiera dans une chapelle particulière qui n'appartiendra ni au roi, ni à quelque grand, ne pourra s'y cacher que trois jours, s'il ne veut pas se réconcilier avec Dieu et avec son adversaire. Si avant ce terme on l'attaque avec des épées ou des bâtons, on paiera 120 sous pour la rupture de la paix ecclésiastique (2). »

---

(1) *L. Wisigothor.* (lib. IX, tit. 3, Canciani, tom. IV, pp. 173-175.) Dans son édit de 569, Childebert II stipula aussi en faveur de l'ordre public, quand il porta le décret où étaient écrits ces mots: « Et si « raptor puellæ ad ecclesiam confugium fecerit, reddendus est ab « episcopo. »

(2) **L. reg. Aelf.**, tit. I, art. 2.

« Si les faits se passent dans une église consacrée
par un évêque, le privilège de l'asile s'étend pour la
durée; si un *faideux, fahmon*, s'y réfugie, personne n'a
le droit de l'en tirer par force, pendant 7 jours et 7
nuits; dans le cas où quelqu'un le ferait, il violerait la
mainbournie du roi et de l'église, ce qui est un des plus
grands crimes qu'on puisse commettre. Mais aussi les
prêtres et gardiens de l'église ne doivent lui donner
aucune nourriture, et si le malheureux, vaincu par la
faim, tente de s'évader et qu'il soit pris ou tué en dehors de l'enceinte sacrée, personne n'a de responsabilité fâcheuse à encourir à ce sujet (1). »

Charlemagne, dans son addition à la loi des Lombards,
va jusqu'à défendre aux prêtres de donner asile dan-
leurs églises aux assassins et autres malfaiteurs dignes
de la peine de mort. « Que si ces malfaiteurs s'y introduisent malgré la volonté du pasteur, qu'on leur refuse
et qu'on ne leur laisse pas apporter des aliments (2). »

La loi des Saxons est encore plus impérieuse dans

(1) *Id.*, *ibid.*, art. 5. Canciani, t. IV, pp. 247-248. Dans un Capitulaire, *incerti anni*, fait dans une assemblée présidée par Boniface,
légat du pape, on trouve ce texte : « Homicidis vel ceteris reis qui
« legibus mori debent, si ad ecclesiam confugerint, nullus ei victus
« detur. » (Bal., t. I. p. 155.) Ce capitulaire est rapporté à la date
probable de 744, sous le règne de Carloman ou de Pépin. Dans tous
les cas, la présence et l'assentiment d'un légat du pape donnent une
grande autorité à cette restriction au droit d'asile.

(2) De *homicidis* et ceteris malefactoribus, qui legibus aut pro pace
facienda *morire* (sic) debent, nemo eos ad excusationem in ecclesia
sua introire permittat ; et si absque voluntate pastoris ibidem introierit,
tunc ipse in cujus ecclesia est nullum ei victum donet, nec *alo* (sic)
dare permittat. (*Capit. Longobard.*, ann. 779. c. 8. ; Pertz, p. 36.)

son laconisme : « que le criminel condamné à mort n'ait la paix nulle part ; s'il se réfugie dans une église, qu'on le rende à la justice (1). »

Voilà bien le proscrit de la Germanie antique ; il faut qu'il ne puisse reposer sa tête nulle part, pas même sur les marches du sanctuaire, qui est pourtant toujours ouvert au repentir et au malheur.

Mais c'est en vain qu'on chercha à restreindre les abus du droit d'asile ; une fois que la puissante main de Charlemagne eut cessé d'arrêter ce torrent, il entraîna tout. Les églises reconquirent leurs immunités et les étendirent encore : à l'aide du droit d'asile, le clergé se créa une juridiction quasi-paternelle qui se substitua ou qui vint en aide à la justice régulière de l'État (2).

Ce n'est pas tout ; par voie d'induction, le droit d'asile fut étendu à la maison de l'évêque et du prêtre ; en Angleterre, il finit même par s'appliquer au palais du roi et aux châteaux des grands de l'État (3). Chez les Lombards, le simple homme libre eut un droit de patronage sur l'esclave qui avait abandonné son maître

---

(1) Capite damnatus, nusquam habeat pacem ; si in ecclesiam confugerit, reddatur. (*L. Saxon.*, tit. 3, art. 5 ; Canciani, tom. 3, p 47.)

(2) Nous reviendrons sur ce point en parlant de la pénalité et de juridictions ecclésiastiques.

(3) *L. Aelfred.*, c. 2, jam citatum. (*L. Æthelstand*, tit. 2, art. 3 ; Cansciani, *leg., barbar*, t. 4. p. 264.) Si fur vel prædo refugiat ad regem, ad ecclesiam aliquam aut ad episcopum, ut novem dierum spatium habeat... Et si ad senatorem, vel thainam, vel abbatem refugiat, habeat trium dierum spatium. (La durée de l'asile dépendait donc de la dignité de celui qui le donnait.)

26

pour le suivre ; et il devait obtenir remise de toute peine
pour ce dernier, s'il le rendait au maître et s'il payait
une amende de vingt sous (1). Enfin, en Suède, si un
prêtre rencontrait un malfaiteur qu'on emmenait captif,
il lui sauvait la vie, par le fait même de cette rencontre.
Ce malfaiteur, eût-il commis les crimes les plus abomi-
nables, ne pouvait plus être pendu, ni mis à mort de
quelque manière que ce fût (2).

Au reste, gardons-nous de blâmer ces excès d'indulgence et de miséricorde ; car ils faisaient contre-poids à
des excès inouïs de vengeances et de cruautés. Dans
cette période du moyen-âge, où le sang et les larmes couvraient trop souvent la face de la terre, on devait à la
religion de rencontrer des espèces d'oasis où tout était
paix, espérance et consolation : c'était elle qui, après
avoir fondé les monastères et bâti les églises, interdisait aux haines sanglantes et aux luttes homicides d'en
franchir jamais le seuil. Grâce à elle enfin, les orages
et les passions du monde s'arrêtaient au pied de ces
enceintes sacrées, comme les tempêtes se brisent au
pied des rochers qui abritent un port tranquille et sûr.

Peu importe, après cela, que dans son volontaire et
saint aveuglement, le clergé chrétien sauvât quelquefois
le coupable avec les innocents, l'opprimé avec les
oppresseurs. D'abord, dans ces temps de désordres et de
violences, il aurait été presque toujours fort difficile

_____

(1) *L. Rothar,* cap. 274.
(2) *L. West-Gothland,* II, cap. 58, p. 177.

de discerner quelle était la cause la plus équitable et la plus juste. Ensuite, la religion ne repousse pas le coupable lui-même : seulement elle lui impose le repentir et la pénitence. Or, à cette époque il y avait moins loin qu'on ne pense de l'habitude des plus grands forfaits à la pratique des plus héroïques vertus. L'abîme qui nous semble séparer aujourd'hui le crime de la sainteté était souvent franchi en un moment par ces hommes plutôt passionnés que dépravés, plutôt emportés que pervers. Il suffisait, pour les éclairer et les changer entièrement, d'un rayon de la grâce parti de ce sanctuaire où ils avaient trouvé un asile, après que toutes les portes s'étaient fermées dans le monde sur leur misère et leur abandon.

Sachons donc faire la part des temps et des mœurs ; ne jugeons pas le passé avec les idées du présent ; reconnaissons enfin que ce qui serait un relâchement et un désordre dans une époque de régularité administrative, pouvait être au moyen-âge un immense bienfait social.

CHAPITRE III.

DES JURIDICTIONS ECCLÉSIASTIQUES ET MIXTES, DANS LA PÉRIODE CARLOVINGIENNE.

« Les évêques, dit un auteur moderne (1), exerçaient
« dès la naissance de l'Église la censure des mœurs par-
« mi les ecclésiastiques et les fidèles. Ils veillaient avec
« soin au maintien de l'ordre et de la discipline.... On
« sait que Rome avait confié autrefois à des censeurs,
« *magistri morum*, le pouvoir de réprimer certains
« actes que la morale condamne et que les lois ne pou-
« vaient atteindre. Cette belle institution était tombée, à
« mesure précisément que le relâchement des mœurs
« publiques l'avait rendue plus nécessaire. Il n'en exis-
« tait plus de traces sous les empereurs. Les évêques
« la firent renaître dans les Églises chrétiennes....

« Ils exerçaient leur surveillance, dit Tertullien, par
« des exhortations, des peines et des censures spiri-
« tuelles : *exhortationes, castigationes et censura
« divina....*

« L'Église avait donc, avant toute intervention de la

(1) *Institutions diocésaines*, par Mgr Sibour, évêque de Digne, t. 1, chap. 3, p. 248-249. Digne, chez Repos, 1845.

« puissance publique dans ses affaires, comme trois
« tribunaux élevés dans son sein :

« 1° Un tribunal de la pénitence pour les fautes
« cachées.

« 2° Un tribunal disciplinaire et correctionnel pour
« les fautes publiques et les scandales.

« 3° Un tribunal d'arbitrage pour le règlement à
« l'amiable des intérêts temporels entre les fidèles. »

Lorsque Constantin reconnut légalement l'existence
de l'Église, il trouva donc en présence de l'État une
nouvelle société debout et toute formée : cette société
avait ses lois et sa juridiction propre et spéciale. Les
Empereurs chrétiens ne pouvaient pas combattre comme
institution temporelle ce qu'ils recommandaient au
respect des peuples comme institution divine. Ils donnèrent donc en général à l'administration de l'Église la
sanction de la loi ; et en compensation de la force
qu'ils prêtaient par l'appui de leur autorité à une
partie de la juridiction ecclésiastique, ils en revendi-
quaient une autre partie pour les tribunaux de l'État.
C'est ainsi que, tout en attribuant à la décision de
l'évêque non-seulement les questions de dogme, mais
les questions de discipline ecclésiastique, les lois de
Théodose le Jeune et de Valentinien III réservent expressément à la juridiction séculière la connaissance des actions
criminelles où des clercs se trouveraient impliqués (1).

_____

(1) *Cod. Theodos*, xvi, tit. 2-1 23-41-47. — *Exceptis quæ actio
criminalis, ab ordinariis extraordinariisque judiciis aut illustribus
potestatibus audientia constituit.*

Une novelle de ce même Valentinien limite plus encore
le pouvoir juridictionnel de l'Eglise, en statuant d'abord
que les évêques ne peuvent connaître que des causes
ecclésiastiques, à moins que les plaideurs ne consentent de part et d'autre à s'en rapporter à eux *dans les
affaires civiles*; et, en second lieu, que toute action
criminelle intentée à un évêque ou à un prêtre ne pourra
être portée que devant le magistrat civil (1).

Pendant les vi^e, viie, viiie et ixe siècles, au milieu de l'immense désordre qui règne en Europe,
l'Eglise regagne toute la puissance qu'elle avait jamais
eue pour le gouvernement de ses propres affaires;
appelée en quelque sorte au secours de la société
temporelle qui ne peut plus se soutenir et se défendre elle-même, elle finit par la régir presque tout
entière : c'est elle principalement qui inspire ou
qui fait les lois, et qui les applique ; elle rend des arrêts civils et criminels en toute matière et à l'égard de
toute personne; c'est elle qui fait, dans une grande
partie de l'Etat, la police matérielle, comme elle fait
la police morale dans la sphère des consciences. Elle
devient alors la tutrice légale, pour ainsi dire, des peuples envahis par la barbarie, et retombés dans une véritable enfance sociale.

Pour suivre les progrès de la juridiction de l'Eglise
pendant cette période du moyen-âge, citons d'abord un
édit de Clotaire ii.

_____

(1) Valentin. A. *Novell. de episcopali judicio*, ann. 452.

« Si un clerc, de quelque dignité qu'il soit revêtu, laissant de côté son évêque ou méprisant son autorité, vient trouver un prince ou d'autres personnes puissantes pour se placer sous leur patronage, qu'il ne soit pas admis, à moins que ce ne soit pour demander grâce.

« Qu'aucun juge, de quelque rang qu'il soit, ne prenne sur lui d'exercer de contrainte sur des clercs, en matière civile, mais seulement en matière criminelle et lorsque leur culpabilité est évidemment démontrée. Que s'ils sont convaincus, que l'on sévisse contre eux suivant les canons, et que leur affaire soit instruite par les pontifes (1). »

Ainsi le juge séculier peut faire arrêter le clerc qui a commis un crime, mais il doit le remettre au juge ecclésiastique pour l'enquête et la suite du procès jusqu'à la condamnation.

La loi des Bavarois autorisait un laïque à mener un clerc ou même un évêque au plaid royal ou ducal ou devant le mal public (2), mais « si le clerc ne pouvait démontrer sur-le-champ la fausseté du fait qui lui était imputé, l'affaire devait être renvoyée au tribunal ecclésiastique et jugée suivant les canons (3). »

(1) *Qui convicti fuerint de crimine capitali, juxta canones distringantur, et cum pontificibus examinentur.* (*Ed. Clot.* II, ann. 615, art. 4. — D. Bouquet, t. IV. p. 118)

(2) *Non præsumat eum occidere, sed mallet eum ante regem vel ducem vel ante plebem suam traducere.* On voit que le plaid royal ou ducal est soigneusement distingué du *mallum plebis.* (Lex Bajuvarior., tit 1, b. 99 et 100, cap. 11, art. 2 et cap 13, art. 3.)

(3) *Si negare non possit, secundum canones judicetur,* id., *ibid.*

La législation de Charlemagne va bien plus loin encore : elle protége d'une manière plus expresse la juridiction spéciale et privilégiée de l'Eglise. Un capitulaire de 769 interdit aux juges séculiers de poursuivre ou de condamner un prêtre, un diacre, un clerc ou un jeune servant d'église, à l'insu et sans l'aveu de l'évêque diocésain. « Le juge qui se permettrait cet abus de pouvoir serait séquestré et mis en prison, jusqu'à ce qu'il eût reconnu et expié sa faute (1). »

Un autre capitulaire confirme cette même règle sur la compétence des tribunaux ecclésiastiques, mais il décide que, dans les causes mixtes *entre un laïque et un clerc, l'évêque et le comte se réuniront, et jugeront la cause suivant l'équité* (2). On voit dans toute cette législation la bonne volonté que paraissent avoir les deux pouvoirs de s'entendre, et de régler leurs affaires respectives en s'aidant mutuellement quand il y a lieu. L'un et l'autre veulent maintenir la discipline et conserver le bon ordre dans le sein de la société ecclésiastique et de la société laïque. Il n'y a de part et d'autre ni ombrage, ni injustes exigences. Seulement, le pouvoir séculier est disposé à plus de concessions, parce qu'il a plus à gagner à cette alliance que l'Eglise elle-même.

Un capitulaire postérieur dispose expressément que

---

(1) *Quod si quis hoc fecerit, ab ecclesia cui injuriam inrogare dinoscitur tandiu sit sequestratus quandiu reatum suum cognoscat et emendet* Kar. *Capitul. general.*, ann. 769, art. 17.

(2) *Et si forte inter clericum et laïcum fuerit orta altercatio, episcopus et comes simul conveniant, et unanimiter inter eos causam diffiniant secundum rectitudinem* (*Capitul., id.*, ann. 794, art. 30.)

toute action personnelle contre un clerc, soit criminelle, soit civile, sera portée devant le tribunal de l'évêque (1).

L'Eglise jouit donc, sous la législation carlovingienne, d'une indépendance qui paraît complète dans la sphère de sa juridiction cléricale : nous verrons pourtant quelle réserve le prince apporte à cette indépendance.

§ II.

Juridictions indirectes et directes sur les laïques ; concessions de juridiction faites au pouvoir temporel en matière ecclésiastique.

Jusqu'ici nous n'avons vu que la reconnaissance stricte des droits appartenant à l'Eglise sur les clercs : mais Pépin et Charlemagne ne s'étaient pas arrêtés là. Ils avaient entendu qu'elle eût une puissance disciplinaire réelle sur tous les fidèles; ils avaient voulu que l'excommunication, qui est une peine purement ecclésiastique, devînt une peine séculière par les effets civils qui y seraient attachés.

« Si quelqu'un , dit le concile de Vernon , se plaint
« d'avoir été injustement excommunié par son évêque,
« qu'il en appelle au métropolitain ; et si la sentence
« du premier juge est confirmée par ce dernier, qu'il
« se soumette à l'excommunication : que s'il méprise

---

(1) « Volumus primo ut neque abbates et presbyteri, neque diaconi et subdiaconi, neque quisilibet de cleris, de *personis* suis ad *publica* vel secularia judicia trahantur vel distringantur, sed a suis episcopis adjudicati justitiam faciant. (Kar. Magn. *Capitul. Longobard.*, ann 803, art. 12.)

« ces deux jugements canoniques et que l'évêque ne
« puisse le corriger, qu'il soit condamné à l'exil par le
« roi (1). »

Charlemagne lui-même confirma ces dispositions sévères contre les excommuniés (2), et ses successeurs y
ajoutèrent la confiscation des biens (3). Du reste, il suffit
que ce prince ait assimilé légalement l'excommunication
à une sorte d'interdiction de l'eau et du feu, pour qu'elle
fût déjà une peine civile très-grave. Que pouvait faire
l'excommunié, cette espèce de lépreux moral, dans une
société où tout le monde le fuyait, où il était destitué
non-seulement de toute autorité sur ses semblables, mais
de tout lien avec eux? En ne lui accordant que la satisfaction de ses besoins matériels, on lui faisait cruellement
sentir combien cette vie morale dont on le privait était
nécessaire à sa nature, et ce que devenait l'homme, mis
pratiquement en dehors de toute religion.

Outre cette juridiction indirecte, l'Eglise avait encore
souvent une juridiction directe sur les laïques, soit à
raison de la position des personnes, soit à raison de la
nature des crimes.

Ainsi l'Eglise revendique d'abord un droit d'assistance
ou de surveillance, lequel deviendra plus tard un droit
de juridiction, dans tous les procès qui peuvent inté-
resser les pauvres, les veuves et les orphelins, les voya-

---

(1) *Conc. Vernense*, sub Pippino rege, art. ix ; Bal. i, p. 172.
(2) *Capitul.* ann. 801, cap. 47; Pertz, t. iii, p. 85.
(3) *Capitul.*, lib. vii, art. 478.

geurs, les pèlerins et les mendiants (1) ; elle réclame dès
le principe une compétence exclusive pour les affaires
des affranchis qui avaient reçu la liberté par l'effet de sa
protection charitable (2).

Au reste, les princes carlovingiens donnèrent à tous
les évêques en général un droit de surveillance sur
leurs employés royaux ; Charles-le-Chauve voulut que
le prélat diocésain, à défaut de ses *Missi*, dénonçât la
négligence des comtes dans l'administration de la justice (3). Charlemagne lui-même avait déjà invité ses
comtes et les juges à déférer aux directions de leur
évêque, dans la manière de rendre la justice (4).

De plus, ce grand empereur, dans le choix de ses
Missi, sembla toujours préférer de grands dignitaires
ecclésiastiques à de grands officiers laïques. Celui qu'il
employa le plus, et qui parut le plus attirer sa confiance,
fut Théodulphe, évêque d'Orléans.

Enfin, ce qui achevait de donner une immense prépondérance à l'épiscopat dans le jugement des affaires
criminelles, c'est que la connaissance d'un très-grand
nombre de délits lui était réservée. Les évêques avaient

(1) « De judicio publico et clamore pauperum.... semper sacerdos
adesse debeat, ut sit sententia vestra Dei sale condita, ut ne judices
terreni prœmias causas torquantur, et innocentes opprimantur aut
nocentes justificentur » [*Concilium Aschaimense* sub Tassillone duce,
ann. 763.)

(2) *L. Ripuarior.*, titre LVIII, *de Tabulariis*. « Non aliubi, nisi ad
ecclesiam ubi relaxati sunt, mallum teneant. »

(3) Kar. II *Edictum Pistense*, ann. 864.

(4) *Ut comites ut judices, seu reliquos populos, obedientes sint episcopo et invicem consentiant ad justitias faciendas.* Kar. Magn *Capitul.
Aquisgran.*, ann. 813) Voir aussi son *Edictum pro episcopis*, ann. 802.

pour mission , surtout dans leurs tournées diocésaines ,
de s'enquérir des incestes , des parricides , des fratri-
cides , des adultères et de tous les crimes contre la
famille et contre les mœurs ; ou plutôt, pour traduire
plus fidèlement les propres expressions employées par
Charlemagne « et de tous les actes qui sont contraires
« à la loi de Dieu et que les chrétiens doivent éviter,
« d'après les saintes Ecritures (1). » On ne peut pas se
servir de termes plus généraux : c'était attribuer à la
juridiction ecclésiastique tous les actes criminels possibles, de quelque nature qu'ils fussent.

Il sera curieux maintenant de rechercher comment
les évêques faisaient ces enquêtes ou ces espèces d'in-
quisitions judiciaires dont Charlemagne leur confiait le
soin. Hincmar et Burchard nous donnent sur ce point
les renseignements suivants.

Dans le temps où les visites épiscopales se faisaient
dans un diocèse, les archidiacres et les archiprêtres
prévenaient d'un jour ou deux l'arrivée de l'évêque dans
la paroisse où il devait se rendre. Ils envoyaient dire à
tous les habitants de se présenter au tribunal de l'évêque sous peine d'amende : ils commençaient, avec l'assistance des curés et desservants de la paroisse , par
régler les affaires de peu d'importance. Ensuite, quand
l'évêque était venu , il réunissait son synode et faisait
comparaître devant lui sept habitants du lieu, choisis
parmi les plus notables et les plus honnêtes *(probi*

(1) *Capitul.* ann. 813, art. i; Bal. i, p. 507.

homines). Il leur faisait jurer sur les reliques des saints de ne cacher ni à l'évêque, ni au délégué qui le remplacerait, tout ce qu'ils sauraient ou auraient entendu dire s'être fait contre la volonté de Dieu et la religion dans la paroisse ; de n'avoir égard ni à la parenté, ni à la crainte ou à l'affection, mais sans se laisser arrêter par les promesses, ni par les menaces, de découvrir et révéler tous les faits qui pouvaient être du ressort de l'évêque et qui étaient de nature à être jugés dans son synode.

Ce serment une fois prêté, l'évêque avertissait ces espèces de *jurés d'accusation* de répondre aux questions qui leur seraient adressées : « Nous sommes, leur « disait-il, les ministres de Dieu ; nous ne recherchons « point vos biens temporels, mais le salut de vos âmes; « gardez-vous donc de me rien cacher, de peur que vos « réticences ne soient la cause de votre perte éter- « nelle. » Il les interrogeait ensuite au sujet des crimes et des vices dans lesquels pouvaient tomber les habitants de la paroisse. La première demande était celle-ci : « Y a-t-il dans cette paroisse quelqu'un qui en ait tué « un autre de propos délibéré, pour satisfaire son ava- « rice, ou qui ait fait cela par contrainte, par hasard « ou par inadvertance, pour venger ses parents, par « ordre de son maître ou supérieur, ou un maître qui « ait tué son esclave (1)? »

(1) Burchard. decret., lib I, post cap. 94.

Hincmar, cité dans Fleury, *Histoire ecclésiastique*, liv. 49, t. x, édit. in-4°, p. 611, année 857.

D. Chardon, *Histoire de la Pénitence*, § II, chap. IV, tom. II, p. 475 et suivante.

Il y a dans le code pénitentiel de Burchard une série d'interrogations semblables, relatives à quatre-vingt-huit crimes ou péchés différents, avec les circonstances qui peuvent les aggraver ou les modifier.

C'est un formulaire d'instruction criminelle qui comprend tous les crimes et délits connus ; rien n'échappe à la vigilance de cette inquisition ecclésiastique ; et en vérité on ne voit pas ce qui pouvait rester à faire aux comtes et officiers du roi pour découvrir et poursuivre les crimes commis dans ces paroisses rurales.

Les écrivains parlementaires, qui se plaisent à constater tout ce qui est favorable dans l'histoire à l'autorité du pouvoir séculier, dans ses rapports avec la juridiction ecclésiastique, soutiennent que, même dans le temps de cette grande prépondérance de l'épiscopat, les comtes et magistrats royaux, dépositaires du droit de justice, étaient autorisés à poursuivre les clercs, prévenus de crimes graves. devant les tribunaux ecclésiastiques ou devant les conciles provinciaux. Ils se fondent sur des précédents historiques plutôt que sur des textes de lois. Il est vrai que, sous les Mérovingiens, on peut citer plusieurs exemples d'évêques déposés ou chassés de leur siége par des conciles, sur la demande et la poursuite du roi. C'est ainsi, entre autres, que Childebert convoqua un concile pour juger l'évêque Égidius ; qu'il nomma un de ses leudes, Eunodius, afin de poursuivre l'affaire devant ce concile, et que sur la demande de cette espèce d'accusateur public, Égidius fut condamné pour crime de haute-trahison

par le jugement de tous les évêques, chassé de l'épiscopat et puni de la peine de l'exil (1).

Sous les Carlovingiens, des exemples semblables ne
sont pas rares. Louis-le-Débonnaire commence une enquête sur la trahison de l'évêque Hebbon ; le prélat
s'enfuit : l'empereur le fait arrêter et détenir dans un
monastère. Il l'amène ensuite dans le lieu de son placité
impérial, devant un concile d'évêques qui condamne
l'accusé et lui interdit le saint ministère (2).

Charles-le-Chauve fit aussi comparaître par le ministère de ses officiers Hincmar, évêque de Laon, devant le
concile de Douzi : cet évêque était poursuivi, il est vrai,
par Hincmar de Rheims. Mais le concile, dans l'arrêt
qui dépose l'évêque de Laon, déclare que « c'est seu-
« lement sur les faits articulés dans la demande du
« prince que le jugement a été porté (3).

Il s'agissait à la fois, dans cette dernière affaire, de
faits politiques et de faits relatifs à la discipline ecclésiastique. Par les termes de sa sentence, le concile
déclare ne condamner l'accusé que pour cette première
série de faits.

Dans les deux autres exemples précédemment cités
et dans tous ceux du même genre qu'on peut alléguer,
c'est toujours pour complot ou pour conspiration contre

<hr>

(1) Grég. de Tours, lib. viii, cap. 12, et lib. x, cap. 19.
D. Bouquet, *collect. stor.*, tom. ii. pp. 317, 376 et sequ.
Plusieurs autres faits semblables sont cités : *Théorie des lois politiques de France*, par Mlle de Lezardière, tom. iii, pp. 244 et suiv.
(2) D. Bouquet, *collect.*, tom vii, p. 277
(3) *Supplem.* Sismondi, p. 253. Act. concil. Douz., pars iv, cap. 6.

l'État ou contre le prince que l'évêque ou le prêtre se trouve accusé. On comprend que l'autorité ecclésiastique ait laissé la poursuite d'affaires de cette nature au prince lui-même, comme *partie lésée*, ou à ses représentants : l'essentiel pour elle était qu'on reconnût sa compétence dans l'instruction du procès, dans la direction des débats et dans le jugement qui devait acquitter ou condamner le prévenu.

D'autre part, à l'époque carlovingienne, on pourrait citer une foule de procès suivis contre des prélats ou des prêtres, sur la dénonciation ou la poursuite soit du métropolitain, soit d'un évêque, soit même d'un simple clerc, sans que l'autorité séculière y ait pris aucune part (1).

L'Eglise travaillait donc sans cesse à réformer par elle-même ses propres abus. Cependant, quand le prince ou le magistrat temporel dénonçait quelques-uns de ces abus à la vigilance des supérieurs ecclésiastiques, ceux-ci n'avaient garde de repousser des avis donnés sous l'inspiration de la piété et d'un véritable zèle. Comme aucune défiance ombrageuse n'existait entre les deux pouvoirs, ainsi que nous l'avons déjà constaté, les services de ce genre que l'un et l'autre se rendaient tour à tour étaient mutuellement bien reçus.

On a soutenu également que les tribunaux et les magistrats séculiers exerçaient leur pouvoir sur les clercs

(1) On n'a qu'à lire l'*Histoire de l'Eglise gallicane*, du père Longueval : on en trouvera des preuves à toutes les pages.

déposés comme sur les simples laïques, et on ne peut
guère citer à cet égard sous les Carlovingiens que deux
ou trois textes que nous allons apprécier.

Ce sont d'abord deux capitulaires qui ordonnent que
« le prêtre qui aura profané le saint-chrême soit déposé
« par son évêque et perde ensuite la main par l'autorité
« du juge séculier (1). .»

Il nous semble que le législateur décide ici un point
de droit douteux et délicat sur lequel on l'a consulté au
sujet de faits particuliers. D'une part, la main qui avait
profané le saint-chrême devait être coupée et jetée au feu ;
mais d'autre part, les tribunaux ecclésiastiques ne devaient prononcer aucune condamnation *de sang,* et par
conséquent aucune mutilation de membre. Pour concilier
ces deux principes opposés, Charlemagne décide que le
clerc sera dégradé par le tribunal ecclésiastique, et condamné par le tribunal séculier à perdre la main après
sa dégradation.

Un autre fait plus grave est relatif au diacre Carloman,
fils de Charles-le-Chauve. Ce diacre-prince avait été
dégradé de la cléricature pour crime de haute-trahison,
par un concile convoqué pour le juger. Ses anciens complices, sans doute inspirés par lui, conspirent de nouveau contre l'empereur. Alors on cite encore Carloman à
comparaître devant la justice. On rapproche ses trahisons
anciennes de ses trahisons nouvelles, et, au placité impé-

(1) Capitul 809, art 21, Bal., t. i, p. 467 ; et id. ibid., *alt. Capi-*
tul., ibid., pp. 471 et 472.

27

rial, où siège un tribunal séculier, il est condamné à
mort. L'empereur commue la peine et se contente de
lui faire crever les yeux (1).

Il est évident ici que c'est tout à fait un autre procès
qui s'instruit sur de nouveaux complots. Carloman n'est
plus diacre ; il n'y a plus pour lui de privilége de cléricature. On le juge comme laïque. Mais dans les cas
ordinaires, le pouvoir séculier n'ajoutait rien aux
peines prononcées par les tribunaux ecclésiastiques : il
se contentait d'en assurer l'exécution (2).

Une réserve plus importante qu'avait faite la législation
des capitulaires, c'était le droit d'appel ou de révision
donné au prince pour les arrêts des évêques comme
pour les sentences des tribunaux séculiers. Charlemagne
avait bien établi en principe que ni un clerc, ni un
évêque ne pouvaient réclamer la compétence des juges
séculiers ni du placité royal, et qu'ils devaient être
jugés par les tribunaux ecclésiastiques ou par les conciles provinciaux (3) ; mais il prétendait pourtant pouvoir relever les appels de ces jugements portés par
l'autorité ecclésiastique, quand il le trouvait convenable (4). De plus, lui et son successeur exigeaient que

(1) *Annal. sancti Bert.*, ann. 878. *Collect.* D. Bouquet, t. vii, p. 116.
(2) C'est ce que nous démontrerons dans le chapitre suivant, en
parlant des pénalités ecclésiastiques ou des codes pénitentiels
(3) *Ut episcopus, vel quilibet ex clero ... non audeant regalem dignitatem pro suis causis clamare, sed in episcoporum concilio causa ejus
examinetur.* (Kar. M. Capit. ann. 789, art. 10.)
(4) *Epistola Kar. M. ad Albinum magistrum et ad congregationem
sancti Martini*, D. Bouquet, tom. v.

les évêques et les abbés fussent présents aux plaids de
ses *Missi* aussi bien que les comtes et les officiers
inférieurs de justice ; et on notait les noms de ceux
qui n'y venaient pas, pour les présenter à la prochaine
assemblée générale, où l'on statuait sur leur désobéissance (1).

Les évêques, qui redoutaient les concessions qui pourraient être arrachées à la faiblesse de l'empereur Lothaire par ses magistrats séculiers, lui demandèrent
qu'il fût interdit à tous les clercs, prêtres et moines,
d'appeler des sentences ecclésiastiques au palais du roi,
ce qui avilissait l'état monastique et le caractère sacerdotal, en détruisant le nerf de la discipline dans le sein
de l'épiscopat et de l'Église (2). Il paraît que leurs réclamations ne furent pas repoussées par l'empereur.

Cependant une petite réaction se fait sentir sous
Charles-le-Chauve : dans la convention de Pistes, qui
se présente sous la forme d'une espèce de concordat,
ce prince ne toucha pas aux priviléges des clercs, mais
il décréta que si un laïque était injustement condamné
par un évêque, ce laïque pouvait en appeler au roi,
dont la sentence d'appel serait souveraine, de telle
sorte que les archevêques et évêques ne pourraient

(1) *Capit. Misso cuidam data,* ann. 803.... *De episcopis, abbatibus.. .
qui ad placitum vestrum venire contempserint . . . qui venire contemp
serint eorum nomina annotata ad placitum nobis generale repræsentes*
(H. Ludovici I imperator. Constitut. aquisgran., ann. 817, § 26)

(2) *Quoniam in hujuscemodi facto et vigor ecclesiasticus contemnitur
et religio sacerdotalis, et professio monastica vilis officitur.* (Hlotarii
imperat. Constitutiones olonnenses, ann. 825.)

pas s'opposer à ce qu'elle fût exécutée dans tout le
royaume (1).

Mais voici une disposition législative bien plus extraordinaire encore . ce fut une concession faite en Espagne par le pouvoir ecclésiastique au pouvoir royal,
avant d'être transportée en France, car elle fut l'ouvrage du 12ᵉ concile de Tolède (2). Elle consistait à
donner au roi une espèce de droit de grâce supérieur,
par suite duquel il pouvait annuler toutes les peines
prononcées par les tribunaux ecclésiastiques : non seulement les pénitences publiques, mais même l'excommunication. Nous allons donner de ce texte important
une traduction aussi exacte que possible :

« Si la puissance du roi a reçu dans la grâce de sa
« miséricorde quelque criminel et l'a admis à sa table,
« les assemblées des prêtres et du peuple chrétien doi-
« vent aussi le recevoir dans la communion ecclésias-
« tique, afin que celui que la piété du prince a reçu

(1) Ut si episcopi suis laicis injuste fecerunt, et ipsi laici se ad nos
inde reclamaverint, nostræ regiæ potestati secundum nostrum et suum
ministerium ipsi archiepiscopi et episcopi obediant, ut secundum
canones et juxta leges quas catholica Ecclesia probet et servat.... hoc
emendare curent. (Kar. II *Conventus ad Pistas*, ann. 869) Mais le
roi restait toujours soumis à une responsabilité réelle pour l'usage
qu'il ferait de ce pouvoir souverain : c'est ce que nous allons
voir.

(2) Il ne faut pas croire que les conciles de Tolède fussent composé
seulement d'*évêques*. Le roi et un certain nombre de grands seigneurs
laïques pouvaient y assister. Au 12ᵉ concile dont il est ici question, il
y avait trente cinq évêques, quatre abbés et quinze seigneurs. **Fleury.**
t. x, p. 79, édit. in-4°.

« à merci, ne soit pas repoussé par les prêtres de Dieu
« comme leur étant étranger (1). »

Pour pouvoir comprendre un si étrange privilége
accordé en Espagne et en France à la royauté, il faut se
rappeler le caractère sacré qu'elle avait reçu de l'Église
et que lui reconnaissait l'opinion populaire. Les rois
ou empereurs tenaient leur couronne au même titre que
les rois des Hébreux, que David et Saül. Le pape
Étienne II, en imprimant l'onction sainte sur le front
de Pépin, fut censé donner à ce prince et à toute sa
dynastie le sceau du droit divin. Charlemagne et ses successeurs, en faisant renouveler personnellement la grande
cérémonie du sacre, semblaient recevoir un huitième sacrement, par lequel ils croyaient acquérir à l'égard de
l'Église des pouvoirs plus étendus qu'un prince appelé
seulement au trône par l'élection ou par l'hérédité.

Mais le roi ne pouvait obtenir ainsi une extension
de juridiction qu'en acceptant une complète responsabilité de tous ses actes à l'égard de l'Église. Il devait

_____

(1) *Cap. reg. Francor*, ann. 867, art. 17. Ludovici II, imperat.,
ann. 18. (Bal, t. II, p. 368) Voici le titre et le texte de cet article :
Ut quos regia potestas in gratiam receperit, his etiam minores potestates (*) communicent.
Si quos culpatorum regin potestas, aut in gratiam potestatis receperit aut mensæ suæ participes effecerit, hos etiam sacerdotum et
populorum conventus suscipere ecclesiastica communione debebit,
ut quod principalis pietas recipit, nec a sacerdotibus Dei extraneum
habeatur.

(*) On remarquera le mot *minores potestates*. Les prêtres ou archiprêtres étaient, à
l'égard de l'empereur ou roi, *evêques du dehors*, une puissance moindre dans la hiérarchie
de la société chrétienne. Il ne s'agit pas ici d'une excommunication qui aurait été lancée
ou d'une pénitence qui aurait été imposée par un concile d'évêques ou par le pape.

compte, au pape ou à l'assemblée des évêques de son
royaume, de l'usage qu'il ferait de sa souveraineté
temporelle et *quasi-spirituelle*. S'il abusait de l'appel
ou du droit de grâce dans les matières ecclésiastiques,
lui-même pouvait être cité devant un tribunal plus élevé
encore que le sien, celui des représentants directs de
Dieu sur la terre ; ce tribunal était compétent pour le
punir, en lui ôtant la couronne, de ses injustes empiètements sur les droits de l'autorité ecclésiastique. Une
telle compétence ne fut jamais contestée par les princes
de la dynastie carlovingienne. Nous en voyons plus d'un
exemple dans l'histoire. Louis-le-Débonnaire, deux fois
jugé et deux fois condamné par les évêques de son
royaume, accepte sa sentence sans réclamation et s'y
résigne sans plainte, et lorsque son parti se relève et
veut lui rendre la couronne, ce prince ne consent à la
reprendre qu'après avoir été absous et relevé de toute
pénitence par les évêques. Charles-le-Chauve, à l'assemblée de Savonnières, en accusant Wénilon, archevêque de Sens, de l'avoir trahi, reconnaît et consacre
lui-même en principe la suprématie d'un concile national
sur la royauté.

« Avec le concours, dit-il, de plusieurs autres arche-
« vêques et évêques, Wénilon, dans sa propre province,
« dans la ville d'Orléans et dans la basilique de Sainte-
« Croix, me sacra roi suivant la tradition ecclésiasti-
« que, oignit mon front de l'huile sainte comme signe
« du droit de gouvernement du royaume, me remit la
« couronne et le sceptre, et me fit asseoir sur le trône

« des rois. Et certes, je ne devais ni être dépouillé de ce
« caractère sacré, ni être renversé du trône où je venais
« d'être placé, qu'après avoir été entendu et jugé par
« les évêques, par le ministère desquels j'avais reçu
« l'onction royale, et qui sont appelés les trônes de
« Dieu, trônes sur lesquels Dieu lui-même est assis
« et par la bouche desquels il prononce ses jugements ;
« car j'ai été de tout temps disposé, et je suis encore
« tout prêt à me soumettre à leurs admonestations
« paternelles, et aux justes châtiments qu'il leur plaira
« de m'infliger (1). »

Il existe donc, dans le droit public de la dynastie
carlovingienne, un tribunal supérieur dont le roi lui-
même s'avoue le justiciable. Il n'a de juridiction sur
des tribunaux ecclésiastiques inférieurs qu'à condition
de reconnaître celle du tribunal supérieur de l'épiscopat, légalement et solennellement réuni en assemblée
générale.

Cela fait concevoir comment les Églises nationales
avaient pu concéder au prince des droits qui semblaient

---

(1) Cum aliis archiepiscopis et episcopis, Wenilo in diocæsi sua,
apud Aurelianis civitatem, in basilica Sanctæ-Crucis, me secundum
traditionem ecclesiasticam regem consecravit, et in regni regimine
chrismate sacro perunxit, et diademate atque regni sceptro in regni
solio sublimavit. A qua consecratione vel regni sublimitate supplantari
vel projici a nullo debueram, saltem sine audientia et judicio episcoporum quorum ministerio in regem sum consecratus, et qui throni
Dei sunt dicti, in quibus Deus sedet, et per quos sua decernit judicia,
quorum paternis correptionibus et castigatoriis judiciis me subdere fui
paratus, et in præsenti sum subditus. (*Capitul. reg. Francor.*, tit **xxv**,
art **3.** *Synodi Tullensis apud Saponarias*, Bal., tom. **II**, p. 131)

ne pouvoir résulter que d'une mission divine, et n'appartenir légitimement qu'aux successeurs des apôtres. Elles avaient accordé une plus grande autorité en échange d'une plus grande sujétion. Ces principes étaient évidemment ceux qui dirigeaient les Églises d'Espagne et de France du viie au xe siècle.

Mais au surplus, on pourrait trouver l'explication de la décision singulière du 12e concile de Tolède dans des circonstances particulières que laisse entrevoir le commencement du troisième canon dont nous avons cité la fin. Il paraît qu'il s'agissait d'excommunications fulminées ou de pénitences imposées pour des crimes de haute-trahison contre le prince, la nation ou la patrie, « faits qui, d'après les anciens canons, appar-
« tenaient à la juridiction seule du prince; de telle sorte
« que ceux qu'il recevait en grâce, et qui reconnais-
« saient leur faute, ne devaient pas ensuite être tenus
« éloignés de leur communion par les prêtres (1). »

On voit donc que cette concession, en apparence exorbitante, s'explique d'elle-même. Il est clair qu'il

(1) xiie conc. de Tolède, ann. 681. Vidimus quosdam et flevimus ex numero culpatorum receptos in gratiam principum, extorres extitisse a collegio sacerdotum. Quod denotabile malum illa res agit, huia licentia principalis in quo se solvi licentius curat, ibi alios alligat, et quos in suam communionem videtur suscipere, a commu-nione et pace ecclesiæ eligit separare : ut, qui cum illo convescunt, sola sacerdotum communione privantur. Et ideo quia remissio talium qui contra regem, gentem, vel patriam agunt, per definitiones cano-num antiquorum, in potestate solum regia ponitur, cui et peccasse noscuntur, adeo nulla deinceps a talibus abstinebit sacerdotum com-munio, etc. (Paris, in-folio, *collect. de l'imprimerie royale*, tom. vii, p. 707.)

s'agissait, dans ce cas, de criminels politiques contre
lesquels on avait lancé l'excommunication, peut-être sur
la demande du prince. Or, le prince recevait à merci
ces conspirateurs ou ces rebelles, que les évêques n'a-
vaient frappés de leur anathème que pour servir ses intérêts et ceux de l'État. Les ministres du Dieu de paix
devaient-ils être plus sévères que le roi lui-même, qui
était en quelque sorte la partie offensée et qui pourtant
avait remis l'offense? N'était-ce pas d'ailleurs à sa
compétence qu'appartenait principalement, ainsi que le
reconnaît le concile lui-même, de punir ou d'amnistier
ce genre d'attentats, et dès lors la grâce royale ne de-
vait-elle pas entraîner les pardons de l'Église? Les in-
terdits ecclésiastiques n'avaient été qu'une espèce de
supplément aux peines séculières; ces anathèmes épiscopaux s'étaient présentés comme un accessoire, ou, si
l'on veut, comme une suite du bannissement, de la mise
hors la loi prononcés par les tribunaux du prince. Cette
mise hors la loi cessant à l'égard de l'État et du roi,
la mise hors la loi de l'Église devait cesser en même
temps. C'était une anomalie qui ne pouvait continuer
de subsister dans un état de choses où les deux puissances étaient si intimement unies : la faire durer indéfiniment, cela ne devait pas être laissé au pouvoir de
quelques prêtres entêtés, plus royalistes que le roi et
plus épiscopaux que les évêques.

C'est cette opiniâtreté que blâment et que déplorent
si amèrement les Pères du concile de Tolède : *flevimus*.
Et on comprend alors comment ils donnent raison au

prince contre un collége de prêtres, *collegium sa-cerdotum.*

Il est vrai qu'en transportant ce canon du concile de Tolède dans les capitulaires de Charles-le-Chauve ou de ses successeurs, on n'y a inséré que la conclusion ou les dernières phrases, sans le commentaire qui explique dans quelle circonstance spéciale un tel privilége a pu être accordé au roi. Cependant, il est à croire que si les souverains carlovingiens ont fait adopter à leurs évêques ce décret venu d'Espagne, il a été entendu dans le même sens que de l'autre côté des Pyrénées, et que dans un temps et dans un pays où l'épiscopat était si puissant, la royauté n'a pas pu faire sur la juridiction ecclésiastique des usurpations dangereuses et des empiètements réels.

Nous avons au surplus décrit avec quelque soin l'état social du ix⁰ siècle où de telles choses pouvaient se produire sans diminuer en rien la prépondérance de l'Église. Mais si on tirait une telle concession de ce milieu pour la transporter dans celui où nous vivons, elle changerait évidemment de caractère, et tous les rapports seraient intervertis. Serait-il possible d'imposer aujourd'hui aux prêtres du Seigneur l'obligation de recevoir dans leur communion les criminels à qui le roi aurait accordé la grâce, et d'admettre au banquet divin ceux qu'il aurait fait asseoir à sa table?

Il y a dans ce seul rapprochement quelque chose de monstrueux qui révolte le bon sens de l'humanité et qui soulève l'indignation de la foi. Ce serait assujétir

l'ordre divin à l'ordre humain : ce serait subordonner
le roi du Ciel à ceux de la terre.

Une telle loi forcerait le sanctuaire pour y dérober,
au profit du pouvoir séculier, les clefs mystiques qui
lient ou qui délient les consciences. Ou plutôt elle ferait
pis encore : elle semblerait dire au prince temporel :
« Prends les mains de ce prêtre ; contrains-le à les lever
« et à les étendre pour absoudre et pour bénir les pé-
« cheurs endurcis qu'il repoussait de l'autel, et sous
« peine de lèse-majesté royale, impose-lui le crime de
« lèse-majesté divine. »

CHAPITRE IV.

DES PÉNALITÉS ECCLÉSIASTIQUES, OU DES PÉNITENCES PUBLIQUES
IMPOSÉES PAR L'ÉVÊQUE.

§ II.

Importance de la législation pénale de l'Eglise, du VII° siècle jusqu'aux
X° et XI° siècles.

Voici comment nous nous sommes expliqué ailleurs
sur la législation pénale de l'Église :

« Ce qui distingue le système pénitentiaire né avec
« l'Église et le place fort au-dessus de tous les systèmes
« judiciaires créés par le rationalisme humain , c'est :
« 1° la compétence divine du juge pour apprécier non-
« seulement l'acte extérieur qui lui est déféré, mais la
« volonté intime qui l'a produit ; 2° le caractère de la
« peine, qui ne punit pas seulement le crime, mais qui
« l'expie, le répare et l'efface ; 3° enfin l'acquiescement
« du coupable à cette peine, quelle qu'elle soit (1). »

Les fondements généraux de cette législation restèrent du VII° au XI° siècle ce qu'ils avaient été dans le

_____

(1) *Histoire du droit criminel des peuples anciens,* p 612 (Paris,
Joubert, 1845).

principe ; cependant elle reçut à cette époque des modifications importantes que nous devons faire connaître.

La pénitence publique était imposée dans l'Église primitive, même pour les fautes ou les crimes avoués en secret par le pécheur au tribunal de la confession (1). Vers 725, le vénérable Bède fit paraître un pénitentie[l] dont les principes furent bientôt approuvés dans toute l'Église, et par lequel il recommande de ne déposer les prêtres, les diacres et les moines que quand ils auront commis de certaines fautes connues du peuple, *in consciencia populi* (2). Il invite aussi les confesseurs à avoir égard, dans les pénitences qu'ils donneront, à la notoriété du crime ou du péché (3). On entendit cette recommandation en ce sens que les crimes publics devaient être punis publiquement, et que ceux qui étaient cachés devaient être expiés en secret.

Cette règle est écrite en toutes lettres dans les capitulaires. Voici comment elle y est formulée :

« Si le pécheur s'est confessé en secret et volontai-
« rement, qu'il fasse sa pénitence en secret. Que s'il
« est convaincu ou s'est confessé publiquement, qu'il

(1) *De administratione sacramenti pœnitentiæ*, Père Morin pag. 490, 491 et 492. Il y avait pourtant quelque différence entre la pénitence imposée pour les crimes scandaleux et les crimes secrets. Cette différence ne consistait pas en ce que l'une était publique et l'autre secrète, mais dans la manière d'imposer l'une et l'autre, quoiqu'elles fussent également publiques dans l'exécution.

(2) Bed. *Pœnitential* cap. VII.

(3) Id , ibid., cap. I, *Hist. de la pénit.* par D. Chardon, vol. 3, p. 412 (Paris, Desprez, 1745.)

« passe publiquement et en présence de toute l'Église
« par les degrés de la pénitence canonique ; et qu'après
« l'avoir accomplie il soit réconcilié canoniquement,
« et qu'on lui impose les mains avec les oraisons qui se
« trouvent dans le sacramentaire (1). »

Plusieurs capitulaires des successeurs de Charlemagne ont confirmé ces dispositions importantes (2).

Quoiqu'on ne fît plus pénitence pour les crimes cachés après le VIIᵉ siècle, le nombre des pénitents publics
n'en était pas moins encore très-grand.

Tous ceux qui, pour éviter la peine capitale ou le
supplice de la mutilation, se réfugiaient dans les asiles
des églises, obtenaient ordinairement grâce de la vie et
des membres, comme nous l'avons vu, par suite de la
charitable intercession du sacerdoce : mais l'évêque ou
les prêtres qui étaient intervenus en leur faveur et qui
leur avaient sauvé les tourments dont les menaçait la
justice séculière, ne devaient pas les laisser sortir de
l'asile sacré avant qu'ils eussent promis de se soumettre à la pénitence canonique. C'est un principe qui a été
posé par un concile du VIIᵉ siècle dans les termes suivants : « Quant à ce qui concerne celui qui a été

---

(1) Car. magn. *Capitul.* — Lib. v, cap. 116 (Bal. t. 1, p. 843.)

(2) Car calv. *Capitul. synodi Carisiacæ*, ann. 847. (Bal., t. II, p. 94).
Ce capitulaire n'est que le renouvellement d'un capitulaire antérieur
de Louis le Débonnaire. En voici le texte : *Si publice actum fuerit,
publicam inde agat pœnitentiam, juxta sanctorum canonum sanc-
tionem. Si vero occulte, sacerdotum consilio ex hoc agat pœnitentiam,* etc.

« délivré de la mort par le bienfait de l'Église, qu'il
« n'ait point la liberté de sortir qu'il n'ait promis de
« faire pénitence pour son crime et d'accomplir celle
« qui lui sera imposée suivant les canons (1). »

De plus, nous avons dit et répété que dans toute l'Europe
continentale où avaient pénétré les lois germaniques, la
peine de mort était ordinairement réservée aux crimes
d'État, et que les crimes privés, tels que les meurtres et
homicides, les incestes, les viols, rapts et autres attentats contre les mœurs, les sortiléges, les parjures,
etc., n'étaient punis chez les hommes libres ou appartenant à la race conquérante que par un *wergeld* et
un *fredum*. Or, tous ces crimes que n'atteignait pas le
glaive du bourreau, n'échappaient pas aux pénitences
de l'Église. Ces pénitences étaient un supplément à l'insuffisance du wergeld et des punitions purement pécuniaires; c'était, en même temps, une première application à tous les criminels de *l'égalité devant la loi*, car
la loi de l'Église ne faisait acception ni du Romain,
ni du barbare, ni du vainqueur, ni du vaincu. Les
capitulaires eux-mêmes qui, en tant que loi séculière, reconnaissent et consacrent ces différences de
naissance et de position sociale, sont obligés de proclamer, en tant que loi ecclésiastique, le principe
contraire, et ils répètent, après les conciles et les
docteurs de l'Église, que le prêtre ne doit avoir aucun
égard au rang des coupables dans les pénitences qu'il

(1) Concile de Rheims, ann. 630, chapitre vii.

leur impose : *ut sacerdos pænitentibus* ABSQUE PERSO-
NARUM ACCEPTIONE *pænitentiæ leges injungat* (1).

On ne s'expliquerait donc pas comment l'ordre public
pouvait se conserver à cette époque avec une pareille
pénalité, on laisserait dans l'exposition de l'histoire du
droit criminel une immense lacune, si on ne montrait
pas que le système pénitentiaire de l'Église fut un contre-
poids utile et peut-être nécessaire au relâchement des
institutions sociales et à la faiblesse, je dirai même à la
nullité du pouvoir politique, dès que ce pouvoir cessa
d'être entre les mains d'un Pépin ou d'un Charlemagne.

Cependant, quand l'Église, au temps de la persécution des empereurs païens, avait une vie séparée de
celle de l'État, elle ne pouvait exercer sur les criminels
et les pécheurs que la juridiction que ceux-ci lui accordaient sur eux-mêmes. Tout ce qu'elle pouvait faire,
c'était de les retrancher de son sein, quand ils refusaient de se soumettre aux pénitences qu'elle leur
imposait.

---

(1) *Capitul.*, lib. v. cap. 138 (Bal., tom 1, p. 851). *Conc. car-
thagin.* 4, cap. 7. — Regino, lib. 1, cap. 302 — Burchard, lib 19,
cap. 35. — S'il y avait une exception à ce principe, elle était en faveur
des petits et des faibles. L'esclave, par exemple, n'était condamné
qu'à la moitié de la pénitence imposée à l'homme libre. « Sachez
« bien que quand il vient à vous des esclaves ou des servantes (servi
« aut servæ), vous ne devez point tant les charger, ni leur imposer
« des jeûnes aussi rigoureux qu'aux riches... C'est pourquoi vous ne
« leur ordonnerez que la moitié des pénitences prescrites aux per-
« sonnes aisées. » (Pénitenciel d'Halitgaire, év. de Cambrai ; Chardon, t. ɪv, p. 284). Pour le même fait, les diacres et les prêtres
étaient soumis à des pénitences plus longues que les laïques.

Au temps de Charlemagne et de ses successeurs, elle avait toujours ce même moyen de coaction morale, l'excommunication (1) : mais quand les foudres de ses anathèmes n'amenaient pas les pécheurs ou les criminels à accepter la pénitence publique, l'empereur lui prêtait contre eux son bras séculier, et employait lui-même, pour briser leur révolte spirituelle, les puissants moyens de coaction matérielle dont il pouvait disposer.

Il existe à ce sujet un texte très-remarquable dans la collection des capitulaires continuée par le diacre Benoit (2) : « Si quelqu'un, soit libre, soit serf, soit ecclé-« siastique, soit quelque personne attachée au fisc, « est rebelle à son propre évêque ou au pasteur ou à « l'archidiacre pour quelque crime que ce soit, que tous « ses biens soient saisis par le comte et par le *Missus* « de l'évêque, jusqu'à ce qu'il obéisse à son évêque et « qu'il fasse la pénitence canonique. Que s'il ne se « corrige pas encore après cela et qu'il diffère de faire « pénitence, qu'il soit appréhendé par le comte et mis « dans une rude prison ; qu'il soit en même temps « privé de la jouissance de son bien jusqu'à ce qu'il « obéisse à son évêque (3). »

---

(1) L'excommunication, entraînant des effets civils d'après les capitulaires qui défendaient à tous les fidèles de communiquer avec celui qu'elle frappait, était déjà plus qu'un moyen de *coaction morale*. Nous reviendrons sur ce point.

(2) Nous avons dit ailleurs que l'authenticité de ces capitulaires peut être contestée, en tant qu'émanant de Charlemagne lui-même : nous les croyons d'une date postérieure.

(3) Capitul., lib. vii, cap. 432. Bal., tom 1, p. 1120.

Au reste, nous citerons un acte plus éclatant que ce capitulaire obscur, perdu dans un recueil dont l'autorité peut être contestée jusqu'à un certain point : cet acte, c'est le traité qui fut fait en 851 entre les trois successeurs de Louis-le-Débonnaire : Lothaire, Louis et Charles, et par lequel ils s'engageaient tous respectivement à ne pas recevoir dans les Etats l'un de l'autre les perturbateurs de l'ordre et de la paix publique, *à moins que ce ne fût pour les ramener dans la droite voie par un juste châtiment : nisi ut ad rectam rationem et debitam emendationem perducatur.* Et s'il veut se soustraire à cette expiation, nous le poursuivrons à outrance, jusqu'à ce qu'il s'y soumette ou *qu'il soit* EXTERMINÉ *du royaume* (1).

Mais voici qui se rattache bien plus spécialement encore au sujet qui nous occupe.

« Il faut en agir de même à l'égard de ceux qui au-
« raient fui dan le royaume voisin, après avoir commis
« un crime capital et public pour lequel ils auraient
« été arrêtés et excommuniés ou menacés d'excom-
« munication par leur évêque, et cela dans le but d'évi-
« ter la pénitence qu'ils avaient à craindre ou qui leur
« avait déjà été imposée. Quelquefois ce seront des mi-
« sérables qui auront entraîné avec eux dans leur fuite
« la complice d'un inceste ou la victime d'un rapt :
« dès que l'évêque du diocèse auquel ces coupables

(1) *Aut regno deleatur.* Nous ne faisons ici que reproduire la bizarrerie de l'expression latine. *Capitul.* de Baluze, t. II, p. 45 et 46. *(Conventus apud Marsuam,* art. 4.)

« fugitifs appartiendront nous en aura avertis, nous
« les ferons soigneusement rechercher, afin qu'ils ne
« puissent trouver de retraite dans aucune partie de
« nos États, et qu'ils n'aient pas le temps de commu-
« niquer à nos fidèles la contagion du vice ; et nous
« les forcerons, par nous-mêmes ou par nos propres offi-
« ciers, à retourner auprès de leur évêque, afin qu'ils
« soient contraints, quel que soit leur crime, d'accepter
« une pénitence pour l'expier ou d'achever celle qu'ils
« avaient commencée (1). »

Ce traité fut renouvelé neuf ans après dans la basilique de Saint-Castor à Coblentz (2), et promulgué de
nouveau par les trois princes qui s'étaient partagé l'empire de Charlemagne.

Un tel acte a une couleur qui lui est propre. Le pouvoir séculier donne en quelque sorte sa démission ; il
est à bout de voie, et il reconnaît qu'il n'y a plus de
remède à une dissolution sociale complète que dans
l'intervention du pouvoir ecclésiastique. A l'occasion de
ces crimes capitaux et de ces attentats contre les
mœurs qu'ils signalent en commençant, les faibles enfants de Charlemagne n'ordonneront pas à leurs comtes
et aux officiers de leur palais de poursuivre et de faire
punir des hommes souillés par le crime et le vice ; non,
c'est aux évêques seuls qu'ils demanderont d'obtenir

---

(1) Id , ibid., art. 5. Bal. II, p 46, *et de quocumque crimine publico
debitam pœnitentiam suscipiat, aut susceptam ut legitime peragat, com-
pellatur.*

(2) *Capitul.* II, tit. XXXI, p. 138 et sequent.

l'expiation de ces désordres, comme si leurs propres
magistrats ne voulaient ou ne pouvaient pas les réprimer, et comme si leurs lois pénales devaient être sans
force et sans vertu contre de tels excès.

On remarquera même qu'il ne s'agit pas seulement
de pénitences *commencées* qu'on ordonne d'achever,
mais de pénitences qui doivent être imposées à des
accusés non encore jugés.

L'extradition de royaume à royaume n'est pas demandée pour les criminels poursuivis par les comtes,
mais pour ceux dont les évêques instruisent ou ont instruit le procès.

L'article qui précède paraît ne s'appliquer qu'à ceux
qui excitent des guerres partielles ou fomentent des
troubles publics, et nullement à des criminels proprement dits (1). Au contraire, tous les genres de violences
privées, depuis les homicides ou crimes capitaux jusqu'aux attentats contre l'honneur des femmes, semblent
attribués sans exception à la juridiction pénitentielle
des évêques.

L'Eglise devenait donc le véritable soutien de l'ordre
public, dans l'empire déjà vieux de Charlemagne.

Nous ne voulons pas dire que les comtes eussent totalement cessé de rendre la justice, de poursuivre et de
punir les crimes légalement soumis à leur juridiction.
Mais il faut se reporter à cette époque de la fin du IX

---

(1) Il semble d'ailleurs que ces actes mêmes doivent être soumis
à la pénitence, puisqu'il s'agit de ramener *dans la droite voie* ceux
qui les commettent.

siècle : c'est celle où l'hérédité des bénéfices et même
celle des offices avaient été arrachées à la faiblesse des
successeurs de Charlemagne. Les comtes cherchaient à
se rendre de plus en plus indépendants ; ils obéissaient
mal aux ordres de l'empereur ; enfin ils usaient trop
souvent d'une indulgence calculée envers les désordres des
hommes puissants établis dans le ressort de leur administration. Les évêques, qui n'avaient pas à demander
de concessions d'hérédité, grâce à l'admirable loi du
célibat ecclésiastique, se trouvaient toujours dans la
même position à l'égard du souverain, et tout aussi
bien disposés à le seconder qu'au temps de Charlemagne lui-même. D'ailleurs, les préceptes de la religion
de Jésus-Christ et les termes exprès des canons les
détournaient si vivement de faire jamais acception des
personnes dans l'application des peines pénitentielles,
qu'un monarque vrai justicier était sûr de trouver en
eux, quand il le voudrait, les plus sûrs et les plus solides appuis.

Malheureusement, les souverains eux-mêmes se faisaient quelquefois les champions des seigneurs, qui les
trahissaient, contre les évêques qui se seraient fait un
devoir de les soutenir.

C'est ainsi qu'un seigneur nommé Baudouin, ayant
enlevé Judith, fille de Charles-le-Chauve, fut condamné
à la pénitence publique : mais Baudouin se réfugia
chez l'empereur Lothaire pour se soustraire à cette
condamnation. Il fut alors excommunié, et Charles-
le-Chauve réclama l'extradition du coupable, *afin qu'il*

fût obligé d'accomplir sa pénitence (1), ainsi que celaaurait dû avoir lieu, d'après la convention de Coblentz faite deux ans auparavant. Mais l'empereur Lothaire ne tint pas compte de cette réclamation. On négocia ; le faible Charles-le-Chauve consentit à légitimer le mariage de sa fille, et Baudouin, qu'on délivra des foudres de l'excommunication et qu'on réhabilita avec l'Eglise, devint, par une nouvelle concession de son beau-père, comte de Flandre et tige de cette maison illustre qui donna tant d'embarras et d'inquiétudes à la troisième race de nos rois.

On voit donc que les condamnations de l'Eglise n'étaient pas toujours exécutées, grâce à la mauvaise volonté ou à la faiblesse des princes, qui lui avaient pourtant solennellement promis l'assistance de leur bras séculier.

Cela augmentait encore le trouble et la confusion de ces temps d'anarchie; il semblait que le sol se dérobât partout sous les pas du pouvoir. L'autorité du souverain devenait de plus en plus impuissante et méprisée.

C'est, au surplus, ce qui rendait toujours plus nécessaire l'intervention de l'autorité ecclésiastique, qui eut, sans doute, ses abus et ses excès, mais qui sauva réellement la société à cette époque.

Cette immixtion puissante de l'Eglise dans le système pénal de la législation séculière dura, par l'application

---

(1) *Ut ad pœnitentiam agendam, sicut statutum est, redire cogat.* (Annal. fuldenses et sancti Bertini.)

des canons pénitentiels, jusque sous les premiers rois
capétiens.

Et il faut bien remarquer ici que ces canons, dont on
a fait divers recueils aux IVe, VIIe, X^e et XIe siècles,
étaient comme autant d'articles d'un code pénal où
toutes les espèces de crimes, jusqu'au vol et l'avortement, étaient prévus avec les circonstances qui pouvaient les aggraver ou les atténuer : après la qualification
du crime ou péché, venait la mention de la peine qui y
était attachée, et cette peine était proportionnée à la
criminalité de l'acte qu'elle devait servir à expier.

Le code pénal ou pénitentiel de saint Basile a 84 articles ; celui de Burchard en a 88 (1). Un pareil nombre
d'articles suffit bien pour comprendre à peu près tous
les crimes ou délits qui peuvent être commis dans une
société encore peu avancée.

Tout en évitant d'entrer dans de fastidieux détails, il
est nécessaire de donner ici une idée des diverses pénalités instituées par les canons, et de la manière dont on
les appliquait.

(1) Burchard, évêque de Worms et précepteur de Conrad le Salique, avait commencé par être moine bénédictin dans l'abbaye de
Lobes : il mourut en 1026. On a de lui un volumineux *recueil de
canons* divisé en vingt livres ; ce recueil a été imprimé en 1549, *in-
folio*

§ II.

Jugements, condamnations et pénalités d'après les canons ou codes pénitentiels.

La forme usitée dans la prononciation des sentences qui ordonnaient la pénitence publique ne différait pas beaucoup, dans la pratique, de ce qu'elle avait été pendant les premiers siècles de l'Eglise. L'évêque siégeait dans le chœur de l'église, entouré de son clergé comme un président de justice de ses assesseurs (1) ; c'était là l'appareil solennel qui était usité quand il s'agissait d'un grand crime qui avait fait scandale et qui méritait des pénitences graves : « Les pécheurs à qui elle devait être appliquée se présentaient à la porte de l'Église avec toutes les marques du deuil tel qu'on le portait dans l'antiquité : leurs habits étaient sales et déchirés, leurs cheveux négligés, leur barbe en désordre. Puis, ils entraient dans l'église ; l'évêque leur mettait des cendres sur la tête et leur donnait des cilices pour s'en revêtir. Ils se prosternaient ensuite humblement pendant que les fidèles faisaient pour eux des prières publiques. L'évêque leur adressait une exhortation pathétique et les avertissait qu'il allait les chasser pour un temps de l'église, comme Dieu chassa Adam du paradis pour son

(1) *De administratione sacramenti pœnitentiœ.* P. Morin, lib. II, cap. XI, p. 96 et sequ.

péché. Alors on les conduisait hors de l'église dont les portes étaient aussitôt refermées sur eux (1). »

Nous avons parlé ailleurs des divers degrés de pénitence dans la primitive Église, et nous avons dit que les pénitents se classaient ainsi : les *pleurants*, les *auditeurs*, les *prosternés* et les *consistants* (2).

Du vii⁰ au x⁰ siècle, « la pénitence se faisait remar-
« quer, dit un vieil auteur, surtout en trois chefs .
« 1° Il n'était point permis à ceux à qui on l'imposait
« d'entrer dans l'église pendant un certain temps ; ils
« demeuraient à la porte et y priaient ; 2° ce temps
« étant expiré, on les introduisait solennellement dans
« l'église, où ils demeuraient néanmoins séparés du
« reste des fidèles dans un coin vers la porte, exposés
« à la vue de tout le monde ; 3° après avoir fini cette
« seconde station, ils étaient mêlés indistinctement dans
« l'église avec les autres fidèles, quoiqu'ils gardassent
« encore l'habit de pénitent jusqu'au terme qui leur
« était assigné (3). »

On ne reconnaît plus là que trois classes de pénitents : les pleurants, les auditeurs et les consistants.

Ainsi la troisième station de la pénitence, la prostration ou *substratio* paraît être tombée en désuétude

(1) *Histoire du droit criminel des peuples anciens*, p. 617 (Paris, Joubert, 1845)
(2) Id., ibid., p. 618. On peut chercher dans cet ouvrage l'explication détaillée de ces expressions.
(3) Chardon, *Histoire de la pénitence*, troisième partie, chap. II, vol. 3, p. 431, édit. in-12.

dans le moyen-âge, ainsi que les cérémonies qui l'accompagnaient.

Dans la dernière station, celle des *consistants*, les pénitents n'étaient pas, comme dans la primitive Église, privés de toute participation à la communion pendant le temps que durait encore leur pénitence : ils pouvaient y être admis durant le cours de cette station s'ils continuaient à donner des preuves de repentir et de piété. Le pape Nicolas, dans une lettre qu'il écrit à Hincmar, archevêque de Rheims, au sujet d'un meurtrier à qui une pénitence de douze années avait été imposée, et qui avait passé trois ans parmi les pleurants hors de l'église et deux ans entre les auditeurs, permet qu'on l'admette à la communion pendant les sept dernières années (1), à cause des témoignages non suspects que ce grand pécheur a donnés de sa piété et de son repentir.

Dans les premiers siècles de l'Église, la pénitence pour l'homicide durait non pas douze ans, mais vingt ans, et ce n'était qu'après l'avoir accomplie jusqu'au bout que le pécheur pouvait être réhabilité et appelé à la participation des choses saintes.

L'usage prévalut au IX⁰ siècle de borner à sept ans la durée des pénitences, soit pour les faux témoignages en matière grave, soit pour les homicides.

Les légats du pape Adrien II, dans le 8⁰ concile général, règlent ainsi la pénitence que devaient faire les faux

_____

(1) *Conc. Gall.*, tom. 3, ann. 867.

témoins que Photius avaient produits contre le patriarche Ignace dont il avait usurpé le siége :

« Ils doivent s'abstenir de vin et de chair pendant
« quatre ans, excepté les jours de dimanche et les fêtes
« du Seigneur. Dans les trois autres années, ils doivent
« mériter de communier les jours de fête de Notre-
« Seigneur Jésus-Christ, par les aumônes, les prières
« et les jeûnes, en sorte que trois jours de la semaine,
« savoir le lundi, le mercredi et le vendredi, ils s'abs-
« tiennent de chair et de vin (1). »

En 895, le concile de Tibur s'exprime ainsi sur la
pénitence à infliger à un meurtrier : Si quelqu'un a
commis volontairement un homicide, qu'on lui interdise
pendant 40 jours l'entrée de l'église, et durant ce temps
qu'il ne mange que du pain avec du sel, et ne boive
que de l'eau pure ; qu'il aille pieds nus ; qu'il ne se
serve que d'habits de lin ; qu'il ne porte point d'armes;
qu'il ne fasse point usage de voiture ; qu'il n'approche
d'aucune femme..... ; qu'il n'ait pendant ces 40 jours
aucune communication avec les chrétiens, ni pour le
boire, ni pour le manger, ni pour quelque chose que
ce puisse être..., ; après ces 40 jours, l'entrée de l'é-
glise lui sera interdite pendant l espace d'une année,
durant laquelle il s'abstiendra de chair et de vin, d'hy-
dromel et de bière emmiellée. .... ;
la seconde et la troisième année, il sera soumis aux

---

(1) Fleury, *Histoire ecclésiastique*, livre LI, édit. in-4°, tom. XI
p. 287.

mêmes observances, sauf la faculté qu'il aura de racheter par des aumônes trois jours par semaine. La quatrième, cinquième, sixième et septième, qu'il jeûne rigoureusement trois carêmes, un avant Pâques, s'abstenant de fromage, de poisson gras, de vin et de bière emmiellée ; l'autre avant la Saint-Jean ; le troisième avant Noël. Dans l'intervalle de ces carêmes, il devra jeûner au moins tous les vendredis et devra racheter les autres jours par de bonnes œuvres. Au bout de ces sept années, qu'on lui donne la communion comme on fait aux pénitents, *more pœnitentium* (1).

Nous avons vu ailleurs que cette cérémonie de la réhabilitation des pénitents se faisait ordinairement avec une grande solennité, le Jeudi saint de chaque année (2).

Ceux qui contraignaient ou même seulement qui invitaient les pénitents à rompre le jeûne ou l'abstinence, à boire du vin et à manger de la viande, étaient eux-mêmes excommuniés (3).

Jusqu'ici, du viiie au xe siècle, les pénalités imposées aux pénitents ne semblent pas différer beaucoup dans leur essence, de celles qui étaient en usage dans les temps de la primitive Église.

C'est cependant vers cette époque que s'établissent trois genres de pénalités tout nouveaux : la flagellation volontaire, la séquestration dans un couvent et les pèlerinages.

(1) Chardon, tom. III, p. 448 et suiv., Conc. Tibur., ann. 895.
(2) *Hist. du droit crimin. des peuples anciens*, p. 619.
(3) Capitul., lib. 1, art. 151. — Bal., tom. 1, p. 730.

On fait remonter jusqu'à saint Colomban , qui écrivait
à la fin du vi^e siècle , l'usage de la fustigation donnée
aux moines comme moyen de pénitence canonique.
Depuis , cette peine fut souvent employée contre les
moines , les religieuses , les colons et les serfs coupables
d'un péché contre les mœurs. Elle ne fut pas usitée
d'abord à l'égard de personnes d'un certain rang.
On y eut recours plus tard , ainsi qu'à la peine de la
férule (1), pour racheter les longues pénitences, quand
on était pauvre et qu'on n'avait pas de quoi faire des
aumônes.

Quand à la séquestration dans un monastère, elle avait
lieu ou pour un temps, ou pour la vie. On prescrivait
cette pénitence d'une manière absolue à celui qui avait
tué un moine ou un clerc. Il devait déposer les armes ,
servir Dieu dans un monastère tous les jours de sa
vie, sans jamais rentrer dans le monde, et, néanmoins,
commencer par y faire sept ans de pénitence publique (2).

Lorsque la pénitence publique devait durer toute la
vie, comme dans le cas du meurtre d'une femme par
son mari , le pénitentiel romain donnait le choix, ou
d'accomplir la pénitence jusqu'au bout , ou d'entrer et
de faire profession dans un monastère (3). Là, du moins,
on n'était pas exposé à des tentations d'infidélité aux
exercices et aux pratiques de la pénitence , et on était
soustrait aux outrages et aux avanies d'un monde cor-

(1) Ducange, au mot *Palmata*
(2) *Capitular*. (Lib iv, cap. 90. Bal. 1, p 937).
(3) Penitent. roman., i, cap. ii.

rompu qui témoigne trop souvent ses mépris à ceux
qui s'humilient volontairement.

Quant à la séquestration temporaire, elle était une
mesure de précaution prise pour s'assurer que la pénitence serait accomplie ponctuellement et jusqu'au bout(1).
Cette séquestration cessait quand la grande réhabilitation
du pénitent avait lieu dans la solennité du Jeudi saint.

Que la réclusion dans un monastère fût temporaire
ou perpétuelle, le pécheur condamné était visité dans
sa cellule par des prêtres chargés à la fois de le surveiller, de l'exhorter et de le consoler (2). On ne l'a-
bandonnait ni à sa paresse, ni à son désespoir.

La troisième peine nouvelle, ou du moins inusitée
dans les quatre ou cinq premiers siècles de l'Église,
était l'exil accompagné des austérités de la pénitence
et de l'obligation d'un ou plusieurs pèlerinages pieux.
Ce genre de pénalité canonique mérite une attention
toute particulière.

« On ne trouve nulle part, dans les six premiers siè-
« cles de l'Église, dit un auteur que nous avons déjà cité,
« qu'on ait enjoint pour pénitence aux pécheurs de courir
« par le monde, non plus que d'aller en pèlerinage,

---

(3) On abusa de cette mesure canonique contre le malheureux
Louis le Débonnaire, qui fut enfermé dans le monastère de Saint-
Médard, de Soissons, par suite d'une sentence pénitentielle rendue
par quelques évêques que ses fils rebelles avaient gagnés à leur cause.
(2) C'étaient surtout les archidiacres et les archiprêtres qui étaient
chargés de ce soin et qui présentaient ensuite leurs pénitents à
l'évêque le Jeudi saint. (Chardon, *Hist. de la pénitence*, tom. III,
p. 497. Mabillon, voyage d'Italie, tom. II)

« quoique, dès le commencement de l'Église, on ait
« fait volontairement et par un esprit de dévotion des
« voyages pour visiter les lieux saints et les tombeaux
« des apôtres et des martyrs (1). »

Il existe à ce sujet une pièce très-curieuse : c'est une
formule de Marculphe, qui écrivait, selon toute probabilité, au VIIᵉ siècle. Cette formule est une lettre donnée
par un évêque et attestant que celui qui en est porteur
voyage afin d'accomplir une pénitence qui lui a été
imposée pour un fait de meurtre commis par lui sur
la personne d'un fils ou d'un frère, et qu'il se rend,
dans le but de racheter ses péchés, au tombeau de tel
saint ou de tel martyr. Cette lettre est adressée aux
évêques, abbés et abbesses, ducs, comtes, vicaires,
centeniers et dizeniers, et, en même temps, à tous les
fidèles chrétiens que le pèlerin pénitent rencontrera
sur sa route (2). Elle doit lui servir à la fois de certi-
ficat et de *sauf-conduit :* car le pénitent public était
dans la paix de l'Église et du roi ; quiconque le tuait
commettait un crime capital et inexpiable, et pouvait
même sur-le-champ être tué à son tour impunément et
légitimement (3).

---

(1) Chardon, tom. III, p. 485.

(2) *Appendix Marculphi*, cap. x, Bal. tom. II, p. 442. Cette lettre,
ou, si l'on veut, *ce passeport épiscopal*, est intitulé : *Tractoria pro
itinere peragendo.*

(3) *Ces vengeurs du sang des pénitents publics* n'étaient eux-mêmes
soumis à aucune pénitence, ni même à aucune amende envers le
fisc. Can. III. conc. Tibur, ann. 895. *Et præcepto nostro Weregildi
nulla ab eis extorquatur compositio.* C'est l'ancienne *perte de la paix*
ou mise hors la loi.

Ces sortes de pénitences étaient passées dans les mœurs, et elles devaient avoir été souvent ordonnées au temps où écrivait Marculphe : car une *formule* suppose un acte souvent répété et qui doit se répéter encore. Cependant aucun code pénitentiel faisant autorité n'avait encore admis cette peine comme peine canonique, quand Bède prescrivit qu'elle fût infligée au clerc coupable d'homicide. *Exul septem annos pœniteat, si homicidii meditatio fuit* (1). Celui de Théodore condamne un évêque pour crime de pédérastie à vingt ans de pénitence, dont il doit passer cinq à jeûner au pain et à l'eau et employer les quinze autres à des voyages pieux (2).

Sans doute, dans un siècle où il n'y avait ni routes, ni stations de poste, ni hôtelleries, ces voyages, qu'il fallait d'ailleurs faire à pied et sans aucune des commodités de la vie, étaient, à certains égards, une rude pénitence par eux-mêmes. Cependant, le goût de l'aventureux et du merveilleux, que l'homme porte toujours en lui-même, mais qui est bien plus développé encore aux époques de civilisation imparfaite et peu avancée, trouvait beaucoup trop à se satisfaire dans ces lointains pèlerinages. Quand on était revenu au foyer domestique, on racontait avec une puérile complaisance les rencontres singulières qu'on avait faites, les traits de courage et de présence d'esprit par lesquels on avait échappé aux dangers des hommes et des éléments ;

(1) Pœnitent. Bed., cap. VII.
(2) Roman. Pœnitent., tit. III. cap. 2.

enfin, on exagérait peut-être la constance des austérités
auxquelles on s'était livré ; on se vantait avec excès,
et souvent sans fondement, des grâces miraculeuses
dont on avait été l'objet, et puis on ne disait pas à quelles
tentations on avait été exposé et on avait cédé sur sa
route. Une surveillance douce et paternelle, destinée à
garder l'homme contre les autres et encore plus contre
soi-même, manquait à ces vagabonds pieux, qui, en
fuyant les lieux de leur crime ou de leur péché, ne pouvaient pas fuir leur propre cœur et leurs propres passions. Il vaut mieux, a dit un vieux chroniqueur, qu'un
navire fragile reste dans le port même où il a trouvé la
paix et la sécurité, que d'aller chercher d'autres ports à
travers les tempêtes et les orages.

Mais ce n'est pas dans les sages moralistes et dans
les saints docteurs du moyen-âge qui ont blâmé les
abus de ces pèlerinages, que nous irons prendre des
arguments pour les attaquer ou les proscrire : afin de
pouvoir en juger par nous-mêmes, nous chercherons nos
éléments d'appréciation dans ces bons légendaires du
ixᵉ et du xᵉ siècle qui admiraient les pénitents pèlerins
comme des pécheurs sanctifiés par les macérations et
par les larmes, et bien souvent récompensés par des
miracles, signes évidents des pardons et de la faveur du
Ciel.

Les mortifications les plus bizarres étaient celles qui
attiraient le plus l'attention et les applaudissements du
vulgaire. Ainsi le chroniqueur anonyme de Salerne cite
un seigneur lombard, appelé *Dauferius*, qui avait tué

en trahison le prince de Bénévent : ce noble assassin avait été condamné à aller faire un pèlerinage au tombeau de Jésus-Christ. « Il était parti en mettant dans sa bouche une grosse pierre qu'il n'ôta pas de tout le temps de son pèlerinage, si ce n'est pour boire de l'eau des chemins et pour manger le pain grossier qui était toute sa nourriture. Cette héroïque austérité lui valut une réhabilitation complète à son retour dans la principauté de Bénévent (1). »

Dans une vie de saint Marcellin, on lit cet autre fait bien plus merveilleux encore :

Au commencement du ix⁰ siècle, un diacre de Spolète tue son frère sans le vouloir ; on lui inflige comme pénitence des pèlerinages vers le nord, au-delà des Alpes. Pour aggraver encore la peine qui lui est imposée, il fait charger de chaînes son cou et ses bras comme un parricide, et, fléchissant presque sous ce poids ignominieux, il va à pied, avec le bâton de pèlerin, visiter divers sanctuaires célèbres et consacrés par la piété des fidèles. Enfin il arrive en Bretagne, au monastère de Redon, où était le tombeau de saint Marcellin : il fait devant les reliques du saint une fervente prière. A peine est-elle achevée, que ses fers tombent tout à coup : il s'en va libre et purifié du sang de son frère. Son crime est expié et sa pénitence est finie (2).

Une femme s'était souillée par un abominable attentat.

(1) Muratori, *Antiquitates medii œvi*, tom. 2, p. 327. *Dissertatio vigesima tertia.*

(2) Id . ibid., p. 328-329.

On lui ordonne d'aller au tombeau d'Appien, moine
mort en odeur de sainteté à Comaglia dans le Tessin.

Cette femme se fait river autour du bras un cercle de
fer qui le serre avec violence : le fer s'enfonce dans les
chairs, qui se tuméfient tout à l'entour, pendant qu'elle
continue son douloureux pèlerinage. Elle arrive à Comaglia en souffrant des tourments affreux. Au moment où
elle s'agenouille devant le tombeau du saint, le cercle
de fer se brise en éclats et le bras se guérit tout à coup.
Elle passe alors pour être lavée de son crime par les
mains de Dieu lui-même (1).

Charlemagne était un prince animé d'une foi vive et
sincère : pendant son long règne de 46 ans, il ne cessa
de combattre et de lutter pour l'Eglise. Eh bien ! il n'hésita pas à croire que ces pèlerinages, malgré les prestiges dont les entourait la crédulité populaire, accrois-
saient les désordres mêmes que les pénitences publiques
avaient pour but de réprimer, et compromettaient la
religion au lieu de la servir. Il crut donc devoir les
interdire par le décret suivant :

« Qu'il ne soit plus permis à ces charlatans et à ces
« jongleurs qui se promènent en vagabonds dans le
« pays, de parcourir les terres de notre empire, de
« tromper les hommes par leurs impostures, et d'étaler
« leurs membres nus et cerclés de fer, en disant qu'ils
« accomplissent les pénitences qui leur ont été impo-
« sées. S'ils ont commis un crime extraordinaire et

(1) Id., ibid.

« capital, il vaut mille fois mieux qu'ils demeurent dans
« un seul et même lieu, asservis à de durs travaux, et
« subissant leur pénitence de la manière qui a été ré-
« glée par les canons (1). »

Ce capitulaire de Charlemagne éclaire d'une vive lumière la moralité des faits soi-disant miraculeux que
nous avons racontés; des criminels, lassés de la longueur des pénitences qui leur étaient imposées, trouvaient commode, à ce qu'il paraît, d'en appeler des
sentences de leurs évêques à des jugements de Dieu
d'un nouveau genre. C'était une manière d'abréger des
expiations qui devenaient pour eux, par leur sévérité et
leur continuité, de véritables supplices. Dans la manière
dont le prince-législateur flétrit ces viles et sacrilèges
manœuvres, on reconnaît la rude empreinte de sa main
et de son style : c'est toujours le guerrier germanique en
même temps que le vrai chrétien, et ses lois sont encore un combat en faveur de la religion et de l'ordre
social.

Au surplus, nous citerons contre les pèlerinages une

_____

(1) Ut isti *mangones* (*) et *cotiones* (**) qui vagabundi vadunt per
istam terram non sinantur vagari ac deceptiones hominum agere ;
nec isti nudi cum ferro, qui dicunt se data pœnitentia ire vagantes
Melius videtur ut si aliquod inconsuetum et capitale crimen commi-
serint, in uno loco permaneant laborantes et serventes et pœnitentiam agentes secundum quod canonice sibi impositum sit. (Capitul,
lib. IV, addit. append 1er, Bal,, tom. 1, p. 794.)

(*) *Mango*, prædo, fallax, deceptor. — Ducange, tom. IV, p. 226, nouvelle édition,
1842.
(**) *Cotio* ou *cotio*, d'où ces mots *(vieux français)*, *cotsser*, vexer, tourmenter, et
coiteux, avide, cupide — Id., tom. II, p. 423.

autorité plus élevée aux yeux de la foi que celle de Charlemagne, c'est celle d'un concile. En 847, le concile de
Mayence s'exprima ainsi dans son 20ᵉ canon, relativement à la réforme de ce genre de pénitence auparavant
imposé aux parricides : « Mais comme nous avons ap-
« pris que, dans ces derniers temps, les parricides ainsi
« exilés courent çà et là, et qu'ils s'adonnent aux excès
« de la gourmandise et à divers vices, il nous a paru
« préférable que, restant dans un seul et même lieu,
« ils se châtient eux-mêmes par des pénitences sévères,
« dans l'espérance d'obtenir de la bonté de Dieu le
« pardon de leur crime, etc. (1). »

On voit que cette imposante réunion des évêques des
Gaules et de Germanie flétrit ces pénitences vagabondes
dans un langage aussi net et aussi précis que celui de
Charlemagne.

Il est vrai, cependant, comme le fait remarquer un
savant auteur (2), que la fièvre des pèlerinages ne cessa
pas, malgré ces interdictions de l'autorité temporelle et
de l'autorité spirituelle. La papauté ne blâma que les
abus qu'on mêlait à des pratiques qui pouvaient être
bonnes en elles-mêmes. Elle se contenta de désapprou-
ver le vagabondage soi-disant religieux, et de détour-

---

(1) « Sed quia in modernis temporibus profugi currunt per diversa
et variis vitiis atque gulæ illecebris deserviunt, melius nobis videtur
ut in uno loco manentes pœnitentiæ districtæ semetipsos castigent,
si forte a Domini bonitate indulgentiam facinoris sui percipere me-
reantur....» (*De administratione sacramenti pœnitentiæ*, lib. v, cap.
22, p. 310, P. Morin.)

(2) P. Morin, id., ibid.

ner, autant que possible, la passion des pèlerinages vers
un seul point, le tombeau de Jésus-Christ. Elle obéissait
en cela à de lointaines et habiles prévisions qui dirigè-
rent constamment sa politique, entre le règne de Charlemagne et celui de St-Louis, et qui lui permirent de rallier
l'Europe chrétienne contre l'Asie mahométane. Tout le
monde comprit qu'Urbain II voulait avant tout sauver
l'Eglise menacée dans son existence temporelle et extérieure, quand il fit rendre ce décret célèbre au concile
de Clermont : « Quiconque, *sans avoir d'autre but*
« *que la dévotion* et sans chercher à acquérir des hon-
« neurs et des richesses, partira pour Jérusalem afin de
« délivrer l'Église de Dieu, sera censé avoir accompli,
« par le seul fait de cette expédition, les plus longues
« pénitences (1). »

C'est alors qu'on voit une foule immense de chrétiens accepter, dans la pureté de leur cœur et dans la
ferveur de leur foi, ces conditions de dévouement pieux
et désintéressé. Les pénitents et les pèlerins accourent
de toutes parts à la voix d'Urbain II et de Pierre
l'Ermite. Ils se transforment en soldats et en chevaliers,

(1) (*Conc. Claromontan. Can.* 2.) Le P. Morin fait remarquer que
ce fut à dater de cette époque que l'on commença à racheter les pénitences, d'abord par les croisades, puis par les bonnes œuvres. En
effet, dès le commencement du XIIᵉ siècle, on voit disparaître dans
l'Eglise l'usage habituel des pénitences publiques (*De administrat.
sacram. pœnitentiæ*, lib. VII, cap. 15, p. 474). Parmi les bonnes œuvres qui rachetaient les pénitences, l'une des plus recommandées
était l'affranchissement des esclaves. « Qu'il rende une âme libre, dit
» Halitgaire, c'est-à-dire qu'il procure la liberté à un esclave de l'un ou
« de l'autre sexe. » (Chardon, t. IV, p 295.)

prennent la croix sur leurs vêtements et sur leur armure, marchent à la conquête de Jérusalem, et refoulent, au sein même de l'Orient, les hordes barbares de l'islamisme, qui avaient envahi l'Espagne et la Sicile, ravagé les côtes de l'Italie et le midi de la France, et menacé si souvent l'Europe entière de leurs formidables invasions.

CHAPITRE V.

DES ORIGINES DE LA RÉVOLUTION JUDICIAIRE ET FÉODALE OPÉRÉE AU IXᵉ SIÈCLE.

§ Iᵉʳ.

Du capitulaire de Kiersy.

Dans le IXᵉ siècle se consomma, au sein de l'empire des Francs, une immense révolution politique. Cette révolution se propagea peu à peu dans tous les pays de l'Europe où les invasions germaniques avaient pénétré. Elle fut le résultat nécessaire de l'hérédité acquise aux possesseurs des bénéfices et des offices, privilége auquel se joignirent bientôt, au moins pour les premiers d'entre eux, les principales attributions de la souveraineté. C'est ce qu'on appelle le régime féodal.

Il ne serait pas exact de dire que Charles-le-Chauve a créé cet état de choses ; il n'a fait que le consacrer par le célèbre capitulaire de Kiersy, rendu en 877 sur les instances des grands et des évêques.

Ce capitulaire aurait opéré tout à coup, suivant le préjugé général, une transformation complète dans le système judiciaire, et particulièrement dans le drcit cri-

minet de la France. Quant à nous, nous croyons qu'à
cette époque il n'était pas donné au pouvoir royal, non
plus qu'à tout autre pouvoir, de changer comme par un
coup de baguette les mœurs et les institutions des peuples. Et, pour ne nous occuper que de notre sujet spécial, il sera facile de démontrer, par exemple, que la
justice impériale et royale se dépeçait en lambeaux ;
depuis bien longtemps, grâce au travail sourd et continu
par lequel les comtes et les bénéficiers immunistes
avaient miné à leur profit l'autorité du souverain, ils
avaient fini par lui enlever en grande partie une de ses
plus précieuses prérogatives, le droit de juger et de
punir, auquel se rattachait celui du prélèvement des
amendes et de certains impôts. Seulement, pour expliquer ce nouvel état social, qui se produit et se révèle au
IXᵉ siècle, il nous faut remonter jusqu'au temps de la domination romaine dans les Gaules et de la première conquête des Francs.

§ II.

Origines et développements des justices locales et territoriales.

Les conquérants les plus barbares ne fondent pas tout
à nouveau quand ils s'emparent d'un pays : pour qu'il
en fût ainsi, il faudrait qu'ils exterminassent la population entière des vaincus. Et après tout, cette destruction
matérielle serait plus aisée à accomplir que la destruction

totale des coutumes, des idées et des croyances d'un peuple qu'on laisse vivre.

Les Francs n'étaient pas d'ailleurs des ravageurs sauvages à la manière d'Attila ou de Gengiskan : placés sur les limites de l'empire romain, appelés à être ses auxiliaires avant de devenir ses ennemis et de prendre leur part dans la dépouille de ce corps tombant en ruines, ils avaient pu avoir quelque idée de la civilisation importée dans les Gaules par une première conquête, et des ressources qu'avait procurées aux dominateurs du pays une administration ferme, régulière et habilement fiscale.

Si l'administration romaine fut modérée dans le temps des premiers empereurs, on sait ce qu'elle devint au IIIe et au IVe siècle. Les plaintes de Salvien nous ont laissé d'éloquents témoignages de la tyrannie de détail des *præsides*, des *judices pedanei*, et surtout des *procuratores*, des *rationales* et des *exactores* (1).

Sous ce gouvernement impérial, le pouvoir administratif et le pouvoir judiciaire étaient unis et confondus sous le nom de *judiciaria potestas*, mais la levée des impôts était considérée comme une branche particulière de l'administration, ayant ses employés et ses agents à part.

---

(1) Voir l'*Histoire des Gaules sous l'administration romaine*, par Amédée Thierry ; l'*Histoire du droit français*, par Laferrière, nouvelle édition ; l'*Histoire du droit français au moyen-âge*, par M. Giraud, tom. 1, Videcoq, 1846 ; *Des institutions mérovingiennes au moyen-âge*, par Lehuerou, etc.

Au moment de la conquête, les Goths, les Bourguignons et les Francs commencèrent par partager les maisons, les terres et les esclaves des Gallo-Romains. Ils
durent tenter aussi de se substituer comme magistrats et
percepteurs d'impôts aux employés de l'empire.

« Cependant les Germains, comme dit un savant
« moderne, n'étaient pas en état de concevoir le sys-
« tème savant de l'organisation impériale, encore moins
« d'en entretenir le jeu et le mécanisme (1). »

Il ne put donc manquer d'y avoir un grand trouble
administratif à la suite de la conquête, malgré le désir
qu'avaient les chefs germaniques de continuer le gouvernement romain. La substitution des dominateurs à
demi barbares aux dominateurs civilisés ne saurait se
comparer à celle qui s'opérerait, par exemple, à Malte
et dans les îles Ioniennes, si les Français expulsaient les
Anglais pour se mettre à leur place et leur succéder dans
la souveraineté de ces îles.

Les institutions et les mœurs des Germains différaient
essentiellement de celles des Romains, et en se super-
posant au régime gouvernemental des Gaules, elles y
introduisirent des éléments hétérogènes qui altérèrent et
transformèrent profondément la société.

En examinant comment se sont manifestées ces
transformations, on trouve que le système de l'admi-

---

(1) *Discours* d'introduction de M. Guérard au cours de troisième
année de l'école des chartes, *Bibliothèque de l'école des chartes*, tom.
IV (2ᵉ série), p. 364.

nistration impériale fut bouleversé dans deux de ses principaux fondements.

Premièrement, il régnait sous l'empire une unité centralisatrice qui tenait à la forme même de l'Etat, représenté par un seul maître, héritier fictif de la souveraineté du peuple romain.

Les chefs des bandes germaines, en se divisant dans les Gaules non-seulement la propriété du sol, mais l'autorité administrative et judiciaire, se partagèrent en lambeaux cette autorité, qui avait jusque-là émané d'une seule et grande unité, l'Empereur.

Secondement, les Germains ne pouvaient pas concevoir parfaitement la séparation du pouvoir judiciaire et du pouvoir fiscal ; le chef militaire qui devint comte à la place du comte romain tendit à concentrer ces divers pouvoirs, soit entre ses mains, soit entre les mains de ses délégués.

En cette qualité de successeur du magistrat impérial, le comte s'empara pour lui et ses officiers, à titre d'émoluments : 1° d'une part en nature prélevée sur les revenus des terres de son comté, appelée *annonas* sous les Romains (1) ; 2° de certaines redevances person-

---

(1) Omnibus tam viris spectabilibus quam viris clarissimis judicibus qui per provinciales sive militarem, sive civilem administrationem gerunt... Item et adsessoribus judicum singulorum, in præbendis solatiis annonarum hic fixus ac stabilis servabitur modus, ut ea pro *annonis et capite* dignatis suæ debitis pretia consequantur, quæ particularibus de legationibus solent contineri (*Cod. Justin*, lit. 52, l 1). Et Cujas dans son *Commentaire* sur cette loi s'exprime ainsi : « Delegationes sunt notitiæ quæ singulis administrationibus et officiis dele-

nelles, dues antérieurement par ses administrés aux
comtes ou autres officiers de l'Empire ; 3° d'une portion
de l'impôt public, dont les deux tiers au moins devaient
être réservés au roi. Cela n'empêchait pas qu'on ne lui
donnât en sus la jouissance d'une portion des terres
fiscales appartenant au domaine royal, dont les revenus
faisaient le fond le plus solide de ses honoraires.

On comprend parfaitement ce que c'est que des impôts
en nature, et il n'est pas besoin de revenir sur ce point.

Quant aux redevances personnelles ou corvées, il y en
avait sous les Romains de diverses sortes.

Et d'abord, sur les voies immenses qui traversaient
l'Empire romain de la Perse à l'Armorique, on avait
construit des maisons publiques destinées à recevoir les
fonctionnaires, les juges ou les citoyens privilégiés et
munis de diplômes impériaux qui venaient y demander
un gîte et de la nourriture, ainsi que les chevaux et autres moyens de transport pour continuer leur route. On
appelait ces stations des *mansiones* et ceux qui étaient
préposés à ce service public, *mansionatici* ou *procuratores cursus publici* : c'étaient des espèces de maîtres

---

gantur, quibus annonæ eis debitæ taxantur, et capita aut pretia earum
quæ sumant in tributis illius vel illius provinciæ. » M. Giraud, dans
son *Histoire du Droit français au moyen-âge*, t. 1, p. 305, fait remarquer que, même sous Gratien, dans un temps où l'impôt public se
payait généralement en numéraire, la plupart des traitements de fonctionnaires étaient acquittés en rations. Ainsi, dans les académies des
Gaules, le traitement d'un rhéteur était de vingt-quatre rations par
jour, et celui des grammairiens de douze rations.

de poste qui se trouvaient en même temps des hôteliers gouvernementaux (1).

On retrouve les vestiges de cette institution sous les Mérovingiens : mais elle n'a plus la régularité qui est le signe d'une bonne administration. La circulation des employés ou des voyageurs sur les chemins publics a cessé d'être aussi fréquente ; il y a encore des hôtelleries publiques où il est ordonné de défrayer les envoyés du roi, *legati*, chargés de recueillir les dons annuels et les tributs publics (2), comme de leur fournir des chevaux ou des mulets pour continuer leur route. Les dépenses affectées à ce service public sont à la charge des propriétaires locaux, sous la surveillance du comte. Mais le comte négligeait de pourvoir d'avance à un service devenu fort irrégulier, et quand les voyageurs privilégiés arrivaient à l'ancienne *mansio* publique, on les conduisait souvent sur les terres du fisc, à la *villa* la plus prochaine du domaine royal, de façon que c'é-taient les colons ou fermiers du roi qui recevaient ses employés à leurs dépens (3). Lors même qu'on ne cher-

(1) Voir Cod. Théodos., l. VIII, tit. 5 : *De cursu publico, angariis et parangariis* ; et, tit 6 : *De tractoriis et stativis.*

(2) *Hludovici II imperatoris conventus Ticinensis*, ann. 855. (*Inter capitula missorum*). Voici une partie du texte : « Unde eis administrentur obsequia, unde *paraveredi* ; unde vel quæ dona animalia aut *tributa publica* exigit debeant qui debeant palatia restaurare, qui pontes .. » Il y avait donc des tributs publics sous la seconde race quoi qu'en dise M. Lehuérou.

(3) Karoli Magni *capitulare Aquisgran*. — Ann. 802-27. — « Quando missi vel legatio ad palatium veniunt vel redeunt, nullo modo in curtes dominicas *mansionaticas* prendant, nisi specialiter jussio nostra fuerit »

chait pas à se décharger ainsi frauduleusement d'un service public, rien n'était prêt dans la *mansio* quand un ambassadeur étranger ou un agent du gouvernement venait s'y présenter, et il fallait le faire attendre longtemps pour aller chercher au dehors des provisions et des moyens de transport. Plusieurs capitulaires de Louis-le-Débonnaire et de ses successeurs dénoncent sévèrement ces abus et cherchent à y remédier (1).

L'institution des *mansiones* languit ainsi et dépérit dès le commencement de la seconde race ; vers la fin de cette race, elle se transforme et se morcelle ; ce n'est plus un instrument de centralisation ; c'est un de ces vieux droits régaliens de l'Empire qui devient une annexe du pouvoir seigneurial, sous le nom de droit de gîte, et sous ceux d'*angaria* (2), de *paraveredi* (3) et *scara equestris* (4). C'est ainsi que les civilisations naissantes sont souvent condamnées à hériter des charges et des misères des civilisations antérieures auxquelles elles succèdent.

Or, le droit de gîte était par son origine, comme on

_____

(1) Hludovici I imperatoris *Capitularia Aquisgran.* Ann. 823, art. 17 ; Bal 1, p. 638..... *Mansionatici* jugiter provideant..., ut non tunc sit necesse de longe quærere, quando tempus est illa dare vel persolvere.

(2) Charrois, charrettes faisant des transports lents.

(3) Les *veredi* étaient des espèces de chevaux de poste, les *paraveredi* étaient les chevaux fournis par des particuliers sur les routes où il n'y avait pas de *cursus publicus. Paraveredus* se prit, au moyen-âge, dans le sens de palefroi.

(4) La *scara* est l'obligation imposée à un tenancier de faire telle ou telle chose avec son cheval (Polyptique d'Irminon, t, I, p. 793,812,820.)

le voit, un droit affecté au service du juge ou de l'employé, un droit *justicier*, qui ne peut nullement être assimilé aux droits contractuels et réciproques de la féodalité proprement dite.

Il en est de même des droits de *péage* ou *tonlieu*, et des *corvées* ou prestations en nature.

L'origine romaine de tous ces droits ne saurait non plus être contestée.

Déjà sous la première race, le roi Dagobert, en permettant aux moines de Saint-Denis d'établir un marché sur leurs terres, leur abandonne en même temps tous les profits du péage (1).

C'est à cette même époque que les rois mérovingiens se dessaisissaient, par de ruineuses *immunités*, de la propriété des salines (2), des fleuves (3), des forêts (4), et ces *immunités* n'étaient pas de simples exemptions, mais des concessions de revenus et de droits de justice ; elles furent d'abord accordées en foule à des évêques (5)

----

(1) Apud D. Bouquet *Scriptores rerum francicarum*, tom. IV, p. 627 ; *ibid.*, tom. IV, p. 635 : *Diploma Sigiberti II regis, pro monasteriis Stabulensi et Malmundariensi.*

(2) Illudovici I *Capitulare ad Theodonis villam*, ann. 821. — 8 ap. Baluzium.

(3) *Diploma Childeberti I, pro monasterio Parisiensi sancti Vincentii* (D. Bouquet. tom. IV, p. 622).

(4) *Privilegium Chlodovæi II , quo Blideyisilo diacono donat castrum Bagaudarum ad construendum monasterium.* (D Bouquet, tom. IV, p. 63.)

(5) Les plaintes de Chilpéric II à ce sujet contre les évêques sont curieuses. « Nullas plus odio habere quam ecclesias aiebat plerumque : « ecce pauper remansit fiscus noster : ecce divitiæ ad ecclesias nos- « tras sunt translatæ ; nulli penitus nisi soli episcopi regnant, periit

età des monastères, et plus tard aux comtes et aux bénéficiers de l'empire sous les Carlovingiens.

Cette origine est encore plus évidente, s'il est possible, pour les corvées ou prestations en nature.

Sous l'empire romain, les villes étaient chargées de
la construction et de l'entretien des ouvrages d'utilité
publique qui servaient à leurs besoins et à leurs plai-
sirs, tels que les temples, ports, routes, ponts, cirques,
théâtres, etc.

Les cités gallo-romaines subvenaient à ces dépenses
de deux manières : d'abord avec leurs revenus ordinaires,
puis au moyen de charges extraordinaires qu'elles ré-
partissaient entre tous les propriétaires, *possessores*,
suivant leur fortune (1) ; la loi n'exemptait que les vété-
rans et les sénateurs (2). Ces charges consistaient en
des prestations en nature (3), et les travaux à exécuter
se faisaient sous la surveillance et la direction du gouverneur de la province (4).

Cette institution, continuée sous la première race de
nos rois, se trouve encore sous la seconde avec ses
principaux caractères.

Seulement on comprend qu'au lieu du temple, par
exemple, il ne s'agissait plus que de l'église chrétienne.

« honor noster et translatus est ad episcopos civitatum. » (Gregorius
Turonensis, vi. 26).
(1) *Codex Theodos.* De itinere muniendo, lib. v, tit. 3, et lib. xv,
tit. 1-17-34.
(2) Idem 1-6-7-23-49, lib. vii, de veteranis, tit. 11.
(3) Id. l. xv, tit. 1. 1-17.
(4) Id. 1-2-14-15-16-18-29-33.

Les réparations de l'église paroissiale étaient à la charge des paroissiens, et principalement de ceux qui tenaient en bénéfice ou en précaire les terres ou revenus de cette église (1). L'évêque était chargé de diriger les travaux et le comte d'employer le concours de son autorité pour les faire exécuter (2).

Le prêtre devait vivre des revenus de son église, et pour que son église eût des revenus, il fallait que ses paroissiens lui constituassent un patrimoine immobilier dont le *minimum* était fixé à une manse de douze banniers de terre arable et deux esclaves (3). Autrement l'église était détruite ou abandonnée.

C'est ainsi que, sous le paganisme, tout temple important avait des bois sacrés et d'autres propriétés immobilières.

La succession de l'idée romaine est encore plus marquée en ce qui concerne les routes et les ponts.

(1) *Si filii ecclesiæ eas restaurare noluerint, a ministris reipublicæ distringantur ut volentes nolentesque nostram observent præceptionem.* Hlotarii I imperatoris *constitut. Olonensis,* 825. — *Quicumque de rebus ecclesiasticis, quas in beneficium habent, restaurationem earum facere neglexerint, juxtà capitularem anteriorem in quo de operibus et decimis constitutum est, sic de illis adimpleatur.* Ludovici et Hlotarii *Capitul. Aquisgran. ann.* 825, id. ibid. 24.

(2) Id. ibidem, *Comites in omnibus adjutores fiant, etc.*

(3) Quod si forte in aliquo loco ecclesia sit constructa, quæ tamen necessaria sit et nihil dotis habuerit, volumus ut, secundum jussionem Domini et genitoris nostri, unus mansus cum duodecim hunnariis de terra arabili ibi detur et mancipia duo a liberis hominibus qui ad eamdem ecclesiam officium Dei debeant audire, ut sacerdotes ibi possint esse, et divinus cultus fieri. Quod si hoc populus facere noluerit, *destruatur.* (Hlotarii I, *Constitutiones papienses,* ann. 832 *Bal.,* II. 327.)

« Nous voulons, disait l'empereur Louis-le-Débon-
« naire, que dans chaque cité nos *Missi*, de concert
« avec l'évêque et le comte, choisissent parmi nos
« hommes qui y sont domiciliés ceux qui seront char-
« gés de réparer les ponts dans chaque localité, et
« d'enjoindre à chacun de ceux qui doivent contribuer
« à leur réparation de s'y employer selon son pouvoir
« et son devoir (1).

« Quant aux douze ponts qui doivent être jetés sur la
« Seine, dit le même empereur, nous voulons que les
« habitants *(pagenses)* qui doivent les faire, reçoivent
« de nos *Missi* l'ordre de les établir promptement. Et
« qu'ils n'aient aucun égard aux vaines réclamations de
« ceux qui disent qu'ils ne sont tenus de construire ces
« ponts que là où il en existait anciennement, mais qu'on
« les oblige à en construire là où le besoin s'en fait
« sentir aujourd'hui (2). »

Dans ce capitulaire, les *pagenses* des bords de la
Seine semblent être assimilés aux anciens *possessores*
des Romains.

---

(1) Volumus ut missi nostri per singulas civitates una cum episcopo
et comite, missos vel nostros homines ibidem commanentes eligant,
quorum curæ sit pontes per diversa loca emendare ; debent ex nostra
jussione admonere ut unusquisque juxta suam possibilitatem et quan-
titatem eos emendare studeat. (*Ludovici I imperatoris capitulare*, ann.
817, ap. Pertz, tom. 3, p. 215.)

(2) De duodecim pontibus super Sequanam volumus uti *pagenses* qui
eos facere debent, a missis nostris admoneantur, ut eos celeriter res-
taurent, et ut eorum vanæ contentioni non consentiant, quando dicunt
se non alicubi eosdem pontes facere debere, nisi ubi antiquitus fuerant, sed ibi ubi nunc necesse est eosdem pontes facere jubeantur.
Ludovici II imperatoris *Capitul.* ad Theodonis villam, ann. 821)

Du reste, la propriété des ponts et des péages qui s'y trouvaient attachés était héréditairement transmise, avec la charge de les entretenir, aux enfants de ceux qui les avaient construits primitivement, ou qui en avaient reçu la concession à titre d'*honores* (1).

Nous reviendrons tout à l'heure sur l'origine présumée et sur la signification de ce mot *honores*.

On voit que cette hérédité indéfinie ne permettait pas au gouvernement de rentrer jamais en possession de ces créations d'utilité publique qui ne sont aujourd'hui l'objet que de concessions temporaires.

Quand à l'impôt proprement dit, sans doute il ne fut pas perçu par les Germains avec la même régularité que sous l'administration romaine. Mais personne ne conteste que les rois mérovingiens n'aient tâché d'en faire une des ressources principales de leur fisc royal.

Parmi ces impôts (2), se trouvaient les revenus des justices, dont le comte germain, succèdant au comte romain, avait l'administration. Le comte percevait les revenus de son bénéfice, et faisait rentrer les amendes judiciaires que lui payaient les criminels qui avaient

_____

(1) De pontibus restaurandis, videlicet ut secundum capitularia avi et patris, ubi antiquitus fuerant, reficiantur ab his qui honores illos tenent de quibus ante pontes facti vel restaurati fuerunt. (Caroli II *Conventus* attinicensis. 853.)

(2) Sur l'impôt chez les Romains, on peut lire : 1° le mémoire de M. de Savigny, intitulé : *Uber die Romischer Steuerverfassung unter der Kaisern*, tom. vi du *Journal de la jurisprudence historique* (en allemand), pp. 321-396 ; — 2° De l'économie politique des Romains, par M. Dureau de la Malle, tom. ii, pp. 402 et suivantes ; — 4° *Du droit français au moyen-âge*, par M. Giraud, tom. i, pp. 93 et suivantes.

violé la paix publique ; ces amendes étaient connues
sous le nom germain de *friedgeld (argent de paix)*,
dont on avait fait le mot latin *fredum*. Pendant la première race, le comte donnait les deux tiers de cet impôt
au roi et en gardait un tiers. Nous voyons encore des
traces de cette répartition sous Charlemagne (1). Mais,
après lui, il paraît que les comtes s'attribuèrent la totalité
des émoluments des justices locales, et le fisc vit ainsi
tarir une des sources principales de ses revenus. Ce
fut une suite de la faiblesse qu'eut la royauté de se laisser dépouiller du droit de nomination et de révocation
de ses agents, en leur concédant l'hérédité de leurs offices. Du moment, en effet, qu'une gestion infidèle ne
pouvait plus entraîner de responsabilité véritable de la
part du gérant, le souverain se trouvait désarmé à son
égard, et la surveillance du *Missus* devenait inutile. C'est
ainsi que périt l'institution des *Missi dominici*, que
Charlemagne avait favorisée et étendue pour concilier
les idées d'une souveraineté supérieure avec les habitudes
de libertés locales et de morcellements d'autorité, inhé-
rentes aux mœurs germaniques.

De là vient aussi l'appauvrissement progressif du fisc,
qui fut une cause de la décadence et de la chute des

---

(1) Ut non per aliquam occasionem bannum comes *exactare* præsumat, nisi *Missus* noster prius bannum ad partem nostram recipiat, et ei
suam tertiam partem exinde per jussionem nostram donet (Caroli
Magni *leg*. Longobardorum 128). « De omni justitia, disait la loi hon-
« groise, faite sous l'influence de l'esprit germanique, ad fiscum regium
« duas lucri partes reddant; tertia tantum comiti remaneat. » Lex
hungarica citée par Hauteserre dans son traité *De ducibus Galliæ*.

Carlovingiens, non moins puissante que cette autre cause, plus connue et plus remarquée, la diminution du domaine royal.

Au surplus, cette déchéance de la puissance du chef de l'état ne vint pas seulement de la concession des bénéfices pris sur les terres du domaine, mais aussi de la concession des *honores*, expression qui a un sens bien distinct de *beneficium*, sous la première, la seconde et même la troisième race.

Déjà, sous les Romains, les *honorati*, pris en général dans diverses classes, étaient des fonctionnaires publics qui, après avoir passé par plusieurs degrés hiérarchiques, obtenaient l'exemption de certains impôts en nature. Ces impôts, après la chute de l'empire, s'appelèrent *honores* (1).

A ce titre, *honorati* et *immunes* devinrent synonymes.

Or, nous avons dit déjà que des *prestations en nature* faisaient une partie et souvent la totalité des émoluments payés aux administrateurs ou justiciers par leurs administrés.

C'est sous les Francs (2) que ces exemptions et ces espèces d'attributions d'impôts pour les fonctionnaires publics s'appellent *honores*. Les changements d'acception

---

(1) *Curiales, qui gradu meritorum usque ad honoriam dignitatem pervenerint nulla equorum præstatio permaneat.* (*Lex* 158, *Cod. Theodos.*, lib. xii, tit. 1.

(2) M. Championnière prétend que le mot d'*honor* existait dans cette acception, même sous l'empire romain, mais il ne le prouve pas. Voir son *Traité de la propriété des eaux courantes*, p. 128.

de mots sont très-communs dans la langue latine du moyen-âge.

C'est ainsi que *justitia* veut dire d'abord le *sentiment du juste*, le droit de juger et l'exercice de ce droit. Enfin il exprime l'ensemble des redevances dues au justicier en nature ou en argent (1).

De même, le mot *murdrum* signifiera d'abord le crime même de meurtre, puis le droit de juger ce crime, et en dernier lieu les droits de confiscation ou d'amende à percevoir pour le haut-justicier à l'occasion de la condamnation d'un meurtrier (2).

Les rentes ou les prestations en nature dues au fonctionnaire public étaient une institution déjà existante sous l'administration romaine ; mais ces rentes ne furent appelées *honores* sous la domination des barbares, que

---

(1) Similiter et de cæteris ecclesiis præcipimus ut *justitiam* suam et honorem habeant. (*Charta divisionis imperii Karoli Magni*, cap. 10.)

Nos tam in decimis, quam in aliis ecclesiasticis *justitiis* vobis restituendis. *Epistolæ Alexandri III*, p. 44.

Ita quod Meldensis episcopus et successores sui, vel alius nomine eorum, in dicta pecia terræ de cætero nihil juris vel facti, *justitiæ* parvæ vel magnæ poterunt reclamare vel habere : nec nos vel nostri in dicta pecia quæ sibi assignata pro illa quæ fuit sua aliquid juris vel facti, *justitiæ* parvæ vel magnæ reclamare poterimus vel habere. Ann. 1252 è *Chartulario Meldensi*.

Voir ces citations et plusieurs autres au mot *justitia*, dans Ducange, édit. nouvelle, t. III, p. 951.

(2) On peut en dire autant du mot *latro*, qui signifie non-seulement brigand, mais droit de juger les brigands, et confiscation des biens du brigand, ou amende imposée sur ses biens par le justicier ; du mot *incendium* qui, en outre de son sens propre, signifie l'amende imposée à l'incendiaire, ou la part du juge dans les biens confisqués de l'incendiaire condamné ou contumace ; il en est de même enfin de toute espèce de crime de violence pour lequel existait le *sanguinis*

par une corruption de langage qui a, comme on voit, de nombreuses analogies sur d'autres points.

Dans le langage peu noble et peu correct du moyen-âge, on disait qu'on était *deshonestatus* ou *deshonoratus*, parce qu'on avait été privé de cette part fiscale, de ces revenus devenus transmissibles comme les terres bénéficiales elles-mêmes. Dans d'autres temps, on a pu dire, au contraire, qu'on s'honorait en certaines circonstances, en renonçant à un office ou à des fonctions publiques et aux émoluments qui y étaient attachés.

Du reste, comme il arrive à certaines expressions dans toutes les langues flottantes et non fixées, le mot *honor*, *honores*, varie lui-même de signification du viie siècle au xive siècle.

Hors la première et la deuxième race, les mots *proprium*, *beneficium*, *honor*, sont souvent employés, dans le même acte, en regard les uns des autres, pour signifier des choses distinctes.

Voici d'abord ce que nous trouvons dans la vie de saint Eusicius : « Le roi Childebert, étant de retour, se « proposa de récompenser les services de chacun. « C'est pourquoi Vulfinus, homme de noble race et « remarquable par ses bonnes mœurs et sa probité,

---

emendatio. Au commencement du xiie siècle, la comtesse Adèle fit restituer à saint Père vingt sous que son prévôt Chantard avait extorqués, à titre d'amende, pour sang versé, *emendatio sanguinis*, à l'occasion d'un crime commis dans les limites du bourg de Saint-Pierre. (Guérard, *Introduction* au Cartulaire de saint Père de Chartres, n°s 107, 108, 100, 110, 111, p. cxl et suivantes.)

« se présenta comme les autres pour recevoir le prix
« de sa bonne conduite. Mais comme il connaissait le
« nom célèbre du bienheureux Eusicius, il ne demanda
« autre chose qu'un honneur appartenant au roi sur le
« fleuve du Cher. Le roi lui accorda ce qu'il avait de-
« mandé. Bientôt de retour, il se présenta joyeux devant
« l'homme de bien, et, se livrant à son bon penchant,
« il donna de grand cœur à cet homme vénérable plus
« encore que ce qu'il avait obtenu du roi (1). » Il paraîtrait, d'après ce texte, que l'*honor* n'avait pas le caractère précaire que conservait encore à cette époque le
beneficium; l'*honor* était une propriété fiscale, un droit
de péage ou autre que l'on pouvait à son gré transporter
à un tiers.

Les rois disposaient des *honneurs*, comme étant des
annexes des *offices*, mais ils détachaient ces annexes
pour en faire des concessions à part, concessions déjà
transmissibles héréditairement, quand les bénéfices ne
l'étaient pas encore. C'est un désordre administratif d'où
sortit une institution nouvelle.

C'est peut-être dans le sens d'*offices rétribués* qu'il

(1) Reverso igitur Childeberto, unicuique decrevit, secundum accep-
tionem personæ servitium quod fecerat remunerari. Igitur Vulflnus,
ejusdem generis vir nobilissimus, inter cæteros moribus et honore
præcipuus, remunerationis præmium, sicut et cæteris, præstabatur.
Sed quia celebre beati viri (Eusicii) cognoverat nomen, nihil petit sibi
dari nisi super Chari fluvium quem rex habebat *honorem*. Tunc quoque
rex illi competit quidquid ab eo postulabat. Mox inde reversus ad virum
Dei venit festinus, ac ejus se condonans voluntati, plura de his quæ a
rege beneficiis impetraverat, eidem venerabili viro largiri corde tenus
ordinavit. — (D. Bouquet, tom. III, p. 449, *Vita sancti Eusicii.*)

faut entendre ce mot *honores*, dans l'acte de partage
du royaume fait par Louis-le-Débonnaire entre ses enfants, en 817. « Nous voulons, dit-il, que ces deux
« frères, étant décorés des titres royaux, soient revêtus
« d'un pouvoir qui leur soit propre, pour distribuer
« tous les honneurs compris dans les limites de leur
« empire (1). »

Il s'agit bien ici de cette haute juridiction qui appartenait au *Missus* comme délégué et représentant de
l'empereur ou du roi. Les malheureux descendants de
Charlemagne affectaient de donner ce qu'on leur aurait
enlevé ou peut-être ce qu'on leur avait déjà pris de vive
force. La lutte que leur glorieux aïeul avait soutenue
contre les empiétements d'autorité de l'aristocratie, ils
l'abandonnaient de guerre lasse, et se laissaient arracher
pièce à pièce tous les fleurons de leur couronne. Les
ducs, les comtes, les bénéficiers et même les propriétaires allodiaux, issus des anciens leudes et chefs de
bandes germaines, s'étaient divisé tous les droits souverains, toutes les redevances résultant des *justices* et
des *honneurs*. Et quand Charles-le-Chauve reconnut
par son capitulaire de Kiersy l'hérédité des bénéfices et
des offices, il sembla que la royauté se portait à elle-
même le dernier coup, et qu'elle consommait l'abdica-
tion de ses vieilles prérogatives dispersées entre des
mains ambitieuses et avides.

_____

(1) Volumus ut hi duo fratres, qui regis nomine censentur, in cunctis
honoribus, intra suam potestatem distribuendis, propria potestate po-
tiantur. (Baluze, tom. i, chap. 575, n° 3.)

D'un autre côté, quel spectacle que celui de ces
leudes, de ces grands officiers de l'empire, de ces bénéficiers immunistes ne se lassant jamais de demander
des redevances et des richesses nouvelles, à leur souverain de plus en plus appauvri et dépouillé ! Leur
ambition se produit sous le jour le plus ignoble et le
plus vil : c'est de l'argent qu'ils sollicitent, bien plus
que du pouvoir. Ils ne réclament pas tant la puissance
judiciaire que les droits pécuniaires qui en sont la
suite ; le principal est devenu pour eux l'accessoire.
Ils ont fait perdre son sens primitif au mot honneurs,
qui ne signifiera plus que l'ensemble des priviléges ou des
droits qui enrichissent. Ce sont bien les dignes fils de ces
barbares qui ont mis au pillage l'empire romain ! Seulement, comme ils n'ont plus de vaincus à spolier, ils
veulent prendre et se distribuer la part du lion qui
avait été faite à leur chef, au moment de la conquête.
Certes, ce prétendu siècle de fer ne se montre pas
moins affamé d'or que notre âge moderne dont on dit
tant de mal ! Le désintéressement, l'amour du bien
public, sont plus rares encore que de nos jours. Les vices
y connaissent moins de frein et s'y étalent avec plus de
cynisme.

Il est vrai qu'après tant d'abaissements la société
européenne se relève puissamment aux XIe et XIIe siècles. L'association féodale et la chevalerie développent,
sous l'influence du christianisme, les nobles instincts
de l'âme humaine. De grandes vertus viendront alors
balancer dans le monde de sauvages et brutales pas-

sions; l'héroïsme de nos barons et de nos chevaliers égalera et surpassera souvent le patriotisme si vanté des grands citoyens d'Athènes et de Rome.

CHAPITRE VI.

CHANGEMENTS DANS LES PLAIDS OU TRIBUNAUX LOCAUX. —
ABOLITION DE LA PERSONNALITÉ DES LOIS.

§ Ier.

Nous avons montré comment certains droits de sei-
gneurialité se rattachaient bien moins à la tradition
germanique qu'à l'héritage des proconsuls de Rome,
recueillis par les nouveaux conquérants des Gaules.
Mais le morcellement de l'autorité du souverain est évidemment opposé à l'esprit de centralisation qui faisait
la vie et l'essence de l'empire romain, et il va devenir
le fondement de la société féodale qui travaille à se
former : cette société se composera donc d'éléments
divers, et qu'on aurait crus inconciliables avant de les
voir associés.

, Les leudes et les grands de l'empire des Francs
avaient commencé par usurper ou se faire concéder les
revenus fiscaux en argent ou en nature qui se trouvaient
le plus à leur portée : à ces revenus ils joignirent souvent la possession des terres elles-mêmes, détachées du
domaine royal. Après cette spoliation matérielle des

biens meubles et immeubles de l'État, il restait encore quelque chose à lui prendre : c'étaient les hommes destinés à le servir.

Les hommes libres du canton, les *pagenses* étaient restés longtemps une classe parfaitement distincte des esclaves ou serfs et même des colons. Ils étaient soumis à la fois dans le principe à la loi de l'*hériban*, c'est-à-dire au service militaire, et à l'obligation de siéger dans les *plaids* ou cours de justice.

Plus tard, le plaid ne se composa pas de l'assemblée de tous les hommes libres, mais seulement d'un certain nombre de scabins pris parmi eux : la présence de tous n'était donc plus impérieusement réclamée; mais ils devaient être à la disposition de l'Etat, qui pouvait toujours les appeler à devenir les assesseurs du centenier ou du comte, dans les tribunaux ou cours de justice locales.

Quant à la disponibilité des hommes libres pour le service militaire, elle importait plus encore à l'Etat, s'il est possible, puisque c'étaient eux seuls qui devaient suffire aux besoins de la défense du pays.

Eh bien! au lieu de protéger cette classe d'hommes et de les défendre contre les violences qui les menaçaient de toutes parts, les comtes et officiers royaux les contraignaient à accomplir mille travaux serviles, et ils s'efforçaient de transformer ces *hommes du roi* en leurs *hommes propres*.

Il fallait que ces malheureux, qui invoquaient en vain la franchise de leur race, allassent à la sueur de

leur front conduire la charrue dans le champ du comte
ou de son vicaire, qu'ils fissent ses fenaisons, ses moissons et ses semailles. Les lois des Lombards et les
capitulaires de Charlemagne sont pleins de dispositions qui répriment ces abus (1) et qui en constatent en
même temps l'existence. Charlemagne lui-même s'irrite
de ce que ceux des hommes libres qui sont pauvres et
faibles sont amenés par l'oppression des hommes puissants, ici à prendre la fuite (2), là à céder leurs biens
à leurs oppresseurs (3). Pendant sa vie, ce torrent d'ini-
quités put être arrêté ou suspendu : après lui, il reprit
son cours.

A la fin du ixᵉ siècle, les propriétaires immunistes et
les fidèles ou leudes, renfermés dans leurs châteaux

(1) Neque *comes*, neque loco ejus positus, neque *sculdasius* ab
aremanis suis aliquid per vim exigat. (L. Longobard, tit. xiii, § 3,
Guid. 4.) Ducange, verbo *Herimanni*, tom. iii, p. 659. nouv. édit.
Suivant Eccard, *Arimanni* viendrait de *erbmanner*, hommes d'héritage, possédant des biens héréditaires; mais le mot s'écrit ordinairement *herimanni*, et dès lors il semble évident qu'il vient d'*heer*,
armée, et *man*, homme, *viri exercitus*.--On lit dans les Capitulaires :
Ut liberi homines nullum obsequium comitibus faciant, nec vicariis,
nec in prato, neque in messe neque in aratura aut vinca, et conjectum
ullum vel residuum non solvant excepto *haribannatoribus*, etc. Kar.
Mag., *Capitul. Longobard.*, ann. 803. — (Les collecteurs de l'hariban
étaient des officiers royaux), vide quoque Hludovici ii imperat.
Capitul. diversa, ann. 875, ⸹ 4.

(2) In quibusdam locis, tantum populus oppressus est, ut multi
ferre non valentes per fugam a dominis vel patronibus suis lapsi
sunt, et terræ ipsæ in solitudinem redactæ sunt. (Kar. Mag. *Capitul. Longobard*, ann. 803.)

(3) De oppressione pauperum liberorum hominum, ut non fiant a
potentioribus per aliquod malum contra justitiam oppressi : ita ut
coacti res eorum vendant aut tradant (Kar. Magn *Capitul. ad
Theod. Vill.*, ann. 805.)

qu'ils venaient de construire ou de fortifier, n'allaient pas secourir les *Arimanni* restés indépendants, soit contre le brigandage toujours croissant qu'engendrait la misère, soit contre les invasions des Normands, des Hongres ou des Sarrasins (1). L'enceinte de leurs donjons ne s'ouvrait pas pour donner asile à ces infortunés. Ils se faisaient même quelquefois les complices secrets des brigands (2) qu'ils auraient dû poursuivre et punir.

Mais l'espèce de persécution organisée par les grands contre les petits ne se bornait pas là. Il paraît que les comtes allaient jusqu'à donner les *Arimanni* ou hommes libres de leur juridiction, comme des espèces d'esclaves, à leurs vicaires, écuyers ou autres officiers de justice ; à ces *arimanni* d'autrefois ils imposaient leurs hommes ou satellites comme des hôtes forcés ou plutôt comme des garnisaires qu'il fallait loger et nourrir. Ces exactions sont sévèrement défendues par un concile de 904 (3). Mais en même temps on permet aux collecteurs publics de prendre inscription sur les biens des

(1) Consideravimus qualiter rapinæ et depopulationes, quæ partim occasione superinterventium paganorum, partim mobilitate fidelium nostrorum in regno nostro... grassantur. *Capitul.* synodi Carisiacæ, ann. 857. Bal., t. ii, p. 87-8

(2) Audivimus etiam quod quidam potentes domos et possessiones habentes, concilient sibi et consocient latrones aliunde venientes, eosque occulte foveant (Kar. II, conventus silvacensis, ann. 853). *Capitul.*, Bal., t. ii, p. 65 et 66.

(3) Ut nullus comitum *arimannos* in beneficio suis hominibus tribuant. — Ut homines comitum nullatenus in domibus arimannorum resideant, sed *domos reipublicæ* instaurent, ibique resideant. Conc. anonym., ann. 904. (Ducange, verbo *herimanni*, tom iii, p. 639.)

hommés libres, sous prétexte de donner à l'État une
garantie de leur exactitude pour le service militaire et de
leur assiduité aux plaids de justice ; on veut que s'ils
ne remplissent pas ces deux obligations et s'ils vendent
leurs biens, le prix puisse être exigé par l'État, d'eux et
de leurs acquéreurs tout à la fois (1). Ces infortunés se
trouvent donc placés entre les corvées arbitraires dont
les grèvent les magistrats locaux, et leurs anciens devoirs d'hommes libres, dont le souverain exige le
rigoureux accomplissement. On leur fait porter *double
bât*, *double charge*. De tous côtés c'est la souffrance ou la ruine ; aussi, presque tous abandonnent une autorité lointaine et impuissante à les protéger, pour se faire les serfs, les colons ou les vassaux
du magistrat local et héréditaire qui se trouve près
d'eux. Dès lors ils ne devront plus rien à l'État. Le
comte, le vidame ou le baron deviendra leur maître ou
leur seigneur unique ; et, du moment qu'ils accepteront
cette domination, le magistrat tyrannique se changera
en maître protecteur ou en suzerain bienveillant. Serfs
ou colons, ils seront nourris par leur maître dans les
temps de famine, et défendus contre les violences extérieures des châtelains du voisinage. Vassaux, ils se
trouveront les compagnons et les associés féodaux de
leur suzerain, et en échange de l'hommage-lige qu'ils

---

(1) Ut scriptoribus publicis nullatenus interdicatur res Arimannorum transcribere, si quando eis fuerit opportunum. — Quod si occasione vitandi exercitus aut placitum venditæ fuerint, et ipsi eas pæti-
dere supersederint, exigatur ab eis utrumque, etc. (*Ib.*, *ibid.*)

devront lui prêter, ils auront droit à sa justice et à son puissant patronage.

Aussi dans le ixe et le xe siècle, les hommes libres disparaissent peu à peu pour s'enrôler, en quelque sorte, dans les cadres de la société nouvelle qui commence à se construire sur les débris de l'ancienne. Il en résulte que les anciens plaids de justice deviennent déserts et qu'on ne trouve plus de scabins pour y siéger. Les empereurs et les rois font les lois les plus sévères pour contraindre les *arimanni* à être plus exacts à ces plaids locaux (1) : leurs menaces sont vaines ; ils sont sur le point de n'avoir plus de justice dans leurs états.

Alors les rois, s'apercevant que leur voix n'est plus écoutée, que leur autorité se dissout et que le gouvernement va leur devenir impossible, se tournent encore du côté de l'Église, et ils s'écrient : « Secourez la société dans sa détresse ; faites sentir à ces hommes libres la gravité du péché qu'ils commettent par l'abandon du plaid et par l'inaccomplissement du devoir de rendre la justice ; imposez-leur des pénitences sévères s'ils persistent dans ce grand péché social ; menacez-les de la damnation éternelle (2) et réveillez-les à tout prix de leur léthargie funeste. » Ainsi le prince demande aux ministres de l'Église qui ont une juridiction

_____

(1) *Ut ad placitum frequentius ire cogantur.* Conc. anon. de 904 (jam citatum.)

(2) *Et episcopi omnibus demonstrent quam grave hoc peccatum sit, et qualem pœnitentiam quœrat, et qualem damnationem, nisi pœnitentia succurrerit, adquirat. Adnuntiatio* Caroli regis, art. 3. (*Synodi Carisiacœ*, ann. 857. Bal., t. ii, p. 89.)

rivale, de relever la sienne propre, et d'employer les
pénalités ecclésiastiques pour empêcher la destruction
des tribunaux séculiers !

Sans doute, l'Église eut pitié de ce pouvoir royal
agonisant ; elle tendit la main à cette société qui s'a-
bîmait au milieu des ruines. Mais il ne lui est pas
donné dans tous les temps de ressusciter les morts.
Dieu a sur l'humanité des desseins providentiels, et il
faut que ces desseins s'accomplissent !

§ II.

Aussi, malgré tous les efforts des successeurs de Charlemagne, les justices royales périrent, et avec elles
s'anéantit la personnalité des lois.

Chose singulière ! l'unité du pouvoir, d'où semble
dépendre aujourd'hui l'uniformité de législation, était
la seule chose qui pût maintenir encore, au ixe siècle,
un peu artificiellement peut-être, l'existence de lois différentes destinées à régir chaque personne, suivant la
diversité de son origine nationale. Pour que la loi sa-
lienne fût appliquée à un Franc dans la Bourgogne, la
loi bourguignonne ou gombette à un Bourguignon dans
la Neustrie ou l'Austrasie, il fallait que le duc ou comte
qui dirigeait le placité public fût un magistrat délégué
par le roi ou l'empereur, dont la haute impartialité
veillait à ce que chacun pût se faire dire (1) partout la

_____

(1) La formule pour le plaideur était : « *Dic mihi legem salicam.* »

loi nationale. Du moment que les duchés ou comtés,
au lieu d'être des magistratures véritables, soumises à
l'inspection des *Missi* et à une responsabilité sérieuse
à l'égard du roi, devinrent de petites souverainetés
héréditaires et indépendantes, les lois et les coutumes
qui prévalurent dans les limites du territoire soumis
à la juridiction du duc ou du comte s'imposèrent à
tous ceux qui y résidaient, sans aucune exception.

Sans doute, le duc, le comte et le baron avaient la
prétention d'être législateurs suprêmes, de même que
juges souverains, dans toute l'étendue de leurs domaines;
ils n'admettaient pas que les habitants de leur seigneurie
pussent invoquer une loi étrangère, fondée sur la différence d'origine de leur race et de leur famille. Tout
homme assis sur leur territoire était *leur homme* à titre
de vassal (1), d'hôte (2), de colon ou de serf. Mais cette
domination, tout utile et toute protectrice qu'elle pût
paraître à ceux qui avaient à la subir, ne pouvait être
acceptée pourtant qu'à de certaines conditions, destinées
à la limiter et à la restreindre. Un despotisme complet
ne saurait exister chez des populations chrétiennes.
Aussi, à l'époque même où les anciens *arimanni* ou
hommes libres, dans la transformation nouvelle de leur

(1) Seulement les vassaux s'appelèrent *gentis-hons*, et furent traités
comme des associés ou des compagnons, plutôt que comme des sujets.
(2) Les *hospites* étaient des réfugiés venus du dehors, qui offraient à
un seigneur de venir habiter et cultiver ses terres dépeuplées, et qui
obtenaient de meilleures conditions que les serfs et même que les colons.

état social, avaient cessé de pouvoir invoquer leurs lois personnelles comme garantie de la sûreté de leurs personnes et de leurs biens, on les voit s'appuyer contre l'arbitraire et les violences sur *la coutume et la loi terrienne*. Les rares monuments législatifs du IXe et du Xe siècle nous offrent sur ce point de précieuses indications.

Le cartulaire de saint Père de Chartres rapporte une concession de 985 qui émane du roi Lothaire, mais qui n'est que la confirmation d'un privilége beaucoup plus ancien, attribué au roi Clotaire II. Par cette concession, « est accordée et confirmée à l'église de Chartres, dédiée à saint Pierre et à saint Paul, dans les comtés et bénéfices du fidèle Odon, la *justice terrienne* (*terrena justitia*), libre et affranchie de toute juridiction supérieure ecclésiastique ou laïque, qui *ne pourra plus y réclamer ni droit de ban ou haute-justice, ni droit d'arrestation ou de contrainte* (1). » L'abandon de ces deux derniers droits, ordinairement réservés dans les simples concessions d'immunités, impliquait la suppression de la personnalité des lois, dont la justice royale avait seule jusque-là maintenu l'application, et une *justice* complète et exclusivement *terrienne* supposait l'existence d'une loi *terrienne* : cette loi existait en effet, et le *Cartulaire de saint Père* en fut plus tard une sorte de codification écrite.

Mais ce qui est plus remarquable encore, c'est que

_____

(1) In claustro prædicti monasterii......... neque *bannum*, neque *districtum*, aut quidquid in aliquo *terrenæ justitiæ* titulo dici potest. (Cartulaire de saint Père de Chartres, édité par M. Guérard, I, p. 81.)

nous trouvons les termes de *coutume du lieu* et de *justice terrienne* dans un recueil du IXᵉ siècle.

Il paraît qu'à cette époque quelque chef de bande, quelque châtelain des bords de la Loire, s'était introduit à main armée dans la ville de Tours, qu'il l'avait mise au pillage, avait brûlé les archives et plans du cadastre, ainsi que les titres de propriété, incendié les maisons, renversé et confondu les limites des terrains, jeté partout la confusion et le trouble. Or, ces coups de main du brigandage ne s'étaient malheureusement que trop multipliés depuis les invasions des barbares. Aussi, dans des villes qui en avaient été et qui pouvaient encore en redevenir les victimes, il avait été décidé que tous ceux de leurs habitants dont les demeures et les terres auraient été incendiées et ravagées se présenteraient au *forum* ou à la maison de ville (1), devant la curie municipale et devant le défenseur (2) : « là, ils établiraient, par le témoignage des *bourgeois (pagensium)*, par la notoriété publique et leurs propres affirmations, la destruction de leurs meubles et instruments aratoires,

(1) *Formulæ Sirmondicæ, item appennem,* art. XXVIII. Bal., tom. II. p. 484. CONSUETUDO *hujus loci* vel *etiam legis terrenæ justitiæ* constat ut quicumque ab incendiis vel hostibus seu a latronibus fuerit perpessus dispendium, etc. Je donne l'analyse du reste de la formule.

(2) On sait que le *défenseur* était un magistrat municipal particulièrement chargé de défendre la cause de la justice, dans l'intérêt des pauvres et des faibles. Cette magistrature, dès les Vᵉ et VIᵉ siècles, fut confiée ordinairement aux évêques; elle leur donna une immense influence, et prépara leur pouvoir princier dans les villes, tandis que les comtes et immunistes laïques fondaient leur pouvoir féodal dans les campagnes.

la dévastation de leurs fermes et de leurs terres; ils feraient
reconnaître en même temps leurs droits de revendication
à ce qui avait échappé au pillage, et désigneraient l'emplacement de leurs anciennes propriétés dont ils feraient
de nouveau tracer les limites. » Cette espèce de droit
public, appelé *apennis* ou *appennis* (1), se fonde à
Angers dès le viie siècle (2). Il se retrouve à Tours au
ixe, comme nous venons de le dire, et s'il s'était établi
plus particuliérement sur les bords de la Loire, il est
certain qu'il n'était pas inconnu dans le reste de l'empire
des Francs, où les mêmes calamités appelaient les
mêmes réparations (3).

(1) Ducange, v° *apennis,* explique le sens de ce mot, mais sans en
donner l'étymologie. M. Pardessus en propose une qui nous parait
acceptable : il rattache le mot *appennis* à *appendere* ou *appensus,*
parce qu'on faisait des affiches pour donner de la publicité à la réclamation du pétitionnaire, et même pour appeler les réclamations des
tiers, s'il y avait lieu. (Bibliothèque de l'Ecole des chartes, tom. 1er,
pp. 217 et suiv.) La formule rapportée par M. Pardessus parle de
trois jours d'affiche, *tridium* APPENSIONIS secundum legem consuetu-
dinis. D'*appensionis* vient *appennis.*

(2) *Formulæ Andegavenses,* art. XXXI, XXXII et XXXIII. Voir plusieurs
articles de ces formules, d'après un manuscrit de la bibliothèque royale,
nouvelle édition donnée par M. Eugène de Rozière, à la suite de
l'*Essai sur l'histoire du droit français au moyen âge,* par M. Ch Giraud,
tom. II, pp 445, 446 (Paris, Videcoq, 1846). Ces articles sont intitulés : *Incipit apennis; Incipit item appennis; Incipit noticia ad
appeno firmare.* Le latin, dont M. Eugène de Rozière a soigneusement
reproduit les incorrections d'après le *manuscrit de Weingarten,* est
beaucoup plus barbare que celui des *Formulæ Sirmondicæ;* il est probable que le savant Sirmond a fait plus d'une infidélité dans la reproduction du texte, pour rendre ce vieux latin du moyen-âge plus
correct et par conséquent plus intelligible.

(3) Plusieurs textes le prouveraient au besoin, et entre autres cette
formule de Marculphe : « Relatum, quod dicitur *apennis;* mos nobi-
lium Romanorum, et ratio juris deposcit, ut si cujuscumque domus

En rapprochant les prescriptions contenues dans le formulaire d'Angers de celles que renferme celui de Tours, pour le cas d'*appennis*, on ne trouve que des différences accessoires. C'est le même fond, et on rencontre des expressions tout à fait semblables. Seulement, comme l'évêque n'était pas apparemment, à Angers, défenseur de la cité, sa présence à la solennité réparatrice y est expressément réclamée, ainsi que celle du comte. Ils doivent se joindre aux chefs de la cité et de la *curie de la province* (1), pour présider en cette circonstance l'assemblée du peuple, et faire rédiger une charte qui remplace tous les titres brûlés ou détruits. Mais les formalités prescrites paraissent de création nouvelle, tandis qu'à Tours, plus de deux siècles après, elles font partie de la *coutume locale*, de la *législation terrienne* (2). De plus, il n'apparaît plus, dans cette ville, de comte, ni d'autorité *provinciale*; il n'y est question que de la curie de la *cité* (3) et du *défenseur*.

igne crementur, is per speciem scripturarum chartulam relationis quæ dicitur *apennis recipiat*. » (*Form. post Marculph.*, cap. 48, *incertus auctor*. Dans ces vieux documents, on trouverait très-souvent la chose sans le mot *apennis*.

(1) *Rectores civium et curialis provinciæ*. On réunit ici, sans les confondre, ce que nous appellerions aujourd'hui les *autorités* de la ville et celles de la province. Le mot latin *curialis* ferait supposer qu'il y avait une curie ou sénat provincial.

(2) Il n'y a rien, dans les *Formulæ Andegavenses*, qui rappelle de près ou de loin l'idée de *coutume* et de justice ou législation *terrienne*.

(3) Les anciennes curies romaines s'étaient conservées avec plus ou moins d'altération, il est vrai, non-seulement dans les villes du Midi, mais encore dans plusieurs villes du centre de la France, et notamment à Bourges. Voir une *formule d'un manuscrit de Leyde*, qui prouve qu'en 805, sous Charlemagne, il y avait à Bourges une curie

L'anarchie a fait des progrès marqués. La ville de Tours
est réduite à ses propres forces pour protéger ses habitants, et il paraît qu'elle les protége fort peu efficacement. On voit bien, à la fin de l'acte, qu'elle tourne
ses regards vers le roi ; mais elle ne paraît pas fonder sur
son secours de grandes espérances. « Un double de la
charte rédigée au sein de la curie, y est-il dit, sera
affiché sur la place publique de la ville ; un autre double
sera gardé, par précaution, pour qu'on puisse le remettre, le cas échéant, au roi ou au prince du lieu, quand
on pourra jouir de sa présence (1). »

Voilà donc la première *loi territoriale* dont il soit
fait mention dans nos provinces de France. Elle naît
comme le pendant, ou si l'on veut comme le correctif
d'une autre espèce de coutume, enracinée déjà bien
avant dans les mœurs du pays, celle du meurtre et du
brigandage. Elle n'a d'autre raison d'être que la nécessité de réparer continuellement des actes continuels de

et des *archives municipales* (*gesta municipalia*). Cette formule a été
aussi recueillie par M. Eugène de Rozière, *Essai sur l'histoire du droit
français*, par M. Ch. Giraud, tom. ii, p. 461.

La formule que M. Pardessus a imprimée dans la *Bibliothèque de
l'École des chartes*, et dont nous avons cité plus haut quelques mots,
est aussi relative à la ville de Bourges ; seulement elle date d'une époque un peu postérieure, du xe siècle, suivant le catalogue, ou de la fin
du ixe, suivant M. Pardessus. Ces deux pièces prouvent donc la con-
tinuation de l'existence de la curie *in pago Bitorico*.

(1) Unde convenit ut duas epistolas uno tenore conscriptas exinde
fieri vel adfirmare deberent, *ut una in foro publico in ipsa civitate sit
ADFICTA*, aliam vero ipse secum pro cautela et tempora futura apud
se retineat, ut si ei inantea necesse fuerit, in præsentia regis aut
principis loci sit proferenda. (Bal., tom. ii, p. 484.)

violence et de dévastation. C'est l'expression de la lutte
cruelle à laquelle est condamné l'ordre public, tâchant
de se relever tous les jours, après des défaites de tous
les jours, semblable à ces grandes armées disciplinées
par la tactique moderne, qui s'empressent de reformer
leurs rangs à mesure qu'ils disparaissent emportés par
les boulets et la mitraille. Or, de même que la discipline militaire empêche les déroutes complètes et finit
même par donner la victoire, une certaine discipline
sociale, qui se produisit de bonne heure dans nos villes
et qui ne cessa peut-être jamais totalement d'exister au
sein de nos anciens municipes, dut finir par triompher
de la barbarie qu'on avait crue sur le point de reprendre
possession du monde européen, à la faveur des déca-
dences dynastiques et des déchéances royales. C'est en
s'appuyant, contre l'anarchie et le désordre, sur la tradition, sur la *coutume* municipale ou même féodale, sur
la loi *terrienne*, en un mot, que les habitants du vieux
sol des Gaules sont parvenus à reformer les rangs de la
société, en lui donnant une vie nouvelle, et à constituer
enfin, sur les ruines des lois et des nationalités diverses,
un seul et même peuple, le peuple français.

CHAPITRE VII.

L'ANGLETERRE AVANT L'ÉTABLISSEMENT DE LA FÉODALITÉ.

Charlemagne, quelle qu'ait été la grandeur de ses conquêtes, n'a pas étendu sa domination sur tous les pays qui ont constitué plus tard l'Europe féodale : il en est deux surtout qui ont échappé à la force de ses armes et à l'influence de ses lois : c'est la Grande-Bretagne ou l'Angleterre et la péninsule ibérique ou l'Espagne. Mais ces deux pays n'ont-ils pas eu aussi leur âge de transition entre les invasions des barbares et l'établissement de la féodalité ? C'est ce qu'il nous faut examiner pour compléter l'étude de cette période historique.

§ Ier.

Si la féodalité a existé chez les Anglo-Saxons.

Quand on lit les publicistes allemands, il faut se mettre en garde contre leur esprit de système scientifique; quand on lit les publicistes anglais, il faut se méfier de leur esprit de système politique.

L'esprit public produit chez les uns des inconvénients
à quelques égards semblables à ceux que l'esprit individuel produit chez les autres.

Seulement les systèmes des Allemands sont variés,
tandis que les Anglais n'en ont qu'un seul : il consiste
à donner à leurs libertés la consécration du temps le
plus long possible; aussi les vieux écrivains insulaires
faisaient tous remonter leurs institutions représenta-
tives (1) jusqu'aux Anglo-Saxons et aux Danois.

Les Fleta, les Roger Owen, les Coke, les Selden,
les Tyrrel et les Sullivan ont obéi à ce préjugé historique : Blackstone lui-même n'en est pas exempt.

Les publicistes du xixᵉ siècle s'en sont un peu
mieux affranchis : ils se sont ressentis presque malgré
eux de cette tendance à l'impartialité historique qui s'est
manifestée de nos jours dans l'Europe entière. Parmi
eux nous citerons Reeves (2), Hallam (3) et Kemble (4).

C'est avec ces derniers guides que nous tenterons
d'explorer l'histoire du droit criminel de l'Angleterre, du
viiᵉ au xiᵉ siècle.

Déjà on a vu dans le précédent volume de nombreux
parallèles des lois anglo-saxonnes avec les lois des
autres peuples germaniques : il ne sera donc pas nécessaire de revenir en détail sur ces vieilles lois de la
Grande-Bretagne. Il faudra seulement savoir ce que le

(1) Ou plutôt ce qu'ils appellent leur_common-law.
(2) *Story of the English Law;* London, 1814.
(3) *Story of middle age; — Story of the Constitutional England.*
(4) *The Saxons in England,* etc. London, Longman, 1849.

peuple conquérant a pu emprunter, dans ses institutions, au peuple conquis.

Et d'abord, y avait-il une véritable féodalité sur le sol de la Grande-Bretagne avant la venue des Normands?

Il est hors de doute que les Anglo-Saxons et les Danois s'étaient partagé violemment les propriétés des Bretons après leurs invasions et leurs victoires (1). Mais l'appropriation du sol ne suffit pas pour constituer une féodalité : c'est ce qui résulte déjà des études que nous avons faites jusqu'ici, et ce qui résultera plus clairement encore de celles que nous continuerons sur ce point.

Cependant on trouve encore chez les Saxons de la Grande-Bretagne cette parenté artificielle que des guerriers se créaient dans la bande germanique, en se dévouant héroïquement à leurs chefs (2). C'était là le

---

(1) Le fameux *Domesdaybook* en fournit la preuve. Cette espèce de terrier général de la Grande-Bretagne présente un tableau exact de l'état de cette contrée, non-seulement sous le Normand Guillaume, mais encore sous Edouard, son prédécesseur anglo-saxon.

(2) Il y a à ce sujet un trait d'histoire qui jette sur l'héroïsme de ce dévouement de curieuses et sanglantes lueurs :

« *Cynehard* voulut venger sur le roi *Cynewulf* la mort de son frère *Sigebyrcht*. Après trente-un ans d'exil, il revint donc avec quatre-vingt-quatre de ses partisans pour tuer ce prince. Il réussit dans son entreprise. Les officiers du roi vinrent, mais trop tard, à son secours : ils le trouvèrent baigné dans son sang. Cynehard leur offrit de leur laisser leurs vies et leurs possessions s'ils voulaient se soumettre ; tous préférèrent la mort et tous furent passés au fil de l'épée.

« Le lendemain, l'ealdorman Osrie et le thane Wiverth montèrent à cheval, rassemblèrent leurs partisans et vinrent assaillir Cynehard. Ils offrirent la vie aux quatre-vingt-quatre complices de ce meurtrier

comitat dont parle Tacite : ce n'était pas encore le lien féodal.

. Ce lien aurait-il été établi par le serment que les ceorls (1) faisaient à leur thane ou à leur king-lord et dont voici les propres termes : « Par Dieu à qui cette relique est sainte, je veux être bien disposé pour toi et toujours fidèle, disait l'inférieur en mettant ses mains dans celles de son chef ; je promets d'aimer tout ce que tu aimes, et de haïr tout ce que tu hais, conformément aux lois de Dieu et des hommes ; de ne jamais faire par mon vouloir ou mon pouvoir, par mes paroles ou mes actions, ce qui peut te nuire, pourvu que tu reçoives mon service par tous les moyens, et que tu remplisses les conditions dont nous sommes convenus, quand je me suis soumis à toi et à ta volonté (2). »

. Dans cette formule, d'ailleurs fort remarquable, il y a sans doute le germe de la réciprocité qui devait un

---

mis hors la loi, s'ils voulaient abandonner sa cause. Tous refusèrent à leur tour et se firent tuer avec lui. »

(Histoire d'Angleterre de Lingard, p. 226-227, traduction française). Ces dévouements presque fabuleux rappellent ceux de la bande germanique Il s'en est transmis quelque chose dans l'association féodale : mais ce n'est pas non plus ce qui la constituait essentiellement.

(1) Les ceorls étaient les simples ingénus ou laboureurs libres.

(2) Brompt., p. 839 : *Leg. Reg. Edwardi, Oaths,* I. Le mot *hlaford,* que l'on traduit souvent par seigneur, *senior, comes,* nous semble rendu plus exactement par le mot *chef.* Plus tard, il voulut dire seigneur. Du reste, comme il y a eu beaucoup d'interpolations dans les lois d'Edouard-le-Confesseur, faites au temps même de Guillaume-le-Roux, cette formule de serment pourrait se rapporter aux temps féodaux.

jour faire la base de l'association féodale ; mais on n'y
retrouve pas la sanction de ces engagements du seigneur et du vassal , laquelle consistait pour l'un dans
la perte de sa suzeraineté, pour l'autre dans la perte
même de son fief. Il est vrai que les lois d'Alfred punissaient la violation de ces serments sacrés par la
mort ou par la proscription (1). Cependant il y avait,
dans la condition même de mutualité que l'inférieur
mettait à son dévouement, un prétexte toujours prêt
pour rompre le serment par lequel il paraissait se lier
d'une manière indissoluble.

Du reste, une telle association avait un caractère tout
particulier qui dépendait absolument des termes du
contrat fait entre deux personnes. Ces conventions sy-
nallagmatiques pouvaient se multiplier, tout en restant
juxtaposées, et sans servir de base à une association
générale , destinée à embrasser dans un vaste système
hiérarchique les relations des tenanciers les uns avec
les autres.

Il n'y a non plus aucune conséquence à tirer du mot
Vasalli employé dès le temps d'Alfred-le-Grand pour
désigner les inférieurs liés ainsi à un chef commun (2).
Ce n'a été qu'une traduction latine plus ou moins fidèle
du mot anglo-saxon *gesidh* (en allemand, *gesell*) qui
aurait été mieux rendu par le mot latin *comes*, ou par
ce mot à demi-barbare *gasindius*.

_____

(1) Chron. Saxon., 58. p. 33, 34, 35, 142, 143.
(2) Cet argument est employé par Lingard (traduction française,
tom. 1er, p. 510, note 2.)

Si on se donne la peine de regarder au fond des
choses, on trouvera que la féodalité n'était pas plus
constituée en Angleterre avant l'invasion des Normands
qu'elle ne l'était en France sous les derniers Mérovingiens.

En effet, la féodalité implique l'idée d'une hiérarchie,
d'une succession de degrés qui descendent du sommet
à la base de l'édifice social. Rien de semblable n'apparaît chez les Anglo-Saxons.

On ne rencontre pas non plus chez eux les prestations de foi et hommage, ni la mention des droits et
devoirs féodaux tels qu'on les a compris et définis
plus tard.

Rien donc ne limitait le pouvoir de la haute aristocratie des Anglo-Saxons, à l'égard du roi ou de l'État.
« Si le conquérant normand, dit un historien moderne,
avait échoué dans son invasion ; si, au moyen de l'hommage, du droit de garde et autres limites qu'il imposa
aux seigneurs par la constitution de la féodalité, il n'a-
vait pas ramené leur puissance et leur action divergente
et contradictoire à une subordination salutaire, cette
situation serait devenue mortelle au roi, au peuple et
à la noblesse elle-même ; c'eût été un état continuel de
faction et de guerre civile, dont les Saxons n'auraient
jamais pu sortir, ainsi que nous en avons vu de récents
exemples dans l'histoire de l'Albanie et dans celle de
la Pologne (1). »

(1) Sharon-Turner, *History of the Anglo-Saxons,* vol. III, p. 129,
Baudry's library, Paris, 1840.

Il peut y avoir quelque chose de hasardé dans la
manière dont cet auteur envisage l'avenir éventuel et
probable des institutions anglo-saxonnes, dans le cas
où elles eussent été livrées à leur développement propre
et spontané et où elles n'auraient pas subi l'action d'une
influence étrangère. Mais ce qui reste certain comme
appréciation du passé, c'est que, dans ces temps antérieurs à la conquête normande, la féodalité n'existait
pas sur le sol anglais.

Sans doute le pouvoir royal parut grandir entre les
mains d'Alfred-le-Grand et s'améliorer dans celles d'E-
douard-le-Confesseur. Cependant un publiciste moderne
et très-estimé a pu dire avec raison : « Dans la stricte
théorie de la constitution anglo-saxonne, le roi était
seulement un homme de la nation, dépendant de l'é-
lection pour l'obtention de la souveraineté, et pour son
maintien, de l'appui du peuple (1). »

Il n'existait donc en Angleterre rien de semblable à
cette subordination hiérarchique dont le suzerain occupait le sommet dans les monarchies féodales.

§ II.

Justice du roi et des Witenagemots.

Nous avons vu ailleurs que l'institution des paix

---

(1) « In the strict theory of the anglo-saxon constitution, the
King was only one of the people, dependent upon their election for
his royalty, and upon their support for its maintenance. » Kemble,
The Saxons in England, tom II, p. 29. (London, Longman, 1849.)

royales, qui résumaient et garantissaient toutes les
autres paix, était fondée primitivement sur ce respect
profond dont la personne du roi (1) était entourée.

Chez les Anglo-Saxons, il y avait eu dès le principe
des tribunaux locaux, les cours des *marchés* et des
gaus (2), qui répondaient au tribunal des voisins, et
au *mahl* ou placité du comte ou du centenier dans la
législation germanique. Mais plus tard le progrès de la
paix du roi et de l'autorité qui s'attachait à sa personne,
amena une plus grande centralisation dans l'administration de la justice.

Il est hors de doute que le grand Alfred établit sur
les juges de ses états une surveillance sévère (3) ; pour
prendre connaissance de la manière dont ils rendaient
la justice, il employa le mode usité dans l'empire des
Francs, et nomma des commissaires à l'instar de nos
Missi pour les inspecter dans l'exercice de leurs fonctions. Cependant cette nomination de commissaires
n'impliquait pas le droit de prendre connaissance du
fond même de l'affaire, et de la juger en appel ou de
faire réviser la sentence de première instance devant la

---

(1) C'était la paix appelée *the King's Handsell.* Le principe de cette
paix était que *sécurité et protection* étaient dues à tous les lieux et à
toutes les personnes sur qui s'étendait ou pouvait s'étendre la main
du roi (*the Kings Hand*). Voir notre première partie, chap. vi;
consulter aussi Kemble, *The Saxons in England*, vol. ii, chap. ii,
pag. 30.

(2) *Mark and gà courts*, ibid., vol. i, chap. ii et iii.

(3) On ne croit pas pourtant qu'il allât jusqu'à les faire pendre
pour simple négligence dans l'exercice de leur charge, comme le
rapporte une vieille tradition.

cour du roi. C'était plutôt une intervention de l'autorité
royale qui pouvait avoir plusieurs raisons de s'exercer
d'une manière utile et efficace. D'abord, il arrivait souvent que les nobles et même les non-nobles résistaient
aux mesures d'ordre public que les *ealdormen* et les
gerefa voulaient faire exécuter en vertu des décisions
prises par les wittenagemots (1) : alors le roi soutenait
ces mesures par les armes, et faisait exécuter par la
force les jugements qui n'obtenaient pas une soumission volontaire.

, Il pouvait aussi y avoir de la négligence dans l'administration de la justice, de la connivence avec des criminels ou des parties poursuivies (2). Dans ces cas, et
même dans celui de simple déni de justice (3), le roi
avait le droit d'intervenir, *jure imperii*. Il était bien
clair en effet que quand le premier officier du comté,
par ses violences ou sa prévarication, empêchait que
les lois du pays n'eussent leur libre cours, il n'y avait
plus que le roi qui pût réprimer de tels attentats; à la
couronne appartenait alors de punir le magistrat préva-
ricateur par la privation de son office, ou, s'il ne voulait
pas accepter sa disgrâce, de lui déclarer la guerre et de

· (1) Annales d'Asser, citées par Kemble, *The Saxons in England*,
tom. II, p. 43 On sait que les *Witenagemots* étaient les réunions
annuelles de *thanes* et d'évêques, qui avaient de grands rapports avec
les *concilia* du continent ou les assemblées générales de Charlemagne.

(2) Inæ leg. I-36, Cacciani, vol. IV, p. 239.

(3) Il est remarquable que quiconque en appelait au roi, avant
d'avoir éprouvé un déni de justice dans sa juridiction locale, était
puni d'une forte amende. Æthelst. leg. I-3, id., ibid., p. 260-261, et
Edg. reg. *Leg. politicæ*, II-2, id., ibid., p. 273.

le chasser du royaume comme perturbateur de la paix publique (1).

Le droit de grâce du roi ne pouvait s'exercer que dans le même cercle que son droit de justice ou d'intervention. Les mêmes lois qui l'autorisent à frapper de destitution ou d'une peine plus grave le *gerefa* ou *præfectum provinciæ* ajoutent ordinairement : *à moins qu'il ne veuille lui pardonner* (2).

Mais à mesure que le pouvoir royal grandit et se consolida parmi les Anglo-Saxons, d'une part la justice tendit de plus en plus à se centraliser entre ses mains, d'autre part les lésions ou crimes prirent la couleur d'offenses envers l'état, et finirent par être soumis à des punitions plus sévères que les amendes ou compositions qui composaient primitivement toute la pénalité anglo-saxonne. Alors ces lésions s'appelèrent forfaitures, *(forfeitures)* parce que le coupable perdait *(foris faciebat)* tous ses châteaux et toutes ses possessions, qui étaient confisqués au profit du roi. C'est la peine qui déjà avait été jointe par Ina à la peine capitale dans le cas où la paix était rompue en présence même du roi et dans son propre palais (3) : Alfred appliqua

(1) Æthelst. leg. ii-26, id., ibid., p. 263, et Kemble, *The Saxons in England*, tom. ii. p. 46.

(2) *Nisi eum condonare velit*, Inæ, l. i 36, jam citat.

(3) Si quis in regia domo pugnet, perdat omnem suam hæreditatem, et *in regis sit arbitrio, possideat vitam aut non possideat*. (In. leg., art. 6, Canciani, p. 236). Pour ce qui concerne la peine capitale, cela a plutôt l'air d'une formule comminatoire que d'une loi pénale proprement dite. Le roi devait faire presque toujours grâce de la vie. La loi d'Alfred semble plus sérieuse.

l'une et l'autre au crime d'attentat avec trahison commis
par tout sujet contre la vie de son roi, et par tout inférieur ou serviteur contre la vie de son supérieur ou
de son maître (1).

Il y avait également confiscation des biens de tout
noble ou thane qui donnait un refuge sous son toit à
un voleur ou à un brigand (2).

De même, si un seigneur manquait trois fois de
suite à assister à l'assemblée générale (du comté), il
tombait en forfaiture (3). Il en était de même quand il
rompait la paix publique, et faisait des excursions au-
delà des frontières de ses domaines (4).

Un recueil nouvellement édité en Angleterre, le *codex
diplomaticus* (5), fait connaître plusieurs cas particuliers où ces lois de forfaiture furent appliquées.

Ainsi, un certain Elfric enlève par la force à une veuve
appelée Eadfled une grande partie de ses possessions ;
« une assemblée provinciale composée de thanes et
d'évêques se réunit à Cyrneceastre, condamne Elfric
comme coupable de lèse-majesté, le chasse de la pro-

(1) Ælfr. leg. 1-4 de proditione domini. Canciani, vol. iv, pag.
247.

(2) Æthelst., 1-3, Canciani, p. 261, et Thorpe, 1-200.

(3) Æthelst. 1-20 de eo qui a concilio abfuerit. (Canciani, p. 262, et
Thorpe, p. 1-210). La moitié des biens était donnée au roi, l'autre
moitié aux seigneurs du lieu qui l'avaient aidé dans son expédition.

(4) Kemble, 1-12-13, 58, 67, 78, 84 (Canciani, p. 404, et Thorpe,
p. 220, 228, 258, 264, 310, 312, 420. 422, *Ancient laws and institutes of England, with a glossary,* 1841.)

(5) *Codex diplomaticus œvi saxonici,* opera J.-M. Kemble, vol. vi.
(London, printed in 1839, 1840, 1845, 1846, 1847, 1848.)

vince et adjuge ses biens au roi d'un consentement
unanime (1). »

. On pourrait citer beaucoup d'autres faits de brigandage, de trahisons et même de désordres de mœurs
punis de la même peine. On trouve entre autres une
Lady condamnée à la confiscation de ses biens pour
cause d'incontinence (2).

Nous rapporterons encore les exemples suivants
comme pouvant donner lieu à des remarques particulières.

« Vers l'an 900, Helmstan, s'étant rendu coupable
« de brigandage, eut ses biens saisis et ses châteaux
« confisqués au profit du souverain, par le *gerefa*
« Lauwulf : car Helmstan était l'homme du roi. Seule-
« ment Ordlaf lui reprit une terre qui lui appartenait
« et qu'il ne lui avait cédée qu'à titre précaire, car
« celle-là ne pouvait pas tomber en forfaiture (3). »

Cependant il est question ailleurs d'un thane dont les

---

(1) Has terrarum portiones Ælfric cognomento puer a quadam
vidua Eadfled appellata violenter abstraxit, ac deinde cum in ducatu
suo contra me et contra omnem gentem meam reus existeret, et hæ
quas prænominavi portiones et universæ quas possederat terrarum
possessiones meæ subactæ sunt ditioni, quando ad synodale concilia-
bulum ad Cyrneceastre universi optimates mei simul in unum conve-
nerunt et eumdem Ælfricum majestatis reum de hac proemia (pro-
vincia) profugum expulerunt et universa ab illo possessa mihi jure
possidenda omnes unanimo consensu decreverunt. *Cod. diplomaticus*,
nᵒ 1312. Nous nous sommes permis d'abréger un peu dans notre traduction les longs développements de style habituels aux chancelleries
royales du moyen-âge.

(2) *Cod. diplomaticus*, nᵒ 328, et Kemble, *The Saxons in England*,
tom. II, p. 51, et la note au bas de la page.

(3) *Cod. diplomatic.*, nᵒˢ 601, 1090, et Kemble, id., ibidem.

terres avaient été *forfaites* au profit du roi pour fait
d'adultère, *quoiqu'il tînt ces terres à bail de l'évêque
de Winchester*. Ces expressions mêmes prouvent
qu'il était tout à fait extraordinaire de passer outre, en
pareille circonstance, à la confiscation des biens par la
couronne. Cela tient probablement à la nature même
du crime : l'Église voulait en favoriser la punition par
tous les moyens, même à ses propres dépens.

Les terres qu'un seigneur laissait incultes et inha-
bitées, et qu'il abandonnait sans permission, étaient
également confisquées par le roi : dans ce temps où la
population était peu nombreuse, et où le pays était souvent désert, toute concession, soit à titre patrimonial,
soit à titre précaire, ne devait pas rester stérile dans
les mains à qui elle était confiée. Autrement, elle devenait nulle de plein droit (1). C'est la règle que suivent
encore aujourd'hui les gouvernements qui veulent fonder et étendre des établissements coloniaux.

Maintenant ces confiscations étaient-elles décrétées
arbitrairement par le roi? Cela est bien difficile à admettre dans un pays où le pouvoir de la couronne
semblait presque toujours soumis à un contrôle sévère
de la part de l'aristocratie territoriale et ecclésiastique.
Il y a même plus : il semble qu'il y avait des préven-
tions contre la cour des hommes du roi siégeant à
Londres, et qu'on préférait généralement la justice du

---

(1) *Cod. diplomaticus*, n° 1035 et n° 1078 ; dans ce dernier numéro
il est question de l'ealdorman Wulfhere, qui subit l'exil et la confiscation des biens pour avoir abandonné son duché sans permission.

comté vers les derniers temps de la monarchie anglo-saxonne. Quand l'intervention et l'influence de la couronne dans l'administration de la justice devinrent plus sensibles, voici à quoi elle se borna : « Le roi envoyait à la cour compétente la recommandation de prendre connaissance de l'affaire : il le fit probablement pour la première fois dans le cas où un de ses tenanciers en *socage* fut impliqué dans une affaire de propriété devant l'assemblée de comté, tandis que l'autre partie était un propriétaire libre ; alors le procès des deux nobles adversaires devait se juger, non devant la cour du roi, mais devant leurs pairs de la centenie ou du comté (1). »

Quelquefois le *witenagemot* ou le *concilium*, composé des évêques et des thanes supérieurs du royaume (2), se constituait en haute-cour et évoquait des affaires importantes par elles-mêmes ou par le rang des accusés. En 1002, quand on confisqua, comme nous venons de le dire, les biens d'une duchesse ou lady, pour cause d'incontinence, cette sentence fut prononcée par le witenagemot (3). C'était ce qu'on appelait *vulgaris traditio*. Il y a lieu de croire que dans cette

---

(1) Kemble, *The Saxons in England*, pag. 46 et 47. Nous avons reproduit ici les expressions de ce savant auteur, autant que le génie si divers des deux langues a pu nous le permettre. Il faut voir dans l'ouvrage lui-même par quel luxe de citations et de preuves il appuie son opinion. — Nous reviendrons dans le paragraphe suivant sur l'administration locale de la justice dans les provinces.

(2) Sharon-Turner, tom. III, p. 131, et Kemble, tom. II, p. 237.

(3) Kemble, id., p. 228. — Voir ci-dessus, p. 491.

circonstances, les évêques, membres du witenagemot; furent les auteurs principaux de la sentence de rigueur prononcée contre la grande dame qui avait déshonoré son nom. On reconnaît l'esprit de l'Eglise, toujours prête à réprimer les scandales, et à donner à tous, aux grands comme aux petits, de hautes leçons de moralité.

Mais dans la plupart des cas, ces assemblées, plus politiques que judiciaires, se ressentaient, même quand elles se constituaient en cours de justice, du caractère qui dominait en elles. On leur déférait principalement des crimes politiques. C'est un *witenagemot* qui eut à juger Alfred pour crime de rébellion contre Ædelstan, et qui condamna l'accusé à la confiscation de ses biens au profit du roi (1). Un autre procès non moins célèbre s'agita devant la même juridiction sous le règne du roi Edouard. C'était en 1048 (2); Eustache, comte de Boulogne, beau-frère du roi, était venu lui rendre une visite. Arrivé à Douvres, il demanda avec une arrogance impérieuse aux habitants de la ville des provisions pour son cortége et pour lui; et comme on ne s'empressait pas de lui donner satisfaction, ses compagnons irrités tuèrent un Anglais. Ils eurent à leur tour plusieurs des leurs massacrés par les habitants. Le comte excita lui-même alors ses chevaliers à la vengeance, et passa au fil de l'épée non-seulement des hommes inoffensifs, mais même des femmes, et foula de malheureux enfants sous les pieds de ses chevaux. Indigné de cette

(1) *Cod. diplomaticus*, n° 1112.
(2) Et non en 1031, comme le dit Sharon-Turner.

brutalité féroce, le peuple courut aux armes et chassa le comte de Boulogne et ses troupes après leur avoir fait éprouver de grandes pertes (1).

Le comte, qui eut beaucoup de peine à échapper aux poursuites des vainqueurs, vint à Glocester, où Edouard tenait sa cour, se plaindre des mauvais traitements qu'il venait d'essuyer. Le roi commanda alors au thane God-win, comte de Kent, de rassembler une armée et d'al-ler infliger une punition exemplaire aux bourgeois qui avaient osé faire un pareil affront à un prince allié à la maison du souverain. Mais ce vieil homme d'état ap-précia ces scènes populaires sous un jour tout différent : il trouva sans doute qu'il n'y avait aucune raison de punir les habitants d'une de ses meilleures villes pour un acte de légitime défense, surtout si l'on considérait que ç'avait été en même temps une sévère leçon pour ces aventuriers étrangers, qui abusaient de la faiblesse d'un prince incapable et qui dominaient tout le pays. Il refusa donc nettement la mission qui lui était confiée, et il se retira de Glocester pour aller rejoindre ses fils Harald et Swegen qu'il avait laissés dans son comté avec des forces considérables.

Alors le roi fait venir des comtés du nord de puis-sants renforts, et l'affaire menace de se terminer d'une manière sanglante (2). Les préparatifs de défense de Godwin et de sa famille sont dépeints comme des actes de révolte et de félonie, et ce qui met le comble

---

(1) Sharon-Turner, tom. II, p. 222, édit de Baudry, Paris, 1840.
(2) Kemble, *The Saxons in England*, tom II, p. 230.

au ressentiment du roi , c'est la demande que fait ce seigneur du renvoi des étrangers qui sont devenus les seuls ministres de la couronne.

Cependant, pour maintenir la paix , on consent à échanger des ôtages de part et d'autre, et un witenage-mot extraordinaire est convoqué dans le délai de quin-zaine (le 21 septembre 1048) , pour prendre connais-sance de ce procès. Quand le comte de Kent arrive à Southwarck , il y trouve des forces imposantes réunies sous le commandement de ses ennemis : la désertion se met parmi les troupes de Godwin, et lorsque les ôtages qu'il a reçus lui sont redemandés , il se voit hors d'état d'en refuser la restitution. Il est ensuite assi-gné ainsi que son fils Harald à comparaître devant le witenagemot, et à se tenir prêt à y répondre aux in-terrogations qui lui seraient adressées sur sa conduite. L'un et l'autre demandent un sauf-conduit pour aller à l'assemblée et pour en revenir ; ce sauf-conduit leur est refusé. Ils déclarent aussitôt ne pas vouloir com-paraître devant le witenagemot : alors cinq jours leur sont donnés pour quitter l'Angleterre (1).

Il est probable que l'on suivit à leur égard les formes les plus strictes de la procédure de cette époque : seu-lement, la composition de l'assemblée était telle qu'une bonne et impartiale justice devenait impossible. On peut en dire autant, en sens inverse, d'un autre witenagemot

---

(1) *The Saxons in England*, tom. II, p. 231, et *Histoire de la con-quête de l'Angleterre par les Normands*, d'Augustin Thierry, tome 1er, pag. 244 et suivantes.

tenu à Londres lorsque Godwin fut revenu en Angleterre, et que, placé à la tête d'une espèce d'insurrection générale de tout le pays, il se fut trouvé en mesure de dicter des conditions à la couronne, au lieu d'en recevoir. Stigand, archevêque de Cantorbéry, avait engagé le roi à céder aux circonstances, à laisser renvoyer ses favoris normands et à ne pas s'opposer à ce que Godwin se fît réhabiliter. Aussi quand ce seigneur comparut devant le witenagemot, il fut admis à se purger par serment, suivant la coutume du moyen-âge, du crime pour lequel il avait été banni d'Angleterre ; sur sa demande, non-seulement on prononça son acquittement et sa réintégration dans ses honneurs et ses dignités, mais encore on condamna les favoris français à l'expulsion et à la mise hors la loi (*outlawry*) (1).

« On pourrait encore citer, dit le savant publiciste
« auquel nous avons principalement emprunté ce récit,
« bien d'autres exemples d'*outlawry*, de sentences plus
« rigoureuses et non moins aveugles, rendues par la
« haute-cour du witenagemot. Comme ces assemblées
« étaient presque toujours le résultat des dissensions
« civiles, elles présentaient plutôt le spectacle de l'as-
« servissement aux passions accusatrices d'une majo-
« rité irrésistible, que celui des délibérations calmes et
« impassibles d'un véritable tribunal (2). »

(1) Ce Witenagemot, que Sharon Turner place en 1052, est reporté à 1053 par Kemble, qui a puisé aux sources et principalement dans le *Codex diplomaticus* (*The Saxons in England*, tom. II, p. 231-232.)

(2) Kemble, *The Saxons in England*, tom. II, p. 232

Cette observation est d'une vérité frappante, et elle pourrait bien ne pas être restreinte dans son application aux *witenagemots* des Anglo-Saxons pendant les x° et xi° siècles. Quel que soit le nom qu'aient pris en Angleterre, en Espagne, en Allemagne ou en France ces assemblées politiques; qu'on les ait appelées parlements, cortès, diètes, états-généraux ou convention nationale, presque toujours, quand elles se sont constituées en cours de justice, elles n'ont fait que donner complaisamment le sceau de la légalité aux implacables exigences d'une faction triomphante.

Si le fond pouvait être sauvegardé par la forme, les *witenagemots* (1) auraient offert, dans les règles et les usages qui présidaient à leurs convocations et à leurs sessions, des garanties extérieures que l'on ne trouve pas toujours dans nos assemblées modernes. Voici quelle était à cet égard la marche ordinairement suivie.

Dans les occasions ordinaires, le roi invitait ses witanes à venir recevoir ses communications souveraines à Noël ou à Pâques, dans l'une de ses résidences habituelles, aussi bien pour tenir *cour plénière* que pour dépêcher les affaires courantes. Dans des circonstances extraordinaires et exceptionnelles, il publiait des proclamations qui expliquaient la nature et l'urgence des intérêts à débattre ou des causes à juger, en indiquant le moment précis où commencerait et le lieu où serait tenue l'assemblée. Avant de se réunir, les

---

(1) *Witan* aurait la même racine que *Weise, sage*, et *gemot, assemblée.*

witanes commençaient leur session par l'assistance au
service divin, et par une profession de foi formelle
d'adhésion à la religion catholique (1). Le roi leur ap-
portait ensuite ses propositions, sur lesquelles ils délibé-
raient et qu'ils pouvaient accepter, amender ou rejeter.

Les baillis royaux, ou les officiers spécialement désignés pour ce service, transportaient dans les divers
comtés les décrets du *witenagemot*, et ils demandaient
à tous les hommes libres de donner des gages (2) de
leur obéissance à ces décrets. Il est probable qu'une
pareille remise de gages était facultative dans le principe, et qu'elle était sollicitée comme un acquiescement,
une confirmation du peuple consulté en détail sur les
résolutions de ceux qui avaient stipulé pour lui et en
son nom. Plus tard, ces remises de gages devinrent
obligatoires, et ce fut de la part du roi et des grands
une manière d'amener peu à peu le peuple à abdiquer
son ancienne souveraineté législative (3).

C'est comme si, en France, chaque province avait
eu à confirmer les lois votées par les états-généraux (4).
Souvent ces reconnaissances se faisaient dans des assemblées ou conciles provinciaux. Tel fut le concile de

(1) *Cod. diplomaticus*, nᵒ 1019.

(2) *Wed* ou *Wedd*, *Vadium*.

(3) Davoud-Oglou, *Histoire de la législation des anciens Germains*,
tom. II, p. 286-287.

(4) Cela explique peut-être aussi comment des différences origi-
naires de législation se conservaient dans les divers pays de l'Angleterre; comment il y avait une *loi de Kent*, une loi de *Mercie*, une loi
de *Wessex*, etc. Même avant la féodalité, la loi était fractionnée par
districts plutôt que par nations.

Faversham, tenu par les évêques et les *gerefas*, par les nobles (1) et les vilains de Kent, et qui décida, sur la proposition des *witanes* ou *missi* du roi, qu'il acquiescerait aux décrets du concile de Greatanleage.

D'après le préambule des *judicia civitatis Londoniæ*, par lequel Æthelsthane promulgue cette ordonnance, on voit qu'elle a été délibérée par les évêques et les *gerefas* qui appartiennent à la curie de Londres, et qu'elle a été confirmée avec *wedd* dans les *fridh-gegylda* (assemblées de paix) composées aussi bien d'*eorlises* que de *ceorlises*, *nobiles* et *vilani* (2).

L'article 10 de cette même ordonnance charge tout *gerefa* (*præfectus*) , de prendre pour sa *shire*, comté, l'engagement que tous se conformeront à la paix et aux lois décrétées dans les quatre conciles de Greteanleage, d'Exeter, de Faversham et de Dhunresfeld (3).

On cherchait ainsi à rattacher à l'ordre public par les liens les plus forts toutes les classes du peuple.

Mais c'était presque toujours en vain, et Æthelsthane lui-même se plaignait de ce que « les gages donnés et les « serments prêtés au roi et à ses witanes étaient sans « cesse méconnus, ce qui était aussi scandaleux aux

---

.(1) Nous rendons *eorl*, *eorlise*, non par *comites*, comme Canciani, mais par *nobles*. C'est le véritable sens que ce mot avait alors, suivant Kemble, tom. 1er, p. 135. Jarl, dans le Rigsmal, est représenté comme l'auteur de toute noble race.

(2) Canciani, vol. iv, p 265. — Kemble, tom. ii, p 233.

(3) Canciani, id., ibid., p. 267.

« yeux de la religion que honteux au point de vue de
« l'honneur du monde (1).

C'était donc, chez ces derniers rois anglo-saxons, successeurs du grand Alfred, la même impuissance que
chez les faibles descendants de Charlemagne.

§ III.

Ealdormen et évêques.

Si l'on examine comment furent gouvernées les provinces ou comtés de la vieille Angleterre du vii᷎ au xi᷎
siècle, on trouve placés à leur tête de grands officiers
appelés *ealdormen* ou *duces*. Le mot *heretoga* (2) est
quelquefois employé pour exprimer littéralement *conducteur d'armée* (*here*, armée, *toga*, conducteur). Mais
la qualification d'*ealdorman* prévalut pour signifier duc
ou gouverneur de province (*præfectus, tribunus*), quoique dans le principe *ealdor* ou *aldor* ne désignât que
le premier rang dans le pays, sans attribution d'aucunes
fonctions spéciales (3).

(1) Quia juramenta et vadia, quæ regi et sapientibus data fuerunt,
semper infracta sunt et minus observata quam Deo et sæculo conveniant (Æth., iii, § 3, Thorpe, 1, 118.)

(2) En Allemand, *herzog*.

. (3) Nous avons dit ailleurs que *ealdor* ou *aldor* avait la même origine et la même valeur que le mot *senior*, seigneur. C'est l'idée de
l'autorité et de la suprématie empruntée à l'idée de l'âge, ce qui
n'empêchait pas que l'*ealdor* ou le *senior* ne fût souvent plus jeune
qu'un grand nombre de ses subordonnés. Voir ci-dessus, p. 188.

Les *ealdormen* n'étaient pas héréditaires (1) :, ils étaient choisis par le roi, parmi certaines familles princières, avec l'assentiment de la haute noblesse du pays. Après avoir reçu l'investiture de leur souverain, ils se faisaient reconnaître par tous les thanes de la contrée (2).

Les ealdormen étaient chargés de maintenir la *paix* dans leurs gouvernements : 1° par une bonne police administrative ; 2° par les armes, en repoussant les invasions au-dehors et en réprimant les séditions au-dedans ; 3° par la justice, en punissant sévèrement toutes les atteintes portées à l'ordre public et à la sécurité privée.

Dans l'exercice de la dernière de ces trois grandes fonctions, ils étaient particulièrement assistés par l'évêque du diocèse : « Que deux fois par an, dit le roi « Edgar, se tienne l'assemblée du comté ; que l'évêque « et l'ealdorman y président ; que l'un y dise la loi de « Dieu, et l'autre la loi du monde (3). » L'ealdorman avait la suprématie sur tous les officiers de justice, gerefas, baillis, baillis de forêt, etc. ; il exerçait sur eux un droit d'inspection et de surveillance. La rup-

(1) On ne cite qu'un ou deux exemples de fils ayant succédé à leur père.

(2) Kemble, *The Saxons in England*, tom. ii, p. 147-148. Cet auteur réfute un passage des lois attribuées à Edouard-le-Confesseur, d'où il serait résulté que les fonctions d'*ealdorman* auraient été primitivement soumises à l'élection populaire.

(3) Edg. leg. polit., art. v. Canciani, vol. iv, p. 207. Mêmes disposit., Leg. Knut, § ii, art. xvii. — Canciani, p. 305.

ture de la paix, en sa présence ou dans sa demeure, était punie d'une amende de cent shellings, et de deux cent vingt si cette atteinte à la paix avait eu lieu après l'ouverture et dans l'enceinte de sa cour judiciaire (1); car alors c'était la justice elle-même dont il devenait le représentant, qui était bravée et outragée dans sa personne.

Dans son comté, l'ealdorman n'avait aucun personnage qui lui fût supérieur, si ce n'est l'archevêque (2) : l'évêque était son égal, et il devait en outre, dans ce temps où le haut clergé et la haute noblesse ne formaient qu'un seul et même corps, être le conseiller intime de ce magistrat. Il arrivait quelquefois que l'ealdorman, impatient du joug de l'Eglise, abusait de son pouvoir pour satisfaire ses passions, et devenait le tyran de son comté : alors, si le roi ne voulait ou ne pouvait pas réprimer cette tyrannie, l'évêque intervenait par l'emploi des armes spirituelles en faveur du pauvre peuple opprimé ; il se formait sous ses auspices une ligue de tous les officiers de justice inférieurs contre leur chef coupable, et quelquefois la réaction contre d'intolérables excès allait au-delà de ce qu'avait voulu et réclamé ce défenseur sacré des droits populaires. C'est ainsi qu'en 780, les nobles gerefas et les hauts baillis du Northumberland se liguèrent avec l'assentiment du roi Elfwald, pour se venger de Beorn, leur ealdorman ; ils l'assiégèrent et

---

(1) L. Aelfr., art. 15 et 38.
(2) L'archevêque était assimilé au prince du sang.

le brûlèrent dans sa maison, et cet acte de haute-
justice fut approuvé par Elfwad, que l'histoire nous dépeint comme un roi équitable et pieux (1).

On admet généralement aujourd'hui que l'union du
pouvoir judiciaire et du pouvoir sacerdotal est une condition indispensable de tout état social peu avancé, et
les auteurs anglais les plus hostiles au catholicisme reconnaissent « que le clergé anglo-saxon fut un média-
« teur permanent entre le riche et le pauvre, entre le
« puissant et le faible, et qu'à son éternel honneur il
« a parfaitement compris et accompli les devoirs de
« cette noble position. Ce n'était qu'à lui qu'il était
« donné d'arrêter la main trop rude du pouvoir, de
« mitiger la juste sévérité des lois, de glisser des lueurs
« d'espérance dans l'âme du serf, de trouver une
« place dans le monde et des secours de tout genre
« pour l'être abandonné dont l'État ne reconnaissait
« pas même l'existence (2). »

Il était donc très-heureux pour la société de cette époque que le haut clergé partageât l'influence politique avec
l'aristocratie des grands propriétaires et des officiers de

(1) *Chron. Sax.*, Simeon, ann. 779-780, et Kemble, *The Saxons
in England*, tom. II, p. 135-136.
(2) That they existed as a permanent mediating authority between
the rich and the poor, the strong and the weak, and that to their
eternal honour, the fully comprehended and performed the duties of
this most noble position. To none but themselves would it have per-
mitted to stay the strong hand of power, to mitigate the just severity
of the law, to hold out a glimmering of hope to the serf, to find a
place in this world and a provision for the destitute, whose existence
the state did not even recognise. (Kemble, *The Saxons in England*,
p. 375, t. II).

la couronne. Nous avons vu que cette influence était
souvent prépondérante dans les witenagemots ; elle l'é-
tait plus encore dans les cours judiciaires des provinces.
Là, le clergé avait naturellement succédé au pouvoir immense qu'avait eu le sacerdoce païen dans la vieille
Germanie du nord, et qu'il avait continué d'exercer chez
les Saxons, les Pictes et les Angles, qui avaient conquis
et peuplé la Grande-Bretagne (1). Dans les causes ordinaires, l'évêque était assesseur de l'*ealdorman* dans la
cour du comté ; le prêtre l'était du *gerefa* ou bailli
inférieur dans la cour de la centenie. Au sein des villes,
le pouvoir judiciaire se trouvait réparti entre les gyldes
ou corporations de bourgeois, les officiers du roi et la
cour de l'évêque (2). Mais dans cette répartition, presque toujours inégale, c'était l'évêque qui avait la puis-
rance prépondérante. Enfin, certaines causes, *ratione
personæ aut materiæ*, étaient réservées aux synodes
purement ecclésiastiques ou aux cours de chrétienté ; et
sous prétexte de compétence pour tout ce qui concer-
nait *le for intérieur*, la juridiction pénitentielle au viii^e
et au ixe siècle était encore plus étendue dans l'heptarchie
anglo-saxonne que dans le royaume carlovingien (3).

Aussi, d'une part les juridictions civiles et ecclésias-

(1) Omnis itaque concionis illius multitudo ex diversis partibus
coacta, primo suorum proavorum servare contendit instituta, nu-
minibus videlicet suis vota solvens ac sacrificia. Hucbald, *vita Lebwini*
cap. xii.
(2) Kemble, *The Saxons in England*, tom. ii, p. 319
(3) Canciani, *Barbarorum leges antiquæ*, modus imponendi pœnitentiam, vol. iv, p. 279 et sequ.

tiques ne furent pas, à vrai dire, séparées en Angleterre jusqu'après la conquête des Normands (1); d'autre
part, le pouvoir moral du clergé sur toutes les classes
de la nation, sur les grands et jusque sur les rois, fut
en quelque sorte sans limites.

Pour ne pas tomber dans des redites, au sujet
d'une matière que nous avons traitée assez longuement
dans un de nos précédents chapitres, nous nous conten-
terons de citer ici, en matière de discipline pénitentielle,
deux traits de vigueur apostolique qui honorent au
plus haut degré saint Dunstan, archevêque de Cantorbéry.

Un ealdorman du nord de l'Angleterre avait épousé sa
parente ; Dunstan l'avertit plusieurs fois de rompre ces
nœuds illégitimes. Comme ces avertissements restaient
sans effet, Dunstan interdit à ce seigneur l'entrée de l'é-
glise et lança contre lui les foudres de l'excommunication.
L'ealdorman appela à Rome de cette sentence, et obtint
du Saint-Siége un bref qui ordonnait au saint archevêque
de l'absoudre de toute censure et de lui rouvrir la porte
du sanctuaire. Dunstan répondit qu'il n'obéirait à cette
injonction que quand lui-même aurait obtenu satisfaction de son pénitent. Alors le noble Saxon, vaincu par
la fermeté du prélat, consentit à rompre son mariage ;
il se dépouilla de tous les insignes de ses dignités et
de son rang, et vint nu-pieds, revêtu d'habits de
laine, au milieu du concile d'Angleterre, se prosterner

(1) The civil and ecclesiastical juridictions were, it is well known,
not separated in England until after the conquest. (Kemble, *The
Saxons in England*, tom. II. p. 384.)

en pleurant et en gémissant aux pieds de l'archevêque
Dunstan, qui lui donna seulement alors l'absolution de
ses fautes (1).

Peu de temps après, le roi Edgard, plus coupable
encore que cet ealdorman, conçut pour une jeune fille
de bonne naissance une passion coupable. La noble
demoiselle, pour se mettre à l'abri de ses poursuites,
était entrée dans un monastère et avait pris le voile
de religieuse. Edgard ne respecta ni l'inviolabilité de
cet asile, ni la sainteté de cet habit : il abusa de la
force pour briser tous ces obstacles et pour satisfaire
ses désirs impurs. Saint Dunstan, à cette nouvelle,
ressentit une amère douleur; il vint sur-le-champ trouver le roi, qui, comme à l'ordinaire, lui tendit la
main pour le faire asseoir sur son trône ; mais l'archevêque retira sa main, et lui dit en lui lançant un regard
indigné : « Vous oseriez de votre main souillée tou-
« cher la main qui a immolé le fils de la Vierge,
« après avoir enlevé à Dieu une vierge qui lui
« était destinée ! Vous avez corrompu l'épouse du
« Créateur, et vous croiriez apaiser le serviteur et l'ami
« de l'époux par de vaines marques de respect ! Je ne
« veux pas être l'ami d'un ennemi de Jésus-Christ. »
Le roi, frappé de ces reproches inattendus comme d'un
coup de foudre, se jette aux pieds du prélat, avoue
humblement son crime et lui demande pardon. Dunstan
le relève en confondant ses larmes avec les siennes ; mais

(1) *Vita sancti Dunstani*, ap. Surium, die 19 maii.

mêlant la rigueur à la miséricorde, il lui impose une pénitence de sept ans, qui consistait dans de grandes aumônes et dans un jeûne de deux jours par semaine. De plus, il ordonne à son royal pénitent de fonder un monastère de filles *pour rendre à Dieu plusieurs vierges au lieu d'une*. Edgard exécute fidèlement toutes ces prescriptions et n'obtient son absolution qu'à ce prix (1).

Ainsi les crimes qui auraient echappé à toute répression humaine n'échappaient pas à la répression de l'Église.

Au surplus, Edgard, en se soumettant ainsi à une pénitence méritée, n'abaissait pas dans sa personne la majesté royale, comme l'avait fait sur le continent Louis-le-Débonnaire, qui était devenu le jouet d'une faction politique parée de prétextes religieux. Ces témoignages de repentir et de piété sincères ne faisaient qu'honorer un prince aux yeux des peuples fidèles. Du reste, en Angleterre comme dans l'empire des Francs, les pénitences religieuses venaient en aide à l'insuffisance de la pénalité. C'est ainsi que le roi Edmond, pour apaiser les guerres privées ou les querelles particulières, dispensait les parents du meurtrier d'entrer dans sa querelle et s'interdisait de le recevoir dans son palais et de lui accorder aucun pardon avant qu'il eût satisfait aux parents du mort par une compensation, et à *l'É-*

---

(1) *Vita sancti Dunstani*, apud Surium; Fleury, *Hist. ecclésiastique* ann 969; Chardon, *Histoire des sacrements*, tom. III, p. 453.

glise par la pénitence qui lui serait imposée par son évêque (1).

Grâce à cette intervention de l'Église dans les querelles particulières , autorisée et réclamée par les lois de l'Etat, l'idée d'un nouveau droit s'introduisait dans les esprits et prenait racine dans les mœurs. Le fait de meurtre par vengeance cessait d'être un délit privé qui s'effaçait par le seul arrangement avec la victime ou la famille lésée. La nécessité d'une autre expiation était admise. La société civile elle-même ne pardonnait au meurtrier qu'après qu'il avait désarmé la colère du ciel. Il devait arriver dès lors que, quand elle aurait relégué la juridiction ecclésiastique dans le domaine du for intérieur et que les peines pénitentielles seraient tombées en désuétude, elle-même exigerait des expiations directes et bien autrement sévères. C'était un premier pas fait vers une révolution complète dans le système de la pénalité.

Cette révolution s'accomplit en effet après la conquête de l'Angleterre par les Normands. On vit alors se séparer peu à peu la juridiction ecclésiastique de la juridiction civile et s'établir des lois pénales , non-seulement rigoureuses , mais sanguinaires et féroces. On put juger alors de ce que gagnait l'humanité à substituer au régime de la force morale celui de l'intimidation matérielle !

.

(1) Canciani, *leg. Edmundi*, p. 270, art. ı et ıv.

CHAPITRE VIII.

DU DROIT CRIMINEL DE L'ESPAGNE SOUS LA DOMINATION DES WISIGOTHS.

§ 1er.

De l'origine et de la constitution du *forum judicum*.

Les Wisigoths, et même avant eux les Suèves, avaient trouvé l'Eglise d'Espagne fortement constituée. Ils furent obligés de la respecter et de lui laisser sa liberté d'action en dehors de leur gouvernement séculier et de leur clergé arien. Cependant ils essayaient de temps en temps de persécuter l'Église hispano-romaine pour l'amener à leur culte. Mais tous leurs efforts venaient se briser contre une foi que rien ne pouvait entamer. Après quatre-vingt-seize ans de domination en Galice, les Suèves embrassèrent la religion catholique, et, après cent vingt-cinq ans d'une domination semblable, les Wisigoths en firent autant dans le reste de l'Espagne.

Un roi martyr massacré par ordre de son père, l'héroïque Herménégilde, sembla avoir mérité par l'effusion de son sang le rachat de l'erreur arienne pour tous ses compatriotes (1). A peine Léowigilde, l'auteur de cet attentat contre nature, eut-il fermé les yeux à la lumière, que Récarède, son second fils, monta sur le trône avec la ferme intention d'abjurer l'arianisme.

Récarède ne voulait pas se borner, comme son malheureux frère, à se convertir personnellement ; il entendait entraîner avec lui tous ses sujets vers l'orthodoxie religieuse. Son père Léowigilde avait voulu créer l'unité dans l'arianisme en persécutant les hispano-romains catholiques : il chercha à produire cette unité en procédant en sens inverse, c'est-à-dire en poussant les Wisigoths ariens à entrer dans le sein de l'Eglise. Le premier avait tenté l'impossible, il avait échoué ; le second essayait quelque chose de difficile : avec de l'habileté et de la prudence, il lui fut donné de réussir.

Récarède avait à ménager la fierté des Goths, qui se seraient révoltés contre toute contrainte matérielle ou morale en matière de foi : après avoir préparé les esprits dans les provinces à ce changement de culte par une série de mesures et d'exhortations adroitement calculées, il convoque en 289, à Tolède, un concile com-

_____

(1) Herménégilde avait été élevé par son père à la royauté de Séville et des pays adjacents ; devenu catholique, il résista par les armes à son père qui voulait le faire rentrer dans l'arianisme. Léowigilde le vainquit, le fit prisonnier et le fit massacrer dans sa prison. Voir le récit de ces faits dans l'ouvrage de M. *Revillout*, intitulé : *De l'arianisme des peuples germaniques.* Ce récit, puisé aux sources, est présenté avec un intérêt qui se concilie avec la plus scrupuleuse exactitude. Il fait comprendre comment Herménégilde, qui fut obligé, pour défendre ses sujets, de résister par la force à son père Léowigilde, a pu être canonisé par l'Eglise.

posé des évêques et des nobles des deux communions.
Là, il déclare que s'étant convaincu de la vérité de la
foi catholique, il a résolu de la confesser publiquement,
sans avoir la prétention de l'imposer par la force à qui
que ce soit. Cependant il fait remarquer aux grands
de l'État que le rétablissement de l'unité de la religion
mettrait fin à la cause la plus féconde des troubles qui
avaient si souvent désolé l'Espagne. Son éloquence in-
sinuante et l'exemple de son abjuration entraînent presque toute l'assemblée. Espagnols, Suèves, Goths, n'ont
plus qu'un même culte, et la religion catholique devient
la religion de l'État.

La législation espagnole reçut un contre-coup nécessaire de ce grand événement.

Cette législation s'était divisée jusque-là en deux
parties distinctes. L'une était la loi des Wisigoths proprement dite, recueillie par le roi Euric ; l'autre le *breviarium Aniani*, recueil de droit romain à l'usage
de la population vaincue. On attribuait ce code à
un chancelier d'Alaric II (1). La diversité de ces lois,
jointe à la différence des deux religions, avait établi
un mur de séparation entre la nationalité gothique
et la nationalité hispano-romaine : de peur même
que ces nationalités ne vinssent à s'unir par quelque point, les mariages entre les Goths et les
Romains avaient été sévèrement défendus. Quand les
deux peuples furent unis dans la même communion,

(1) C'est Alaric II qui le promulgua, en 505.

les barrières qui les séparaient ne tardèrent pas à s'a-
baisser. L'œuvre de fusion commencée par Récarède
fut continuée par Kindaswinth et Rekeswinth qui, sur
les ruines de la législation d'Euric et de celle du *breviarium*, édifièrent pour tous leurs sujets le *forum judicum* tel que nous le connaissons aujourd'hui. Ces
princes échangèrent, les premiers dans l'Europe nouvelle,
le droit personnel contre le droit territorial. Sous l'influence de l'unité religieuse, les alliances des Goths et
des Romains cessèrent d'être interdites, et ces deux
peuples n'en formèrent plus qu'un, le peuple espagnol.

La loi de Rekeswinth se composa de nombreux emprunts faits aux canons des conciles de Tolède, et même
aux décrets rendus par les rois avec l'aide de leur conseil privé (1). On y retrouve encore quelques lois sans
date, sans nom d'auteur et de titre, extraites probablement d'anciennes collections de coutumes faites
par les premiers rois goths ; enfin un certain nombre de
lois anciennes, et désignées sous le nom d'*antiqua* ou
antiqua noviter emendata (2). C'est tout ce qui nous
reste de la première législation wisigothique. D'après

---

(1) Il y a une grande discussion, parmi les savants espagnols, sur
le point de savoir si ces décrets n'avaient qu'une force temporaire et
bornée à la durée de la vie des rois qui les avaient rendus. — Le
savant Masdeu est de cette opinion. Mais Lardizabal, dans son introduction au *Fuero Juzgo* (Madrid, 1815), défend l'opinion contraire ;
il l'appuie sur des textes formels, tels que ceux-ci : *Hæc in perpetuum
valitura lege sancimus, hoc omne per ævum promulgamus edictum*, etc.

(2) Il est remarquable que les lois qui nous ont été conservées sous
ce nom sont pour la plupart empruntées au droit romain : il ne nous
en reste presque aucune de celles qui se rattachent à la tradition
gothique primitive, au droit barbare proprement dit.

ces débris mutilés et incomplets, il nous est impossible de nous en former une juste idée.

On n'a donc pas le droit d'affirmer, en l'absence de la plus grande partie des textes primitifs, que les Wisigoths n'ont jamais connu plusieurs institutions des peuples germaniques, comme, par exemple, les *conjuratores* et le duel judiciaire.

De ce que les *conjuratores* ne sont pas nommés dans le *forum judicum*, il ne s'ensuit pas nécessairement qu'ils ne fussent pas consacrés par la loi d'Euric ou par des coutumes gothiques antérieures.

Quant au duel judiciaire, nous avons montré ailleurs, par des preuves historiques, qu'il existait chez les Francs, quoique les lois salique et ripuaire n'en parlassent pas. Ainsi quand bien même, ce que nous ne savons pas, la loi d'Euric n'en aurait pas fait mention, le duel, considéré comme jugement de Dieu (1), aurait pu être un moyen de preuve judiciaire employé quelquefois par les Wisigoths. Le duel judiciaire est consacré par la liturgie mozarabe; nous le retrouvons jusque sous Alphonse de Castille. Quelle aurait été son origine dans la péninsule Ibérique? Il ne serait venu ni des Arabes ou Maures, ni des Hispano-Romains. Il n'a donc pu être qu'un héritage des Wisigoths.

Si les *conjuratores* ont été supprimés, si le duel

_____

(1) Ce qu'on entendait par le jugement de Dieu, dans la législation des Wisigoths, c'était l'épreuve par l'eau bouillante. Lib. vi, tit. i cap. **3.** Voir le *fuero de Baeça* cité par Villadiego, lequel donne une espèce de rituel pour l'application de ce moyen de procédure. Canciani, vol. 4, p. **130.**

n'est pas mentionné dans le *forum judicum*, cela tient
à l'immense influence que le clergé a exercée dans la
formation de cette loi. Le *forum judicum* a dû être,
à l'égard de la loi d'Euric, ce que les capitulaires ont
été à l'égard de la loi salique : il appartient à une seconde phase sociale, à celle qui succède à la barbarie
pour s'élever, avec le secours du sacerdoce, à un plus
haut degré de civilisation.

La conversion des Wisigoths au catholicisme, en
amenant cette seconde phase, améliora les rapports des
rois et des peuples, et donna à leur droit criminel un
caractère tout nouveau.

§ II.

Comment la justice émana du roi seul chez les Wisigoths, au lieu
d'émaner de la nation.

La royauté était devenue, chez les Wisigoths, une
institution à la fois éphémère et despotique. Fondée
non sur l'hérédité, mais sur l'élection, c'est-à-dire, en
fait, sur les surprises de la force, elle offrit le spectacle de drames sanglants et nombreux. Sur dix-neuf
rois, d'Ataulphe à Rodéric, dix périrent de mort violente. « Les Goths, dit Grégoire de Tours, prirent la
détestable coutume de se défaire par le glaive des rois
qui ne leur plaisaient pas, pour donner la couronne à
quiconque captait leur faveur (1). »

(1) Sumpserunt Gothi hanc detestabilem consuetudinem, ut si quis

Cette funeste mobilité se modifia un peu quand le clergé catholique, par ses prédications et ses enseignements, eut introduit chez ces barbares des idées de règle et de subordination. « L'Évangile, dit un auteur moderne, prêchant à chaque page la soumission aux puissances de la terre, *omnis potestas a Deo*, pouvait seul constituer une monarchie réelle et obéie, chez ces barbares si impatients de tout frein (1). »

Le clergé hispano-gothique ne se contentait pas de recommander aux peuples l'obéissance, il traçait aux rois les devoirs sur lesquels étaient fondés les droits mêmes de leur souveraineté. Voici comment s'exprime, d'après les conciles de Tolède, le prologue du *fuero juzgo*. « Cette loi dit comment doivent être élus les princes, et que les choses qu'ils gagnent doivent appartenir à l'Etat : car les rois sont dits rois parce qu'ils règnent avec piété, et celui qui ne règne pas avec piété ne garde pas la miséricorde. Donc, c'est lorsqu'il fait le bien que le roi doit avoir nom de roi, d'où les anciens ont eu ce proverbe : *Roi tu seras, quand droit tu feras, et quand droit ne feras, roi ne seras* ; d'où le roi doit avoir deux vertus en soi par-dessus toute autre : justice et vérité ; car la justice mène toujours la vérité avec elle, et le roi sera loué alors pour sa piété (2). »

eis de regibus non placuisset, gladio eum adpeterent, et quem libuisset animo, hunc sibi statuerint regem. *Historia Francor.*, lib. III, § 30.

(1) Rosseew Saint-Hilaire, *Hist. d'Espagne*, tom 1, p. 397.

(2) En esta ley dize como deven ser esligidos los principes, e que

C'est à ces conditions sévères que le *forum judicum*
accordait au roi un immense pouvoir.

C'était du roi et non de la nation représentée dans
ses *mals* , qu'émanait toute justice. C'était lui qui déléguait sa juridiction à des juges de divers degrés, ducs,
comtes, tynphads (1) ou centeniers. Il pouvait même
nommer des espèces de commissaires extraordinaires et
ambulatoires sous le nom de *pacis assertores* (2). Le
juge ou les juges de la couronne n'étaient pas seulement les présidents du tribunal ou les trouveurs du
jugement; ils constituaient le tribunal lui-même et décidaient l'affaire.

Si l'une ou l'autre des parties était mécontente des
juges inférieurs et suspectait leur impartialité, elle
pouvait s'adresser à l'évêque : celui-ci procédait à la
révision de la cause; que si le comte ou juge dont la
sentence était infirmée comme injuste ne voulait pas
acquiescer à la décision de l'évêque, la partie lésée
pouvait en appeler au roi, qui pouvait maintenir ou

---

las cosas que elos ganan denen fuicar al reyno : ea los res son dichos
res porque regnau piadosamientre ; mas aquel non regna piedosa-
mientre que non garda misericordia. Doncas faziendo derecho, el
rey deue auer nombre de rey. Onde los antigos dizen tal proverbio :
Rey seras, se derecho feceres, e se non feceres derecho, non seras rey.
Onde el rey dene auer duas virtudes en si maormientre, justiça e
verdade ; ea la justiça a verdade consigo, demas es loado el rey por
piadade.

Ce commencement de prologue est tiré du septième concile de
Tolède, *fuero Juzgo*, commenté par Villadiego, p. 6.

(1) L. Wisigoth., lib. II, tit. I, cap. 23, 26 et sequ.

(2) Id., ibid., II, XVI. « Pacis autem assertores, non alias dirimant
causas, nisi quas illis regia deputaverit ordinandi potestas. »

modifier cette décision (1). Le juge convaincu d'avoir prononcé sciemment une sentence inique devait au plaignant une amende égale à la valeur qu'il lui avait enlevée par ce jugement de condamnation (2). Si le juge coupable n'était pas en état de payer cette amende, il devenait l'esclave de l'appelant ou recevait publiquement cinquante coups de fouet (3). Si l'appelant lui-même ne parvenait pas à prouver devant le prince l'injustice de l'arrêt qu'il attaquait, il devait payer au juge une somme double de celle que celui-ci lui aurait due s'il avait été reconnu coupable; et en cas d'insolvabilité, il recevait cent coups de fouet en présence de ce même juge, mal à propos pris à partie (4).

Les traces de la barbarie antique se retrouvent dans ces châtiments corporels, et surtout dans la peine de l'esclavage, par laquelle l'homme libre est obligé de se donner lui-même en échange d'une valeur qu'il ne peut fournir. Mais dans l'organisation judiciaire des Wisigoths, le côté qui révèle un pas fait en dehors de cette première phase d'enfance sociale, c'est l'immense

(1) L. Wisigothor., lib. ii, tit. i, cap. 23, 29, 30 et sequent.
(2) Id., ibid., 20.
(3) Id., ibid., 20, 25 et sequ.
(4) 23 et sequ.
Nous ne rappellerons pas ici ce que nous avons dit des restrictions apportées à la publicité des audiences chez les Goths, en partie chap. viii : *Des diverses juridictions criminelles pendant la période barbare*, p. 189, et chap. ix : *Du mode de poursuite des crimes*, etc.; § vi : *Des avocats*, p. 214. On n'avait recours au serment dans la législation wisigothique qu'à défaut des preuves par témoins et des preuves par écrit. Canciani. Lib. ii, tit. i, cap. 22.

influence donnée au clergé. Indépendamment de l'espèce de position légale que l'évêque occupait, comme nous venons de le voir, entre les tribunaux de première instance et la cour du roi, il pouvait intervenir d'office toutes les fois qu'il croyait qu'un pauvre était opprimé par des juges inférieurs : après avoir conféré de l'affaire avec un conseil composé d'hommes respectables (1), il sommait les magistrats de cesser leurs vexations et de les réparer. Sur leur refus, ils étaient condamnés à payer au trésor royal deux livres d'or, et, en rendant justice au pauvre, de lui donner le cinquième en sus de la valeur des objets qui lui étaient restitués.

Il est probable que, même parmi les juges inférieurs, il y avait beaucoup de prêtres, car dans le *forum judicum*, ces deux mots *sacerdos* et *judex* sont assimilés, ou du moins mis sur la même ligne : « Si le juge « ou le prêtre, y est-il dit, a jugé d'une manière « inique, etc. (2). »

Cependant les clercs ne jouissaient pas d'immunités complètes ; les tribunaux ordinaires et les tribunaux épiscopaux étaient également compétents pour poursuivre les prêtres, les diacres et sous-diacres, les vierges consacrées à Dieu qui manquaient aux règles de la chasteté, et même les femmes du siècle qui se livraient à un commerce adultère. « Mais quand c'est le juge

---

(1) *Honestis viris*, prêtres ou laïques, probablement ; L. Wisigoth. lib. ii, tit. i, cap. 29 et 30 ; Canciaui, p. 73 et 74.

(2) *Si judex vel sacerdos reperti fuerint nequiter judicasse*, etc., L. Wisigoth., lib. ii, tit. i, cap. 23.

séculier qui a pris l'initiative des poursuites, et qu'il a
rompu les liens de désordre qui retenaient dans le vice
la religieuse, le prêtre ou le diacre, il doit mettre les
coupables entre les mains de l'évêque, qui leur appliquera alors les canons pénitentiels. Que si l'évêque
manque à ce devoir de rigoureuse justice, sa négligence
sera punie d'une amende de deux livres d'or, et il devra alors ne pas différer à punir le mal commis. Que s'il
lui est impossible de parvenir à le réprimer, il devra
demander la convocation d'un concile ou dénoncer
le fait à l'une des audiences de la cour du roi (1). »

La suprématie juridictionnelle du roi était toujours
réservée : c'est le même principe qui fut consacré plus
tard dans la législation carlovingienne. L'Eglise espagnole se trouva « dans cette dépendance que demande
« le pouvoir civil quand il se pose comme protecteur
« des canons (2). »

Les conciles de Tolède eux-mêmes firent quelquefois,
en matière de juridiction, des concessions qui nous paraissent exorbitantes pour l'époque à laquelle elles se
rapportent. Celui qui fut tenu en 675 (3) réserve à la
vérité au jugement des tribunaux ecclésiastiques les prêtres coupables de s'être fait justice eux-mêmes et d'a-
voir fait du tapage dans les prétoires judiciaires (4). Il

(1) Quod si corrigere hoc nequiverit, aut concilium aut regis hoc
auditibus nunciet, *L. Wisigoth*, lib. iii, tit. iv, art. 18.
(2) *De l'Arianisme des peuples germaniques*, par Ch. Revillout,
p. 256.
(3) *Conc. Toletan.*, xi. Can. v.
(4) Le concile défend à ces prêtres d'acquitter avec les revenus des

n'abandonne pas non plus expressément aux tribunaux
séculiers les évêques qui auront entretenu un commerce
illicite avec l'épouse, la fille ou la petite-fille d'un grand
de l'Etat ; car il les condamne à perdre leurs honneurs
et à subir, dans un rigoureux exil, leur sentence d'*excommunication*, laquelle ne peut être prononcée que par
les tribunaux ecclésiastiques. Mais il en est autrement
« quand des évêques se sont rendus coupables d'homicides volontaires, qu'ils ont commis des meurtres sur des
officiers du palais ou autres grands personnages, ou fait
des outrages à l'honneur des filles de noble naissance ;
alors ils sont livrés à la justice séculière pour être soumis au talion de la loi de l'Etat ou à la vengeance des
familles, ou pour être condamnés à une irrévocable
proscription (1). »

Depuis le commencement de ce siècle, les Goths
étaient entrés dans le clergé, et avaient partagé les
siéges épiscopaux avec les descendants des Hispano-

églises confiées à leurs soins, les amendes qui leur seraient imposées:
s'ils n'ont point de fortune personnelle, au lieu de payer une amende
de 10 *solidi*, ils accompliront une pénitence de vingt jours, de manière que, si l'amende est plus ou moins forte, il y ait toujours deux
jours de pénitence pour un *solidus : Ita ut sive majoris, sive minoris
summæ excessum peregerit, similiter geminata hoc semper satisfactione
pœnitentiæ recompenset.*

(1) Hanc sane sententiam (excommunicationis et depositionis) et
illi merebuntur, qui aut volentes homicidium fecerint, aut primatibus
palatii, generosisque personis, seu nobilioribus quibusque mulieribus,
vel puellis aliquid, aut per cædem, aut per quamcumque irrogatam
injuriam, visi fuerint intulisse, unde eos *juxta legum sœcularium instituta*, aut talionem recipere, aut traditionem de his fieri, vel pros-
criptionem oporteat. (Fin du canon v ci-dessus cité.) *Collection des
conciles, de Labbe*, tom. vi, p. 848-849.

Romains : ils avaient porté dans ces fonctions de paix
et de charité la violence et les passions de leur sang
barbare. Les conciles eux-mêmes, scandalisés et épou-
vantés par des forfaits qui portaient l'abomination dans
le sanctuaire, voulurent y remédier à tout prix. Ils n'hésitèrent pas à employer des moyens héroïques pour ex-
tirper les membres corrompus qui auraient déshonoré
l'épiscopat ; ils voulurent que les évêques qui se seraient
eux-mêmes dégradés par le crime, après avoir subi la
déposition et la dégradation ecclésiastiques, fussent traités comme les plus vils scélérats, sans aucun égard à
leur ancienne dignité. En même temps qu'il réhabili-
tait l'honneur de son corps par cette vigueur disciplinaire, le haut clergé d'Espagne donnait ainsi une
magnifique leçon d'égalité devant la loi.

Du reste, l'Eglise de ce pays ne devait pas sentir bien
vivement le besoin des priviléges judiciaires, dans une
société dont elle occupait le faîte, et qui était, tout
entière et à tous les degrés, pénétrée de son influence
et dominée par son action (1).

§ III.

Crimes et peines.

Ce qui caractérise le système pénal de la loi des
Wisigoths et le distingue de celui des autres peuples

_____

(1) Voir l'*Histoire d'Espagne*, par Lembke, traduction de Savagnier,
Collection Páquis, p. 181. Paris, Béthune et Plon, 1844.

germaniques, c'est la prétention d'apprécier la moralité
de l'acte, et de punir la volonté mauvaise plutôt que
la lésion matérielle. Le *forum judicum* s'efforce en
même temps d'établir son échelle de punitions, non
plus sur le rang de l'offensé, mais sur le degré de per-
versité de l'acte incriminé. Il n'atteint pas toujours ce
double idéal, mais c'est beaucoup de se l'être proposé
pour but, et on doit admirer l'élévation de la théorie
légale, lors même que la pratique reste infiniment
au-dessous.

L'homicide, qui est puni avec la plus grande rigueur
quand il est prémédité ou intentionnel, n'est passible
d'aucune peine quand il est involontaire (1). La réaction contre le vieux matérialisme germanique semble
ici dépasser la mesure même de la justice. Cependant la
loi prévoit le cas où un homme en tue un autre soit dans
une mêlée (2), soit en jouant avec imprudence (3). Dans
ces deux cas, elle admet qu'il y a lieu à une réparation
civile envers les parents de la victime, et le taux en est
fixé à une livre d'or.

Quant à l'égalité de la punition suivant la nature du
délit, ce principe n'existait dans sa plénitude qu'à l'é-
gard des hommes libres, Goths ou Hispano-Romains,
quelle que fût leur origine ou leur rang dans la société.
Mais les serfs (4), les affranchis, et, dans une certaine

---

(1) Lib. IV, tit. v, cap. 1, 3, 11, etc.
(2) *L. Wisigoth.*, lib. VI, tit. v, cap. 5.
(3) Ead., ibid., cap. 7.
(4) Ead , lib. VI, tit. IV, 7, 8 et sequ.

mesure, les Juifs (1), restaient toujours en dehors de ce
principe salutaire. L'attentat commis sur l'homme libre
était puni d'une peine au moins double de celle qui
était commise sur le serf ou l'esclave ; mais c'était déjà
un progrès qu'il y eût une protection de la loi pénale
en faveur de cette classe d'hommes, si longtemps mise
en dehors de toute loi.

Voici encore une inégalité dans la loi criminelle des
Wisigoths :

Le noble et l'officier du palais ne devaient être mis
à la torture que pour crime de haute trahison. L'homme
libre et de condition inférieure pouvait y être soumis
pour des vols au-dessus de cinq cents *solidi* (2). Quant
aux esclaves, la torture leur était prodiguée, dès que
leurs maîtres étaient accusés (3), afin de leur arracher
l'aveu d'un crime que bien souvent ils pouvaient ignorer.
Ces procédés, qui nous paraissent aujourd'hui si barbares, étaient empruntés au vieux droit romain et non
au droit germanique.

Dans le *forum judicum*, l'amende se mesure à la
fortune de l'offenseur et non au rang de l'offensé (4).
« Le seul privilége du riche, dit un historien moderne,
« est de payer une plus forte amende ; la seule infé-
« riorité du pauvre est d'acquitter en châtiments corpo-

(1) *L. Wisigoth.*, lib. xii. Nous reviendrons sur les lois spéciales
aux Juifs.
(2) Ead , lib. vi. tit. i, cap. 2.
(3) Ead.,lib. iii, tit. iv, c. 10, et lib. vi, tit. i, c. 1.
(4) Ead., lib vi, tit iv, cap. 1, 3 et sequ.

« rels celle qu'il ne peut pas payer (1). » Non-seulement
les codes barbares, mais même le code romain-impérial
n'était pas si avancé (2).

Cependant le christianisme, en luttant contre la barbarie et le paganisme dans le *forum judicum*, ne rem-
porte pas toujours une aussi complète victoire. Il
compose, il transige souvent avec les vieilles coutumes
germaniques. Ainsi les Wisigoths ont amélioré leur état
social primitif en substituant le talion, sous l'autorité
de la loi, à la vengeance du sang (3), puis en remplaçant le talion lui-même par des amendes. Mais ils conservent quelque chose de leur ancienne barbarie, quand
ils stipulent que le coupable doit être condamné à
devenir l'esclave de l'offensé s'il ne peut pas payer
l'amende; qu'il est remis à sa merci sans aucune condition, et qu'on va même jusqu'à donner au lésé sur l'offenseur droit de vie et de mort (4).

Le premier devoir de l'État, dès qu'il a admis le
principe de l'expiation, serait au contraire de se substituer à l'offensé ou à sa famille dans la répression du

(1) Rosseew Saint-Hilaire, *Hist. d'Espagne*, tom. 1. p. 407.
(2) Voyez les *Institutes*, lib. IV, tit. 4.
(3) *L. Wisigoth.*, lib. VI, tit. IV, cap. 3. *De reddendo talione et
compositionis summa pro non reddendo talione.*
(4) Ead., lib. III, tit. II, cap. 3 *antiqua* et lib. III, tit. III, cap. 2
antiqua, lib. VI, tit. I, c. 2. Cette dernière loi est de Kindeswinth ;
mais elle a pour but de limiter et de modérer les rigueurs de la
torture. Celui qui a fait périr un accusé présumé innocent, dans les
tourments de la question, doit être remis entre les mains des parents
de cet accusé pour qu'ils le fassent périr de la même manière. Ici, le
législateur redevient barbare par humanité.

crime, et d'introduire l'idée de la justice sociale à la
place de celle de la vengeance privée dans l'exécution
même de la sentence.

Si, dans les titres sur les injures et les blessures (1),
sur les rapts, sur les vols (2), on retrouve des restes de
la tradition germanique, en revanche, le principe de l'expiation sociale prévaut en matière d'inceste (3), de sodomie (4) et d'avortement (5) ; pour ces divers crimes, ce
sont des peines sociales, telles que l'exil perpétuel et la
confiscation des biens, des châtiments corporels portant
sur l'organe même dont on a eu l'impiété d'abuser, la
perte de la dignité et de la liberté ou même la mort,
si la femme enceinte a péri par suite de l'avortement.

Quant aux violations de tombeaux, elles sont réputées à la fois une insulte sacrilège aux héritiers du mort
et un outrage aux croyances sociales. Si c'est un homme
libre qui a commis ce crime, il doit payer une livre
d'or à ces héritiers et rendre les objets soustraits dans
le sépulcre. Mais dans le cas où le mort n'a pas d'héritiers, la même amende doit être payée au fisc, et le

---

(1) Ead., lib. vi, tit. iv.

(2) Les vols simples sont punis d'une amende de neuf fois la valeur
de la chose, comme dans les lois des Bavarois, des Allemands et des
Longobards. Le voleur avec violence doit restituer onze fois la
valeur de l'objet soustrait, et s'il ne peut pas payer, il devient
le serf de celui qu'il a volé. Quand il y a eu vol avec effraction, il y
a en sus la peine de 150 coups de fouet. (*L. Wisigoth.*, lib. viii, tit. i,
cap. 6-10; lib vii, tit. i, cap. 13.)

(3) Ead., lib. iii, tit. v, cap. 2 et 6.

(4) Ead., lib. iii, tit viii.

(5) Ead., lib. vi, tit. iii, cap. 1, 2 et sequ.

coupable doit recevoir cent coups de fouet (1). La dépouille mortelle qui n'est pas protégée par une famille
doit reposer sous la garde de cette grande famille qu'on
appelle la Nation ou l'Etat. Que si c'est un esclave qui a
violé la sépulture des morts, l'expiation n'aura plus de
mesure ; il recevra deux cents coups de fouet et sera
livré aux flammes (2). On voit ici qu'il n'y a pas seulement une ligne de démarcation, mais un véritable abîme
entre l'esclave et l'homme libre.

La méfiance et les précautions extrêmes envers les
esclaves semblent être un des caractères de cette législation. Toutes les classes de la société sont en quelque
sorte appelées à une sorte de coalition solidaire pour
la recherche des esclaves fugitifs ; du dernier au plus
haut fonctionnaire, tous sont soumis à une responsabilité
menaçante en cas de non exécution de la loi relative
aux fugitifs et aux vagabonds.

Cette loi cherche à concilier les devoirs de l'hospitalité due à l'étranger qui voyage, avec la nécessité d'une
police sévère pour la surveillance des esclaves fugitifs
et des brigands.

L'homme libre qui a donné un abri à un passant inconnu, pendant un jour et une nuit, peut n'être passible
d'aucune peine, s'il prête serment qu'il n'a pas su que

---

(1) *L. Wisigoth.*, lib. xı, tit. 2, *de inquietudine sepulchrorum*, cap.
1-2.

(2) Ead., id., ibid., cap. ı. On remarquera cette belle expression
créée par le christianisme pour exprimer le trouble apporté à la paix
des tombeaux : *inquietudo sepulchrorum*.

cet inconnu fût un esclave ; mais il doit employer tous
ses efforts à le faire retrouver au maître et lui donner en
outre un autre esclave de même valeur ; s'il a gardé le
fugitif huit jours, il doit deux esclaves du même prix (1).

La règle est qu'au bout de trois jours, il dénonce et
montre le fugitif inconnu au juge et aux premiers du
lieu, par exemple, au fermier ou intendant, au pré-
posé et à un ou deux bons témoins (2) : le juge doit
interroger le suspect, et si l'interrogatoire lui laisse des
doutes, il le tiendra sous bonne et dure garde (3),
puis il le fera conduire devant le magistrat supérieur de
la ville voisine, qui devra avoir le signalement des esclaves fugitifs, et on le délivrera à son maître dès qu'il
aura été reconnu.

S'il y a eu plus que de la négligence à observer les
règlements, de la part du propriétaire trop officieuse-
ment hospitalier ; s'il a su que le prétendu voyageur
était un esclave, il recevra lui-même cent coups de
fouet (4). Il en recevra deux cents si son hôte était
non-seulement un fugitif, mais un brigand, et qu'il l'ait
recélé le connaissant bien sous ces deux rapports (5).

Suivant une loi attribuée au roi Egica, et dont nous
n'avons plus le texte qu'en espagnol, « les juges, prêtres des paroisses ou de nos églises, qui ne feront pas

---

(1) *L. Wisigoth.*, lib. iv, c. 1, 43.
(2) Même cette déclaration une fois faite, il peut le garder sans
crainte dans sa maison. *L. Wisigoth*, id. ibid., cap. viii.
(3) *Ardua custodia.*
(4) *L. Wisigoth.*, lib. i, cap. 9 et 19.
(5) **Ead.**, ibid., ibid., cap. 19.

exécuter les lois relatives aux esclaves fugitifs, recevront eux-mêmes trois cents coups de fouet ; les évêques et seigneurs qui n'infligeront pas cette punition à leurs subordonnés , pour quelque motif que ce soit , devront être condamnés eux-mêmes à une pénitence de trente jours et à un jeûne au pain et à l'eau comme s'ils étaient excommuniés : et nous manderons aux seigneurs de la terre qu'ils infligent cette peine aux juges qui ne voudront pas faire justice, et si les seigneurs eux-mêmes s'y refusent, ils paieront trois livres d'or au roi (1).»

Cependant le *forum judicum*, qui protége ainsi la propriété des esclaves, a des garanties pour les esclaves eux-mêmes. Le maître ne peut, sous peine d'exil et de confiscation de ses revenus pour trois ans , mutiler ou faire périr son esclave (2).

---

(1) Et si los Juizes, o los que deven de tener justiça en la tierra, o los perlados de las yglesias, o los nostros sacerdotes, non quizieren fazer esta justiça de suso dicha en los omesque non quieren pesquirir los servos fuydos, o que los encubren : los Obispos, o los senores de la tierra, les fagan recibir a cada uno trecientos açotes · et si los Obispos o los senores por amor, o por aver o por medo, non quizieren fazer esta justiça in aquelos, per treynta dias fagan penedencia como descomongados, assique en Aquellos treynta dias non coman condocho, nen bevan vino : fueras que a ora de vespra coman un poco de pan per sustaminto del corpo, e bevan un vaso dagua, e sofran pena damargura porque non quizieron fazer justiça. E mandamos a los senores de la tierra, que esta pena deu a los juyzes que non quisieren fazer la justiça, et si los senores non lo quizieren fazer, pechen tres libras d'oro al rey. (Canciani, vol. iv, p. 167.) Il y a à la fin de ce texte une obscurité que nous n'avons pas pu faire disparaître dans notre traduction. S agit-il, en dernier lieu, de suzerains supérieurs, ou des seigneurs ordinaires à qui on accorde une sanction pénale de plus à ajouter à la pénitence dont il a été question ?

(2) *L. Wisigoth* , lib. vi, tit. iv, cap. 13.

Parmi les peines en usage, la flagellation était la plus
fréquemment appliquée, même aux hommes libres. Il
semble donc que les Wisigoths étaient moins fiers que
les Francs, qui n'auraient jamais pu supporter l'ignominie de ces châtiments corporels. La flagellation,
comme peine infamante, entraînait ordinairement la
perte du droit de témoignage (1). Elle était très-souvent
accompagnée de la décalvation. La décalvation consistait non-seulement à enlever la chevelure, mais la peau
de la tête. Elle laissait sur le front du criminel une
ineffaçable empreinte. Sous ce rapport, elle était semblable à la peine de la marque, si longtemps usitée
parmi nous. Aussi on disait *turpiter decalvari* (2).
Les autres peines corporelles étaient la perte de la
main (3), du nez (4), des yeux (5) et enfin la mort, qui
était applicable non-seulement au crime de haute-trahison, mais encore à l'homicide prémédité et à certains
crimes contre les mœurs qu'une sorte de raison d'état

(1) Il y a cependant des cas où la perte du droit de témoignage ne
suit pas la flagellation, mais alors la loi le spécifie. (Ead., lib ii, tit. i,
cap. 18.) *Absque ulla testificandi jactura*, xxx *flagella suscipiat*.

(2) La perte des cheveux était sans doute un signe de déshonneur ;
mais si on s'était contenté de les couper, ils auraient repoussé au bout
de peu de temps. (*L. Wisigoth.*, lib ii, tit. i, c.7 ; ead. ibid., tit. ii,
7. Lib. vi, tit. v, c. 12 ; lib. xii, tit. iii, c. 4.)

(3) *Reus falsitatis, si minor persona est, manum perdat*. Ead.,
lib. vii, tit. v, cap. 1.

(4) C'est une peine infligée aux femme juives qui continuent de
faire des opérations de circoncision. Ead., lib. xii, tit. iii, cap. 4.

(5) L'*effossio oculorum* était la peine en laquelle les rois commuaient
la peine de mort, quand ils voulaient faire grâce aux criminels de
haute-trahison. (Ead., lib. ii, tit i, cap 7.)

faisait punir avec une rigueur extrême. Tel était celui
de la femme libre qui se rendait coupable d'union illicite avec son propre esclave. Elle était fustigée publiquement devant le juge avec son complice et jetée
ensuite avec lui dans les flammes (1). Ce genre de
peine capitale était ordinairement réservé aux esclaves.

Quand la femme libre avait eu un commerce illicite
avec l'esclave d'un autre, elle n'était condamnée qu'à
la flagellation et, en cas de récidive, à la perte de la
liberté (2). Nous avons vu que cette dernière peine
était assez fréquemment appliquée chez les Wisigoths.

La confiscation, excepté dans le cas de haute-trahison,
ne s'étendait pas aux enfants du coupable.

Il nous reste à jeter un coup d'œil sur une classe particulière de crimes, les crimes contre la religion.

Une fois l'unité religieuse et nationale conquise en
Espagne, par la conversion de Récarède et des Wisigoths, le législateur dut s'efforcer de maintenir et de
consolider cette unité par un système de police et de
répression sévères. D'après les idées de cette époque,
quiconque attaquait la religion de l'Etat, ou désobéis-
sait à l'Eglise, qui en était l'organe, attaquait l'Etat
lui-même ou se mettait en révolte contre lui.

Ainsi, quiconque disputait contre la foi une et sacrée
de l'Eglise, soit en public, soit en particulier, était soumis à des peines sévères. S'il appartenait à l'ordre
ecclésiastique, il était dépouillé de son titre et de son

(1) *L. Wisigoth.*, lib. III, tit. II, cap. 2.
(2) Ead., lib. II, tit. II, cap. 3.

rang dans la cléricature, perdait tous ses biens et restait
sous le poids d'une flétrissure civile jusqu'à ce qu'il
revînt à l'orthodoxie et qu'il fît pénitence. De même, le
laïque était privé de tous ses honneurs; ses biens étaient
confisqués, et il était condamné à l'exil tant qu'il restait en état de révolte contre l'Église (1).

Le concile de Tolède, devant lequel Récarède fit son
abjuration solennelle, s'était empressé de régler ce
qu'on pourrait appeler l'établissement civil de la religion catholique en Espagne. « Le juge séculier devait
« aider l'évêque à rechercher et à punir toutes les infrac-
« tions aux décrets des conciles. L'excommunication
« cessait d'être une peine exclusivement spirituelle :
« dans les canons, elle se trouvait déjà accompagnée
« de châtiments corporels (2). »

Ainsi se formait en Espagne, dès la fin du vıe siècle,
cette union intime de l'Église et de l'État, qui ne s'accomplit dans l'empire des Francs que sous Pépin et
Charlemagne.

Mais ce qui caractérise cette nouvelle législation des
Wisigoths, relative aux crimes religieux, nous devons
l'avouer à regret, c'est l'intolérance la plus dure et la
plus sanguinaire contre les Juifs.

Ces rigueurs pénales, que rien ne saurait justifier,

---

(1) *L. Wisigoth.*, lib. xıı tit. 2, cap. 2. Des lois de même nature,
mais un peu moins sévères, avaient déjà été portées par le troisième
concile de Tolède, qui reçut l'abjuration de Récarède et des principaux de la nation wisigothe. (Collect. Labbe, p. 1015).

(2) *De l'Arianisme chez les peuples germaniques*, par Charles Revillout, p. 256.

furent provoquées par un mouvement de réaction des catholiques contre les alliés de leurs oppresseurs. Les Juifs avaient été les instruments de la tyrannie arienne contre les Hispano-Romains, comme ils furent plus tard les soutiens de l'oppression musulmane contre les Espagnols, au moyen-âge (1). Les princes catholiques semblaient donc, en les persécutant, céder aux instigations d'une haine populaire et nationale.

Au temps de Récarède, les Juifs avaient, au prix des plus grands sacrifices, suspendu le coup qui les menaçait ; mais l'explosion se fit sous le règne de Sisebut. Alors, suivant un historien franc, Aimoin (2), dont nous croyons le chiffre fort exagéré, quatre-vingt-dix mille Juifs furent forcés de recevoir le baptème. Tous ceux qui refusèrent de se convertir eurent leurs biens confisqués et subirent le fouet, la décalvation ou l'exil. Mais ce qu'il y eut de remarquable, c'est que le clergé réclama contre l'excès de ces rigueurs. Saint Isidore, tout en louant le zèle de Sisebut, n'hésita pas à dire que « ce zèle n'avait pas été éclairé, et que ce roi avait fait usage de la contrainte là où il n'aurait dû employer que la persuasion (3). »

. (1) De l'Arianisme, etc., p. 257.

(2) Collect. d'hist. français, D. Bouquet, tom ii, p. 652. Ce qui pourrait rendre admissible le chiffre de ce vieil historien, c'est que Vespasien avait fait déporter cinquante mille Juifs dans la Pénin-ule ; mais si quatre-vingt-dix mille avaient reçu le baptème, il ne dut pas en rester beaucoup à persécuter.

(3) Æmulationem quidem habuit Sisebutus, sed non secundum scientiam. Potestate enim compulit, quos provocare fidei ratione oportuit Chron. de St-Isidore.

Plus tard, les Pères du vıᵉ concile de Tolède ne se
contentent pas de blâmer le passé ; ils donnent des
règles pour l'avenir. Ils défendent « de chercher à
amener les Juifs à la foi par la force. Leur conversion
doit être l'ouvrage de la persuasion, non de la violence (1). »

Mais ces recommandations ne semblent pas avoir
produit un effet durable sur l'esprit des souverains
catholiques de l'Espagne ; car peu d'années après, Kindaswinth et Rekeswinth recommencent la persécution
contre les Juifs avec des raffinements de barbarie tout
nouveaux. C'est à ce dernier roi qu'est adressée une
pièce fort curieuse, qui nous est parvenue sous le nom
de *placet des Juifs (placitum Judæorum)*.

Les Juifs devenus chrétiens, qui ont souscrit cette
espèce de pétition, et qui sont censés l'avoir rédigée,
s'accusent d'abord avec une singulière humilité « d'être
souvent retombés dans la vieille erreur de leurs pères ; de
n'avoir pas toujours cru sincèrement à la divinité de Jésus-
Christ et à la foi catholique (2), » mais ils s'engagent à
l'avenir pour eux, leurs femmes et leurs enfants, à ne
plus mêler aucune pratique juive aux pratiques chrétiennes, et à ne plus contracter de lien ni entretenir de
rapports quelconques avec les Juifs non encore baptisés.

(1) Non enim inviti salvandi sunt, sed volentes... non vi, sed libera
arbitrii facultate, ut convertantur suadendi sunt. vıᵉ conc., can. LVII.

(2) Sed quia perfidia nostræ obstinationis, et vetustas parentalis
erroris nos ita detinuit, ut nec veraciter in Jesum Christum Dominum
crederemus, nec catholicam fidem sincere teneremus, etc. *L. Wisigoth.*, lib. XII, tit. II, cap. 16.

35

« Si quelqu'un de nous, ajoutent-ils, transgresse en
« quoi que ce soit ces engagements solennels, et s'il se
« montre contraire à la foi chrétienne par sa parole ou
« par ses actes, nous jurons par le Père, le Fils et le
« Saint-Esprit, seul Dieu en trois personnes, que nous
« le saisirons nous-mêmes, s'il le faut, et que nous le
« lapiderons ou que nous le jetterons dans les flammes
« du bûcher. Si pourtant la piété de Votre Majesté veut
« lui faire grâce de la vie, que sa personne et ses biens
« soient remis à qui vous voudrez, et qu'il soit con-
« damné à un perpétuel esclavage. De sorte que ce ne
« soit pas seulement en vertu des droits de votre sou-
« veraineté, mais en vertu de notre libre garantie résul-
« tant de cet acte, que vous en usiez comme bon vous
« semblera à l'égard de ceux qui violeront ces serments
« solennels (1). »

En lisant une pareille pièce, on ne sait ce qui excite
le plus de dégoût, ou du despotisme qui exige de tels
abaissements, ou de la servilité qui y souscrit !

_____

(1) « Quod si in his omnibus, quæ supra taxata sunt, in quocumque
vel minimo transgressores inventi fuerimus et aut contraria christianæ
fidei agere præsumpserimus, aut quæ congrua catholicæ religioni pro-
misimus, verbis aut factis implere distulerimus : juramus per eumdem
Patrem et Filium et Spiritum sanctum, qui est unus in Trinitate et
verus Deus, quia si ex nobis horum omnium vel unus transgressor
inventus fuerit, a nobis, aut ignibus, aut lapidibus perimatur. Aut si
hunc ad vitam gloriæ vestræ reservaverit pietas, mox amissa libertate
tam eum, quam omnem rei ipsius facultatem, cui volueritis perenni-
ter serviendam donetis, vel quidquid ex eo, vel ex rebus ejus fieri
jusseritis, non solum ex regni vestri potentia sed etiam ex hujus pla-
citi nostri sponsione potestatem liberam habeatis *Ead.*, *ibid.*, Canciani, vol. IV, p. 189-190.

Ce sont ces passages du XIIe livre des nouvelles
lois du *forum judicum* qui faisaient dire à Montesquieu :
« Nous devons au code des Wisigoths toutes les maxi-
« mes, tous les principes et toutes les vues de l'in-
« quisition d'aujourd'hui (1). »

Quel que soit le mérite d'un pareil rapprochement,
que nous aurons à apprécier plus tard, on ne saurait comprendre l'injuste rigueur avec laquelle ce publiciste traite
la législation des Wisigoths, non seulement dans quelques-
uns de ses détails, mais même dans son ensemble.

« Les lois des Wisigoths, dit-il, sont puériles, gau-
« ches, idiotes ; elles n'atteignent point le but ; pleines
« de rhétorique et vuides de sens, frivoles dans le fond
« et gigantesques dans le style (2). »

Elles avaient deux grands défauts pour le magistrat
philosophe du XVIIIe siècle : elles étaient en grande partie l'ouvrage des évêques et elles consacraient le pouvoir
du clergé sur la société de cette époque. Montesquieu
avait sans doute plus d'impartialité historique que la
plupart de ses contemporains. Mais s'il avait résisté à
certains préjugés philosophiques de son temps, il n'a-
vait pas pu se dépouiller au même degré de ses vieux
préjugés parlementaires (3) ; et rien n'était plus odieux
à notre ancienne magistrature française que l'idée d'un
partage du pouvoir judiciaire entre le clergé et les tribu-

(1) *Esprit des lois,* liv. XXVIII, chap. I.
(2) Id., ibid., fin du même chapitre.
(3) *Il parlait pour son couvent,* comme Montesquieu lui même le
disait de Voltaire, en faisant allusion à la coterie des encyclopédistes.

naux séculiers. Ce devait être là, pour Montesquieu , le vice radical de la constitution wisigothique du VII⁰ siècle.

Or, il est au moins étrange de demander à des législateurs à demi barbares cette sobriété et cette précision de style qui appartiennent exclusivement, aux époques de pleine civilisation. Il faut savoir faire abstraction des défauts de forme pour juger le fond. Loin d'être *puérile, gauche et idiote*, la loi des Wisigoths , comme l'a prouvé éloquemment un publiciste de notre siècle , M. Guizot (1) , est encore celle des lois barbares qui offre le tout le plus complet, le mieux divisé, le mieux classé par ordre de matières ; celle qui contient sur la nature de la loi et les devoirs du législateur les généralisations les plus hardies et les plus profondes ; celle enfin où se trouvent répandues les notions les plus pures sur le principal but de la pénalité sociale, l'expiation.

Enfin, le *forum judicum* présente deux grands progrès accomplis : la substitution du droit territorial au droit personnel et la conquête de l'unité législative pour l'Espagne tout entière ; sous ce double rapport, il est plus avancé que les capitulaires eux-mêmes et que beaucoup d'essais incomplets tentés par nos rois jusqu'à Louis XIV et Napoléon.

Quand à la tendance théocratique des institutions de l'Espagne, elle était en harmonie avec les exigences des

(1) Voir son *Histoire de la civilisation moderne,* et ce qui est moins connu, le 1ᵉʳ vol. de la *Revue française,* où se trouve un très-bel article sur la législation des Wisigoths.

mœurs et les besoins du temps, comme nous l'avons
surabondamment prouvé ; et il serait assez singulier
qu'on blâmât dans Récarède, Rekeswinth et Egica,
précisément ce qu'on admire dans Pépin et Charlemagne, je veux dire le recours aux lumières supérieures
du clergé pour guider les peuples dans les voies de la
civilisation.

Il est heureux pour notre siècle d'en être arrivé à
cette hauteur d'impartialité qui permet de juger une
époque d'après les idées de l'époque elle-même, et de
repousser, au nom d'une érudition saine et conscien-
cieuse, les anathèmes injustes placés sous l'autorité des
plus grands noms.

CHAPITRE IX.

DE LA TRANSFORMATION QUI TEND A S'OPÉRER DANS LA PÉNALITÉ, QUAND LE RÉGIME FÉODAL S'ÉTABLIT EN EUROPE.

Rien n'est difficile comme d'apprécier une époque de transition : on ne peut la comprendre et en rendre compte qu'en se reportant en arrière, qu'en remontant presque au point de départ, afin de suivre les progrès antérieurement accomplis, et de voir comment ils ont dû aboutir à une transformation véritable.

Arrivé au IXe et au Xe siècle, nous ne pourrons éclairer la révolution qui s'opère alors dans la pénalité de l'Europe féodale, qu'en rappelant les principes fondamentaux du droit criminel et les principales applications qui en ont été faites aux divers âges des sociétés humaines.

L'idée de pénalité est corrélative à l'idée de crime ; et partout où il y a crime, on a reconnu de tout temps qu'il y avait droit de punir pour le pouvoir social. Mais la question, décidée diversement, suivant les diverses phases de la civilisation dans lesquelles elle fut posée, est celle de savoir où finit la lésion personnelle et où commence le crime proprement dit. Il faut qu'une société ait déjà fait quelques progrès pour comprendre que la personnalité générale peut être atteinte dans la personnalité particulière.

Et ici, il faut s'entendre : jamais aucun peuple n'a admis qu'un tort individuel dût rester *inexpié*. Seulement, le soin de l'expiation pouvait être laissé à l'individu, à la famille ou à la communauté.

Quand Dieu lui-même dit à Noé : *Quicumque effuderit sanguinem, fundetur sanguis illius* (1), il établit la nécessité de l'expiation sans en déterminer le mode.

Or, en général, les nations naissantes n'ont considéré comme crimes proprement dits que les lésions directes faites à elles-mêmes, telles que la trahison, la désertion, la révolte; ou les lésions indirectes, comme la lâcheté et l'inaptitude au combat (2).

La vengeance des torts individuels, ainsi que nous l'avons vu plus haut, était abandonnée aux individus, ou à défaut des individus, aux plus proches parents. Dans les temps primitifs, la composition pécuniaire ou *wergeld* est une convention privée, faite entre les individus ou les familles; plus tard, quand il y a eu formation de tribus ou de clans, *constitution de race*, *communauté*, il s'établit une autorité publique qui surveille l'exécution de ces conventions privées, et comme la *gens* n'est complètement inviolée que quand l'individu est

---

(1) *Genèse*, ix, 6.
(2) *Ignavos et imbelles*. Voir Tacite, *De moribus Germanorum*.

inviolé lui-même, elle établit des *paix* diverses de temps
et de lieux, dont la rupture constitue une lésion indirecte contre sa propre sécurité. Alors, au *wergeld* de
la famille, vient se joindre le *friedensgeld* de la *race*.
Nous avons montré ailleurs avec beaucoup de détails
comment ces deux classes de lésion se confondaient l'une
dans l'autre sous le rapport de l'expiation et de la répression, quand il y avait résistance pour payer soit le *friedensgeld*, soit le *wergeld*. Comme cette résistance
impliquait la négation même de l'établissement social
et une tentative de retour vers la barbarie, la puissance
publique entourait ses sentences de condamnation de
toutes les terreurs du symbolisme religieux ; elle dégra-
dait en quelque sorte le coupable de son caractère
d'homme ; elle le réduisait au rang de la bête fauve ; elle
en faisait un loup, *wargr* ou *wargus* (1).

Ce système pénal semblait avoir un vice radical ;
c'était l'absence de gradation dans les peines, l'application d'un niveau inflexible sur des crimes différant
essentiellement entre eux de gravité et d'intensité.

Nous avons vu par quelles combinaisons ingénieuses
les Germains du Nord avaient fini par introduire une
sorte d'échelle pénale dans un système qui semblait s'y
prêter si peu (2).

L'institution de la *paix royale* devint la source de
nouveaux progrès pour la pénalité, en faisant considérer

(1) Chapitres 4 et 5.
(2) Chap. 6

comme un outrage remontant au roi lui-même toute
lésion faite à un individu quelconque , en sa présence,
et en étendant fictivement cette présence d'abord dans
sa capitale, puis dans ses domaines, puis enfin dans son
royaume.

Mais le développement du droit criminel , sous cette
forme , semble particulier aux Scandinaves ou Germains du nord et d'ailleurs il s'y produisit avec une
remarquable lenteur : il n'atteignit la perfection qui lui
était propre, — en Suède, par exemple, — que vers le
XIVᵉ siècle.

Chez les Germains du midi , l'idée de *paix* s'était
moins étendue ; cependant elle avait pris une certaine
consistance dans les limites où elle s'appliquait. Elle
découlait du sentiment profond de l'indivisibilité et de
la solidarité des races, qui s'étaient fortement constituées
dans leurs types divers. Les familles faisaient partie de
l'unité de la race, comme les individus, de l'unité de la
famille. Ainsi que la famille, la race ne se sentait complètement *illésée* elle-même que quand chacun des individus qui se mouvaient dans son sein était lui-même
pur de toute lésion. De là la nécessité de cette double
expiation en cas de meurtre, l'une pour l'individu ou
la famille, l'autre pour la race ou communauté.

Mais, dans la communauté elle-même, le pouvoir était
flottant et mobile; il n'y avait point d'administration
judiciaire proprement dite , et la mise hors la loi, dernière conséquence d'une lésion non réparée, n'était
qu'une pénalité dont l'application était laissée à tous,

précisément parce que l'exécution n'en était confiée à personne en particulier.

Or, la conquête, en changeant l'état social des Germains du midi, les amena à constituer chez eux une plus forte organisation politique et une justice plus régulière.

C'est ainsi que les conquêtes et les guerres, qui sont un fléau pour les civilisations avancées, servent de véhicule aux sociétés naissantes.

Du reste, nous ne prétendons pas que la révolution qui eut lieu alors dans le droit criminel germanique ait été une révolution brusque et spontanée. C'est d'abord dans les rapports d'État, où cette révolution prend sa source, qu'il s'opère un changement radical (1). La race et le droit de la race continuent de subsister; mais l'idée de l'État ne se moule plus dans la forme de l'ancienne *constitution* de race; elle passe à un creuset tout nouveau et tout différent. A la royauté sortie du peuple, a succédé la royauté sortie de la conquête; c'est à celle-ci que se rattache la formation d'une grande souveraineté germanique et d'une justice s'entourant successivement de tous les attributs de la souveraineté. De plus, la royauté, surtout depuis Pépin et Charlemagne, cherche à faire dériver son pouvoir de l'Église,

---

(1) Voir le livre allemand de L. Stein, sur le droit criminel français, formant le 3ᵉ volume de l'*Histoire du droit français*, dont les deux premiers volumes sont l'ouvrage de Warnkœnig *(Geschichte des franzosischen Strafrechts und des Processes*, von Stein. — Basel (Bâle), 1846.)

et à s'appuyer sur elle; c'est ainsi qu'au prestige de la
force matérielle, elle joint celui de la force morale. Il
résulte de cette situation plus forte du pouvoir, diverses
conséquences par rapport au droit criminel. La société
s'organise plus régulièrement, l'unité de l'Etat prend
plus de consistance; et, par conséquent, tout crime qui
porte une atteinte directe à l'Etat, prend des proportions énormes et inouïes jusque-là. Tel est, par exemple,
celui de *lèse-majesté*. Un pareil forfait semble être
une monstrueuse négation de tout l'ordre de choses nouveau, qui se personnifie si complètement dans la vivante
image de l'unité et du droit, le roi ou l'empereur.

Le crime de lèse-majesté occupa en quelque sorte le
point culminant de toute une classe de crimes qui portaient atteinte à l'Etat considéré en lui-même, ou représenté par ses employés.

Quant à la seconde classe de crimes, celle par
laquelle l'Etat est lésé dans la personne de l'individu,
elle prend un caractère tout différent de celui qu'elle
avait eu jusque-là. Du moment que la constitution de
race, effacée et dissoute, n'est plus le milieu dans lequel
l'individu se meut et se conserve, l'individu ne peut
plus rattacher à elle son inviolabilité. L'idée de solidarité avec la communauté, et par conséquent l'idée de
paix, disparaît peu à peu dans le monde germanique :
elle périt surtout très-promptement chez les races
germaniques en France, en Italie et en Espagne. Mais
au fond de l'idée de paix, il y avait une notion de droit
qui devait lui succéder et lui survivre : c'était celle de

la garantie de sécurité due par la société à l'individu.
Or, la société étant désormais représentée par le souverain et par les employés et délégués du souverain, cette
notion fondamentale ne faisait que se transformer dans
l'application, et recevoir une vie plus puissante. En
effet, ce ne fut plus à la race ou à la communauté, ce
fut à l'Etat ou à ses employés qu'incomba la tâche d'assurer l'inviolabilité de l'individu dans chaque comté où
dans chaque canton.

Et certainement, dans cette organisation nouvelle, la
personne et les biens de chacun durent être protégés
plus efficacement que dans le vieux régime des constitutions de race.

Quoi qu'il en soit, au sein de ce nouvel ordre de
choses, il arrive nécessairement que l'ancienne *busse*,
sera payée à l'employé administratif et judiciaire qui,
en succédant aux obligations de la communauté, succède à ses droits. Par la même raison, la *busse*, con-
servée encore pendant la dynastie des Carlovingiens
sous le nom de *fredum* ou *friedensgeld*, se transforme
en droit régulier.

Quant aux rapports qui naissent de la perpétration
du crime, entre l'offenseur et l'offensé, ils continuent de
subsister à côté de l'idée de·lésion indirecte faite au
souverain ou à l'Etat. Aussi le wergeld privé ou les
dommages-intérêts peuvent toujours être exigés par
les victimes ou les parents de la victime, tandis que le
fredum est perçu par le comte, le vidame ou tout
autre employé subalterne.

Mais il y a un dernier point sur lequel le droit criminel se transforme d'une manière bien plus marquée; nous voulons parler des conséquences du non-paiement de la *busse* et du *wergeld* par rapport au criminel récalcitrant. Dans ce cas, comme nous l'avons vu plus haut, les deux classes de pénalité se confondaient l'une dans l'autre, au moyen d'une commune perte de la paix. Comment, à cet égard, le nouveau régime d'état modifie-t-il les anciens principes?

Dans le temps des vieilles constitutions de race, la désobéissance était une simple abjuration d'un lien d'état idéal : elle devient maintenant une révolte contre le pouvoir d'un état réel. C'est pourquoi les employés commencent à poursuivre, au nom de la puissance souveraine, ceux qui ne veulent pas se soumettre aux sentences criminelles, et à les punir pour cette révolte elle-même. C'est ainsi que périt le principe de perte de la paix, et qu'il est remplacé par l'idée que la désobéissance envers l'employé chargé de présider à l'expiation est un crime contre cet employé et contre le souverain qu'il représente. On reconnaît dès lors que le pouvoir et le droit de punir existent, dans le délégué du souverain ou de l'Etat, pour tout fait de révolte ou de *contumace* de la part du coupable condamné même à une peine légère.

Le droit pénal de cette époque se rattache donc à trois classes de crimes divers : 1° les crimes proprement dits ou crimes *absolus* (ceux de lèse-majesté, de trahison, de conspiration, etc.); 2° les crimes contre la

personnalité individuelle, autrefois appelés crimes privés,
pour lesquels, en vertu de jugements prononcés par la
justice de l'Etat, l'amende est attribuée au souverain,
les dommages-intérêts à l'offensé ; 3° enfin, le crime
de *contumace* résultant de ce que l'auteur du crime, soit
absolu, soit privé, ne veut pas se soumettre à la sentence criminelle qui le condamne, et qui est rendue au
nom du souverain.

On voit donc que, dans la poursuite des crimes, la
prépondérance de l'Etat est loin d'être exclusive, puisqu'une place encore assez grande est laissée à l'accusation privée.

Mais si le crime ou la transgression n'indique encore
dans beaucoup de cas qu'un simple rapport personnel
entre l'offensé et l'auteur de l'offense, d'un autre côté,
cependant, l'Etat regarde comme sa tâche propre d'intervenir en son nom dans ces sortes de procès, pour
faire payer le *wergeld* ou les dommages-intérêts, afin
de prévenir tout trouble ultérieur qui pourrait être apporté à la paix publique. Le *wergeld* a encore la
prétention d'être une simple affaire de droit privé :
cependant il n'est plus un règlement amiable laissé au
bon plaisir des parties : par la volonté et l'action de
l'Etat, il devient une conséquence du crime, et il n'est
pas autre chose qu'une forme particulière de la peine.

Cette phase de progrès dans le droit criminel offre
donc une dissolution des éléments antérieurs sans que
la formation nouvelle soit complètement achevée ; c'est
une espèce de chaos où s'entrechoquent les principes

du droit criminel public et ceux du droit criminel privé.

Charlemagne s'était efforcé de relier en faisceau les Gallo-Romains et les diverses races barbares soumises à son sceptre (1) : il avait tenté d'en faire un empire, formé autant que possible sur le modèle de l'empire romain : c'était un essai de résurrection de l'idée d'état et d'unité de pouvoir, telle que l'avaient conçue et réalisée les Constantin et les Théodose. Mais cette idée rencontrait une forte résistance dans les nationalités nombreuses et vivaces qui composaient l'empire carlovingien : pour achever une œuvre aussi colossale, il aurait fallu les règnes successifs de plusieurs Charlemagnes, et les siècles sont avares de tels hommes !

Charlemagne lui-même, ainsi que nous l'avons remarqué plus haut, respecta ces nationalités dans leurs divergences constitutives ; il leur laissa leurs coutumes particulières ou leurs lois de *races*, et ses employés, quoique représentants du pouvoir *un* de l'empereur, jugeaient le Franc-Salien d'après la loi salique, le Bourguignon d'après la loi *gombette*, le Wisigoth d'après le *breviarium* ou le *forum judicum*, etc., etc.

L'*unification* de l'empire était donc à l'état d'ébauche, quand le droit criminel carlovingien, qui tendait à se fonder sur ce principe, fut peu à peu remplacé par le droit criminel féodal.

---

(1) Les éléments de la féodalité française à sa naissance nous paraissent avoir été moins bien démêlés par L. Stein que par plusieurs de nos publicistes et historiens, tels que MM. Guizot, Éd. Laboulaye, Henri Martin, etc.

La souveraineté de l'empereur avait été solennellement proclamée et reconnue, mais elle était encore incomplètement réalisée dans la pratique, quand les bénéfices devinrent héréditaires ainsi que la plupart des offices. Les comtes et les seigneurs s'attribuèrent alors dans leurs domaines ou fiefs la plénitude de cette souveraineté dont ils se détachaient au moment même où ils venaient de lui emprunter toutes les prérogatives qui en constituaient l'essence. Ils la dépeçaient ainsi en lambeaux, mais sans l'affaiblir ni la diminuer comme idée théorique et absolue : on peut même dire que, dans l'étroite sphère où ils en exercèrent les droits, ils la perfectionnèrent pratiquement ; car les distinctions ou les priviléges de races disparurent ; il n'y eut pas place au sein d'un même petit fief pour plusieurs législations d'origines diverses ; les habitants du fief n'eurent plus, comme sujets du seigneur, que la loi qu'il lui plut de leur imposer. La législation, de personnelle qu'elle était, devint territoriale, par suite même du principe féodal. En considérant chaque seigneurie ou baronnie comme un petit état à part, on peut dire que l'idée d'unité et celle de souveraineté y ont pénétré fortement, en fait comme en droit ; donc, la notion d'état elle-même y a fait des progrès.

M. Guizot semble croire qu'en présence de cette souveraineté absolue du seigneur féodal, les distinctions de position sociale entre les *coloni* et les *servi* tendaient à s'effacer. Le seigneur qui perçut la capitation ou taille en même temps que la redevance payée seule

jadis au propriétaire, put, comme l'empereur dont il
représentait désormais la souveraineté, augmenter à son
gré et suivant son caprice, sinon la redevance du colon,
du moins la taille et la corvée. De là ces expressions,
taillable et corvéable à merci.

« Non-seulement le seigneur, dit le savant publiciste,
« taxait, *taillait* à son gré ses colons ; mais toute ju-
« ridiction lui appartenait sur eux. Comme leur pou-
« voir législatif, le pouvoir judiciaire des seigneurs,
« même sur la population agricole de leurs domaines,
« ne tarda pas à subir plus d'une atteinte, à rencon-
« trer plus d'une limite. Mais, en principe et dans
« l'âge de la vraie féodalité, il n'en était pas moins réel
« et entier : si réel, que les seigneurs avaient le droit
« de faire grâce aussi bien que celui de punir (1). »

Ainsi, à l'intérieur du fief, plénitude de souveraineté pour le seigneur, au moins dans l'origine : c'est
cet absolutisme qui brise la législation personnelle, qui
rétablit l'unité dans le droit. Plus tard, le pouvoir
seigneurial se limitera lui-même par des chartes accordées aux vilains et aux manants, et dans l'ordre judiciaire, par l'institution des châtelains, baillis, etc. Il

(1) *Cours d'histoire moderne*, t. iv, p. 266 Dans le même volume,
p. 510, M. Guizot dit que dans l'intérieur de son fief, une fois qu'il
avait acquitté les devoirs de vassal, le seigneur était indépendant et
omnipotent : « Tout me porte à croire, dit-il, que dans l'origine, et
« en principe, le droit de battre monnaie appartenait à tout posses-
« seur de fief aussi bien qu'à son suzerain. » Du reste, il reconnaît
que le droit du colon revécut dans la personne du *vilain*, qui n'appartenait pas corps et biens à son seigneur comme le serf Voir p. 270,
même volume, la citation de Pierre de Fontaine sur ce point.

n'en est pas moins vrai que ces chartes seront l'expression de la jurisprudence créée par le seigneur à l'aide de débris des traditions germaniques ou gallo-romaines. Elles constitueront la législation territoriale qui s'appliquera à tous, sans distinction.

Indépendantes dans leur vie propre et séparée, les baronnies se relient entre elles, par le lien de l'hommage, à de plus vastes seigneuries féodales. Ces rapports sont fondés sur le consentement réciproque du suzerain et du vassal.

L'hommage et le serment de fidélité, qui se renouvelaient à chaque génération, rappelaient le principe primitif de la bande germanique, où chaque individu qui y entrait s'engageait personnellement, mais ne liait nullement sa famille et ses descendants. Ce principe fut modifié par l'immobilisation de la bande germanique après la conquête, par la substitution du don de la terre au don des armes et des chevaux. La possession des biens fonciers tend toujours à se transformer en propriété héréditaire. De là, un lien qui continue d'être personnel fictivement, mais qui en réalité devient transmissible par la formalité de l'hommage renouvelée à la mort du vassal par son héritier du sang.

Or, le droit criminel recommence à parcourir de nouvelles phases, dans cette société féodale qui fournit sa carrière du IXe au XVe siècle : ces phases semblent l'image agrandie de celles que nous avons retracées dans l'époque précédente. En effet, nous y avons vu la vengeance privée s'exercer librement, d'individu à individu, puis se restreindre et se régulariser par l'intervention de la communauté, qui fait reconnaître envers elle le devoir de l'observance de la paix, et tire de la reconnaissance de ces relations entre elle et ses divers membres tout un système d'ordre public : ce système s'achève et se complète, comme nous l'avons dit, par l'institution de la paix qui résume toutes les paix : la Paix royale.

Le même cercle est parcouru dans la société féodale par les seigneurs ou barons.

En tant que les barons étaient souverains, ils étaient libres d'exercer à l'égard de leurs égaux et voisins des faits de vengeance ou de violence qui pouvaient être répréhensibles moralement, mais qui ne constituaient aucun crime punissable. De là, les *guerres privées* du moyen-âge remplaçant la vieille *fehde* des premiers temps.

Plus tard, les rapports du suzerain et du vassal, d'abord informes et mal déterminés, se définissent et s'organisent plus régulièrement : de cette association, espèce d'*état* naissant, qui impose nécessairement à ses membres des devoirs revêtus d'une sanction pénale, naît toute une classe nouvelle de crimes; ces crimes, qui sont proprement des crimes féodaux, se renferment dans la sphère spéciale de l'institution hiérarchique, de l'espèce de fédération baronniale dont ils violent les lois.

Enfin, le gouvernement féodal, en se généralisant, devient le corps d'état de cette époque. Les domaines

des diverses espèces de crimes se confondent de nouveau dans l'unité d'une même grande baronnie, la
royauté féodale. C'est ainsi que les indépendances individuelles s'étaient à peu près perdues aux siècles antérieurs, dans l'unité de la communauté, ou de la
royauté populaire. On doit donc reconnaître que l'histoire du droit criminel de ces deux époques passe par
des phases analogues et se termine par des issues
pareilles.

Mais comme la nature des crimes dépend de la
nature de l'*Etat*, le droit particulier de l'époque féodale
sera aussi peu semblable au droit criminel originaire, que
le régime féodal l'est à l'ancienne communauté.

Ce droit aura une physionomie et une couleur qui lui
seront tout à fait propres, et qui le distingueront essentiellement de celui auquel il succède.

Quant à la procédure criminelle, elle ne différera
pas beaucoup, devant les cours féodales, de ce qu'elle
a été devant les mâls ou plaids de la première et de
la deuxième race. La publicité, l'oralité, le combat
judiciaire, continueront d'en former les traits principaux
et distinctifs. Ensuite, si sa physionomie générale s'al-
tère à quelques égards, ce n'est pas à l'époque de transition dont nous faisons l'étude spéciale, que ces
altérations peuvent être sensibles. En résumé, on peut
dire que le caractère germanique prédomina dans la
procédure criminelle de la plus grande partie de l'Europe, comme dans d'autres branches de sa législation,
jusqu'à la renaissance du droit romain, qui fut protégé

à Bologne et en Italie par les empereurs de la maison de Souabe, accueilli avec circonspection en France par saint Louis, et mis complètement en honneur par Philippe-le-Bel, par Charles v et par les Valois.

CHAPITRE X.

DU DROIT CRIMINEL DES RUSSES.

Les Slaves offrent, dans les phases de leur droit criminel, des développements qui leur sont propres. Ce n'est qu'à leur berceau qu'on trouve entre leurs institutions et celles des autres peuples, ces ressemblances qui signalent l'enfance de toute civilisation. Ainsi nous avons rencontré chez les Russes, aussi bien que chez les Illyriens (1) et chez les autres branches des Slaves, la vengeance du sang, les compositions pécuniaires, la réconciliation des parties ou paix privée, la paix publique, etc.

Mais à mesure que les Germains et les Slaves font des progrès dans la vie sociale, leur physionomie, qui, déjà, présentait des nuances distinctes à l'observateur, se différencie d'une manière plus tranchée. Puis, parmi les Slaves eux-mêmes, chez leurs deux grands peuples, qui se sont avancés le plus loin dans la civilisation, l'histoire législative doit se bifurquer comme celle des mœurs et des conditions d'existence de ces peuples.

---

(1) Voir les *Prolégomènes*, pp. 16 et 17.

Nous allons donc jeter un coup-d'œil rapide sur le droit
criminel des Russes et sur celui des Polonais pendant
le moyen-âge. Il sera curieux de retrouver, sous des formes très-différentes, le fond des mêmes lois qui président à tous les développements de l'humanité.

§ Ier.

Rien, au moyen-âge, ne pouvait faire prévoir les
hautes destinées de la Russie : les Slavo-Russes semblent avoir eu une peine infinie à acquérir une consistance fixe et à se dessiner comme nation indépendante et vivant de sa propre vie. Ils empruntent d'abord
leurs forces militaires aux Scandinaves, leur religion et
une partie de leurs lois à un peuple en décadence, les
Byzantins; on les voit ensuite soumis sans cesse aux
invasions des Cosaques, des Polonais et surtout des
Mongols. Nulle autorité n'apparaît parmi eux, capable
de réprimer les désordres au-dedans et de repousser
les invasions au-dehors. Ce sont continuellement des
guerres intestines produites par les divisions des princes,
ou des guerres étrangères qui se terminent presque
toujours par de déplorables défaites.

Ce n'est que plus tard, quand une aristocratie mal
assise fait place dans ce pays à une autocratie puissante,
qu'il finit par acquérir tant d'unité et de grandeur. Il
fallait la main ferme d'une dictature inflexible pour tenir
reliées en faisceau les forces éparses de l'empire de Russie.

Si nous remontons au temps où les Russes étaient idolâtres, nous trouverons que le développement théocratique fut porté, chez ce peuple, à un très-haut degré ; à cette époque, les prêtres païens exerçaient sur lui une immense influence ; interprètes présumés des dieux et de la volonté populaire, c'étaient eux qui dictaient la guerre ou la paix . ils imposaient, à plus forte raison, la paix privée aux individus et aux familles qui poursuivaient la vengeance du sang.

Nestor dit, dans sa Chronique, qu'un tribunal de douze juges ou jurés siégeait sur l'autel de Péroun sous la présidence du grand-prêtre, et que ce tribunal dura jusqu'au règne de Wladimir, qui renversa les autels de cette divinité (1).

D'après un manuscrit des premières années du xie siècle, Karamsin atteste que, dans les procès criminels, l'accusateur comparaissait devant douze hommes choisis, qui jugeaient le fait d'après leur conscience, sans se préoccuper du texte de la loi : leur décision était ensuite déférée au roi ou à ses juges, qui prononçaient la peine (2).

Quelques auteurs avaient pensé que cette espèce de jury avait pu être importée de la Scandinavie ; mais on trouve la même institution en vigueur chez d'autres peuples plus méridionaux. En 1298, le roi de Hongrie

---

(1). Narusz, p. 425, 429. — *Chron.* de Nestor, p. 85 (Voir ci-dessus, p. 62.)

(2) Karamsin, II, p. 62, 63. Ewers, *Alterthumer*, trad. allemande de Buss, p. 269.

André III, fit un décret sur divers crimes et délits tels
que meurtre, violences, atteintes à l'honneur et à la
propriété, lesquels seraient commis par un noble. Dans
ce cas, le roi choisissait douze nobles, et leur faisait
jurer non pas de juger suivant le droit, mais de chercher le vrai d'après leur conscience, et dans la crainte
de Dieu. Ces douze hommes appelaient au milieu d'eux
le prélat du siége le plus voisin pour les présider, recueillir leur sentence, et en dresser un procès-verbal
qui était envoyé au roi. Le roi déférait ensuite ce procès-verbal au tribunal ordinaire pour qu'il pût prononcer en connaissance de cause une sentence pénale
définitive (1).

Nous devons encore rappeler ici le tribunal de paix
des vingt-quatre (2), dans le *Monténégro*, qui paraît
se rattacher au même ordre d'idées.

De tous ces faits, il est difficile de ne pas conclure
que le jury était une institution indigène chez les Slaves;
mais nous n'irons pas jusqu'à dire, avec Mickiewicz, que
c'est aux Slaves que les Saxons l'ont emprunté pour le transporter en Angleterre (3). Pour fronder ainsi l'opinion
commune qui fait le jury anglo-saxon originaire de

(1) Macieioski, tom. II, p. 32 de la traduction allemande.
(2) Sur ces 24 juges, qui devaient décider de la composition pécuniaire pour meurtre et homicide, 12 sont choisis par chacune des
familles. (*Voyage au Monténégro*, par le colonel Vialla de Sommières,
1807, t. I, p. 339.)
(3) Le jury, disait-il dans son cours, est une institution slave que
les Saxons ont adoptée très-anciennement et transportée en Angleterre. (Analyse de son cours, par Lébre, *Revue des Deux-Mondes*, 15
décembre 1843.)

Scandinavie, il nous faudrait des preuves bien évidentes.

Du reste, les dernières traces de cette espèce de jury ne tardèrent pas à disparaître quand le pouvoir temporel et le pouvoir clérical s'y furent solidement organisés. Les tribunaux de ces deux pouvoirs attirèrent tout à leur juridiction, et la procédure, après l'invasion des Mongols, devint inquisitoriale.

Examinons maintenant quelles furent les lois pénales de la Russie jusqu'à Pierre-le-Grand.

Il existait déjà, dans cette contrée, au vi⁰ siècle de notre ère, un corps de traditions et de coutumes oralement conservé par les prêtres, s'il faut en croire un ancien historien grec (1).

Ces lois, dont l'esprit primitif était purement slave, s'altérèrent par le contact des Varègues et des Byzantins : les Varègues, ces proscrits scandinaves, qui leur fournirent la première dynastie de leurs princes (2), et les Byzantins, qui importèrent chez eux, par des conventions et des traités de paix, des dispositions législatives et pénales qui leur étaient étrangères.

L'un de ces traités contient cette clause remarquable :

---

(1) *Hist. de Russie*, de Karamsin, vol. 1, note 120.

(2) Varègues, de *vargr*, *vargus*, loup, proscrit Nous croyons cette étymologie meilleure que celle proposée par Geyer, qui fait venir varègues de *woere-pactum*, et traduit ce mot ainsi : « soldats qui servent d'après un traité, » les *fœderati* des anciens Romains. Dans le mot *varègue* on trouve les trois consonnes de *vargus* — v. r gu. De plus, l'hypothèse de proscrits qui deviennent ailleurs des guerriers célèbres peut être justifiée par beaucoup d'autres exemples. — En franco-normand, ou patois de Normandie, *varanguois* veut encore dire marins et signifiait autrefois guerriers de mer, *pirates*.

« Si un Russe tue un chrétien ou si un chrétien tue un Russe, on fera mourir l'assassin sur le lieu même où s'est commis le crime (1). » Ainsi, par suite d'une clause de réciprocité internationale, on applique la peine capitale à l'homicide commis avec préméditation, jusque-là considéré comme crime privé. Seulement, les Russes gardent leurs vieilles lois pour la répression des meurtres ou assassinats qu'ils commettent entre eux. Les uns à l'égard des autres, ils ne continuent à protéger leurs vies que par les amendes et les compositions pécuniaires.

Le contact continuel avec les Grecs avait éveillé chez les Russes une idée vague de supériorité de la civilisation fondée sur le christianisme. Ce fut là, suivant toute apparence, le premier mobile de la conversion de Wladimir, qui par les circonstances dont elle est entourée, se présente comme un des faits les plus étranges de l'histoire.

Wladimir, que les Russes appellent le *grand*, le *saint* et qu'ils présentent comme le Constantin du Nord, était fanatique d'idolâtrie et régnait en tyran sur Kiew, vers l'an 985. Il avait offert à Péroun, dont la statue était adorée à Kiew, à Novogorod et dans toute la Russie, des hécatombes de victimes humaines. Polygame à la manière des princes orientaux, il avait réuni, dans son

---

(1) Art. 3 du traité de 912 entre Oleg, souverain de Kiew, et Léon-le-Philosophe. Karamsin, *Histoire de Russie*, tom. 1er. Voir dans le même volume le traité de 942, dont les termes sont à peu près identiques.

harem, non-seulement plusieurs femmes légitimes, mais des centaines de concubines. Tout-à-coup ce prince sanguinaire et voluptueux conçoit la pensée d'embrasser le christianisme. On lui fait un rapport sur la pauvreté du rit latin dans la Pologne, sur la magnificence du rit grec à Constantinople : c'est pour ce dernier qu'il se décide. Un autre aurait fait venir des prêtres et des moines pour s'instruire et pour instruire son peuple. Wladimir veut conquérir le christianisme l'épée à la main pour devenir ensuite lui-même sa conquête : il fait donc une invasion à main armée en Grèce, saccage plusieurs villes importantes, demande la main de la princesse Anne que l'Empereur lui accorde ; enfin, il ramène à sa suite des évêques, des archimandrites, avec un butin considérable en vases sacrés et autres objets nécessaires au culte. Arrivé à Kiew, il s'agenouille devant ses prisonniers de guerre, transformés en apôtres, et leur demande le baptême. Les prélats grecs (1) ne consentent à lui donner ce sacrement qu'après l'avoir instruit et lui avoir fait connaître les conditions de vie nouvelle que lui impose la morale évangélique. Alors Wladimir ferme son harem et jure de n'avoir plus qu'une femme, la princesse Anne, qu'il épouse avec solennité devant l'Eglise. Il s'engage de plus à abolir l'idolâtrie dans ses états, et voici comment cette promesse s'exécute. L'idole du dieu Péroun est arrachée

---

(1) La même cérémonie fut ordonnée et accomplie à Novogorod et dans les principales villes de Russie. (Lévesque, *Histoire de Russie*, tom. 1ᵉʳ, p. 172.)

de son temple, liée à la queue d'un cheval, traînée à travers les boues de Kiew, avec un cortége de douze soldats qui ne cessent de la frapper à coups de bâton, puis amenée sur les bords du Borysthène, et jetée ignominieusement dans le fleuve. Voilà comment le prétendu Constantin de la Russie traitait la divinité qu'il encensait encore la veille, et dont il avait arrosé les autels du sang de ses sujets : certes, le grand empereur auquel on veut le comparer ne passait pas avec cette mobilité sauvage de l'adoration au mépris des idoles, du culte fanatique à la dérision barbare et sans dignité.

Wladimir pousse ensuite son peuple au christianisme comme un troupeau stupide et muet. Le lendemain du jour où il a noyé Péroun dans les eaux du Borysthène, il donne ordre aux habitants de Kiew de se rendre sur les bords de ce fleuve et d'y recevoir en masse le baptême par immersion. Les habitants obéissent sans murmurer : « Si cela n'était pas bien, disaient-ils, le prince « et les boyards ne l'auraient pas fait (1) ! »

Cette facilité servile excuse le peu de respect de Wladimir pour la liberté morale de ses sujets.

Elle explique aussi comment le prince put donner dès le principe une immense autorité aux prêtres dont il faisait les pasteurs de ses peuples, et transformer ce clergé improvisé en une aristocratie aussi puissante que

(1) *Chronique de Nestor*, citée par Lévesque. *Histoire de Russie*, tom. 1ᵉʳ, p. 673.

si elle avait plongé ses racines dans la nuit des temps.

Wladimir accorda au sacerdoce une grande influence indirecte en matière de pénalité générale, et un immense pouvoir direct en fait de compétence judiciaire.

La religion avait fini par dompter la fougue barbare de ce prince. Les enseignements du christianisme avaient même provoqué chez lui une telle réaction, qu'après avoir répandu jadis le sang des innocents, il se serait fait scrupule désormais de verser celui même des criminels. Or, dans une société où la pénalité mal réglée et mal appliquée flotte un peu à l'aventure, ceux qu'une loi molle et imparfaite ne suffirait pas à contenir peuvent trouver un frein dans la terreur qu'excite un despote. Cette espèce de frein supplémentaire n'existant plus chez les Russes, les brigands et les malfaiteurs relevèrent la tête et commirent toutes sortes de désordres. Alors les évêques insistèrent pour que la peine de mort fût introduite dans les lois et rigoureusement appliquée, et ils l'obtinrent de Wladimir, qui redevint un justicier sévère, mais juste (1).

On fait remonter jusqu'au même temps le fameux règlement qui fut la charte des priviléges et immunités du clergé russe, et qui est connu sous le nom de

----

(1) « Qui suis je, disait-il, pour condamner un homme à mort ? » Les fils d'Iaroslaw en 1056 jurent qu'ils ne condamneront personne à mort; Boris Godounoff fait la même promesse en 1598; Elisabeth la renouvelle en 1741. On ne voit pas que cette horreur pour la peine de mort ait rendu les mœurs plus douces et facilité les progrès de la civilisation.

Drevniaïa Wivliophica. Ce règlement ne fut complété et
ne reçut sa rédaction définitive qu'au xii⁰ siècle, quoique Nicou, dans sa chronique, l'attribue à Wladimir
lui-même (1). On a comparé ce recueil à celui des
fausses décrétales. Quoi qu'il en soit d'un tel rapprochement, où il y a peut-être moins de justesse que de
malveillance pour le droit canon de l'Église romaine,
nous devons analyser dès à présent ce règlement curieux, dont l'origine se perd dans la nuit du moyen-âge
russe et dont plusieurs parties ne sont pas encore abro-
gées. Suivant la *Drevniaïa* les matières soumises à la
compétence du clergé étaient : « les prières, les fiançailles,
les mariages, les dissensions entre époux, les divorces,
les délais à faire baptiser les enfants, les mariages ou
accords entre parents ou compères, les liaisons illicites
des gens consacrés à Dieu, le rapt, le viol, l'adultère,
la polygamie, les infractions aux jeûnes ordonnés et aux
grands carêmes, l'abstinence observée le samedi dans
l'Église latine, ce qui est criminel dans l'Église grecque,
les profanations des églises, les divinations, les sortiléges,
les maléfices, les poisons, les hérésies et l'insulte faite à
quelqu'un en le traitant de sorcier ou d'hérétique ; le crime
des enfants qui frappent leur père ou leur mère, et des
brus qui ont battu les mères de leurs époux ; le vol des

---

(1) Cette pièce porte en quelque sorte en elle-même la preuve de sa
non-authenticité. On y dit que Wladimir fût consacré métropolite de
Kiew par Photius, patriarche de Constantinople ; et Photius est mort
en 887; plus de cent ans auparavant. En 986, le patriarche de Constantinople était Chrysoberge, alors uni à l'église romaine.

églises, les actions indécentes qui s'y commettent, et le mépris témoigné pour les temples en y mettant des troupeaux à l'abri sans grande nécessité ; les prières adressées au soleil, à la lune, aux étoiles, aux nuages, aux vents, aux forêts, aux rivières, aux montagnes, aux rochers, aux animaux ; le judaïsme, l'apostasie, la bâtardise, les crimes d'avortement et d'infanticide, enfin les contestations qui avaient rapport aux poids et aux mesures.

« La juridiction de l'Église s'étendait encore sur tous ceux qui jouissaient du privilége de cléricature. Les évêques, les archimandrites, les doyens de moines , les abbesses, les popes et leurs femmes, les diacres et les diaconesses, les moines et les religieuses, les sonneurs et autres valets d'église, les gardiens des portes, ceux qui brûlaient l'encens, les vieilles femmes , les veuves, les orphelins, les pauvres, les malades et les médecins, appartenaient à la juridiction de l'Église (1). »

Malgré les nombreux règlements que l'on attribue à Wladimir à tort ou à raison, ce n'est pas lui qui passe pour le premier législateur de la Russie. C'est son successeur Iaroslaw qui a obtenu et mérité ce titre, aux yeux de la postérité. Ce prince, qui embellit et restaura Kiew, et qui fit venir des artistes grecs pour orner les églises de peintures et de mosaïques, après avoir fondé plusieurs villes qu'il dota d'établissements publics ,

_____

(1) *Histoire de Russie*, par Lévesque, t. 1ᵉʳ, p. 181, 182, 183 et suiv., et notes insérées à la suite de la *Chronique de Nestor*, traduct. de MM. Louis Paris, Heideloff et Campé. Paris, 1834.

laissa de son règne un monument plus remarquable encore, le recueil des lois connu sous le nom de *Prawda*
de Novogorod ou *Rouskaïa prawda* (1), les Vérités
russes.

Ces lois nous paraissent inspirées par une réaction
de l'esprit slavo-russe et par l'influence des Varègues
ou Scandinaves contre les essais de pénalité régulière
que Wladimir avait voulu imposer à ses sujets par le
conseil des prélats et des prêtres venus de l'empire de
Byzance, pour convertir ses états au christianisme. Ce
clergé étranger avait tenté prématurément d'imposer à
des peuples à demi barbares des institutions trop avancées pour lesquelles ils n'étaient pas mûrs. Ces peuples
n'étaient pas même préparés à passer de leur enfance
sociale à la seconde période de civilisation, celle de
prépondérance ecclésiastique (2). Iaroslaw, plus prudent
que Wladimir, ne se prête pas à ces tentatives que repoussent autour de lui les mœurs et les préjugés des
Russes. Il maintient le christianisme, mais il ne lui
fait aucune concession dans les lois de l'état. En présence de cette religion qui défend de se venger, la prawda,
dans son premier article, reconnaît hautement le droit
de vengeance du sang. Le texte est formel : « Si un
« homme tue un autre homme, le frère aura le droit

---

(1) Nous avons remarqué ailleurs la belle synonymie que présente ce
mot *prawda*, droit, vérité et lois. Le recueil des *Rouskaïa prawda* est
précédé de ces mots: *Respectez ce règlement, il doit être la règle de
votre conduite : telle est ma volonté.*

(2) C'est ce qui nous confirme dans l'opinion que la *Drevniaia* n'est
que du xiie siècle, ainsi que plusieurs critiques l'ont pensé.

« de venger le meurtre de son frère, le fils celui de
« son père, le père celui de son fils, de même que le
« neveu, soit qu'il soit fils du frère ou de la sœur (1). »

La loi de la responsabilité, qui occupe tant de place
dans les institutions germaniques du nord, et en particulier chez les Anglo-Saxons, se retrouve dans la
Prawda. On lit dans l'article 2 : « Quand le meurtre
« est la suite d'une querelle ou de l'ivresse, le district
« encourt une responsabilité. Si le meurtrier s'échappe,
« le district paie au prince une grivna ; s'il ne s'échappe
« point, il paie une demi-grivna, et le meurtrier l'autre
« demi-grivna. Le district est déchargé de toute respon-
« sabilité quand le cadavre est inconnu (2). »

C'était, en effet, aux starostes (3) du district à maintenir l'ordre public et à empêcher l'abus des liqueurs
fermentées : cette responsabilité n'est pas aveugle, et,
pour ainsi dire purement matérielle, comme celle qui
fut pendant plusieurs siècles le principal fondement de
la législation pénale de l'Angleterre.

D'un autre côté, une simple amende, et une amende

---

(1) Nous avons pris le texte de la Prawda : 1° dans Ewers, *Das Älteste Recht der Russen*, p. 259, 263 et suivantes ; 2° dans les notes de
la *Chronique de Nestor*, traduction déjà citée ; 3' dans Esneaux, *Histoire de Russie*. Paris, Corréard, 1828. La Prawda a été promulguée
en 1016.

(2) Esneaux, *Histoire de Russie*, t. 1, p. 173.

(3) Nous avons dit ailleurs que *staroste* répondait à *senior*, le *plus
âgé ;* le staroste remplissait à peu près les mêmes fonctions que nos
maires ou syndics L'idée de l'âge était fictive. C'était le plus capable
ou le plus ancien en sagesse, qui était choisi pour administrer la communauté.

d'une grivna, pour un meurtre, même non prémédité, paraîtrait bien légère si la vengeance du sang n'avait pas dû suppléer à l'insuffisance d'une telle expiation.

Du reste, le cas était prévu où le mort ne laisserait point de vengeur : « Alors, dit la Prawda, le meurtrier « reconnu paiera 40 grivnas, que le mort soit Russe ou « Slave, homme de guerre ou de chancellerie, marchand « national ou étranger, et même fugitif d'un autre « pays (1). »

Ici ne se rencontre pas le principe de la plupart des lois germaniques, qui graduaient l'amende suivant le rang de la victime. L'égalité de l'amende est le commencement de l'application du principe de l'égalité devant la loi.

Les articles suivants sont relatifs aux querelles qui ne sont pas suivies d'homicide : dans le cas suivant, qui suppose de simples blessures, « les meurtrissures ou le sang qu'il perd tiennent au plaignant lieu de témoins. Le plaignant, même meurtri et ensanglanté, n'a aucun droit à une réparation, si les témoins le déclarent agresseur. L'agresseur paie 60 kounis (2). Quand le plaignant n'a ni blessures, ni contusions, il doit au moins fournir un témoin, sans quoi la plainte serait nulle. En la supposant valable et *s'il y a impuissance de se venger personnellement*, le battant paiera au battu trois grivnas et les frais du jugement (3). »

(1) Art. 3, dans Esneaux, 1, p 176 ; art. 2 dans les notes de la *Chronique de Nestor*.
(2) Esneaux, id., ibid.
(3) Art. 4.

Voici encore un article remarquable :

« Si un homme est blessé au bras, s'il perd un membre ou qu'il reste estropié de la blessure, l'auteur du dommage lui paiera 40 grivnas. Si la blessure est au pied et que le blessé devienne bôiteux, ses parents les plus proches en tireront vengeance. On paiera 3 grivnas pour un doigt coupé, et 12 grivnas pour avoir coupé les moustaches et la barbe (1). »

Il s'attachait, comme on le voit, une sorte de honte particulière à être bôiteux ; car, dans ce cas, la loi elle-même exhorte les parents du blessé à la vengeance. Il était moins douloureux, mais peut-être plus ignominieux encore, d'avoir la barbe coupée ; et celui qui faisait cet outrage à un Russe était puni plus sévèrement que s'il avait commis une mutilation sanglante. Cela fait comprendre l'opposition nationale si violente qui s'éleva contre l'oukase de Pierre-le-Grand qui ordonnait à ses sujets de couper leur barbe.

L'article suivant montre que le législateur veut prévenir les meurtres en arrêtant les premiers mouvements qui peuvent conduire à l'homicide. « Celui qui tirera « son épée, sans même en frapper personne, paiera un grivna (2). »

On voit ensuite la différence que fait la loi entre des témoins nationaux et des témoins étrangers. « Si un « homme en pousse un autre ou le tire à lui avec vio- « lence, l'offenseur paiera trois grivnas à l'offensé, si

(1) Art. 5 ou 6.
(2) Art 6 ou 7.

« celui-ci a deux témoins de la violence qu'on lui a
« faite ; mais si ces témoins sont Varègues ou Kolbé-
« giens, on leur fera prêter serment de la vérité de
« leur témoignage (1). »

Ainsi, la simple affirmation du Russe suffit à la justice,
mais pour le témoin Scandinave, il faut qu'il atteste
devant Dieu la vérité de sa parole.

Voici maintenant un passage de la Prawda qui prouve
que tout en autorisant la vengeance du sang, on ne
permettait pas, dans tous les cas, aux personnes volées
de se faire justice elles-mêmes.

« Celui à qui on aura volé un cheval, des armes ou
« des habits, et qui les reconnaîtra pour siens, a le
« droit de les reprendre partout où il les retrouvera. Le
« voleur lui paiera trois grivnas pour ce tort. Mais si
« celui qui a recouvré son bien ne peut se faire justice
« par lui-même, il doit dire à la personne qui s'en est
« emparée : Ces objets m'appartiennent, tu le nies ; dis-
« moi donc l'endroit où tu les as achetés, produis des
« témoins qui l'attestent, ou viens avec moi devant le
« juge ; si tu ne peux pas y venir aujourd'hui, fournis-moi
« caution que tu y viendras dans trois jours (2). »

Ce sont les premiers linéaments d'une procédure
naissante.

Un autre article prouve que dès le xie siècle existait
le servage, que quelques auteurs prétendent n'avoir été

____

(1) Art. 7 ou 8.
(2) Art. 10, suivant les traducteurs de la *Chronique de Nestor* ; art.
15, suivant Esneaux, I, p. 178.

introduit en Russie que depuis l'invasion des Mongols.

« Si un serf osait battre un homme libre, et qu'il
« trouvât un asile dans la maison d'un boyard ou d'un
« noble, l'un ou l'autre paiera dix grivnas d'amende
« et le serf sera rendu à son maître (1). »

Il résulte de là qu'il y avait en Russie des serfs, des
hommes libres et des boyards ou nobles, ce qui faisait
trois grandes classifications sociales et peut-être quatre.

L'état d'enfance sociale où se trouvaient encore les
Russes se révèle par la prescription, en certains cas,
d'amendes en bestiaux au lieu d'amendes en argent :
« Celui qui brisera la lance ou les armes de quelqu'un,
« qui lui déchirera ses habits ou l'en dépouillera, sera
« condamné à une amende en bestiaux ; quand même
« le coupable voudrait rendre les effets pris ou endom-
« magés, il n'en sera pas moins tenu de payer ces
« effets par le nombre d'animaux désignés pour leur
« valeur (2). »

Isiaslaw, fils de Iaroslaw, ambitionna aussi la gloire
du législateur : il voulut perfectionner l'œuvre de son
père. En conséquence, à peine fut-il assis sur le trône,
qu'il convoqua un conseil auquel il appela ses deux
frères, ainsi que plusieurs seigneurs ou boyards, les
plus renommés pour leur sagesse. Aussi les lois d'Isiaslaw, qui sont réunies à celles de son père, portent le
titre suivant : « Vérités prescrites à la Russie par Isias -
« law, par Vsévold et Iviatoslaw, ses frères, conjoin-

(1) Art. 13, suivant les traducteurs de la *Chronique de Nestor*.
(2) Art. 14, ibid.

« lement avec Kosniatcheko, Pereviez, Nicephor,
« Tchoudin et Mikoula. »

Le trait le plus saillant des lois d'Isiaslaw, c'est l'abolition de la peine de mort dans la plupart des cas où elle
était prononcée, et le rétablissement des peines pécuniaires qu'elle avait remplacées. « On ne saurait décider,
« dit l'auteur de l'*Histoire de Russie*, si cette mesure lui
« fut dictée, comme à Wladimir, par une excessive hu-
« manité ; s'il la considéra comme un moyen d'épargner
« des hommes qui pouvaient devenir utiles à la patrie,
« ou si ce fut l'envie d'enrichir le trésor de l'État par
« des amendes, qui fut son principal mobile (1). »

Ce doute d'un judicieux écrivain, qui est ordinairement partial en faveur des souverains de Russie, peut
équivaloir de sa part à une affirmation historique défa-
vorable à Isiaslaw.

Il faut remarquer d'ailleurs que ce prince n'abolissait
pas le droit de vengeance des familles, qui devait faire
verser bien plus de sang que la peine de mort régulièrement appliquée par la justice. Renvoyer aux vengeances privées les expiations dont la société avait déjà
pris la charge et la responsabilité, c'était rallumer
ces vengeances et les appeler à se multiplier sans fin ;
c'était, en un mot, un retour vers la barbarie. Par de
pareilles concessions, le prince russe flattait les préjugés populaires de son temps, mais il se rendait
coupable d'un crime de lèse-humanité, car il arrê-

_____

(1) Karamsin, *Histoire de Russie*, tom. ii, p. 330.

lait nécessairement le développement de la civilisation.

Vanter la douceur et la sensibilité d'Isiaslaw, parce qu'il abolit la peine de mort, ce serait donc une niaiserie philanthropique digne du XVIII⁰ siècle.

Voici quelques lois de ce prince, qui ont une certaine portée en matière de droit criminel :

. « Si un homme en tue un autre dans une émeute « populaire, le meurtrier paiera 80 grivnas aux héritiers « du mort, mais il ne paiera rien pour ceux de ses « gens qui auraient subi le même sort et qui seraient « tombés à côté de lui. Si le meurtre était commis sur « les terres du souverain, le meurtrier paierait 80 « grivnas de plus au profit du fisc (1). »

Ainsi le meurtrier est responsable de la mort qu'il donne, mais non de celle à laquelle se sont exposés ses amis en épousant sa querelle. Quant à la peine supplétive établie pour le meurtre commis sur les terres du souverain, il semble qu'il y ait là une réminiscence ou une imitation de ces paix du roi si usitées en Norwége et en Suède.

Un autre passage des lois d'Isiaslaw nous fournira matière à de nouveaux rapprochements avec des législations étrangères. On y verra que l'idée de la solidarité dans la communauté, qui eut tant de force chez les Scandinaves et chez les Anglo-Saxons, et qui exista même chez les Polonais, paraît avoir été inconnue aux Russes dès les premiers temps de leur histoire :

(1) Note de la traduction de la *Chronique de Nestor*, loi d'Isiaslaw, art. 1.

« Si un homme est assassiné sur la grande route par
des brigands, et que l'on n'ait pas arrêté les coupables,
ceux qui sont responsables de l'amende qu'auraient due
les meurtriers, ce sont : 1° le seigneur de la terre sur
laquelle le crime a été commis ; 2° et conjointement
avec lui, le magistrat ou officier public chargé de veiller
sur cette route à la sûreté publique (1). »

On ne voit paraître, comme responsables, en cette
circonstance, que le délégué du souverain et le boyard
ou seigneur : l'élément autocratique et l'élément aristocratique ; point d'élément populaire dans la vieille
comme dans la nouvelle Russie. En Suède, c'était la
communauté entière qui devenait responsable de l'amende
pécuniaire, si on n'avait pu découvrir le meurtrier dans
l'espace d'un an et un jour (2).

Dans le taux des amendes, fixé par Isiaslaw, on ne
trouve plus la même égalité devant la loi que dans la
législation de son père : « Si quelqu'un vole le receveur
« d'un péage appartenant au souverain, le coupable
« paiera 80 grivnas ; on paiera la même somme pour
« le meurtre d'un vieil écuyer des haras du prince (3),

(1) Art. 2, suivant les notes de la *Chronique de Nestor.*
(2) Stiernook, *De jure Sueonum,* lib. II, part. II.
(3) Les habitants de Dorogobouge (*) avaient tué un vieil écuyer
d'Isiaslaw, et ce prince leur fit payer une amende de 80 grivnas. Ce
fait particulier donna lieu à une loi que les Romains auraient appelée
ex post facto.

(*) Plusieurs villes avaient alors des libertés et immunités qui en faisaient des espèces
d'états ou des communautés républicaines qui achetaient les avantages de l'indépendance
par les charges de la solidarité. Nous reviendrons sur l'existence de ces constitutions
urbaines, en parlant de Novogorod et de Riga.

« et 12 grivnas pour le meurtre d'un staroste et d'un
« concierge appartenant au souverain. Quant au meurtre
« d'un serviteur de sa maison, l'amende sera de cinq
« grivnas, comme celle d'un homme du peuple et
« d'un serf ; mais l'amende sera de douze grivnas pour
« quiconque tuera une nourrice ou le mari d'une
« nourrice (1). » Et un peu plus loin : « Quiconque
« maltraitera grièvement un paysan sans ordre du
« prince, paiera trois grivnas, et douze pour un
« homme d'armes, un homme libre ou un douanier
« maltraité (2). »

Certainement, la diversité dans le taux de ces amendes
n'indique pas qu'elles soient classées, comme dans les
législations germaniques, suivant les rangs et les positions des personnes lésées ; cependant elle prouve qu'on
a eu quelque égard à la différence de ces rangs et de
ces positions. D'autres fois, si on a élevé l'amende,
c'est par des raisons d'humanité. Il est touchant, par
exemple, de voir une nourrice devenir l'objet d'une
protection spéciale de la loi.

Isiaslaw n'épargnait pas, sinon les prescriptions, au
moins les conseils de respect pour la vie de l'homme.
« Si le voleur de nuit, dit-il, pris sur le fait, est tué, il
« est bien tué ; mais *il est mieux* de le saisir, si on
« peut, et de le livrer à la justice dès qu'il sera jour ; car
« si quelqu'un avait vu ce voleur garrotté pendant la nuit

(1) Art. 3, suivant les notes de la traduction de la *Chronique de
Nestor*.
(2) Art. 7, ibid.

« et qu'au matin on le trouvât mort, le maître de la
« maison encourrait une juste peine (1). »

Le meurtre commis de sang-froid inspirait presque
autant d'horreur au Slavo-Russe qu'au Germain.

Malgré le peu de population de la Russie et l'étendue de ses forêts, on attachait déjà beaucoup d'intérêt à
leur conservation. « Il est expressément défendu, dit
« Isiaslaw, de dégrader les forêts, de dépouiller les
« arbres de leur écorce, de faire du feu dans les bois,
« non-seulement à cause des embrasements qui peuvent
« en résulter, mais encore à cause des ruches d'abeilles
« qu'on y entretient et auxquelles la fumée est mor-
« telle. On paiera pour chacun de ces délits trois grivnas
« et trente coupons (2). »

Isiaslaw protége aussi la propriété de l'esclave par
des dispositions qui rappellent le droit romain : il condamne à une amende de douze grivnas le suborneur qui
engagera l'esclave et le serf d'un seigneur à s'enfuir (3).

Le servage paraît donc en pleine vigueur dès cette
époque, et cependant voici un article qui suppose l'existence des petits propriétaires libres : « Quiconque, en
« labourant la terre, passera les bornes ou les fossés de
« son *héritage*, paiera douze grivnas (4). » Ce n'est pas
là la possession précaire du serf; c'est bien la propriété
avec son caractère patrimonial et transmissible.

(1) Art. 8 des lois d'Isiaslaw (notes de la *Chronique de Nestor*).
(2) Art. 9, id., ibid.
(3) Art. 5 des lois d'Isiaslaw, id., ibid.
(4) Art. 10, ibid. On vient de voir que le meurtre d'un Staroste
n'était pas payé plus cher.

On peut remarquer aussi combien le respect pour les limites devait être sacré, puisqu'une expiation aussi grave était imposée, non pas même à celui qui les arrachait, mais à celui qui les dépassait en traçant ses sillons.

Isiaslaw, pour les petites rapines des champs, conserve encore l'amende en nature. Cette amende est de neufs martres pour la soustraction d'une poule ou d'une colombe, pour un vol de foin ou de bois (1). Il est probable qu'alors les martres étaient plus communes qu'aujourd'hui et les fourrures moins chères.

Il y a enfin dans les lois d'Isiaslaw un article assez compliqué sur la répartition du produit des amendes; en voici le texte :

« Le produit des amendes sera employé ainsi qu'il « suit : le prince percevra trois grivnas sur celles de « douze grivnas : les trois quarts restants seront em- « ployés à l'entretien du gouvernement de Novogorod « et aux récompenses suivantes, savoir : chaque per- « sonne qui arrêtera un voleur aura dix coupons, la « garde portant épée aura autant de martres (2) qu'il se

(1) Art. 12 et 13, ibid.

(2) Un vieux chroniqueur polonais s'exprime ainsi sur les Russes des anciens temps: « Mardurum et aliorum animalium pelles quas vicinæ solitudines producant, pro summa opulentia Russis habentur. Qui ipsarum pellium delicatarum portantes decora, licet tenuem et inopem habeant victum, divitissime vestiuntur. » C'est encore aujourd'hui le même prix attaché aux martres, aux belles fourrures et aux riches vêtements. On comprend que les martres pussent équivaloir jadis à une once d'argent. (Dlugloss, *Historia polonica*, lib. primus, p 21, Lipsiæ, 1711.)

« trouvera de grivnas dans l'amende ordonnée ; mais
« si cette amende excède douze grivnas, alors le prince
« en prélèvera dix, la dîme du clergé deux, et les per-
« sonnes qui auront suivi et saisi les voleurs recevront
« soixante-dix martres (1). »

Il y avait donc à cette époque en Russie une garde
portant épée qu'on peut regarder comme une espèce
de gendarmerie ; mais elle était insuffisante pour le
maintien de la police et du bon ordre, puisqu'on était
obligé de donner une prime aussi considérable à ceux
qui arrêtaient les voleurs.

Par ces extraits des deux plus vieux recueils de la
Russie, on peut juger de ses mœurs, de son état social,
et mieux encore de son droit criminel.

On a voulu comparer les prawda russes aux lois germaniques ; des critiques ingénieux y ont trouvé des ressemblances nombreuses (2). Sans doute, il y a toujours
des rapports dans les législations des peuples appartenant aux races les plus diverses, si elles sont l'expression d'un même état social, d'une même époque de
barbarie à peu près complète. Cependant il y a dans la
physionomie du droit russe des traits d'originalité slave

---

(1) Art 14, ibid. On pourrait trouver la preuve du caractère fiscal
des codes d'Iaroslaw et d'Isiaslaw dans leur loi sur l'incendie :
l'incendiaire devait être livré en esclavage au prince et son bien était
confisqué, également au profit du prince, sauf le prélèvement fait
d'abord sur ce bien pour dédommager le propriétaire. (Esneaux,
Histoire de Russie, tom. 1er, p. 177)

(2) Voir le discours déjà cité de M. Strube de Piermont, prononcé
en 1756 à l'académie de Saint-Pétersbourg

que nous avons signalés en passant. Le premier de tous est celui qui inaugure la Prawda d'Iaroslaw ; il est impossible de proclamer le droit et le devoir de la vengeance du sang avec plus de franchise. Cela est digne de l'Orient asiastique.

Et sur ce point la Prawda est un fidèle miroir des mœurs de la vieille Russie, dont l'histoire n'offre qu'une longue série des plus sanguinaires vengeances accomplies jusque sur des villes et des nations entières (1).

Mais ce qui caractérise surtout ces vieilles lois russes, c'est leur absence de principes fixes. On n'y retrouve ni l'unité type de l'amende (2), ni la gradation régulière du

:

(1) *Das alteste Recht*, etc. Ewers, Dorpat. Entre autres exemples de la pratique du droit de vengeance, Ewers rapporte et commente, d'après la *Chronique de Nestor*, les perfides et horribles traitements qu'Olga fit subir aux Drevliens pour venger la mort cruelle d'Igor, son époux, massacré par ce peuple auquel il faisait la guerre. Le savant docteur de Dorpat explique compendieusement que, comme femme d'Igor, Olga n'aurait pas eu le droit de la vengeance, mais qu'on ne pouvait le lui refuser comme tutrice de son fils Sviatoslaw, qu'elle représentait. Dès lors, toutes les trahisons, toutes les barbaries, non-seulement lui étaient permises, mais devenaient un devoir pour elle contre les meurtriers d'Igor. C'étaient, suivant Ewers, les mœurs et les idées du temps.

(2) V. ci-dessus chapitres 8 et 9. — La grivna équivalait à la livre d'argent, qui était de treize onces à Novogorod ; mais on voit que le meurtre ordinaire se paie 3, 12 40 et quelquefois 80 grivnas, et on ne sait où saisir le type de l'amende au milieu de ces variations continuelles et de ces dispositions contradictoires. Du reste, il n'y a pas eu de monnaie légale frappée en Russie avant le xvᵉ siècle. Jusque-là on ne se servait que de petites monnaies tartares, de fragments de peaux de martre ou de morceaux de cuir frappés d'une empreinte. Les tributs et les sommes considérables se payaient en lingots d'argent. (*Des progrès de la puissance russe*, par Lesure. Paris, 1812, chez Fantin).

taux de l'amende suivant la qualité des personnes ; on serait tenté de croire, d'après la Prawda d'Iaroslaw, qu'il y a des tendances vers l'égalité devant la loi, si des tendances contraires ne se manifestaient dans la Prawda de son successeur. Toute cette législation n'a donc pas de but bien déterminé, et elle a moins de consistance que la plus barbare des législations germaniques.

Il y avait quelque chose de flottant, et pour ainsi dire de capricieux, jusque dans la constitution du pouvoir princier : les partages de la Moscovie entre les frères ou parents de la même maison affaiblissaient souvent ce pouvoir qui était tantôt despotique, tantôt faible et limité. Le principe de l'inviolabilité des princes et des souverains était inconnu, et ils pouvaient être mis en jugement devant des assemblées de princes, de boyards, de chefs du clergé, de citoyens notables. On en voit des exemples multipliés vers la fin du XIe siècle.

En 1096, Sviatopolk et Wladimir II, après avoir défait les Polovtsi, voulurent tenir un congrès à Kiew, où seraient convoqués des évêques, des abbés, des possadniks (1), et des officiers de la couronne, anciens serviteurs de leur père. Ils citèrent devant cette assemblée (2) leur cousin le grand-duc Oleg, qui s'était allié contre eux aux *Polovtsi*, ces ennemis-nés de la Russie.

Oleg répondit avec une arrogance hautaine qu'il ne lui

(1) Les *Possadniks* étaient à peu près ce qu'étaient et ce que sont encore aujourd'hui les bourgmestres dans les villes libres de l'Allemagne.
(2) Nestor, dans sa *Chronique*, appelle ces assemblées *vetche*, du même nom que les assemblées de la ville libre de Novogorod.

convenait pas d'être jugé par des évêques, des moines,
une vile populace (1). Mais ce refus d'un accusé qui se
sentait coupable ne prouve rien contre le droit dont on
voulait user contre lui.

Trois ans après, il y eut, dans une autre affaire non
moins grave, un véritable jugement rendu contre un
prince de Russie, David Igorévitch, par les quatre autres
grands princes, assistés des seigneurs ou boyards qui
dépendaient de leurs souverainetés.

Le crime qu'on reprochait à David Igorévitch était
d'avoir perfidement attiré dans un piége le prince Was-
silko et de lui avoir arraché les yeux. Suivant les
chroniques du temps, les quatre princes commencent
par interroger l'accusé ; il garde le silence : chacun d'eux
sort ensuite de sa tente et forme un cercle à cheval
avec les grands qui l'accompagnent. L'avis de chacun de
ces quatre cercles est unanime ; il en résulte une sentence de condamnation et de déchéance. Des hérauts
viennent ensuite annoncer le résultat des délibérations.
En conséquence, le prince David est déclaré déchu de sa
principauté de Wladimir, mais il pourra cependant vivre
tranquille dans la retraite sans redouter aucune vengeance (2).

(1) Lévesque, *Histoire de Russie*, tom. 1er. p. 247-248.
(2) Karamsin, tom. 2, p. 166-167. En 1125, Wladimir II donna
un supplément aux *Rouskaïa Prawda*. Mais il n'y a presque rien de
relatif au droit criminel. Cependant, on peut y remarquer les règlements nouveaux relatifs à l'esclavage. Wladimir distingue l'esclavage
plein et l'esclavage par contrat. L'esclavage plein, qui résulte de l'hérédité ou de la guerre, donne au maître tous les droits possibles sur

La faiblesse et le peu de solidité d'un tel pouvoir princier, l'inconsistance des lois, la multiplicité des vengeances privées, des crimes et des brigandages : tout faisait sentir le besoin d'une force morale et religieuse qui vînt en aide à l'ordre public et pût donner des appuis à la société chancelante et sans cesse ébranlée.

C'est en profitant de ces circonstances si favorables, que le clergé russe arriva à un pouvoir politique qui égala presque celui des théocraties de l'antiquité.

§ II.

Jusqu'au xiiᵉ siècle, il y avait un obstacle à la popularité de l'épiscopat en Russie : c'était la dépendance complète où il était du patriarche de Constantinople, qui nommait toujours un prêtre ou un moine grec métropolitain de Kiew. En 1147, les évêques secouent ce joug anti-national, et profitant d'un interrègne dans le patriarchat ils prennent sur eux d'élire pour métropo-

---

son esclave, excepté celui de vie ou de mort. L'esclavage par contrat est celui qui se constitue par des conventions avec un homme libre qui s'est ruiné et qui se vend ou qui vend ses enfants pour payer ses dettes. Cette vente se borne souvent à une aliénation de la liberté pour plusieurs années. Dans tous les cas, elle ne donne pas au maître le droit de battre son esclave injustement : l'esclave est admis à se plaindre devant le magistrat civil ou devant l'évêque, s'il est dans une ville ; et s'il prouve qu'il a reçu des coups sans motifs légitimes, il a droit à la même réparation qui serait due à un homme libre en pareille circonstance. Dans ces lois de protection pour l'esclave, on peut reconnaître la bienfaisante influence du clergé.

litain un chanoine russe. Cet acte d'indépendance
ne fut pas accepté plus tard par le patriarche de Constantinople, qui cassa l'élection épiscopale et voulut
encore imposer un Grec à l'église métropolitaine de
Russie; mais ce Grec fut obligé de se retirer devant
l'animadversion publique (1).

C'est à dater de cette époque que la popularité du
clergé russe s'accroît sans mesure et que les princes lui
accordent des priviléges dont il profite pour acquérir
une immense prépondérance politique. C'est alors aussi,
suivant toute probabilité, que parut la *Drevniaïa*, sous
la forme d'un document antique par lequel le clergé
faisait accepter comme des droits reconnus ce qui n'avait
été jusque-là que des prétentions contestées.

Aux immunités presque effrayantes que lui conférait
la *Drevniaïa*, il faut ajouter le droit qu'il avait réclamé
et obtenu de faire siéger, dans les causes même purement séculières, les juges du métropolitain ou de l'évêque à côté des juges du prince. Sur les revenus du
jugement, neuf parts devaient appartenir au souverain et
la dixième à l'Église; c'est sous prétexte de surveiller
la perception de cette dîme que l'Église avait introduit
ses représentants dans les tribunaux civils et y exerçait
la moitié de la puissance judiciaire.

Au reste, pour donner une preuve de l'autorité dont
jouissaient les évêques, on peut citer l'abus qu'en pouvaient faire quelques-uns d'entre eux. Nicon, dans sa

----

(1) Lévesque, tom. 1er, p. 339.

Chronique, raconte l'histoire d'un certain Théodore qui
vint trouver en 1171 le grand-prince André, et qui prétendit avoir été nommé évêque de Rostof par le patriarche de Constantinople. Sans vouloir faire examiner ses
titres par le métropolite de Kiew, il alla prendre possession de son évêché avec la permission du faible André.
Là, Théodore se conduisit non point en homme de Dieu,
mais en véritable tyran. « Beaucoup de personnes, dit
« la Chronique, et même des villages entiers qui dépen-
« daient de cet évêque, eurent à souffrir de ses vexations:
« il les privait de leurs armes et de leurs chevaux. Plu-
« sieurs furent réduits en esclavage, exilés et dépouillés
« de leurs biens, non-seulement des laïques, mais des
« moines, des abbés, des prêtres, etc. Théodore, ajoute
« Nicon, persécutait les princes, les boyards et les ou-
« vriers et ouvrières d'André ; il faisait cuire les fem-
« mes dans des chaudières, coupait le nez et les oreilles
« aux hommes et faisait trembler tout le monde ; car il
« était haut comme un chêne et rugissait comme un
« lion : il avait le langage pur et éloquent, le raisonne-
« ment subtil et artificieux. » Ce prétendu prélat, qui
probablement n'était qu'un faussaire, fut arrêté le 8 mai
1179. Suivant Nicon, il fut jugé par le métropolite de
Kiew et condamné à être noyé avec une pierre au cou ;
suivant Tatischef, il fut seulement banni ou déporté
dans l'île de Psi (1).

_____

(1) Notes de la traduction de la *Chronique de Nestor*. — Lévesque,
Histoire de Russie, tom. 11, p. 32-33.
Les évêques étaient toujours pour le parti de la rigueur, et en 1470

Si la version de Nicon , prélat lui-même, est véritable, les tribunaux ecclésiastiques, dont on voit qu'on respectait religieusement les immunités, pouvaient donc condamner à des peines capitales, et cette maxime: *Ecclesia abhorret a sanguine*, n'était ni connue ni pratiquée en Russie (1).

Ce qu'il y a de singulier, c'est que la conquête et la domination des Mongols ne diminuèrent pas l'autorité du clergé. Dans les malheurs publics, les peuples courent aux pieds des autels; ils demandent au roi du ciel des secours que les princes de la terre ne peuvent donner, et ils reportent sur le sacerdoce une partie des hommages qu'ils rendent à Dieu. D'un autre côté , les khans eux-mêmes consacrèrent cette autorité et contribuèrent à l'accroître par des concessions nouvelles. En 1313, le grand-prince Mikaïl se fit accompagner du métropolite de Kiew, pour aller à la horde tartare présenter ses hommages à Usbek, qui venait d'être proclamé grand-kans des Mongols. Usbek, en récompense de cet acte de soumission, donna au métropolite un firman ou diplôme qui confirmait tous les priviléges attachés à sa dignité.

ils réclamaient qu'on fît périr tous les auteurs et partisans de l'hérésie dans laquelle le juif Skaria avait entraîné un grand nombre de chrétiens. Ils tinrent un concile vers 1502, où ils demandèrent au pouvoir séculier de sévir contre l'hérésie judaïque. Alors on coupa la langue aux prédicateurs de l'hérésie, on les enferma dans des cages de fer, et quelques-uns, sur les instances d'un évêque, furent condamnés au dernier supplice (Esneaux, id., ibid., p. 232 et 234).

(1) C'eût été une subtilité puérile de prétendre que la noyade n'était pas une peine de sang. Il est certain , d'ailleurs, par d'autres documents, que les tribunaux ecclésiastiques de Russie condamnaient quelquefois à mort.

Ce diplôme, qui a toujours été conservé depuis dans
l'Église russe, comme un de ses titres les plus précieux,
défend, sous peine de mort, à qui que ce soit, de
s'immiscer dans les fonctions du métropolite, car, dit-il,
ces choses concernent la divinité. Il ordonne de respecter non-seulement le pontife, mais toutes ses églises,
les villes et villages qui sont sous sa dépendance, ses
chasses, ses terres, ses bois, ses maisons de campagne,
ses vergers, ses moulins, ses chevaux, ses troupeaux.
« Que le métropolite, ajoute Usbek, passe en paix et
« sans aucun trouble le temps de cette courte vie, et
« que d'un cœur droit et d'une volonté sincère, il prie
« Dieu pour nous, nos femmes, nos enfants et notre
« famille. » Il exempte le chef de l'Église et son clergé
de tout tribut, de toute douane, de toute contribution
pour la guerre, « car, dit-il, le clergé prie pour nous,
« il nous protége, il donne de la force à nos armées. »
Usbek et ses successeurs, quoique musulmans (1), ne
portent donc nulle atteinte à la juridiction de l'épiscopat, pendant plus de deux siècles et demi que dure
leur domination : dans leurs nouvelles chartes, ils semblent même renchérir sur l'ancienne *Drevniaïa*, que l'on
soupçonnait le clergé de s'être fabriquée à lui-même.

Pendant que les princes russes, par leurs abaissements devant des vainqueurs barbares, par leurs discordes, par les divisions et subdivisions de leurs apa-

(1 Berki, khan des Tartares Mongols, s'était fait mahométan vers
1250, et les Mongols avaient adopté la nouvelle religion de leur prince.

nages, perdaient de leur prestige dans l'esprit de la
nation, les évêques semblaient grandir en popularité et
en puissance. Médiateurs presque toujours écoutés
entre les conquérants et leur peuple, ils avaient plus
d'autorité réelle que leurs souverains, tributaires des
Mongols. On ne s'étonnera donc pas si, à la même époque, c'est-à-dire vers la fin du XIIIe siècle, une sorte de
paix épiscopale s'établit, supérieure à toutes les paix, et
si le droit d'asile, non seulement dans les églises, mais
dans les palais des métropolites et archevêques, était
plus respecté que dans le palais même du grand-
prince. En voici une preuve, empruntée aux annales de
Novogorod.

Le possadnik Siméon allait périr, dans une émeute,
victime de ce même peuple qui l'avait nommé son premier magistrat; l'archevêque de Novogorod le conduit
de sa maison, où on l'assiégeait, jusqu'à l'église de
Sainte-Sophie, à travers une populace armée et furieuse :
par l'abri de son manteau ou de son ombre, le prélat vénéré
le protége mieux que par le plus impénétrable bouclier.

Pendant ce temps, le peuple entrait en tumulte dans
le palais de l'archevêque, et y tuait le boyard Samuel
qui avait tenté de s'y défendre. Comme ceux qui avaient
porté une telle atteinte à la sainteté de cet asile
étaient des marchands appartenant à la colonie des
Prussiens, la rue Prussienne tout entière fut incendiée
en expiation de cet attentat (1).

_____

(1) Esneaux, *Histoire de Russie*, tom. II, p. 379 380. Cantù fait

§ II.

Il faut montrer maintenant quel était le droit criminel particulier de Novogorod, cette espèce de
république où commencèrent à se montrer, en Russie,
les premières lueurs de la civilisation. C'est un coin
intéressant du grand tableau dont nous avons essayé
de retracer l'ensemble.

Novogorod, cette ville fameuse, fondée sur le haut
Volga, depuis le ve siècle, avait appelé en 866, trois
chefs Varègues pour la défendre plutôt que pour la
gouverner. Elle avait voulu se donner non pas des rois,
mais ce que l'Allemagne appelait des *margraves*, chargés de garder les *marches* ou frontières du pays.
Rourik, Sinaf et Trouvor semblèrent d'abord l'avoir
entendu ainsi ; car aucun d'eux ne se fixa à Novogorod,
et chacun alla placer sa résidence aux trois extrémités
opposées du territoire de la république. Cependant ces
défenseurs ne tardèrent pas à se changer en maîtres ;
mais leur autorité ne devint d'abord absolue que dans
le gouvernement de Kiew et les pays adjacents, qu'ils
avaient conquis : à Novogorod même cette autorité fut
faible et limitée.

observer que, selon la loi des Lombards, l'esclave réfugié dans les églises était inviolable, tandis qu'il ne l'était pas dans les domaines du roi.
Mais cela se comprend mieux : le refuge auprès d'un sanctuaire du roi
du ciel devait être plus sacré que le refuge dans la demeure du prince
de la terre. Cantù, *Hist. univ.*, tom. x.

Novogorod ayant donné deux fois la couronne à
Iaroslaw Ier, en profita pour faire consacrer comme des
droits, par une charte de ce prince, les coutumes et
les franchises dont elle jouissait depuis longtemps. Des
assemblées du peuple, appelées *vetchés*, exerçaient dans
la cité et sur son territoire toutes les fonctions de la
souveraineté : quelquefois le *vetché* se transformait en
cour judiciaire pour juger ses princes ou magistrats
particuliers.

Le droit de participer activement aux assemblées législatives n'était accordé qu'aux plus anciens des
citoyens libres, aux boyards, aux militaires et aux
marchands (1).

L'historien national de la Russie, Karamsin, sou-
tient que partout, à *Novogorod même*, le prince avait
le droit absolu de juger, de punir et de communiquer
son autorité aux juges délégués par lui (2). Mais cette
assertion tranchante et suspecte, d'un écrivain partial
et dévoué aux traditions du despotisme, est démentie
par une foule de faits historiques parfaitement prouvés.
En voici quelques-uns qui nous paraissent avoir une
signification bien déterminée.

Vers 1220, un bourgeois de Novogorod est arrêté
par les ordres du possadnik Tverdislaf et livré au prince
particulier du pays, Sviatoslaw. Le vetché se rassemble
et accuse le possadnik d'avoir violé les priviléges du

(1) Karamsin, tom. III, p. 243.
(2) Id., ibid., p. 242.

pays en livrant un homme libre de la cité aux juges du prince. Le peuple se soulève. Le prince met le bourgeois en liberté, et croyant apaiser l'irritation populaire, il envoie dire au vetché encore réuni qu'il destitue de ses fonctions le possadnik Tverdislaf. Tverdislaf s'avance dans l'assemblée et s'écrie : « Souvenez-vous, « citoyens, que c'est à vous seuls de disposer de la sou-« veraineté et des fonctions de possadnik. » Alors une réaction se déclare en sa faveur : il reste possadnik et Sviatoslaw est obligé de céder (1).

Quelques années après, le conseil national de Novogorod chasse le commandant que lui avait donné son prince particulier, Iaroslaw II Féodor, et en rappelant les lettres d'immunités d'Iaroslaw-le-Grand, il invite le prince à en observer fidèlement les conditions. En conséquence, il lui demande de ne plus laisser les magistrats exercer la justice dans la ville et dans la banlieue, au préjudice des juges de Novogorod : en compensation des revenus de la justice qu'on lui enlève, le conseil reconnaît qu'Iaroslaw a le droit de prélever la dîme pour le trésor public.

Enfin Novogorod obtient d'Iaroslaw III une lettre ou charte qui semble avoir le caractère d'une transaction et qui est plus précise encore ; elle se termine par ces mots : « Les magistrats de Novogorod, conformément « à ses anciennes lois, devront être Novogorodiens et

---

(1) Levesque, *Histoire de Russie*, tom II, p. 54; Esneaux, *Histoire de Russie*, tom II, p. 218.

« nommés du consentement du possadnik.... Il sera
« envoyé à Volok et à Torjek des juges chargés de nos
« intérêts réciproques. Bejetzi et Obonége ont reçu de
« Dmitri le droit de se juger eux-mêmes ; respectez ces
« décrets et ne leur envoyez point de juges (1).

D'un autre côté, il est certain qu'à Novogorod, les
Gothlandais et les Allemands, divisés en *négociants*
d'hiver et en *négociants d'été*, avaient de temps immémorial leurs quartiers particuliers où ils suivaient leurs
propres lois, sous la surveillance de leurs anciens, élus
par eux-mêmes : on pourrait assimiler ces juges, sinon à
nos jurés, du moins à nos tribunaux commerciaux ou
consulaires; seulement ils étaient investis d'une juridiction plus étendue et plus complète.

Ces étrangers, en cas de contestation avec des Russes,
se plaignaient aux autorités indigènes ; les Russes, réci-
proquement et en cas pareil, se plaignaient aux anciens
des étrangers ; l'instruction première une fois faite par
les magistrats dépositaires de la plainte, les juges russes
et étrangers formaient, dans la cour de Saint-Jean, un
tribunal mixte qui décidait l'affaire (2).

Lorsqu'au XIIIᵉ siècle Riga entre dans la ligue hanséa-
tique, cette ville obtient que la ligue fonde à Novogorod
un comptoir qu'on appela bientôt le *père de tous les*
autres (3). D'un autre côté, les princes voisins com-
prennent qu'il est de leur intérêt de ménager Riga et la

(1) Esneaux, *Histoire de Russie*, tom. II, p. 335.
(2) Id., ibid., p. 269.
(3) Id., ibid , p. 270.

Gothlandie dont le commerce enrichit leurs sujets
l'objet particulier qui nous occupe, aucun document de
cette époque n'est plus important que le traité de 1228,
entre la ville libre de Riga et Mstislaf Davidovitch,
prince de Smolensk. Voici les stipulations de ce traité
qui sont relatives au droit criminel :

« Le meurtre d'un homme libre est taxé à dix grivnas
« en argent et à quarante en kounis ; un œil poché,
« une main coupée, une jambe ou un bras estropié, à cinq
« grivnas ; une dent cassée, à trois ; toute blessure
« légère, à une et demie ; les coups avec bâton ou
« massue, ou chevelure empoignée, à trois quarts de
« grivna ; l'adultère saisi dans la maison de la femme
« et le *séducteur d'une fille ou d'une veuve sage*,
« paieront *dix grivnas* en argent ; et le double, si le
« coupable est un ambassadeur ou un prêtre.

« L'accusé ne sera ni enchaîné, ni détenu, s'il pré-
« sente une caution, et ne sera jamais arrêté avant que
« l'offensé ait porté sa plainte au plus ancien des compa-
« triotes de l'accusé. afin de laisser ouvertes les voies
« de conciliation. Le voleur, pris en flagrant délit dans
« une maison, est à la merci du propriétaire. »

Quelques autres priviléges sont stipulés pour les
étrangers :

« On ne peut forcer les Allemands à l'épreuve du fer
« chaud. Le jugement par le duel sera interdit. Tout délit
« sera jugé selon les lois du pays où il aura été commis (1). »

(1) Esneaux, *Histoire de Russie,* tom. II, p. 272 et 273.

Dans les précautions prises contre l'arrestation et la
détention arbitraires des accusés, dans l'exclusion des
épreuves comme moyen d'instruction judiciaire, on reconnaît des idées plus avancées de cinq ou six siècles
que celles de la Russie de cette époque. Honneur à la
civilisation commerciale de Riga, qui arrache de telles
concessions au despotisme et à la barbarie !

Mais les princes russes ne pouvaient pas supporter
la pensée de laisser exister au sein de leurs états quelque chose de semblable à ce qu'ils avaient concédé à
une puissance voisine et indépendante. Aussi ce fut de
leur part une lutte continuelle contre les libertés de Novogorod. Cette malheureuse ville se défendit avec courage contre un grand nombre d'entre eux ; mais après
une lutte plus que séculaire, elle fut vaincue par Ivan III
Wassiliévitch, qui s'appuya habilement, pour cette œuvre de destruction, sur la haineuse rivalité de Moscou,
capitale de son empire, contre Novogorod, fière de ses
traditions et de ses souvenirs. Ivan, par les plus perfides manœuvres, sema la division dans la vieille république qui avait jadis appelé en Russie son aïeul Rourik ;
puis il marcha contre elle avec des forces supérieures,
et força la superbe Novogorod de se remettre à sa discrétion. Il se borna d'abord à emprisonner ou à exiler les
principaux notables ; et, comme symbole de l'anéantis-
sement de la liberté, il fit transporter la cloche du Vetché
dans la cathédrale de Moscou. Alors le fameux adage :
Novogorod est son propre juge, cessa d'être une *vérité.*
Ainsi périrent la liberté et l'indépendance novogorodien-

nes, après huit ou neuf siècles d'une existence agitée,
mais glorieuse. Faut-il rappeler ici que ce triomphe facile
d'Ivan iii fut suivi d'une persécution cruelle contre l'archevêque et le clergé de cette ville, d'une déportation en
masse de huit mille de ses habitants et du supplice de
ses plus courageux citoyens ! Ivan iv acheva de ruiner
Novogorod en faisant brûler ses édifices et exterminer la
population désarmée, vers 1569 (1).

§ IV.

On raconte que, de 1220 à 1480, les princes de
Moscovie se soumirent à d'étranges humiliations. Il
fallait qu'ils allassent, au moment de leur avènement,
recevoir l'investiture de leur principauté des mains du
khan des Mongols à la Grande-Horde de Kapstack,
et s'abaisser devant lui, en lui prodiguant les plus serviles hommages. Ce n'est pas tout : le grand-prince
devait sortir de Moscou une fois par an pour aller recevoir à la porte de cette ville les ambassadeurs du
grand-khan. Là, en présence même de ses sujets, il
leur offrait une coupe de lait de jument en signe de vas-
salité pendant qu'ils restaient à cheval ; si une goutte
de ce lait tombait sur le poil ou sur l'équipement de
leurs chevaux, le prince était tenu de l'essuyer avec la
langue ; puis il les introduisait dans son palais, les y

(1) Esneaux, *Histoire de Russie*, tom. ii. p. 214 et 288.

faisait asseoir, et, pendant que l'un deux lui lisait le
Basma, qui était la loi de conquête (1), il restait à
l'écouter debout et tête découverte.

(1) Ces détails, racontés par Voltaire, qui ne citait pas la source où
il les avait puisés, ont été contestés ; nous avons cherché cette
source nous-même et nous l'avons trouvée. Nous citons textuellement:
« Ea vero potentia tantopere Tartari abusi sunt, ut, cum legatos
« suos ad Moscoviæ principem mitterent, is ipsis obviam prodire, et
« pateram, equino lacte plenam, exhibendam offerre, et si quid in
« jubam equi difflueret, illud lambendo sorbere : in regiam vero intro-
« ductos, inudato capite, sedentibus adstans, atque omni honore
« afficiens, Basmam audire cogeretur. » *(Genealogia ducum Mosco-
vitorum*, Francofurti,. 1600 ; Lesur, *Des progrès de la puissance
russe*, p. 30-31 ; Paris, 1812). Ce qu'il y a de plus singulier à ce sujet,
c'est le soin avec lequel ces princes firent constater leur propre
honte, ou au moins celle de leurs ancêtres. — Ce fait est encore
confirmé par le baron d'Herberstein, *Rerum Moscovitarum commentarii* ; Basileæ, 1556. Cet auteur raconte qu'Ivan Wassiliévitch, qui
avait étendu sa puissance dans toute la Russie et qui avait même
soumis une partie de la Livonie à ses armes, continuait pourtant de
se soumettre aux formalités humiliantes imposées à ses prédécesseurs;
il allait, comme eux, en dehors de la porte de Moscou au-devant
des ambassadeurs tartares, et se tenait respectueusement debout
devant eux pendant qu'ils s'asseyaient: « Advenientibus namque Tar-
« tarorum oratoribus, extra civitatem obviam procedebat, eosque
« sedentes stans audiebat, etc. » P. 11 de la première édition, p. 8
de l'édit. de 1600, imprimée à Francfort. Le baron d'Herberstein
avait pu voir des témoins encore vivants de cet usage et de ces cérémonies.

Ivan III, comme le fait remarquer cet auteur, était marié à une
princesse grecque qui lui reprochait la servilité avec laquelle il se sou-
mettait à cet usage. Aussi, en 1475, quand on lui apporta le *basma*
scellé du sceau du grand-khan, il le déchira, cracha dessus, fit arrêter
les ambassadeurs et n'en renvoya qu'un seul, pour qu'il eût à annoncer à son maître que tout était rompu entre lui et le czar de Moscovie.

Malheureusement, il fit ensuite périr les ambassadeurs qu'il avait
retenus prisonniers. Le droit des gens n'avait donc pas fait un pas en
Russie de 1223 à 1475.. ! Les leçons de la fortune et de la justice
tartare étaient restées stériles. .

Pour bien apprécier le sens moral et profond d'une
aussi humiliante cérémonie, il faut se rappeler qu'au
commencement du xiiie siècle, plusieurs princes de
Russie avait lâchement égorgé les ambassadeurs du
grand-khan des Mongols, qui étaient venus leur proposer une alliance contre les polovtsis (1). Le souvenir de
ce crime ne faisait que rendre plus poignante l'ignominie de l'expiation. Jamais, peut-être, violation du droit
des gens n'a été punie avec plus de grandeur, ni plus
obstinément poursuivie de génération en génération
pendant plus de deux cent cinquante ans. Quelle leçon
donnée par des barbares de l'Asie (2) aux barbares de
l'Europe du nord !

Quoi qu'il en soit, sous de tels abaissements il n'y
avait place pour les Russes à aucun progrès social :
tout ce qu'ils pouvaient faire, c'était de conserver quelques restes de vie nationale et de tâcher d'alléger la
pesanteur du joug qui les écrasait, en attendant qu'ils
pussent le briser.

(1) Ce fait se passa en 1223, dans l'île d'Arègues, sur le Dinéper,
où étaient réunis Mstislaw le Brave, Mstislaw Romanowitch, prince
de Kiew; le prince de Tchernigow; Daniel, prince de Volhynie;
Michel, fils de Vsévolod le Rouge, et Vsévolod Mstislavitch. C'est
d'un commun accord que ces princes firent égorger les dix députés
tartares qui leur avaient été envoyés. Les Tartares envoyèrent reprocher aux Russes ce crime atroce : « Vous avez assassiné nos ambassadeurs, vous qui ne nous connaissez pas, vous à qui nous n'avons
fait aucun mal; mais Dieu sera juge entre nous. » (Esneaux, tom. ii
p. 281; Leclerc, *Histoire de Russie*, tom 1er, éd. in 4°, p. 492 ;
Lévesque, tom. ii, p. 64.)

(2) Les Turcs ou Ottomans actuels ne sont qu'une branche des
Tartares; ils ont tiré leur nom d'*Othman*, un de leurs chefs de hordes.

De leur côté, les Mongols ne cherchèrent pas à faire accepter leur domination aux Russes en se mêlant, en s'incorporant à eux comme autrefois les Saxons aux Bretons, ou les Francs aux Gallo-Romains. On pourrait comparer l'invasion de ces hordes asiatiques à un torrent fangeux qui laisse de vastes couches de limon sur les plaines où ses eaux se sont étendues : il arrête la fécondité, plus qu'il ne modifie la nature de la terre qu'il ravage. La conquête des Mongols eut pour effet de retarder la civilisation, plutôt que d'y introduire des éléments étrangers.

Vers la fin du xv° siècle, quand les nationalités du midi de l'Europe, et en particulier celle de la France, acquéraient de si heureux développements ; quand la Renaissance, ce grand réveil de l'esprit humain, donnait en Italie une si vive impulsion aux lettres et aux sciences, la Moscovie, à peine aperçue au milieu des brumes du nord, se débattait encore péniblement dans les ténèbres de la barbarie.

Cependant, dès que les flots des hordes sauvages de l'Asie qui avaient débordé sur la Russie européenne commencent à se retirer, dès que les Moscovites ne sentent plus peser sur leur poitrine ce joug qui les oppressait, ils en reviennent à s'interroger eux-mêmes, à recueillir leurs coutumes, à écrire leurs lois et à affermir l'ordre public par des pénalités régulières.

Le premier de ces monuments, dont la publication suivit de très-près l'expulsion des Mongols, est l'*Oulo-*

génié Zakonof (1). Il fut rédigé en 36 articles par le sacristain Wladimir Goussof, et promulgué en 1498 par Ivan III Wassiliéwitch. Les peines corporelles et les supplices y sont prodigués. On y punit de mort les serviteurs ou serfs qui tuent leurs maîtres, les traîtres à leur drapeau, les sacriléges, les suborneurs d'esclaves, ceux qui introduisent secrètement et perfidement des objets à eux appartenant dans la maison d'autres personnes pour les accuser ensuite de les avoir volés (espèces de criminels appelés *podmetzchek*); enfin les incendiaires et les malfaiteurs manifestes (2).

Celui qui vole pour la première fois ne doit pas être puni de mort, mais il est soumis à un châtiment corporel public, c'est-à-dire au knout, et en même temps une peine pécuniaire doit lui être infligée par le juge.

S'il est de nouveau saisi en délit de vol et qu'il n'ait pas de quoi satisfaire à l'accusateur ou au juge, qu'il soit puni de mort, et si même il n'en est qu'à son

---

(1) *Composé des lois.* Pour l'analy·e des deux *oulogénié* et du *soudebtnick*, nous nous sommes servi du discours préliminaire qui précède l'espèce de *Corpus juris* ou de Digeste des lois russes que l'empereur Nicolas a eu la gloire de faire achever ; on sait que ce beau et grand travail, qui contient plusieurs volumes in-folio, a eu pour principal directeur l'estimable et savant Spéranski, le Tribonien du Justinien de la Russie. Ce discours préliminaire a été imprimé à part sous le titre de : « *Précis des notions historiques sur la formation du corps des lois russes,* Saint-Pétersbourg, 1833. » Quand nous ne citerons pas nos sources, il sera bien entendu que c'est à celle-là que nous aurons puisé.

(2) *Rerum moscovitarum commentarii,* par d'Herberstein, p. 53 et 5½. *Plagiarii* nous a paru avoir le même sens que dans l'ancien droit romain. Quant à ce singulier genre de criminels, *quos* PODMETZCHEK *vocant,* nous n'avons pas pu les définir d'une manière plus brève que le texte lui-même.

premier vol et qu'il n'ait pas de quoi satisfaire à son
accusateur, il lui est donné en esclavage(1). « Si quelqu'un
de vile condition ou de vie suspecte est soupçonné de
vol et qu'il n'y ait contre lui que de simples présomptions, il est mis à la question. S'il ne.peut pas être
convaincu de vol, qu'il donne des cautions et qu'il soit
renvoyé de l'accusation, sauf à être remis en jugement si
de nouvelles preuves sont découvertes contre lui (2). »

Ce dernier article s'applique à la procédure inquisitoriale ou faite d'office par le juge. Voici maintenant
des règles pour la procédure accusatoire.

Quiconque veut en accuser un autre de vol, de pillage
ou d'homicide, doit partir pour Moscou et demander
qu'un tel soit appelé en justice. On lui donne un *niedelsnick* qui assigne l'accusé pour un jour fixe et le fait
amener à Moscou. (Le *niedelsnick* est une espèce d'officier
public, chargé d'appeler les accusés en justice, de saisir
les malfaiteurs et de les faire mettre en prison ; il doit
être de naissance noble.) L'accusé, mis en présence de
son accusateur, devant le tribunal, nie ordinairement ce
qui lui est reproché ; ensuite l'accusateur produit des
témoins qui déposent, suivant la coutume et la justice.
S'ils attestent la culpabilité de l'accusé, celui-ci se lève
en disant : « Je demande qu'on me défère le serment,
« je m'en remets au jugement de Dieu, je réclame le

---

(1) *Rer. moscov.*, p. 54.
(2) Id., ibid., p. 54 On ne voit pas ce qu'il devient s'il ne donne
pas de caution. Il est probable qu'alors le juge a le droit de le retenir
indéfiniment en prison.

« duel. » Alors les juges ordonnent que le duel aura lieu selon la coutume du pays (1).

On voit ici qu'il n'est plus question de torture , et que cette procédure accusatoire suppose des débats oraux et même publics.

Viennent ensuite de minutieux règlements sur le duel, sur les armes qui sont permises et sur celles qui sont défendues. C'est presque toujours à pied, et non à cheval, que les Russes combattent. On n'admet guère ni des procureurs, ni des champions. Chacun expose sa cause et se bat pour lui-même (2).

Suivant le comte d'Herberstein , les Russes se chargeaient d'armures pesantes qui devenaient pour eux un fardeau plus qu'une défense. Ils étaient presque toujours vaincus dans leurs duels par les Lithuaniens, les Polonais, les Allemands, munis d'armes plus légères et plus adroits à les manier. Aussi, on finit par défendre les duels entre Russes et étrangers (3).

Les juges avaient une part considérables dans les frais de justice, et ce premier oulogénié est un tarif de fisca-

(1) *Rer. Moscov.*, p. 54-55

(2) *Quisque pro sua causa*, id., ibid., p. 55.

(3) Id. ibid. Le comte d'Herberstein ajoute que les deux parties viennent ordinairement accompagnées de leurs nombreux amis; que si l'un des membres du cortége reçoit une injure, les siens prennent parti pour lui, que bientôt la mêlée devient générale, et qu'alors c'est une grêle de coups de poing, de coups de bâton, des cheveux arrachés, des vêtements déchirés, « combats, dit-il, fort amusants pour les spectateurs, » *certamen ita exoritur spectantibus jucundum*. Mais aussi quelle triste idée cela donne de la police judiciaire à cette époque ! Cela reporte aux temps les plus reculés de la barbarie franque ou même celtique.

lité en même temps qu'un code de procédure et un code pénal. Il y est dit, par exemple, que quand même le duel judiciaire n'a pas lieu, il est dû à chacun des juges deux altins, au notaire huit deniers ; mais si les deux adversaires sont venus au lieu du combat et ne se sont pas réconciliés, il est dû à l' *Oscolnick*, ou président de justice, 50 deniers ; au *Niedelsnick*, 50 deniers et 2 altins ; au secrétaire, 1 denier et 4 altins (1).

C'est par ce même tarif de fiscalité que nous apprenons qu'il y avait un premier degré de juridiction : « Les pré-« fets locaux, qui n'ont pas le pouvoir de prononcer « une sentence définitive en matière grave, après avoir « condamné l'une des parties à quelques roubles d'a-« mende, doivent envoyer et soumettre leur sentence « aux juges supérieurs et ordinaires, et alors il est « donné un altin à chacun des juges, et quatre deniers « au secrétaire (2). »

Mais ces espèces d'*épices* ne suffisaient pas à l'avidité des magistrats : « Malgré la sévérité du prince, dit « d'Herberstein, la justice en Russie est presque ouver-« tement vénale (3). » Cependant cette *sévérité du prince* n'avait rien d'excessif, comme on va en juger d'après le même écrivain . « Un jour, un des conseillers d'Ivan, qui faisait les fonctions d'*Oscolnick*, fut accusé d'avoir reçu des présents des deux parties. Amené devant le prince, il ne nia pas ce qui lui était

(1) *Rer moscov*.
(2) Id. ibid., p. 55.
(3) *Justitia palam fere venalis est*. Id. ibid. p. 55.

reproché ; il dit que l'affaire étant douteuse, il avait cru
devoir juger en faveur de l'homme riche et bien né ,
comme étant plus digne de foi que le pauvre. Le prince
se prit à rire, et, tout en cassant la sentence , il renvoya
son conseiller impuni. Il y a , ajoute le chroniqueur
allemand , une connivence secrète du prince avec ses
officiers de justice, dont l'indigence lui paraît excuser
l'improbité (1). »

Le *Soudebtnick* (justicial) est le monument de législation russe qui vient après l'*Oulogénié Zakonof*; il est
beaucoup plus connu ; et pourtant, comme il n'en est
en quelque sorte qu'une édition un peu augmentée et
un peu corrigée, il ne devra pas nous arrêter bien longtemps.

Le *Soudebtnick* fut promulgué en 1550, sous Ivan IV,
le premier des grands princes de Russie qui prit le
titre de Czar. Ce code fut l'ouvrage d'une assemblée où
dominaient les prélats et les abbés, et qui avait la physionomie d'un concile national. Cependant le duel judiciaire y est conservé , mais réglementé avec plus de
soin : « On y désigne les personnes qui doivent se
« battre elles-mêmes, et celles qui peuvent en envoyer
« d'autres à leur place , ainsi que les gens de justice

---

(1) Improbitatis causa est ipsa egestas, qua suos officiales cum sciat
princeps opressos, ad illorum improbitatem, quasi impunitate pro-
posita connivet. (Id., ibid , p. 55-56.) Une chose assez remarquable
dans le Code III, c'est qu'il qualifie l'ivrognerie de délit, et la
punit comme telle. Voir Esneaux, *Histoire de Russie*, tom. III, p.
236-37.

« qui sont chargés d'assister à ces combats, et d'en
« écarter ceux qui n'y ont rien à voir (1). »

Ce qu'on trouve de nouveau dans ces règlements sur
le duel, c'est l'admission des champions et une intention
bien marquée de prévenir les désordres qni se mêlaient
au *campus* proprement dit.

Quant aux pénalités, elles n'y sont guère moins rigoureuses que dans l'*Oulogénié Zakonof*. Cependant voici
en quoi le *Soudebtnick* semble y apporter de certains
adoucissements : il substitue quelquefois à la potence
1° le *knout* et la *pleite* (2), ces peines d'origine tartare ;
2° la déportation en Sibérie, accompagnée. de la confiscation des biens.

Ce code assimile aux crimes publics plusieurs crimes
considérés jusque-là comme crimes privés, tels que l'assassinat et le meurtre.

Il donne des règles assez sages sur la validité des
preuves, sur la justice légale de l'imputation, sur l'examen du lieu et des circonstances qui accompagnent le
crime. Mais , de même que dans la législation précédente, un accusé qui est soupçonné et qui n'avoue pas
dans la torture peut être retenu indéfiniment au fond
d'un cachot s'il ne peut pas fournir de caution à la
justice , « de sorte, dit un publiciste slave, qne les
« suites d'une simple prévention devenaient souvent

---

(1) Discours de M. Strube de Piermont à l'académie de Saint-Pétersbourg, p. 21. Saint-Pétersbourg, 1756.

(2) Nous donnerons plus loin la description de ces supplices.

« plus cruelles pour l'accusé que celles d'une culpa-
« bilité reconnue (1). »

Ivan IV promulgua en même temps que le Soudebtnick un Oukase qui contenait quelques améliorations
relatives à l'organisation judiciaire. Il décida qu'à l'*Oscolnick* et aux autres juges nommés par le czar, seraient
adjoints un ancien ou staroste et un juré « pris dans la
population de l'endroit même où siégeait le tribunal
pour juger les accusés (2). » Or, il y eut un tribunal
criminel par chef-lieu de gouvernement , et ce fut le
commencement de l'organisation judiciaire qui existe
encore aujourd'hui en Russie.

Le *Soudebtnick* fut accompagné d'un autre code qui
est connu sous le nom de *Sto-Glaf*, et qui roule uniquement sur les affaires de l'Église russe (3). Il n'y avait
pas, sans doute, une séparation bien exacte, dans cette
législation, de l'ordre ecclésiastique et de l'ordre civil ,
et le *Soudebtnick* touchait souvent à l'un et à l'autre.
Mais dans la création même d'un code purement clérical,
il y a une tendance remarquable à la séparation de ces
deux matières si diverses. Malheureusement, cette tendance resta stérile et ne se reproduisit pas dans les
monuments législatifs qui nous restent à analyser.

---

(1) Macicioski, *Histoire des peuples slaves*, traduction allemande,
tom. IV, p. 330-332. Cet écrivain fait remarquer en même temps que
l'emprisonnement continuait à être regardé comme un moyen préventif
et non comme une pénalité proprement dite.

(2) Esneaux, *Histoire de Russie*, tom. III, p. 268.

(3) Strube de Piermont, discours déjà cité, p. 21-28.

§ V.

Entre le *Soudebtnick* et le *Sobornoié Oulogénié*, il
s'écoule un siècle presque entier; de plus, il se passe
un grand événement politique, la fin de la dynastie des
Rourik et l'avènement de la maison de Romanow au
trône de l'empire de Russie

Après une longue anarchie, la Russie avait reconnu
Michel Romanow pour czar ou empereur; le père de ce
prince, Fœdor Romanow, s'était rendu célèbre par ses
exploits avant que la jalousie ombrageuse du czar Boris-
Godonow l'eût jeté dans un cloître. Sorti de ce cloître
pour être promu à l'évêché de Roslow, il devint patriarche de Moscou (1) quand son fils eut ceint le diadème,
et il partagea avec le czar l'autorité suprême dans l'empire. C'est sur ce précédent que se fondèrent les patriarches qui suivirent pour réclamer une large part dans le
gouvernement de l'Etat. Cela donna un nouvel essor à
l'influence théocratique, ou, si l'on veut, à la prépondérance politique du clergé russe.

Aussi, lorsque vers 1648, le czar Alexis *Mikhaïlowitch*
voulut devenir le législateur de son peuple, il fut obligé
de reconnaître cette prépondérance en appelant un grand
nombre d'ecclésiastiques dans l'assemblée chargée de
la confection du nouveau code.

Il en résulta que ce code eut une couleur religieuse ou

(1) Le patriarchat de Moscou avait été établi en 1588.

plutôt cléricale qui rappelle celle des capitulaires, avec
cette différence qu'on n'y trouve ni le génie d'un Charlemagne, ni l'esprit de clémence et de douceur de l'Eglise
romaine. Il y a un certain nombre d'articles qui sont
empruntés au droit canon de l'Eglise grecque *(pedalion)*:
quelques-uns sont tirés des basiliques, d'autres paraissent se rapporter aux statuts de la Lithuanie, plus
avancée en civilisation que la Russie de cette époque ;
mais le plus grand nombre, il faut bien le dire, ont une
couleur nationale fortement prononcée.

Le *Sobornoïé Oulogénié*, promulgué le 29 janvier
1649, fut une œuvre plus complète que les codes qui
avaient précédé : il se composa de 968 articles, et il se
proposa pour but d'embrasser à la fois le droit ecclésiastique, le droit civil et le droit criminel.

L'influence sacerdotale triompha dans la procédure de
l'influence aristocratique ; elle fit prévaloir la forme inquisitoriale sur la forme accusatoire, l'instruction écrite
et secrète sur l'instruction orale et publique. Elle fit
abolir le duel judiciaire.

Quant aux lois pénales, les deux influences se combi-
nèrent pour en aggraver encore les rigueurs. Par exemple,
à la simple peine de mort portée contre le faux-mon-
nayeur, on substitua un supplice *expressif*, mais affreux,
qui consistait à lui verser de l'argent fondu dans le
gosier. — Toutefois, par une loi spéciale et postérieure,
portée en 1672, on remplaça cette peine par une peine
plus douce, celle de l'amputation des deux pieds et de
la main gauche. — La femme qui tuait son mari était

enterrée vivante. On punissait de mort non-seulement
l'auteur d'un meurtre et celui qui l'avait provoqué,
mais même le non-révélateur et celui qui l'avait laissé
commettre. La complicité, même passive, la complicité de *laisser-faire*, était assimilée au crime lui-
même.

La peine capitale était aussi encourue pour sacrilége,
violation de tombeaux, vols d'objets appartenant à une
église, commis dans l'église même ; pour des paroles
injurieuses contre la Trinité, contre les livres saints, et
enfin pour la non-révélation de ces propos.

Le vol, avec circonstances aggravantes et en récidive,
était aussi puni de mort.

La torture, que mentionnent à peine le *Soudebtnick*
et le *Sobornoïé oulogénié*, est d'abord en Russie,
comme dans l'Europe méridionale, la suite naturelle de
la procédure secrète. Elle est peut-être moins raffinée
et moins savante que chez certaines nations plus civilisées, mais elle est plus arbitrairement appliquée, et
non subordonnée à des restrictions et à des conditions
légales.

En somme, cette législation russe de 1649 et de 1672
est de plusieurs siècles en arrière de celle que Louis XIV,
aidé de Colbert, donnait à la France précisément à la
même époque. Elle ne saurait démentir le jugement
sévère que le grand roi portait des Russes en 1687,
alors qu'il ne voulait pas recevoir à sa cour Dolgorouki,
ambassadeur de la princesse Sophie, régente de Russie,
parce que, suivant lui, « des puissances civilisées ne

devaient pas s'allier avec des puissances barbares et admettre avec elles un droit commun (1). »

Il est vrai que, dès le XVIIᵉ et le XVIIIᵉ siècle, des oukases rendus par Pierre-le-Grand et par ses successeurs ont tendu à restreindre peu à peu la peine de mort et à la remplacer par la mutilation des narines et par le knout, en y joignant la déportation en Sibérie.

(1) Le refus d'admission de l'ambassadeur de Russie n'a été relevé par aucun historien français. M. de Locmaria, dans son excellente Histoire de Louis XIV, qui vient de paraître, n'en fait pas plus mention que M. Henri Martin dans sa grande histoire de France. Les Anglais, qui n'ont pas pratiqué cette politique d'exclusion pour eux-mêmes, semblent en avoir mieux compris le mérite et la portée que nos propres historiens et nos propres publicistes. Robert Walpole s'exprimait ainsi à ce sujet : « On peut et l'on doit mettre au rang des « traits de la politique la plus éclairée, cette conduite de Louis XIV ; « il savait que faire des alliances avec une puissance jusqu'alors in- « connue, ou plutôt méprisable, c'était l'éclairer sur l'importance de « son existence. Qu'est-ce, en effet, entre les souverains, que s'allier ? « C'est se communiquer le besoin qu'on a les uns des autres. Faire « alliance avec Pierre-le-Grand, c'était donc lui dire qu'on admettait « l'influence que pourrait avoir son existence sur les intérêts respectifs « de l'Europe ; c'était lui décrire le chemin par lequel son ambition « pouvait venir faire pencher la balance. Ce trait de politique, sans « doute peu connu et senti par les Français, puisqu'ils n'en parlent « point, fera toujours honneur à la mémoire de Louis XIV. La pos- « térité louera toujours en lui cette prévoyance sage et éclairée qui « pénétrait jusque dans l'obscurité de l'avenir. » (Histoire du minis- tère de Walpole. — Fragments rapportés par Leclère, Histoire de la Russie ancienne, tom. III, p. 600.) Ce refus d'alliance avec la Russie est d'autant plus remarquable de la part de Louis XIV, qu'à cette époque toutes les puissances de son voisinage se coalisaient contre lui. Il était digne du noble monarque de faire, avant tout, de la politique européenne, même quand il avait l'Europe à combattre.

Du reste, ce n'est qu'en 1745 que la France a accordé le titre impé- rial aux souverains russes, dans la personne de la czarine Elisabeth. (Des progrès de la puissance russe, par Lesur, p. 162.)

En 1753 et 1754, cette peine est définitivement abolie (1).

Mais était-ce une réforme bien réelle et dont la justice ait à s'applaudir autant que l'humanité? Au moins la peine de mort était égale pour tous et à l'abri des caprices et de la vénalité du bourreau. Avec le knout, un bourreau adroit peut tuer un homme en trois coups, ou lui en donner cinquante sans le faire beaucoup souffrir. Le riche achète pour lui ou pour les siens sa maladresse miséricordieuse et volontaire. Un homme puissant, qui veut se venger d'un ennemi, peut faire transformer le knout en instrument homicide, et rétablir ainsi la peine de mort pour servir sa haine privée.

Du reste, c'est ici le lieu de donner quelques détails particuliers sur ces mutilations et châtiments corporels qui, après avoir été consacrés par le *sobornoïé oulogénié*, sont devenus le fond principal de la législation pénale en Russie, jusqu'au xixᵉ siècle.

L'arrachement des narines étant destiné à *marquer* les criminels; il paraît que, vers la fin du xviiiᵉ siècle, on ne faisait plus que leur *tenailler* les narines, en même temps qu'on les marquait au visage d'un fer chaud,

---

(1) En 1762, Catherine II abolit aussi la torture dans les justices inférieures où les Vayvodes en avaient étrangement abusé. En 1767, un ordre secret donné à tous les juges des provinces ne permettait la torture qu'à deux conditions : 1º c'est qu'elle serait nécessaire pour obtenir l'aveu de l'accusé ; 2º que les gouverneurs en autoriseraient l'emploi. A dater de ce moment, on assure que l'usage de la torture tomba en désuétude; mais elle fut souvent remplacée en fait par la fustigation et les mauvais traitements.

dont l'empreinte était le double aigle de l'empire (1).

Une autre mutilation, celle de la langue, était ordonnée pour les blasphèmes ou pour paroles outrageantes
contre le souverain. C'est sous prétexte de l'application
de cette loi que la célèbre Mme Lapoukin fut arrêtée au
sortir d'une fête où elle avait commis le crime d'être
trouvée plus belle que l'impératrice régnante, la czarine
Elisabeth, et qu'on lui arracha la langue malgré sa résistance désespérée qui ne fit que rendre cette mutilation
plus horrible et plus sanglante. Elle reçut ensuite cinquante coups de knout sur la place publique, et on l'envoya en Sibérie terminer misérablement son existence (2).

Ce qu'il y a de singulier, c'est qu'un publiciste russe,
qui se donne d'ailleurs comme ayant des idées très-
avancées, semble regretter, sinon la mutilation de la
langue, au moins celle des narines, qui vient d'être
abolie assez récemment par l'empereur Nicolas : « Le
« knout et la pleite, dit-il, ces peines aussi barbares
« que ridicules, n'intimident pas les malfaiteurs et ne
« corrigent pas même ceux qui les ont subies. Le fouet
« ne laisse pas de traces, comme disent les criminels

---

(1) *Voyage philosophique en Russie*, par Chantreau. Paris, Briand,
1794. Ces deux manières si barbares de *marquer* les criminel étaient
également contraires aux progrès accomplis par le droit criminel dès
le ive siècle de l'Église. On sait que Constantin avait aboli la *marque*
sur le front des criminels : « afin, disait-il, qu'on ne souillât pas d'une
« flétrissure le visage humain, qui a été fait à l'image de la beauté
« divine. » *Quo facies quæ ad similitudinem pulchritudinis cœlestis est
figurata minime maculetur.* Cod. Theod. IX, 40, 2. Voir l'*Histoire du
droit criminel des peuples anciens*. p. 666.

(2) Coxe's Travels, vol. 1, p. 469 et 469.

« eux-mêmes ; tandis qu'au moins, les narines arrachées
« faisaient porter aux condamnés une marque éternelle
« d'infamie qu'ils s'appliquaient à effacer par leur bonne
« conduite : aussi étaient-ils réputés les hommes les
« plus probes des mines comme des colonies (1).... »
Ce raisonnement tendrait à faire ressortir l'utilité de la
marque, mais ne justifierait pas les mutilations qui
déshonorent le visage, la plus noble partie du corps de
l'homme. L'empreinte du fer sur le cou ou sur l'épaule
serait toujours une trace de la peine, qu'on ne verrait
pas habituellement, mais qu'on pourrait facilement retrouver. Au surplus, ce n'est pas encore le moment de
discuter les avantages ou les inconvénients de la marque,
aujourd'hui abolie en France.

Quant au knout et à la pleite, que l'auteur que nous
venons de citer semble regarder comme des moyens
d'intimidation insuffisants, la description qu'il en fait lui-
même, et qu'en font d'autres témoins oculaires, inspire
au contraire une horreur mêlée d'épouvante.

Le knout ou fouet tartare est une courroie faite de cuir
tressé, à forme triangulaire ; elle est attachée à un fouet
fort épais qui tient par une virole de fer à un petit morceau de fer élastique ; et le tout est emmanché à un bâton
assez court.

La longueur de la courroie est de deux pieds : sa
largeur dans la partie supérieure est de huit lignes, et
de trois dans l'inférieure ; l'épaisseur est également de

(1) *La Russie sous Nicolas Ier*, par Ivan Golovin.

trois lignes ; la longueur du fouet est de deux pieds,
celle du manche d'un pied deux pouces, et la longueur
totale de l'instrument est de cinq pieds cinq pouces ;
son poids est de onze onces (1). »

« La *pleite* ou le martinet russe se compose de
lanières de cuir brut très-grosses, lâches et d'une
longueur démesurée. Elle enlève facilement à chaque
coup des lambeaux de chair. L'exécution a lieu publiquement ou simplement à la police. Dans le premier cas,
la peine s'appelle supplice ; dans le second, correction.
Appliquée publiquement, elle est suivie de l'exil en
Sibérie, où le condamné est traité comme colon (2). »

Sept ou huit coups de pleite bien appliqués pourraient donner la mort.

On encourt le châtiment de la pleite si on frappe
quelqu'un dans un lieu public, si on déchire ou qu'on
détruise les décrets du gouvernement, et si on s'oppose
à l'action des autorités légales. La même peine s'applique à la mutilation d'un membre d'autrui, et à la mutilation qu'on pratique sur un de ses propres membres,
pour échapper au recrutement ; elle est infligée au faux

---

(1) Chantreau, *Voyage en Russie*, p. 152. — Ce voyageur raconte
qu'il a vu donner à un criminel 333 coups de knout, nombre fixé par
la sentence qui le condamnait. « L'exécuteur, dit-il, fut assez adroit
« pour ne pas donner deux coups à la même place. Après cette exécu-
« tion, le malheureux, dont le dos ruisselait de sang, eut les narines
« tenaillées avec des pinces rougies, le visage marqué d'un fer chaud
« et fut reconduit (ou plutôt porté), dans sa prison d'où il devait être
« transporté dans les mines de Nerschink, en Sibérie. Nous dou-
« tons qu'il ait survécu à son supplice. »
(2) Ivan Golovin, *La Russie sous Nicolas Ier*.

serment et au faux témoignage. On l'emploie comme supplice (avec exil en Sibérie) pour vol de plus de trente roubles; comme correction (sans exil), pour vol de six à trente roubles (1).

Il y a ensuite une autre espèce de fustigation employée pour les petits délits, soit par la police de l'état, soit par celle des seigneurs; c'est celle qu'on appelle les *battoges* : « Elle est appliquée avec une branche d'arbre de la grosseur du petit doigt. Celui qui doit subir ce supplice est couché sur le ventre : deux hommes lui tiennent l'un la tête, l'autre les jambes, lui appliquent alternativement un coup de battoge, et frappent jusqu'à ce que celui qui ordonne le supplice les avertisse de cesser, ce qui n'a lieu souvent que lorsque le dos du malheureux est cruellement déchiré. Pendant la fustigation, il est obligé de prononcer sans cesse le mot de *winavat* (je suis coupable), et en sortant d'être fustigé, il faut qu'il aille baiser les pieds de celui qui a ordonné son supplice et le remercier de ce qu'il ne l'a pas rendu plus cruel. Les nobles et les seigneurs ne sont pas exempts des battoges (2). »

Enfin, il existe en Russie un châtiment corporel plus cruel que le knout même, c'est le supplice des verges : il ne peut être appliqué que pour délits militaires ou pour crimes justiciables des tribunaux militaires, tels que l'infraction aux quarantaines ou la rébellion des serfs

---

(1) Le vol au-dessous de six roubles est puni d'une simple détention à temps.

(2) *Voyage en Russie,* par Chantreau, p. 151.

contre leurs seigneurs. Pour procéder à l'exécution de
ce supplice, on range en ligne tout un bataillon armé
de verges : le condamné, les mains liées par-devant à
la crosse d'un fusil, est mené tout le long de la ligne,
précédé d'un tambour, qui couvre ses cris, jusqu'à ce
qu'il ait reçu le nombre de coups fixé par le jugement,
ce qui n'arrive presque jamais ; car peu d'hommes en
peuvent supporter plus de quatre à cinq cents, et le plus
souvent on condamne à un nombre supérieur. Lorsqu'il
ne peut plus marcher, on le met sur un brancard et on le
conduit à l'hôpital, où il reste jusqu'à son rétablissement ;
après quoi on recommence son supplice, et ainsi de suite
jusqu'au complément de coups fixé par la sentence(1). »

Ces divers châtiments corporels existent encore aujourd'hui, excepté le knout, qui a été aboli en 1846,
par l'empereur Nicolas, et qui a été remplacé par la
pleite ; mais on ne croit pas que cette abolition du
knout soit sérieuse ni durable. Du reste, la pleite peut
avoir des conséquences presque aussi cruelles (2).

Quant à la vieille procédure russe, tout en devenant
inquisitoriale, elle garda des traces de la barbarie du
moyen-âge. On sait qu'en Germanie on confrontait

(1) *La Russie*, etc., par Ivan Golovin. Cet auteur prétend que le
supplice des verges a été emprunté par la Russie à l'Autriche : certes,
ce n'est que la barbarie, et non la civilisation, qui s'enrichit par des
emprunts semblables.

(2) Au nombre des supplices usités en Russie depuis Ivan iv, on doit
placer aussi celui du *pal*. « L'empalement, qu'il avait mis en vogue,
« subsistait encore du temps de Pierre 1er, et des seigneurs de la pre-
« mière distinction subirent par ses ordres cet affreux supplice. » —
(*Voyage en Russie*, de Chantreau, tom. 1er, pag. 153-154).

40

l'homme accusé de meurtre avec le cadavre de sa victime présumée, et s'il était véritablement le meurtrier, on prétendait que le cadavre saignait à son approche. Sans précisément admettre une telle croyance populaire, les Russes ont conservé l'usage de cette confrontation, à laquelle ils attribuent une puissance mystérieuse pour arracher au criminel l'aveu tacite ou exprès de sa culpabilité. Ainsi, quand les soupçons de la justice flottent entre plusieurs prévenus différents, on les oblige à soulever par les pieds et par le bas du corps le cadavre de l'homme assassiné (1), et pendant ce temps le juge d'ins-

(1) A propos de cet usage, voici une anecdote assez curieuse que raconte le colonel Golovin, dans l'ouvrage déjà cité : « Un paysan se « prit de querelle avec un autre pour affaire d'intérêt ; il le laissa « partir tranquillement de chez lui, puis appelant à son aide son ou- « vrier, il courut à travers champs, devança son homme et l'assomma « sur le grand chemin. Il était nuit. Une femme, passant sur la route, « reconnut un des assassins au moment où il prenait la fuite, sans « qu'elle l'eût vu toutefois commettre le crime. On arrêta les deux « coupables et, de plus, trois jeunes gens qui ce jour-là étaient ab- « sents du village. Ainsi que cela se pratique en pareil cas, on obligea « les accusés à tenir le cadavre pour observer en cet instant leurs « physionomies. Celles des trois jeunes gens ne trahirent aucune « émotion, tandis que le véritable assassin devenait tout pâle et tout « tremblant au moindre contact avec le corps de la victime. Mais il « était riche ; il fit des dons considérables aux juges et au greffier, et, « contrairement à l'usage et à la loi, on l'avait enfermé dans la même « pièce avec son complice. Un jour il lui dit qu'il était ridicule de se « perdre tous deux, et que, s'il voulait prendre sur lui seul le crime « il lui donnerait cent roubles pour récompense. L'ouvrier y consen- « tit. Sur ces entrefaites, le gouverneur civil, M. B***, vint visiter la « prison, et entrant dans la cellule des assassins en question, il leur « reprocha avec énergie de ne pas faire l'aveu de leur crime. Le maître « s'écria alors qu'il était innocent, et que son ouvrier seul avait com- « mis l'assassinat pour lequel ils étaient détenus. Questionné à son tour, « celui-ci s'avoua seul coupable. Les employés qui suivaient le gou- « verneur, tout disposés en faveur du généreux paysan, se saisirent de

truction observe curieusement leurs physionomies pour
découvrir quel est parmi eux le vrai coupable.

Il y a encore dans le *Sobornoïé Oulogénié*, que n'a
pas modifié sur ce point la législation actuelle, d'autres
dispositions non moins empreintes de barbarie, puisqu'elles rappellent les vieux tarifs pécuniaires des lois
ripuaire et salique, et qu'elles nous reportent au viᵉ
siècle de l'histoire des Francs.

Ainsi, toute offense envers un bourgeois est punie
d'une amende égale à la quotité de sa contribution
annuelle : les coups sont taxés au double, ainsi que les
offenses faites aux femmes des bourgeois. Pour les fils
en bas âge, l'indemnité est réduite à moitié.

Les offenses graves faites au clergé sont punies du
double de l'amende fixée pour les bourgeois. Les dommages-intérêts pour offenses à des nobles sont réglés
d'après les appointements que ceux-ci reçoivent au service ou qu'ils y recevraient d'après leur grade.

Voilà bien les *wergeld* saliens déterminés par le
rang et la dignité de l'offensé ! On voit par là que l'institution de la chevalerie, qui a laissé de si nobles traces
dans le midi de l'Europe, n'a jamais pu prendre racine
sur le sol ingrat de la Russie : si elle y avait mis son

« cet aveu et demandèrent à leur chef s'il fallait en dresser procès-
« verbal. Le gouverneur y consentit, et, après son départ, l'ouvrier
« réclama le prix de son dévouement ; mais le maître lui dit que, puis-
« qu'il avait eu la bêtise d'avouer avant de tenir son argent, il ne
« l'aurait pas. L'ouvrier s'empressa aussitôt de dénoncer le tout au
« tribunal et de rétracter ses aveux ; mais il fut condamné pour *dépo-*
« *sitions contradictoires,* knouté et envoyé en Sibérie, tandis que le
« principal auteur du crime jouit maintenant encore de sa liberté. »

empreinte dans les mœurs, on ne comprendrait pas ces tarifs si précis destinés à compenser en argent la perte ou la diminution du premier des biens, l'honneur !

Ce que l'on a peine à s'imaginer, c'est que la plupart de ces tarifs aient été conservés dans la législation russe de nos jours !

Inutile de parler ici de certaines pénalités ecclésiastiques qui existent encore, et qui semblent appartenir à la seconde période du droit criminel, telle que nous l'avons définie.

Mais il est nécessaire de dire quelque chose de la manière dont on a appliqué ces lois déjà si imparfaites, si inégales et si oppressives par elles-mêmes.

M. d'Herberstein, en dépeignant la vénalité des magistrats russes au commencement du xivᵉ siècle, traçait un tableau qui aurait été encore fidèle au xviiiᵉ et peut-être au xixᵉ.

Un voyageur anglais de la fin du xviiiᵉ siècle disait :
« Si juste et si claire que soit une cause en Russie,
« on n'a pas d'autre chance de la gagner que de cor-
« rompre les gens de loi et les juges (1). »

Un autre auteur, qui écrivait au commencement du xixᵉ siècle, dit que « la carrière judiciaire, dédaignée
« par l'orgueil indolent des nobles russes, est le plus
« souvent abandonnée à des gens sans naissance, sans
« mérite et sans probité (2). » On comprend les consé-quences qui doivent en résulter.

_____

(1) Williams, *The rise progress and present state of the northern governments*, vol. II, p. 307.

(2) *Des progrès de la puissance russe*, Lesur, Paris, Fantin, 1812.

Les deux derniers tzars, Alexandre et Nicolas, ont fait des efforts inouïs pour déraciner ces habitudes invétérées et funestes : presque toujours ces efforts ont été vains. Ils ont voulu que la cour criminelle qui siége au chef-lieu de chaque gouvernement fût présidée par un général (1). C'était mettre la toge sous la sauvegarde de l'honneur militaire. Mais là où les mœurs publiques sont profondément altérées, aucune sauvegarde n'est sûre. L'épée peut avoir ses défaillances, et le courage du guerrier, qui ne faiblit pas sur un champ de bataille, ne sait pas toujours résister aussi bien à des séductions corruptrices.

Il reste à répondre à une objection, ou si l'on veut à une récrimination qu'adressent les partisans de la Russie aux vieilles nations d'Europe. Le nombre de crimes est beaucoup moins grand dans cet empire, eu égard à la population, qu'il ne l'est en Autriche, en France ou en Angleterre (2). Le peuple pris en masse y serait donc meilleur.

Partout où le servage existe sur une grande échelle, on verra moins de crimes poursuivis et dénoncés aux tribunaux, parce que le plus grand nombre auront été

(1) Avant l'annexion de la Pologne et de la Finlande à la Russie, cinquante gouvernements, subdivisés en cercles, constituaient l'administration locale des provinces de cet empire.

(2) Il n'y a en Russie qu'un criminel sur 1,380 habitants, tandis qu'en Géorgie, où la police se fait moins bien encore, il y en a un seulement sur 9,200. (*Etude sur la Russie*, par le baron de Haxthausen, tom. II, p. 514, édition française. Hanovre, 1848).

Pour l'Autriche comme pour la Russie, on confond les crimes avec les délits. En France, où on distingue les uns d'avec les autres, voici les résultats de la dernière statistique, celle de 1851 : Il y a un condamné à la cour d'assises sur 7,457 habitants ; il y en a un sur 178 devant les tribunaux correctionnels.

réprimés par la police locale des seigneurs ou de leurs
préposés. Il faut se rappeler que le droit du seigneur
russe va jusqu'à faire déporter sans jugement en Sibérie
tout serf mauvais sujet, qu'il juge incorrigible, et qui
donne de mauvais exemples à ses paysans (1). Quel est
le propriétaire qui n'aimera pas mieux user de ce droit
à l'égard d'un voleur ou d'un criminel ordinaire, que
d'envoyer une dénonciation officielle aux tribunaux et
de s'exposer à un acquittement difficile, il est vrai, mais
toujours possible ?

Le seigneur ou boyard a d'ailleurs d'autres moyens
de répression, tels que le fouet ou les battoges, qu'il
emploie de préférence, parce qu'il n'en résulte pas
pour lui la perte d'un cultivateur pour ses terres.

Le problème du petit nombre de crimes poursuivis et
punis en Russie nous semble donc résolu. Il ne nous
sera pas non plus très-difficile d'expliquer dans son
ensemble la singularité de l'état social que présente ce
pays au milieu même du xixe siècle.

Il se rencontra en Russie, il y a environ cent soixante
ans, un prince tellement enivré de son autorité souveraine, qu'il crut pouvoir supprimer, par la force seule
de sa volonté, toutes les conditions mises par la Providence elle-même aux développements et aux progrès des
sociétés humaines, et qu'il essaya de créer tout d'un

---

(1) Il faut dire ici pourtant qu'on ne compte annuellement que 93
hommes et 33 femmes exilés d'après ce procédé, dans toute la Russie où
les seigneurs ont plus de 20 millions de serfs Leur propre intérêt les
limite dans l'exercice de ce pouvoir arbitraire. Id. ibid., tom ii, p. 215

coup la civilisation par un *fiat* de sa puissance, comme
l'Ecriture nous apprend que Dieu a créé le monde. Mais
il n'y a que l'auteur de la nature qui puisse en suspendre ou en forcer les lois. Ces lois, qui ne sont pas
faites par l'homme, résistent invinciblement à la main
de l'homme.

Le tzar Pierre, qu'on appela Pierre-le-Grand, ne comprit pas que rien ne pouvait suppléer à l'action du temps et
à cette lente éducation religieuse et morale qui est nécessaire pour former les peuples comme pour former chaque
homme en particulier. Il s'imagina qu'on brisait des
obstacles moraux comme on brise des obstacles matériels, et il procéda à son œuvre civilisatrice avec les
moyens violents de la barbarie. Aussi ne put-il obtenir
qu'un succès apparent et tout superficiel. Les mœurs
publiques de la Russie réagirent contre des réformes
hâtives et auxquelles les esprits n'avaient été nullement
préparés.

Ces réformes, d'ailleurs, n'étaient pas de simples modifications du passé ; c'étaient souvent des suppressions
et des transformations radicales. Le patriarchat de Moscou paraît au tzar Pierre un contre-poids gênant pour
son pouvoir autocratique et pour sa dignité de souverain (1). Au lieu d'en restreindre les attributions, le

(1) Il est certain qu'il s'était introduit en Russie des usages incompatibles avec cette dignité · « A la procession du dimanche des
Rameaux, le patriarche allait, monté sur un âne que le tzar conduisait à pied par la bride, depuis Moscou jusqu'au couvent de Jérusalem
éloigné de plusieurs werstes. Arrivé là, le monarque recevait des mains
du patriarche une bourse de mille roubles pour le payer de la peine

tzar abolit le titre lui-même, qui rendait Moscou si fière
et qui l'avait fait appeler la troisième Rome. Le prince
unit alors la suprématie religieuse à l'autorité séculière ;
il délègue cette suprématie à une commission de fonctionnaires civils mêlés à des archimandrites et à des
évêques, intitule plus tard cette commission le *très-saint
Synode dirigeant*, et la fait tardivement reconnaître
par le patriarche de Constantinople (1) pour apaiser les
murmures des dévots de son empire.

A dater de ce moment, c'est donc le pouvoir séculier qui prend la tutelle d'un peuple encore enfant et à
demi-sauvage, et se charge de l'élever à la civilisation.
Une pareille mission, dans laquelle Charlemagne lui-
même sentait le besoin d'une puissante coopération du
clergé, Pierre-le-Grand veut que lui et ses successeurs
l'accomplissent tout seuls, ou du moins en ne faisant
des prélats et des prêtres que des instruments serviles
et non de libres et généreux auxiliaires. Disons-le hautement, cette mission, dans de telles conditions, ne
pouvait réussir.

qu'il avait prise. » (*Mémoirs* of Peter Henry Bruce, officier au service de Pierre-le-Grand. Dublin, 1783, p. 127.) Cela montre que, dans
la religion russe, on a toujours confondu les actes d'humilité qui honorent le chrétien avec les humiliations qui dégradent l'homme.

(1) Le patriarchat de Moscou avait été aboli en 1700. En 1721, le
tzar Pierre appela sa commission ecclésiastique *saint Synode dirigeant*
et prétendit n'avoir fait que substituer au gouvernement individuel du
patriarchat, un gouvernement collectif qu'il appelait *Ravno-patriar-
cheskoï*, égal au patriarchat. C'est sous cette forme qu'il parvint à
faire approuver sa réforme religieuse par Jérémie, patriarche de
Constantinople, le 23 septembre 1723.

Aussi ce prince, qui voulut être législateur, ne put
pas même achever un code, et au lieu de civiliser son
peuple, il ne civilisa que quelques courtisans, formés
sur des moules empruntés aux nations du midi de l'Europe. Sa ville même de Saint-Pétersbourg ne fut qu'une
colonie d'étrangers au milieu d'un peuple barbare. Et
aujourd'hui, chose singulière! il arrive que la Russie est
obligée de se refaire russe, pour ainsi dire, et de revenir à ses vieilles lois et à ses traditions nationales pour
reprendre péniblement un chemin plus long, mais qu'elle
croit plus sûr, vers le progrès social.

Le peuple russe semble donc avoir compris le mal que
lui ont fait le tzar Pierre et quelques-uns de ses successeurs, en lui donnant la robe virile au sortir de l'enfance, ou, pour nous servir d'un langage emprunté à
l'antique Orient, en lui faisant franchir d'un seul coup
deux ou trois degrés d'initiation.

Mais, pour remédier aux vices de l'état de choses
qui est résulté de cette politique imprudente, ceux qui
gouvernent aujourd'hui la Russie auront-ils le courage
de reprendre l'édifice social en sous-œuvre jusque dans
ses fondements? « L'élément humain, a dit un philoso-
« phe moderne, ne saurait subsister et fleurir sans
« l'élément divin. Les sociétés sont, sur ce point,
« l'image de l'homme, dont le corps ne saurait se pas-
« ser de l'âme comme principe de vie (1).... »

Sans ce principe de vie, en effet, un peuple ne peut

(1) *Il primato*, par Vincenzo Gioberti, tom. ii, édit. italienne de
Lausanne, pag. 61 et suivantes

pas atteindre son plein et entier développement; privé de ce qui constitue essentiellement une véritable civilisation, le progrès moral et intellectuel, il ne cessera de végéter dans un triste matérialisme; et, incapable d'être inspiré dans ses actes par des sentiments nobles et élevés, l'amour de l'argent et la crainte du bâton deviendront peu à peu ses uniques mobiles.

Le grand prince à qui la Providence a remis les destinées de la nation russe lutte certainement avec énergie contre ces déplorables tendances. Mais s'est-il suffisamment pénétré des hautes vérités qui seules pourraient le diriger avec succès dans l'accomplissement de sa difficile mission? Ne s'est-il pas égaré lui-même plus d'une fois sur la route où il devait être le guide et le conducteur de son peuple? Et, par exemple, l'a-t-on vu revenir en quelque manière sur une des parties principales de l'œuvre de Pierre-le-Grand, l'usurpation de la puissance ecclésiastique et la subordination profonde de l'Eglise à l'Etat? Il semble au contraire, si nous sommes bien informé, s'être avancé plus loin encore dans la même voie; il a fait, dit-on, prévaloir complètement, dans le prétendu *saint Synode dirigeant*, l'élément séculier sur l'élément épiscopal; enfin, il paraît n'aspirer qu'à l'entier rétablissement du césarisme païen (1). C'est, du reste, la pente où se

_____

(1) Le tzar Pierre lui-même se proposait le même but. Car après la mort d'Adrien, patriarche de Moscou, qu'il refusa de faire remplacer, il fit publier un livre dans lequel l'auteur, Procopovitche, cherchait à démontrer « que les premiers empereurs chrétiens avaient été revêtus,

laisse aller presque invinciblement tout monarque absolu
qui n'est pas catholique. Mais cette autocratie sans
limites, loin d'être un secours au tzar russe, lui deviendra
un immense obstacle; au lieu d'aider son action, elle
la gênera au dedans et au dehors. Il ne parviendra pas
à civiliser son propre peuple (1), ni à se faire accepter
par des peuples voisins comme un libérateur religieux
et désintéressé.

comme les empereurs païens, de la dignité de pontife, jusqu'au temps
où l'église romaine parvint à les en dépouiller. » (*Correspondant*, tom.
xiv, pag. 699. ann. 1846-47, art. de M. Justin Maurice). Pierre-le-
Grand voulait donc ressaisir ce que l'église primitive avait laissé
d'attributions païennes aux premiers empereurs chrétiens.

(1) Nous ne reviendrons sur la législation russe contemporaine que
vers la fin de cet ouvrage, pour la mettre en parallèle avec les autres
législations de l'Europe et pour examiner si elle est bien entièrement
sortie de la seconde période de l'histoire du droit criminel telle que
nous l'avons définie.

CHAPITRE XI.

DU DROIT CRIMINEL DES POLONAIS.

La Pologne est restée plus longtemps que la Russie sans aucune loi écrite ; aussi les origines de son histoire du droit sont-elles obscures et incertaines. La juridiction du père de famille y a été la première de toutes ; puis celle du roi ou du woyewode, qui allait tenir ses assises ambulantes et présider dans chaque district les assemblées du peuple. Enfin, quand les assises des woyewodes ne suffisaient pas à la multitude des affaires à juger, il se formait un tribunal, composé des plus riches propriétaires, appelé la *wioca*; ces propriétaires appelaient parmi eux l'employé ou les employés du district pour juger les procès ; et non-seulement les employés ne devaient pas abuser de leur pouvoir pour empêcher une *wioca*, mais leur devoir était d'en faire partie (1).

Plus tard, furent institués des tribunaux de district réguliers qui firent tomber en désuétude les wioca.

---

(1) La même institution exista dans la haute Allemagne. Voir Maurer, *Histoire de la procédure criminelle*, p. 14.

Casimir-le-Grand en créa deux dans la Petite-Pologne, à Krakovie et à Sandomirz, et deux dans la Grande-Pologne, à Kalish et à Posen (1) : il en fut organisé peu à peu de semblables dans les divers districts.

La publicité des procédures paraît avoir été la règle générale en Pologne, et s'être répandue de là en Lithuanie. La première loi de Lithuanie, promulguée par Casimir Jagellonski, et appelée *privilegium terrestre*, défend aux ducs, barons et citoyens, de condamner à toute peine de prison, d'amende ou de sang, avant d'avoir accordé à l'accusé l'épreuve d'un jugement public et contradictoire, suivant les coutumes du *droit catholique* (2).

C'était en 1457, à une époque où, dans l'Europe méridionale, la procédure devenait secrète par imitation du droit romain. La procédure secrète, dans le sein de l'Eglise, n'était donc pas plus de tous les lieux que de tous les temps.

La même prescription est renouvelée avec autant de force et de précision dans un statut de Ziemski-Zygnumtowski, à la date de 1529 (3). Là aussi la procédure

---

(1) Macieiowski, *loco citato*, p. 25.

(2) Donec prius in judicio publico, *more juris catholici*, in præsentia accusatoris et accusati efficaciter fuerint convicti, qui, post hujusmodi judicium et convictionem, secus consuetudinem et jura regni Poloniæ debent puniri, etc... *Statuta Lithuaniæ*, de 1389 à 1529, édit. par Poznam, Varsovie, 1841.

(3) Nisi qui prius in judicio publico, *more juris catholici*, actore et reo personaliter comparentibus legitime fuerint convicti, etc. *Ibid.*, statut de Zygnumtowski. C'est dix ans après, en 1539, qu'une ordon-

orale et publique est établie sous le nom de *droit catholique.*

En Lithuanie, d'après ce dernier statut, les palatins devaient choisir, chacun dans leur district, deux nobles, qui, avec le vice-gérant et les maréchaux, composaient le tribunal criminel de la localité.

En Pologne, les starostes, les châtelains et les capitans jugeaient les crimes par eux-mêmes ou par leurs juges et sous juges, *subjudices* ; on pouvait appeler de leur décision devant la cour du roi, si cette décision n'avait pas eu lieu devant le roi lui-même, dans une de ses assises ambulantes (1).

Mais il n'y eut jamais de chambre royale proprement dite, à laquelle pût s'attacher l'idée d'une juridiction générale, fixe et unique ; seulement, les rois nommèrent quelquefois des *judices deputandi* (2), qui rappellent les *missi* de Charlemagne ou plutôt les commissions des *grands jours*, tirées de nos parlements. Malgré l'indépendance et les priviléges aristocratiques dont jouissaient les palatins et les grands propriétaires polonais, jamais le droit de guerre privée ne leur fut reconnu : ce droit de guerre tenait essentiellement et exclusive-

---

nance de François 1er, rédigée par Poyet, sanctionnait le décret sur la procédure secrète, déjà établie depuis près d'un siècle et demi dans une grande partie de la France.

(1) C'était peut-être aussi une protestation contre la procédure secrète, qui s'était introduite en Russie par imitation du *pedalion* ou droit canon grec.

(2) Volumus quod judex et subjudex terræ infra cujus limites morabimur, in curia nostra de causis judicare et cognoscere teneantur. *Statut de Vislitza.*

ment au régime féodal (1). Le mot *Treuga pacis*, qui semble rappeler la trève de Dieu, ne s'introduisit que fort tard en Pologne. Il n'y eut pas la même signification que dans l'Europe méridionale. La *treuga* était un délai accordé au coutumace condamné à la prison, à la mutilation, ou à d'autres peines plus rigoureuses, pour lui donner le temps de gagner les frontières et de quitter le pays : « Que si quelqu'un proteste contre le refus que nous lui aurions fait, nous ou notre capitaine, de l'admettre à se purger de l'accusation tentée contre lui, notre palatin pourra lui donner une trève de deux mois (2). » C'était un sauf-conduit ou une trève de deux mois donnée par la justice au criminel.

Le statut de Casimir-le-Grand s'exprime ainsi à l'égard de l'homicide d'un noble commis par un noble : « Quoique nous puissions, d'après l'ordre de Dieu et « les prescription des lois, punir de mort celui qui tue « son semblable, cependant, daignant tempérer cette « rigueur, nous statuons : que celui qui tuera un cheva- « lier, un noble (*militem*), paiera trente marcs aux « enfants et parents, etc. (3). »

Un statut postérieur porte à soixante marcs la tête d'un noble.

Sigismond, par son statut de 1510, établit une pro-

<hr>

(1) Lettre inédite du professeur Lelewell, déjà cité.
(2) *Statuts de Vislitza*, édit. du xvᵉ siècle, art. 133.
(3) Quamvis occidens hominem, secundum Dei et legum sanctiones, esset capitali pœna plectendus, nos tamen rigorem illum temperantes, statuimus, etc. Statut de 1168 — Extrait du recueil intitulé : *Statuta regni Poloniæ*

cédure et une pénalité spéciales pour le meurtre d'un noble. Quant le capitan, le châtelain, ou le juge de la localité aura dénoncé le meurtre, deux nobles et un officier ministériel se rendront au domicile de l'accusé, en l'assignant à comparaître devant la cour du roi dans le délai de six semaines.

« Que si le crime nous paraît établi, nous condam-
« nerons le coupable sans rémission à la prison pen-
« dant un an et six semaines, dans une tour au fond
« d'un cachot de 24 pieds de profondeur (douze aulnes);
« puis, après l'expiration de sa peine, il paiera cent
« vingts marcs d'argent aux parents de la victime, ou
« leur remettra une terre de cette valeur.

« S'il est contumace, et qu'il soit propriétaire, ses
« biens seront confisqués jusqu'à ce qu'il ait subi son
« emprisonnement et satisfait à la famille : s'il n'est pas
« propriétaire, il sera déclaré *infâme* et *ennemi* de
« la patrie (1). »

Ce décret de 1510 est renouvelé en 1523 et 1538, avec accroissement de rigueur contre les contumaces. En 1539, les nonces de la diète s'élèvent avec beaucoup de force contre la dureté de ces peines, et surtout contre celle de l'emprisonnement solitaire dans un cachot. Le roi Sigismond Auguste, vaincu par leurs instantes prières (*precibus nunciorum*), révoque ses derniers statuts, et replace la Pologne sous la législation du

---

(1) *Statuta regni Poloniæ,* au mot *Homicidium* — C'est un recueil des statuts, par lettre alphabétique, relatifs au genre du crime. — *Homicidium, furtum,* etc.

roi Albert (1), qui ne punissait ce genre d'homicide
que de peines correctionnelles, ou d'un emprisonnement laissé à l'arbitraire du monarque, quant à sa durée.
Mais ce relâchement dans la pénalité encourage et
multiplie de nouveau les violences particulières ; l'opinion publique, lassée de ces scènes d'anarchie continuelles, réclame un retour à des sévérités salutaires.
Sigismond-Auguste, en 1550, renouvelle alors le statut
de 1510 dans toute sa rigueur, et cette fois il ne se
trouve, dans la diète elle-même, aucune opposition
sérieuse.

Nous avons dû nous étendre avec quelque soin sur
cette espèce de lutte entre l'esprit d'indépendance de
l'aristocratie polonaise, et l'esprit d'ordre public, qui
dictait à la royauté des mesures nécessaires à la sécurité sociale. Il est remarquable que jamais les nobles
de Pologne ne réclament le droit de guerre privée ; ils
se plaignent seulement de l'horreur de cette prison
d'une année au fond d'une tour ; supplice qui, avec
leurs habitudes d'altière liberté, devait leur paraître presque aussi affreux que la mort. Enfin, après s'être dé-
battus contre ces répressions légales, dont ils étaient

(1) De 1496. Tous ces détails sont tirés du recueil intitulé : *Statuta
Poloniæ*. Je trouve encore dans cet ouvrage un statut de 1557, de
Sigismond-Auguste, qui modifie la procédure criminelle relativement
à l'homicide : « Scrutinium, dit-il, quod pro homicidio fieri debet,
castellaneus cum judicio colloquiali facere debet.» Ce *scrutinium* était
une espèce de jugement préparatoire, émané des juges de la localité.
Le castellan ou châtelain qui restait six mois après l'homicide sans
faire d'information était passible d'une amende de cent marcs d'argent.

portés tour à tour à repousser le joug et à reconnaître
la nécessité, ils finissent par les accepter tout entières,
et par se soumettre sur ce point à la volonté du monarque, d'un monarque élu par eux-mêmes et sorti de
leur sein.

Tout ce drame législatif nous transporte dans un
autre monde que le monde féodal. La Pologne nous
semble être, sous le rapport de son droit public, aux
antipodes de l'Allemagne, de la France et de la
haute Italie.

Que si les véritables caractères de la féodalité n'apparaissent nulle part dans la législation polonaise, d'un
autre côté l'esprit aristocratique y laisse partout son
empreinte.

D'abord, les nobles ne peuvent être jugés que par les
palatins et les maréchaux de la noblesse.

Ensuite, les règles de la procédure criminelle sont
calculées de manière à offrir toutes sortes de garanties
aux nobles, et nullement aux *Kméthons*, villageois, serfs
et autres Polonais de condition inférieure.

La composition pécuniaire, due par l'accusé convaincu d'homicide, se cumulait pour le noble avec l'emprisonnement, pour le plébéien, avec l'amputation de la
main ; que si ce dernier n'avait pas de quoi payer la
composition, il pouvait être dans certains cas puni de
mort (1). La tête du comte, du baron ou du noble,

_____

(1) Ou au moins le choix des peines à infliger au paysan était laissé
aux juges.

valait deux, quatre ou six fois celle du vilain, suivant le statut de Vislitza. Et plus tard la pénalité pécuniaire, au moins pour les crimes commis par les nobles, reste la pénalité dominante, avec ses inégalités correspondant aux inégalités des classes sociales (1). Ce n'est qu'en 1768, à la fin du xviiie siècle, que la loi polonaise punit enfin de la peine de mort le noble qui tue un paysan avec préméditation.

On voit que le caractère d'inégalité devant la loi et de dureté pour la classe inférieure est encore plus difficile à effacer dans ce qu'on appelle une aristocratie patricienne que dans une aristocratie féodale. Dans la première, les patriciens n'ont à côté de leurs droits politiques d'autres devoirs bien définis que ceux qui existent envers leurs égaux et envers la république, c'est-à-dire envers la diète et le roi élu. Dans la féodalité, au contraire, les devoirs envers les inférieurs sont corrélatifs des droits qu'on possède sur eux.

Pour suppléer à cette absence de lien d'association, les plus sages rois de Pologne essayèrent de créer une sorte de réciprocité de services à titre de *bon voisinage*. Les gens d'un village étaient responsables, par exemple, des pertes que faisait l'un d'eux par suite de l'égoïsme de tous. Voici un jugement de Casimir-le-Grand rendu dans ce sens et qui est devenu une loi du pays : « Nagoth a déposé la plainte qui suit contre ses voisins : Un che-

---

(1) Seulement, la loi, dans les derniers temps, finit par ne reconnaître plus qu'une classe de nobles. Or, l'égalité dans le patriciat ne faisait que rendre plus dure la condition inférieure des plébéiens.

val lui ayant été soustrait pendant la nuit, Nagoth a demandé et réclamé avec instance aux gens du village, ses voisins, qu'ils voulussent bien se mettre avec lui sur les traces du voleur pour l'aider à recouvrer son cheval. Les gens du village s'y sont refusés, et Nagoth n'a pas pu rattraper le voleur et retrouver son cheval. — Dans un tel cas, nous déclarons que les gens du village doivent être condamnés à payer audit Nagoth le prix de son cheval (1). »

A défaut d'une police d'association ou d'Etat, il faut bien que les membres d'une communauté se prêtent une assistance mutuelle.

Les simples compositions pécuniaires, comme punition de l'homicide, finissent aussi par devenir, à mesure qu'une nation se civilise, un moyen insuffisant pour le maintien de l'ordre. Aussi, dès le xve siècle, il y eut des réclamations sur ce point, soit au sein des diètes, soit dans les écrits de plusieurs publicistes distingués (2). Tous s'accordaient à demander que celui qui avait donné la mort fût puni de mort.

D'un autre côté, dans le xvie siècle, quelques écrivains philanthropes mettaient en doute la légitimité de la peine de mort (3). Peut-être ces nobles auteurs cachaient-ils

---

(1) Statut de Casimir-le-Grand, de l'année 1368. (*Statuta regni Poloniæ ab Herburto de Fulstein*, p. 186, Dantzig, 1620.)

(2) Le baron Ostrorog, cité par le publiciste Czacky, t. II, p. 118 ; et puis Kisrztein, Cerazy, Frycz, Modrzewski et une foule d'autres, soit protestants, soit catholiques, énumérés par Helcel, au § 6 sur la Pologne, dans son *Aperçu des progres de la législation pénale*, etc.

(3) On cite parmi ces philanthropes Bernard de Lublin et Pierre

sous le masque de la philanthropie la crainte qu'ils avaient
de voir étendre cette peine à l'homicide. C'est là, du
moins, ce qui assurait de la popularité à leurs écrits.

Quant à la peine de l'emprisonnement, les idées les
plus avancées se produisirent de bonne heure en Pologne, relativement à la manière de l'appliquer ; une
instruction du chancelier Ociesky, du 18 septembre
1550 (1), contient les prescriptions suivantes : 1° Ceux
« qui sont condamnés pour des crimes commis dans
« l'emportement de la colère peuvent être enfermés
« ensemble pour se corriger mutuellement par le senti-
« ment du remords, surtout s'ils ont de la componction ;
« 2° ceux qui ont commis des crimes avec prémédita-
« tion *doivent être enfermés séparément*, sans quoi
« les détenus sortiraient de la prison perfectionnés dans
« le crime, et leur détention deviendrait ainsi pour eux
« l'école du vice ; 3° les détenus doivent recevoir l'in-
« struction religieuse, et on doit particulièrement sur-
« veiller leurs mœurs. »

Malheureusement, le relâchement et le peu de suite
de l'administration polonaise frappaient de stérilité ces
tentatives de réforme. Dans des gouvernements mieux
réglés, nous voyons combien il y a loin d'une théorie
généralement admise à sa réalisation dans les faits :

de Goinec, qui eurent de nombreux réfutateurs. — Voir Helcel, *loco
citato*.

(1) Cette instruction au staroste de Rauwa est citée dans Czacky,
tom. II, pag. 100. On voit qu'elle consacre le principe des prisons
pénitentiaires

qu'on juge par là de ce qui devait se passer dans une monarchie élective si souvent déchirée par des discordes intestines !

Il se produisait en Pologne ce que l'on voit encore aujourd'hui en Russie : un grand désaccord, une distance immense entre les idées de quelques hommes distingués et le niveau moyen des idées de la masse de la nation. Les diètes polonaises elles-mêmes, quoiqu'elles fussent censées être composées de l'élite du patriciat national, n'étaient pas à la hauteur des publicistes et des administrateurs dont nous avons cité les écrits et les instructions.

Il existait encore en Pologne, à la fin du xivᵉ siècle, des peines que l'Europe méridionale aurait rejetées comme trop barbares ou trop grotesques. Telle était celle infligée aux calomniateurs. Celui qui était convaincu de ce crime était conduit dans la salle du sénat, où il était obligé de se coucher à terre sous le siège de celui qu'il avait offensé, et là, dans cette humiliante situation, il déclarait à haute voix qu'il se repentait amèrement des bruits injurieux qu'il avait répandus contre la réputation de tel ou tel, et qu'il avait menti comme un chien. Après cette confession publique, le coupable était obligé de contrefaire par trois fois l'aboiement d'un chien. C'était une allusion évidente aux *morsures* de la calomnie (1).

Cette peine n'était pas purement comminatoire. Voici

_____

(1) Dreyer, D. A. § 14 ; et Titmann, *Hist. du droit criminel allemand*, p. 90. Leipsick, 1832.

une circonstance mémorable dans laquelle il est certain
qu'elle fut réellement appliquée :

Un gentilhomme polonais, Gnievocz, s'était permis
des insinuations injurieuses sur la vertu et la chasteté
de la reine Hedwige. On le fait assigner en justice.
Après l'audition des témoins qui attestent les propos
diffamatoires, Jasko, castellan de Woynicz, jure au
nom de la reine que ces propos étaient d'infàmes impostures. A la suite de cette déclaration, vingt chevaliers se
lèvent et demandent à venger l'innocence de la reine en
combat singulier. Les juges ordonnent à Gnievocz de
prendre la parole pour se défendre et pour prouver les
faits accusateurs qu'il a avancés. Gnievocz, frappé de
terreur et se débattant sous le remords, hésite, tremble
et balbutie. Enfin il parvient à faire entendre ces mots
à demi étouffés : « Je demande grâce et merci ! » Alors
le tribunal le condamne à se présenter à un grand banquet où assistaient la reine, plusieurs grands officiers
de la couronnne, des sénateurs et des nonces de la diète,
et là, à se mettre sous la table et à rétracter ce qu'il
avait dit d'injurieux sur la reine Hedwige, en imitant
par trois fois l'aboiement du chien. Gnievocz exécute
de point en point cette sentence ignominieuse.

On a peine à se figurer que de pareilles pénalités
fussent presque contemporaines des admirables instructions du chancelier Ociesky.

Et cependant, si on compare cette peine, plus bizarre
que cruelle, avec celle qui était usitée en Russie pour
des faits tout pareils, on sera étonné du contraste que

présentent les mœurs et l'esprit de la législation dans les deux pays. Dans l'un, ce sont des mutilations barbares, le knout qui déchire le corps en lambeaux, la déportation en Sibérie qui ne fait que prolonger une agonie commencée sous une autre forme. Dans l'autre, on se contente d'une rétractation accomplie avec des circonstances humiliantes, il est vrai, mais qui ne laissent aucune trace matérielle.

Tandis que la Russie prodigue les châtiments corporels, la Pologne s'en montre généralement assez avare (1). Le knout, ce supplice asiatique et sanguinaire, y semble inconnu.

Il y a cependant une peine, dans la législation polonaise, qui a quelque rapport avec le knout : ce sont *les courroies*. Donner les courroies, c'est enlever à ceux qui y sont condamnés deux courroies de la peau du dos (2).

Mais ce supplice, même aux XIIIᵉ et XIVᵉ siècles, était

(1) Helcel, *loco citato.*

(2) *Relation historique d'un voyage en Pologne*, par le sieur de Hauteville, p. 310 (Paris, Legras, 1697.) Les battoges étaient usités en Pologne ainsi qu'en Russie, mais seulement comme pénalité domestique. Voici comment s'exprime à cet égard le voyageur ci-dessus cité :

« Les maîtres avaient le droit de donner les battoges à leurs servi
« teurs, soit serfs, soit gentilshommes (les métiers dérogeaient, mais
« non la domesticité). Seulement, si c'était un gentilhomme qui y était
« condamné, *on étendait un tapis par terre*, et on l'y faisait coucher
« sur le ventre ; puis on le battait sur le derrière avec des cordes ou
« avec une verge...... . Cette conduite paraît un peu dure, mais les
« Polonais ne serviraient pas bien autrement. » Id , ibid., pp. 310 311.

infiniment rare et ne s'appliquait qu'à des cas exceptionnels.

Quant à la peine de mort, elle existait en Pologne depuis des temps très-reculés, sinon pour l'homicide sans préméditation, du moins pour une foule d'autres crimes, tels que la fausse monnaie, le crime de lèse-majesté, le parricide, le fratricide, le viol et le vol avec violence. Les supplices les plus usités étaient la décapitation, la potence, et pour quelques forfaits atroces la roue. Des historiens polonais (1) font observer que la peine du bûcher n'exista que pour les crimes religieux et ne fut prononcée que par les tribunaux ecclésiastiques ou par l'inquisition (2). Cela peut être vrai pour la Pologne. Mais dans le statut pénal de la Lithuanie, nous trouvons cette peine stipulée pour la contrefaçon du sceau ducal (3). Il est vrai que dans le droit lithuanien, il y a des traces de l'influence des lois romaines et ecclésiastiques, laquelle ne s'aperçoit pas dans le droit polonais proprement dit. On peut remarquer encore que le code lithuanien est en général plus sévère dans sa pénalité que la loi polonaise.

Comme moyen de procédure judiciaire, la torture ne

(1) Les historiens Kramer et Bielsky.

(2) L'inquisition s'introduisit en Pologne dans le xive siècle, et y dura jusqu'au règne de Sigismond. — Voir l'*Histoire de Pologne*, de M. Zielinski, Roret, 1833. *Historia inquisitionis* de Lymborch, p 72.

(3) Is qui sigillo nostro ausus fuerit falsificare, vel talibus scienter uti, igne puniatur. Art. vi, Rubr. 1er du statut pénal de *Ziemski Zygnumtowski*. Il est à remarquer que la Lithuanie avait un Code pénal spécial et non confondu avec la législation civile, tandis que les lois pénales de la Pologne sont mêlées avec d'autres lois.

s'est introduite en Pologne, par imitation de l'Occident, que vers le commencement du xv⁰ siècle. Mais il était recommandé aux juges de n'en user qu'avec une extrême discrétion. Elle fut abolie en 1776, plus tôt que dans une grande partie de l'Europe. La Pologne semblait se presser de parcourir le cercle des perfectionnements sociaux, afin de remplir sa tâche civilisatrice avant la fin de son existence nationale.

Quoique étranger par lui-même aux institutions féodales, le peuple polonais leur avait fait quelquefois des emprunts. Ainsi nous retrouvons chez lui le duel judiciaire, qui était en pleine vigueur au temps de Boleslaw, mais qui n'existait plus dans la petite Pologne au xiii⁰ siècle, et qui au xiv⁰ tomba également en désuétude dans la grande Pologne. Seulement, la noblesse de Poméranie, qui *aimait les mœurs étrangères*, renonça beaucoup plus tardivement et avec répugnance à cet usage auquel elle était très-attachée (1).

Des Polonais, le duel judiciaire passa chez les Bohêmes où nous le trouvons en vigueur vers 1034 (2). Un peu plus tard il y devenait d'une application très-rare ; mais il se répandait chez les Serbes et chez les Bulgares, où il dure encore (3).

Les ombres de la barbarie ont donc gagné peu à peu cette portion des peuples slaves, tandis que le soleil de

(1) Maciéiowski, traduct. allemande, t. ii, p. 177.
(2) Chronique de Kosma. — André de Duba (*Introduction au Zemsken Pravu*).
(3) Maciéiowski, *id., ibid.*

la civilisation se levait sur l'autre et l'éclairait de sa
lumière.

Dès la fin du xve siècle, en Pologne, de même qu'en
Lithuanie, les peines n'atteignaient que le coupable et
non la famille ; les fautes étaient considérées comme
personnelles et on ne devait pas les punir dans les
enfants du criminel. Ces admirables principes avaient
été importés de la loi religieuse du catholicisme dans la .
loi séculière, qui se plaisait à le reconnaître et à le
déclarer hautement (1).

Et ici, nous devons remarquer que, contrairement
aux assertions de Maciéiowski, auteur trop vanté d'une
histoire de la législation des peuples slaves, la religion
catholique romaine s'était établie en Pologne bien avant
la religion grecque. Tous les vieux documents législatifs,
les anciennes chroniques (2), les archives du Vatican et
même celles de Varsovie (si les Russes n'ont pas profité
de leur domination pour les falsifier ou les détruire),
pourraient donner un unanime et éclatant démenti au

_____

(1) Le *privilegium terrestre*, promulgué en 1457, par le grand-duc
Casimir, dit expressément, art. v, que les fautes sont personnelles,
« cela ayant toujours été observé dans le régime catholique, *hoc semper ordine juris catholici observato.* »

(2) Joannis Duglossi *Historiœ Polonicœ*, lib. 2, pp. 92 et 93, in-f°.
Lipsiœ, 1711. — Cromerus *de rebus Polonorum*, pp. 32 et 33, in-f°
Coloniœ Agrippinœ, 1589, etc. C'est en 964 ou 965 que Mieszko se
fait baptiser sous le nom de Miecslaus, et épouse la princesse Da-
browka, fille du roi de Bohême, qui était de la religion romaine. Il
rassemble ensuite les grands de son royaume, et convient avec eux
qu'on brisera les idoles des dieux de Pologne et qu'on les noiera dans
un marais ; ce qui fut fait le 7 mars 965. (Dugloss, *Hist. Pol*, tom. i,
p. 94.)

publiciste partial, qui n'a soutenu cette thèse que pour
plaire aux conquérants et aux oppresseurs de la Pologne
catholique.

L'église romaine y a toujours obtenu, au contraire,
une grande influence ; car le nonce du pape y exerçait
une juridiction directe. On portait à son tribunal toutes
les causes d'appel des cours ecclésiastiques du pays,
dont la compétence était fort étendue (1).

Dans la répétition de cette formule, *more catholico*,
appliquée sans cesse dans les lois de la Pologne, on
voit clairement exprimé le désir qu'elle avait de pénétrer ces lois de l'esprit du catholicisme et de modeler sa
constitution sur celle de l'Église.

C'est grâce à cette influence très-patente et très-nettement avouée, que le principe de l'égalité devant la loi
finit par y triompher aux XVIIᵉ et XVIIIᵉ siècles, soit
pour les poursuites criminelles, soit pour la procédure,
soit pour la pénalité (2).

Dans une grande partie de l'Europe, à cette même
époque, le genre de peine de mort variait suivant la
qualité du criminel. Pour le même homicide, le vilain
était pendu et le noble avait la tête tranchée. En Polo-

---

(1) *Relation historique de la Pologne*, par le sieur de Hauteville,
p. 308. Et le chapitre intitulé *Inhibitiones spiritualium* dans les
Statuta regni Poloniæ, ab Herburto de Fulstein, Dantzig. 1620. D. Chardon, bénédictin français, écrivait en 1745 : « La juridiction extérieure
« de l'église est aujourd'hui réduite à très-peu de chose dans tous les
« états catholiques de l'Europe, excepté en Pologne, où elle est encore
« à peu près sur le même pied qu'elle était en France dans le XIIᵉ siècle. »
(*Histoire de la Pénitence*, partie 1ʳᵉ, chap. III, tom. II. p. 317, édit. in-12)
(2) Il y avait pourtant des différences de juridiction.

gne, ces distinctions cessaient devant le niveau de la
loi. C'était la différence du crime qui déterminait seule
la différence du genre de pénalité (1).

En terminant cette rapide analyse de la législation des
deux grandes nations slaves, il nous sera facile d'expliquer pourquoi nous leur avons donné une place à part
dans notre *Histoire du droit criminel*. Toutes les
deux, après les deux premières phases sociales qui leur
sont communes avec les nations germaniques, se trouvaient en dehors du cadre que nous nous somme tracé
et que nous avons à remplir. La période où nous allons
entrer est la *période féodale*, et la féodalité a été
étrangère aux Russes comme aux Polonais. Il n'est pas
bien clair, d'ailleurs, comme nous l'avons déjà insinué,
que le premier de ces peuples soit entièrement sorti de
la période de transition qui précède une civilisation véritable. La Pologne, il est vrai, était plus avancée; mais
réduite par la force à l'état de province russe (2), elle
a été durement ramenée en arrière sur cette voie du pro-

(1) On pend un voleur de quelque condition qu'il puisse être; et de
même ou coupe la tête à toutes sortes de personnes pour tout autre
crime que le vol. (*Relation historique de la Pologne*, par le sieur de
Hauteville, p. 310).

(2) Colbert écrivait ainsi, en 1666, à Louis XIV, sur la question de
savoir s'il fallait envoyer une armée en Pologne: « Mon avis est qu'il
« faut épargner cinq sous aux choses non nécessaires, et jeter des
« millions quand il s'agit de la gloire de la France. Je déclare à votre
« majesté, en mon particulier, qu'un repas inutile de 3,000 livres me
« fait une peine incroyable, et, lorsqu'il est question de millions d'or
« pour la Pologne, je vendrais tout mon bien, j'engagerais ma femme
« et mes enfants, et j'irais à pied toute ma vie s'il était nécessaire. »
Voilà une preuve qu'on peut être un ministre habile et avoir des en-

grès où elle marchait d'une manière si noble et si ferme dans le dernier siècle.

A ce triste spectacle, on se demande si notre époque est destinée à voir ainsi périr les nations les plus généreuses et les droits les plus sacrés. Il y a pourtant quelque chose qui proteste dans la conscience publique contre ces destructions brutales. Le droit ne meurt pas au fond des cœurs, et il ne s'avoue pas vaincu par le fait qui triomphe. Si cependant il venait à succomber partout et d'une manière définitive, ce serait un premier pas fait par l'humanité vers la décadence et vers le retour à la barbarie.

trailles d'homme et de Français ; c'est même la réunion de ces qualités qui seule, suivant nous, constitue le grand homme d'État. Colbert n'aurait pas laissé partager la Pologne.

Cette belle lettre de Colbert est citée dans un ouvrage de Monthyou, intitulé *Particularités sur les ministres des finances,* p. 44, et dans l'*Histoire de France* d'Henri Martin, tom. 15, p. 187.

CHAPITRE XII ET DERNIER.

RÉSUMÉ ET CONCLUSION.

Quelques réflexions sur les différences du monde chrétien et du monde profane, surtout en ce qui concerne la deuxième période de l'histoire du droit criminel chez les peuples anciens et chez les peuples modernes. Transition de cette dernière période à la troisième.

Les sociétés modernes ont sans doute, dans leurs évolutions générales, certaines ressemblances avec les sociétés antiques. Mais si l'humanité a toujours la même nature, et, à quelques égards, les mêmes lois, elle ne roule pourtant pas dans un cercle régulier et absolument identique. La variété, en semblable matière, se joint constamment à l'unité.

Il s'est opéré d'ailleurs, depuis dix-huit cents ans, une révolution morale dont il faut bien apprécier l'importance : c'est celle qui a été produite dans le monde par l'établissement du christianisme. Elle seule eût suffi pour amener entre l'ère moderne et l'ère ancienne des différences capitales. La nouvelle révélation, appelée aussi la loi de grâce, n'a pas seulement modifié la

nature humaine ; elle l'a complètement transformée ,
c'a été comme une seconde création.

Aussi quand la philosophie de l'histoire (1), dont
Vico a été le fondateur, a voulu appliquer au monde
chrétien les mêmes règles, les mêmes classifications
qu'au monde profane, elle a été amenée à forcer et à
torturer les faits pour les faire entrer dans un cadre
auquel ils ne pouvaient plus s'adapter.

Nous avons reconnu nous-même que de grandes
analogies morales se rencontraient chez les peuples
barbares appartenant à la première période de l'histoire
du droit criminel, quelle que pût être leur race ou leur
origine et quel que fût le point du globe sur lequel ils
vécussent (2). Ce sont en général les mêmes coutumes
de vengeance du sang, de composition pécuniaire, etc.,
sous l'équateur ou près du pôle. Seulement, il peut y
avoir quelques divergences dans la voie par laquelle ces
peuples commencent à sortir de l'enfance sociale et à
établir une pénalité régulière : l'Orient, par exemple,
n'a pas eu d'institution pareille aux *paix* de la Germanie septentrionale.

(1) Nous savons très-bien que la plus récente philosophie de l'histoire, celle de Hégel, a la prétention de rendre compte de tous les faits par l'hypothèse d'un *Dieu impersonnel qui se développe dans l'humanité, et qui finit par y avoir conscience de lui-même.* Mais ces nuages plus ou moins lumineux, qu'une grande partie de l'Allemagne a voulu prendre pour des réalités, se dissipent maintenant à mesure qu'on les connaît mieux en France, le pays le plus ennemi par sa nature de toute creuse métaphysique, et le moins disposé à prendre des mots pour des choses.

(2) Voir le chapitre x du 1er livre.

Si l'on compare la seconde période historique dans l'antiquité profane avec la seconde période correspondante de l'âge moderne, on y rencontrera peut-être encore quelque similitude lointaine ; mais on y remarquera aussi des différences saillantes et fortement tranchées.

Presque tous les peuples de l'antiquité profane ont eu, à la suite de leur premier âge social, une *théocratie* plus ou moins caractérisée, c'est-à-dire un corps de prêtres qui avaient une doctrine ésotérique, et qui constituaient une caste particulière. La doctrine ou la tradition religieuse, graduellement révélée aux initiés du sanctuaire, restait inconnue au reste du peuple. Les prêtres, choisis dans une race privilégiée, formaient le premier ordre de l'État, et exerçaient sur la société un empire presque absolu. Le culte sombre et mystérieux auquel ils présidaient avait pour effet d'exciter tour à tour la terreur et la superstition populaires et d'augmenter encore leur domination morale.

Aussi dans l'Inde, dans l'Égypte, dans la Phénicie, dans l'Étrurie et même dans la Gaule druidique où pourtant il n'y eut pas, à ce qu'il paraît, de caste proprement dite, la période théocratique, c'est-à-dire celle où le sacerdoce eut le plus d'autorité, fut précisément celle des grandes expiations religieuses par les sacrifices humains, des grandes expiations sociales par les supplices les plus raffinés et les plus barbares. Dans l'Europe chrétienne, au contraire, l'époque où l'épiscopat et le sacerdoce ont eu le plus de pouvoir est précisément celle où la législation criminelle est le plus humaine et le plus clémente.

42

Mais aussi, il n'y a pas plus de rapport entre les
pontifes et les prêtres formés par l'Eglise de Jésus-
Christ et ceux qui prêtaient leur ministère aux fausses
religions de l'antiquité, qu'il n'y en a entre ces religions
elles-mêmes et celle de l'Evangile. Le clergé catholique n'a jamais été une corporation fermée, où pussent
pénétrer seulement quelques familles choisies ou des
disciples privilégiés, éprouvés par de pénibles initiations
pendant la moitié de leur vie : il fut au contraire ouvert
à tous dès le début, même aux classes naguère les plus
déshéritées dans les sociétés païennes. L'esclave lui-
même (1) y était admis aussi bien que le patricien de
race antique. Dans le sacerdoce nouveau, la sainteté
donnait la première place et l'on n'y faisait pas acception de la noblesse du sang et de l'illustration des
origines.

Grâce à la loi du célibat, l'Église ne pouvait pas constituer à la place des aristocraties anciennes une aristocratie sacerdotale héréditaire. Il y a plus : le clergé
catholique, par suite de certaines circonstances, compta
d'abord dans ses rangs, pendant les quatre premiers
siècles, plus d'hommes du peuple que de patriciens ou
de sénateurs, et ensuite plus de descendants des races
vaincues que d'enfants des races victorieuses, telles que
celles des Francs, des Goths ou des Anglo-Saxons.

---

(1) Le pape Calixte avait commencé par être esclave, s'il faut en
croire le nouveau manuscrit de *Philosophoumena*, attribué à Origène,
à Caïus ou à saint Hippolyte. Un autre pape, qui vint beaucoup plus
tard, Adrien IV, était le fils d'un serf anglais.

Pendant le reste du moyen-âge, il se recruta à la
fois dans tous les rangs. Tout en donnant accès dans
son sein aux classes les plus élevées de la société, il
n'excluait pas les plus humbles. Le fils du plus pauvre
serf, une fois admis au sacerdoce, pouvait se trouver
ensuite dans la hiérarchie ecclésiastique l'inférieur,
l'égal ou le supérieur du fils de l'altier baron dont il
était né le sujet. Le clergé était donc un corps toujours
renouvelé, toujours mobile dans sa composition générale ;
il ouvrait sans cesse la porte du sanctuaire à quiconque s'y présentait avec les signes d'une vocation véritable. Sortant continuellement des entrailles de la
nation, il vivait de sa vie extérieure aussi bien que de sa
vie intime ; il s'associait à toutes ses joies comme à toutes
ses douleurs, et, s'attachant à elle par la plus étroite
communauté d'idées et de sentiments, il partageait les
vicissitudes les plus diverses de ses destinées terres-
tres. Il n'y avait de fixe dans ce sacerdoce, chrétien
pourtant avant d'être populaire, que les traditions dogma-
tiques et morales confiées à son enseignement. Son
interprétation de la loi de Dieu ne pouvait qu'être
immuable comme Dieu même.

Mais cette interprétation n'avait rien de mystérieux,
cet enseignement n'avait rien d'exclusif ; il était donné
à tous sur tous les points de la religion, sans réticence
et sans réserve. Car les membres de ce clergé étaient les
disciples du divin Rédempteur qui avait défendu de *tenir
la lumière sous le boisseau, et qui était venu pour
éclairer tout homme venant en ce monde.* Ainsi

que l'Apôtre des Gentils, ils savaient que chacun d'eux *devait se donner tout à tous.* La religion catholique se levait comme un soleil sur le monde entier pour échauffer les cœurs et illuminer les intelligences. Malheur à ceux de ses ministres qui auraient cherché à intercepter ses rayons au lieu de travailler à les répandre ! Vouloir ressusciter l'ésotérisme et l'esprit de caste dans le *catholicisme* ou la religion *universelle*, ce n'aurait pas été seulement se rendre coupable d'infidélité sacrilége à une mission divine : c'eût été essayer l'impossible, tenter d'introduire les ténèbres à la source même de la lumière, et d'élever des barrières fixes sur le niveau immense et mobile de l'Océan.

Ne serait-il donc pas insensé de chercher au sein d'un clergé placé dans de telles conditions, les éléments d'une théocratie véritable, qui rappelât en quelque manière les théocraties antiques des fausses religions ?

Et cependant, ainsi que nous l'avons démontré avec évidence, il y a une période de l'humanité où de certains progrès ne peuvent s'accomplir qu'à l'aide d'une sorte de gouvernement sacerdotal et ecclésiastique. La renonciation à la vengeance du sang, la substitution d'une pénalité sociale à la composition pécuniaire, enfin une forte constitution de l'ordre public ne s'obtiennent qu'à l'aide d'une discipline morale qui domine l'homme tout entier et s'empare du for intérieur comme du for extérieur.

Pour arriver à cette domination qui caractérise une

théocratie complète, les sacerdoces des fausses religions ne négligeaient, comme nous l'avons dit, ni les
prestiges qui fascinent les âmes, ni même les moyens de
contrainte matérielle.

Le sacerdoce chrétien, qui ne pouvait employer de
semblables moyens, dut être pourtant sommé en quelque
sorte par la Providence de répondre aux besoins sociaux
qui se manifestent toujours dans le passage du premier
au second âge des sociétés humaines. Mais, d'une part,
il ne pouvait ni ne voulait aspirer à un règne héréditaire
et absolu dû au mensonge et à la force ; d'autre part,
pouvait-il constituer ce qu'on a appelé improprement une
théocratie modérée, ou exercer, même avec mesure,
une certaine prépondérance politique, sans renier
en quelque sorte ses antécédents, sans se mettre en
contradiction avec l'attitude qu'il avait prise pendant
les trois premiers siècles de son existence ?

C'est une question qu'il est nécessaire de résoudre :
car il faut en finir avec les préjugés étroits de nos vieux
jurisconsultes sur ce point délicat.

Il était dans les desseins de Dieu que l'Église chrétienne s'établît en luttant par les seules armes de la
persuasion et du martyre contre toutes les forces du
monde païen, commandées et disciplinées par un pouvoir unique, celui de l'empereur, type dans lequel ce
vieux monde semblait s'adorer lui-même.

L'Église annonçait hautement alors qu'elle ne venait
pas faire la guerre au César de Rome, qu'elle voulait le
laisser indépendant et même tout-puissant dans sa

sphère terrestre : à lui le trône, les faisceaux, la pour-
pre, toutes les marques et toute la réalité de la domination extérieure et temporelle : pour elle, un seul
empire, celui des âmes ; toute son ambition, elle l'avouait
hautement, était de consoler les cœurs souffrants et de
guérir les intelligences malades.

Il est vrai que cette ambition n'était pas petite : il
s'agissait d'arracher à l'autorité sociale de cette époque
la plus noble partie de l'homme. Derrière des prétentions si modestes en apparence, il y avait la menace de
toute une révolution morale. Le monde antique, et en
particulier le monde romain, était fondé sur le principe
d'identité du culte et de la nationalité, et même de
subordination de la religion à l'État. La religion chrétienne devait amener le triomphe de principes tout différents : elle était destinée à faire proclamer, au sein
d'une civilisation nouvelle, la supériorité de l'esprit sur
la matière, du droit sur la force, de l'intérieur sur l'extérieur de l'homme.

César comprit instinctivement les conséquences et la
portée de la doctrine chrétienne ; et comme l'Église lui
paraissait humainement faible et sans défense, il tenta
de la renverser et de l'anéantir. Étonné de la résistance
inattendue qu'il rencontra dans une sphère qui échappait à son pouvoir, il fit des efforts désespérés pour la
vaincre ; il appela à son aide la fureur populaire et la
cruauté des bourreaux. Tout fut inutile : après trois
cents ans de vaines luttes contre l'héroïque inertie des
victimes, César se sentit vaincu lui-même ; César fit

plus : il avoua sa défaite. Et pour sauver, en même temps que pour raffermir son empire temporel, il reconnut et accepta cette société spirituelle qui avait grandi près de lui et malgré lui, l'Église de Dieu.

Ce qu'on appela la conversion de Constantin fut donc une espèce de partage tacite du monde entre ces deux grandes puissances. César promit de laisser à l'Eglise le gouvernement des âmes ; celle-ci s'engagea, au moins implicitement, non-seulement à se soumettre, mais à prêcher à tous la soumission à l'autorité temporelle de César.

L'Église devait faire plus encore : il fallait qu'elle respectât les formes et les traditions politiques qu'elle trouvait établies ; il fallait qu'elle se prêtât même, autant que possible, à travailler à la conservation de l'empire qui lui avait donné droit de cité à côté des vieux temples du Capitole, et qui l'avait fait asseoir près du foyer de Romulus et de Vesta.

Or toutes les conditions de ce grand pacte l'Église les accomplit avec une admirable fidélité.

Mais ce qu'elle ne pouvait pas faire elle-même, la Providence le fit, en déchaînant les peuples barbares du nord contre l'empire d'Occident. Par ce moyen, elle déblaya le sol de l'Europe des institutions surannées qui le couvraient ; elle fit table rase.

Alors l'Église catholique devint libre de tout engagement, de toute transaction avec la vieille forme à jamais brisée. Elle se trouva seule en face du chaos social, comme autrefois l'esprit de Dieu planant sur le chaos de l'univers. C'eût été méconnaître sa mission que de se refuser à donner aux germes de nationalité qui l'entouraient le bienfait de la vie et du souffle céleste qui l'animaient elle même. Restée debout au milieu des ruines, on aurait pu la taxer d'un égoïsme inintelligent et impie, si elle avait gardé pour elle seule le secret de sa forte organisation, qui pouvait servir de modèle à la constitution des nouveaux gouvernements temporels.

D'ailleurs les jeunes sociétés qui avaient adopté sa foi lui demandaient elles-mêmes de se reformer sous ses ailes, et la suppliaient de devenir leur tutrice et leur mère. Cette tâche, pleine d'écueils et de périls, elle l'accepta avec courage ; elle la comprit avec une intelligence surnaturelle, elle la remplit avec un dévouement sublime.

Voilà pourquoi, sans se démentir en rien, sans se contredire en quoi que ce soit, l'Église put prendre, depuis les invasions des barbares dans le midi de l'Europe, une attitude toute nouvelle à l'égard de la puissance temporelle et des sociétés humaines. A l'ère du césarisme à jamais enseveli dans le passé avait succédé l'ère moderne, qui avait transformé toutes les situations et changé tous les devoirs.

Après s'être ainsi posée d'une manière toute nouvelle à l'égard des sociétés politiques de l'Europe, l'Église ne tarde pas à acquérir une influence qui dépasse toutes les prévisions humaines. Une pareille influence s'explique pourtant par l'efficacité même de la foi, dont elle n'était que l'intelligente et fidèle interprète.

Cette foi, adaptée merveilleusement à la nature de l'homme, était appelée à avoir, du moment qu'il l'embrassait, une action toute-puissante non seulement dans le cercle de la famille, mais dans celui de la société tout entière. La perfection de l'instrument moral, donné par Dieu même, suppléait au défaut complet ou à la faiblesse extrême de tous les moyens matériels qui auraient pu lui venir en aide. Aussi, cette *période de prépondérance ecclésiastique*, que nous n'avons pas pu appeler *période théocratique* (1), offre un spectacle unique jusqu'alors dans le monde ; elle atteint son apogée au moment même où le monde chrétien se trouve dépouillé et sans défense devant le monde barbare qui l'a vaincu. Des conquérants païens et grossiers, ivres de leur triomphe, s'arrêtent devant un sacerdoce qui n'oppose que la croix à des épées teintes de sang. Bientôt ils feront plus : ils briseront leurs idoles, et se prosterneront devant le signe de la rédemption à la voix d'un prélat faible et désarmé, qui, fort de son caractère sacré, aura dit à leur chef : « Baisse la tête, « fier Sicambre ; adore ce que tu as brûlé, et brûle ce « que tu as adoré ! »

On sait quelles furent les suites de cette grande et étonnante conversion, qui mit les oppresseurs aux pieds des opprimés, et fit des vaincus de la veille les vainqueurs du lendemain. Jamais l'autorité de l'Église sur

(1) Voir le titre donné au deuxième livre de cet ouvrage.

la société temporelle ne fut plus grande que du vi° au
x° siècle ! Jamais l'épiscopat et le sacerdoce n'obtinrent
plus d'influence et sur la vie intime des hommes et sur
la police intérieure de l'État ! Et ce n'est pas seulement
dans le vaste empire des Francs que les choses se passent ainsi, dans cet empire que Charlemagne avait étendu
de l'Ebre à la Baltique, et de l'Adriatique à l'Océan.
La prépondérance du sacerdoce dans le gouvernement
général de la société est au moins aussi complète en
Espagne jusqu'au temps de l'invasion musulmane, dans
la Bretagne anglo-saxonne jusqu'à l'époque de la conquête des Normands.

Cette prépondérance ecclésiastique se manifeste par
des effets absolument opposés à ceux qu'eurent jadis
les vieilles théocraties sur les mœurs et en particulier
sur la législation criminelle des peuples. Le sacerdoce
de la religion, qui a aboli les sacrifices sanglants, ne
pouvait favoriser ces pénalités dures et cruelles, ces
sacrifices sociaux que la peur d'un retour à la barbarie
impose aux civilisations naissantes.

Aussi on a vu ce sacerdoce disputer pied à pied,
pour ainsi dire, aux juges de l'état la vie des criminels
qui se placent sous son égide (1). Ce n'est pas tout :
dans ces assemblées à la fois législatives et judiciaires
où le clergé s'est acquis une si grande prépondérance
par la supériorité de ses lumières, il ne manque jamais

(1) Voir les chapitres III, IV et V du second livre.

de faire pencher la balance du côté de la douceur pour
tous, de l'égalité devant la loi, et, s'il est quelquefois
partial, ce sera pour le pauvre, le faible et l'*indéfendu*.
Quand il frappe et punit lui-même, il impose des pénitences rigoureuses, il est vrai, mais temporaires, aux
plus grands criminels. Dans l'établissement et la dispen-
sation de ces pénalités, il se préoccupe, avant tout,
de l'amendement du pécheur : la défense sociale et le
maintien de l'ordre public ne sont évidemment pour lui
que des intérêts secondaires.

Aussi, dans la période suivante, une réaction se manifeste contre l'insuffisance des garanties que donne un
tel régime à la société, agitée par tant de troubles et de
désordres. La féodalité qui, vers les xie et xiie siècles,
domine toutes les nations européennes jusque dans
leurs colonies orientales de la Palestine, se fondera, au
contraire, sur le principe de la force et de l'intimidation
matérielle. Elle amènera donc un système pénal tout
opposé à celui qui était né dans la période précédente
d'une sorte de transaction implicite entre l'Église et le
germanisme. Les supplices sanglants, à peu près inusi-
tés pour le meurtre et autres crimes privés, s'y multi-
plieront à l'infini, et, afin de limiter de plus en plus la
juridiction du clergé catholique, on se fera une arme
contre lui de l'extrême douceur, ou, si l'on veut, de la
faiblesse de sa pénalité.

D'un autre côté, jusqu'aux ixe et xe siècles, la société était à l'*état fluide*, pour me servir d'une expres-

sion bizarre qu'un historien moderne (1) emprunte à la
science géologique : elle ne passa à l'état *solide* qu'après
l'établissement de l'hérédité dans les offices et les bénéfices. Tant que cette société ne fit que toucher le sol,
sans s'y asseoir, elle fut facilement dominée par l'Église,
dont la hiérarchie était si puissante et la constitution si
forte. Ces Francs, ces Bourguignons, ces Goths, ces
Gallo-Romains, qui se mêlaient sans cesse sans se confondre et invoquaient partout où ils se trouvaient leurs
lois spéciales, en rappelant leurs nationalités diverses,
n'avaient entre eux qu'un seul lien commun, celui d'enfants de l'Eglise dont ils reconnaissaient au même titre
la loi et l'autorité divines. Il y a toujours chez les
hommes une tendance à l'unité, et cette tendance ne
pouvait être satisfaite qu'au sein de la société religieuse.
Les habitants d'un même lieu, qui n'avaient ni la
même législation, ni la même origine nationale, étaient
heureux de se retrouver frères par le christianisme, de
posséder le même culte et de se prosterner devant les
mêmes autels.

Cette situation changea complètement, quand l'élite de
la nation eut en quelque sorte épousé la terre, qu'elle
s'y fut incorporée et qu'elle en eut fait la base de la société
nouvelle. Il n'y eut plus seulement juxtaposition entre
les habitants du même comté ou de la même baronnie :
il y eut de leur part une égale adhérence au sol, quoique à des titres différents et avec des positions diverses.

(1) M. Michelet.

La loi du suzerain, fondée sur les coutumes, leur étant
devenue applicable à tous, comme nous l'avons dit
ailleurs, rétablit l'unité dans chaque groupe féodal,
dans chacun de ces petits *états* formés sur les débris du
vaste empire de Charlemagne. Alors la tour baronniale
s'élève souvent plus haut que le clocher de la paroisse,
et l'église semble s'incliner devant le château, emblème
d'une puissance nouvelle. Dans les villes même, le
beffroi de la commune fait plus d'une fois retentir ses
appels aux armes de manière à faire taire les appels
pieux de la cathédrale ; et, en face du palais épiscopal,
s'élève avec menace l'Hôtel de Ville, fortifié et crénelé.

C'est donc en dehors de ces cercles étroits où se
cantonne un patriotisme local intolérant et jaloux, qu'il
faudra que se place l'Église ; si elle se fait féodale elle-
même, pour prendre sa part de la puissance du jour,
elle perdra son caractère propre ; et, au lieu d'absorber
la société civile, elle risquera bientôt d'être absorbée
par elle. Elle devra donc, au contraire, planer au-dessus
des puissances locales, et si ses membres sont mal
engagés ou chargés d'entraves, sa tête qui est restée
libre, la papauté, pourra, en se montrant dans sa séré-
nité et dans sa force, dominer l'organisation féodale et
maintenir le principe de l'unité catholique au milieu des
divisions territoriales, multipliées à l'infini dans l'Europe
nouvelle.

L'empire de Charlemagne croula, parce que les faibles successeurs de ce grand prince ne surent pas se
mettre à la tête des résistances nationales contre les

invasions des barbares ; le grand empire du catholicisme
resta debout, parce que ses chefs spirituels, toujours
divinement inspirés, ne cessèrent de lutter courageuse-
ment contre les invasions morales qui l'ont si souvent
menacé : la corruption et l'hérésie.

Cependant, les évêques et les hauts dignitaires de
l'Église, dans les grandes assemblées où ils avaient
dominé jusqu'aux xe et xie siècles, avaient fait introduire dans les institutions, dans les coutumes, dans les
jugements, des principes tout chrétiens dont quelques-
uns survécurent à leur prépondérance politique. De ce
nombre furent ceux de l'expiation et de la gradation
des peines.

Ainsi, d'une part, l'idée de l'expiation passa de la
société religieuse dans la société civile et se substitua
définitivement à celle de la vengeance. D'autre part, de
même que l'Église mesurait la rigueur et la durée de ses
pénitences à la grandeur des fautes à racheter, le gouvernement séculier gradua ses pénalités d'après la gravité
des crimes à punir. Il y eut cependant un des vieux
principes de pénalité ecclésiastique qui parut longtemps
être mis en oubli : ce fut celui de l'amendement des
coupables. Dans la société civile, on n'y est revenu
qu'au xixe siècle par l'institution du régime pénitentiaire ; mais ce régime lui-même ne pourra rendre féconde
une terre naturellement ingrate qu'avec le secours
d'ouvriers apostoliques empruntés à l'Église. La religion chrétienne, qui éleva si haut le mérite du repentir,
peut seule le faire naître, le développer et le nourrir dans

les âmes déchues et flétries par le vice. Elle seule peut opérer ce que l'antiquité profane ne savait pas même nommer, des *conversions.*

FIN DU PREMIER VOLUME.

TABLE DES MATIERES.

—

FIN DE LA TABLE.

www.ingramcontent.com/pod-product-compliance
Lightning Source LLC
Chambersburg PA
CBHW031444210326
41599CB00016B/2110